글로벌 시대의
문학

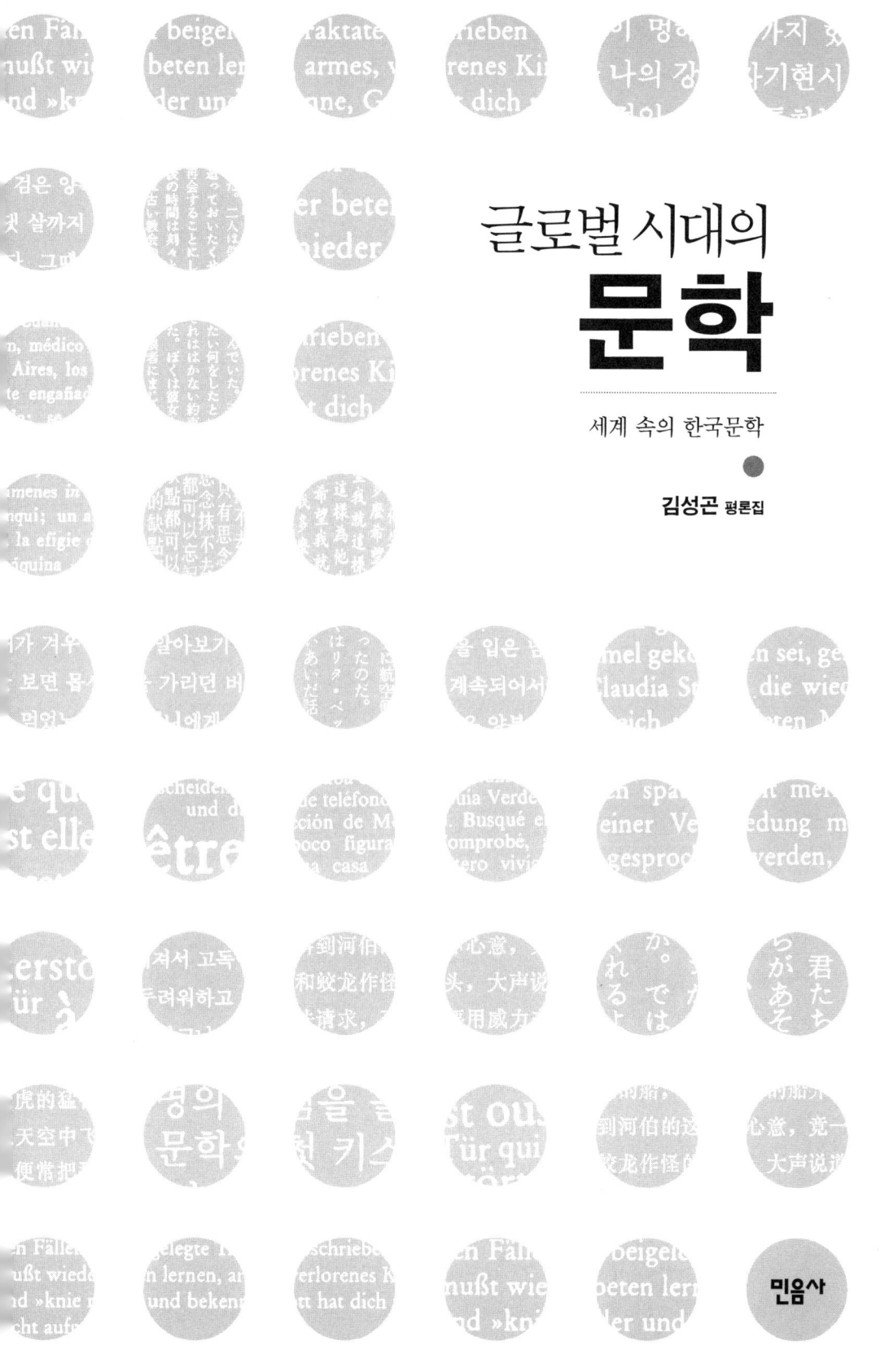

글로벌 시대의 문학

세계 속의 한국문학

김성곤 평론집

민음사

책머리에

최근 우리는 이런 질문을 많이 하게 된다. '음악이나 미술에서는 한국인 중에서도 세계적인 거장들이 나오는데 문학은 왜 그렇지 못할까?' 우선적인 이유는, 국제적인 언어로 구현되는 음악이나 미술과 달리 문학은 한글로 쓰여 있어서 번역이 필요한데 좋은 번역도 많지 않고 번역된 작품의 수도 많지 않아서일 것이다. 또 선정된 번역작품들이 세계적인 공감을 불러일으킬 만큼 충분히 보편적이지 못하기 때문인지도 모른다. 더 나아가 자국어로 쓰인 문학은 음악이나 미술과 달리 어느 정도 국력이 뒷받침되어야 하는데 아직까지 한국의 국력이 국제적으로 영향력 있는 선진국에 미치지 못하기 때문이라고도 볼 수 있다. 유감스럽게도 국제사회는 강대국의 문학에 더 많은 관심이 있기 때문이다.

이와 더불어 또 한 가지 중요한 것은 우리 문학의 성격과 수준이다. 우리는 외국 독자들이 왜 한국문학에 관심이 없는지 잘 이해하지 못한다. 예컨대 대부분의 외국 독자들은 이제 더 이상 한국의 1980년대식 이데올로기 소설에 관심이 없다. 우리에게는 그렇게도 절실하고 또 극복해야만 하는 분단 문제 또한 유감스럽게도 외국 독자들에게는 별 호소력이 없다. 시대가 변한 것이다. 수년 전 고은·황지우 시인 및 오정희 소설가와 함께 한국문학을 홍보하기 위해 스웨덴에 갔을 때 현지인들의 반응은 그것을 잘 보여주고 있다. 오정희 선생의 강연 「한국소설에 나타난 여성문제」에는 페미니즘에 관심이 많은 청중들과 기자들이 대거 몰려왔다. 그러나 「1980년대 한국의 민족·민중문학」이라는 제목의 내 강연이 시작되기 직전, 사람들은 썰물처럼 빠져나갔다. 한국의 정치 이데올로기 문학에 그들은 아무런 관심이 없었던 것이다. 1990년대 한국 작가들이 너도나도 유행처럼 썼던 개인적 고뇌와 소외에 대한 소설들과 불륜을 미화한 애정소설들 역시 외국 독자들에게는 진부한 일상의 편린이나 일기장 속의 감상적인 독백처럼 보이기 쉽다. 문학은 그런 것 이상의 그 무엇이기 때문이다.

한국문학이 세계문학에 편입되기 위해서는 우선 우리 작가들이 동시대 외국 작가들의 작품을 많이 읽어야만 한다. 첫째, 지금 세계 작가들이 무엇에 관심이 있으며 어떤 것에 대한 작품을 쓰는가를 알기 위해서이다. 둘째, 외국 작가들의 좋은 작품에 고무되거나 영감을 받아 자신도 비슷한 주제와 수준의 작품을 쓰기 위해서이다. 외국 작가들의 작품을 끊임없이 읽고 자극받지 않는 작가에게서 새로운 주제나 소재나 스타일이 나올 리 없다. 셋째, 외국 작가들과 작가적 관심을 공유해 한국문학의 보편성을 얻기 위해서이다. 가장 한국적인 것이 가장 세계적이라는 의견도 있지만, 가장 바람직한 것은 사실 한국적인 것과 보편적인 것의 조화이다. 물론 한국의 고유성을 포기하고 무조건 외국문학을 모방해서는 안 되겠지만, 한국적인 것의 과도한 주장 역시 국제적 공감을 얻기는 어렵다.

외국 독자들이 한국문학을 우리처럼 좋아하리라고 생각하면 그것은 근거 없는 착각이다. 특별한 예외를 제외하고 대부분의 한국문학 번역작품들은 출판 후 거의 팔리지 않을뿐더러, 절판된 후에도 재판을 찍는 경우가 없다. 그래서 미국 화이트 파인 출판사(White Pine Press)의 편집장이자 시인인 데니스 멀로니(Dennis Maloney)는 한국의 지원기관들이 번역작품을 출간하는 데 그치지 않고, 유관 잡지 광고와 서평 및 작가 현지 초청행사를 위한 홍보비용을 지원하고, 영문을 기반으로 한 한국문학 사이트를 활성화해야만 한다고 주장한다. 번역작품의 경우 그렇지 않아도 거의 이익을 내기가 어려운데, 출판사가 홍보까지 책임지기는 어렵고, 홍보를 하지 않으면 책이 거의 팔리지 않기 때문이다. 번역문학가 안선재(Brother Anthony) 서강대 교수는 외국의 소규모 비영리 출판사들에 한국문학을 출간토록 해 금전적 손실을 끼치지 말고 차라리 한국문학번역원이나 대산재단이 현지에 정식 출판 센터를 설립해 한국문학 번역작품들을 보다 더 활발하게 출간하고 보급하라고 충고한다. 꼭 외국 출판사에서 출간되어야만 그 나라에서 인정받는다고 생각할 필요는 없기 때문이다. 일본은 이미 오래전에 뉴욕에 고단샤[講談社]를 설립해 일본문학을 미국에 알리는 데 성공했고, 고단샤는 오늘날 미국의 명문 출판사로 인정받고 있다.

한국문학이 세계문학에 편입되기 위해서는 우리 작가들의 국제 감각과 외국어 능력도 반드시 필요하다. 무라카미 하루키가 미국에서 크게 인정받는 이유 중 하나도 그가 훌륭한 번역가인 동시에 영어로 미국 작가들과 교류할 수 있기 때문이다. 작가적 역량이 뛰어난 우리 작가들이 다만 부족한 국제 감각과 미숙한 외국어로 인해 외국 작가들과의 의사소통이나 교류가 단절되거나 그 가치를 인정받지 못한다면, 그건 참으로 안타까운 국가적 손실이다. 우리 작가들이 외국 작가들과 어울려 문학과 인생을 논하게 되는 날, 한국문학은 세계문학으로 우뚝 서게 될 것이다.

이 책은 바로 그와 같은 문제점들을 점검하고 논의해 보기 위한 시도로 시작되었다. 이 책의 제1장에 실린 글들은 우선 이 위기의 시대에 문학이 처해 있는 상황과 앞으로 나아가야 할 길에 대해 성찰해 본 것들이다. 문학이 위기감을 느끼는 시대에는 문학의 현황을 점검해 보고, 문학의 미래를 예시해 주는 것이 비평가의 당연한 책무라고 생각되었기 때문이다. 제2장은 한국문학의 세계화 문제를 다각도로 고찰해 본 글들로 이루어져 있다. 이제는 우리 문학도 한국문학으로만 만족하지 말고, 고유성과 보편성의 조화를 통해 국제 문단에서 인정받는 세계문학으로 발돋움해야 할 때가 되었기 때문이다. 제3장에서는 현재 우리 문학이 느끼고 있는 위기 의식과 미로 의식을 해소해 줄 것으로 생각되는 주요 작가들과 작품들을 다루고 있다. 그리고 제4장은 우리 대표 작가들의 새로운 가능성, 그리고 문학과 과학기술, 문학과 생태주의 등 앞으로 문학이 나아가야 할 방향에 대한 성찰을 통해 앞으로 우리 문학이 세계문학과 어깨를 나란히 하고 나아갈 길을 숙고하고 탐색해 보는 글들로 되어 있다.

1996년 민음사에서 나온 평론집 『뉴미디어 시대의 문학』에서 나는 소위 '뉴미디어'라 불리는 새로운 매체의 시대에 활자매체·문자매체에 의존하는 문학이 어떻게 대응해야 하는가를 다각도로 성찰해 보았다. 이 책은 거기에서 한 걸음 더 나아가 그러한 시대에 문학이 나아가야 할 길과 지향해야 할 미래의 비전은 과연 무엇인지, 그리고 어떻게 하면 한국문학이 세계문학으로 진입할 수 있을지를 고민해 본 비평서이다. 전자에 없는 개별 작가들에 대한 논의가 들어 있는 이유도 우리 문학의 문제점과 가능성을 보다 더 구체적으로 성찰해 보기 위해서이다.

앞으로 문학은 더욱 급격한 변화를 겪게 될 것이다. 전자매체와 영상매체가 끊임없이 문자매체를 위협하는 이 시대에 문학이 어떻게 변해 갈는지는 아무도 예측할 수 없다. 또한 독자들의 취향이 어떻게 바뀌어 갈는지도 우리는 아직 알 수가 없다. 그러한 상황에서도 우리는 한국문학을 세계문학으로 발돋움시켜야 한다. 그러기 위해서 작가들은, 모두가 잠든 밤에 홀로 깨어 어둠을 밝히며 새로운 상상력과 새로운 형태의 문학을 창조해 내야만 한다. 비평가는 다만 횃대에 앉은 수탉처럼 동 터오는 새벽을 알려줄 수 있을 뿐이다.

2006년 9월

김성곤

차례

책머리에   5

1 문학은 어디로 가고 있는가

메두사적 현실과 미로 속의 문학   15
프로테우스와의 씨름과 문학의 길 찾기   35
문학은 과연 위기인가   54
개인과 사회 그리고 문학의 길   67
1990년대 이후 한국문학의 새로운 방향   98
한국문학, 어디로 가고 있는가   113

2 한국문학의 세계화, 어떻게 할 것인가

세계 속의 한인 작가들   135
한국문학의 세계화와 국제 홍보   148
새로운 학문 분야로 부상한 번역문학   163
한국 단편문학의 가능성   171
다문화 시대의 한국문학을 위한 일곱 가지 제안   182

3 문학의 길 찾기와 새로운 가능성

경제와 인간의 변증법—김준성론	195
망명객의 귀환—이청준론	213
해류와 같은 시인—고은론	229
'기계시'와 '백지시'의 미학—범대순론	241
'그릇'의 미학과 존재론적 고뇌—오세영론	251
일상이 곧 예술인 시인—문정희론	267
삶에 대한 인문학적 사유와 성찰—김우창론	274
소외와 상실의 시대에 읽는 화해와 포용의 문학	284

4 문학은 어디로 가야 하는가

최근 작가들의 작품 읽기	303
과학기술 혁명과 문학	340
'자기 중심 의식'에서 '생태 의식'으로	352

1 문학은 어디로 가고 있는가

메두사적 현실과 미로 속의 문학

그리스신화의 교훈과 문학의 미래

그리스신화가 포스트모던 시대의 문학과 예술에 적절한 비유와 은유를 제공해 주고 있다는 것을 맨 처음 지적한 사람은 미국의 소설가 존 바스(John Barth)이다. 바스는 새로운 패러다임이 등장한 영상매체와 전자매체의 시대에 밀려나버린 활자매체 작가들의 방황과 미로 의식을, 역시 미로에 빠졌거나 길을 잃고 방황했던 그리스신화 영웅들의 이야기에 비유해 현대 작가들이 당면하고 있는 문제점의 해결책을 탐색하고 있다.

예컨대 「고갈의 문학」이라는 기념비적 에세이에서 바스는 포스트모던 시대의 작가들은 그리스신화의 영웅 테세우스처럼 미로의 출구로 안내해 줄 실마리를 찾아 나서거나, '바다의 노인' 프로테우스와 씨름해 고국으로 가는 길을 알아낸 스파르타의 왕 메넬라오스처럼 정형이 없는 리얼리티('프로테우스'는 '무정형'을 의미한다)를 꼭 붙잡고 그것이 모든 위장을 고갈시킨 후 길을 가르쳐줄 때까지 놓아주지 말아야 한다고 말한다. 즉 오늘날의 작가들은 자신들이 처해 있는 미로에서 벗어나기 위해

테세우스처럼 출구를 찾아나서는 부단한 탐색을 시도하거나, 메넬라오스처럼 포착하기 어려운 리얼리티를 붙잡아 그 본질을 파악해야만 한다는 것이다.

바스는 또한 포스트모던 시대의 작가들은 이제 더 이상 페르세우스처럼 거울 방패를 통해 추악한 리얼리티(메두사)를 바라보거나 무조건 적대시해서는 안 되고, 아무리 끔찍하더라도 현실을 직시하고 포용할 수 있어야만 한다고 말한다. 바스가 그리스신화를 패러디해 만든 작품집인 『키메라』에 등장하는 중년 페르세우스는 비대해진 자신의 몸이 석화(石化)되어 가는 것을 느끼며, 혹시 젊은 시절에 자신이 죽인 메두사의 방사능 때문이 아닌가 걱정이 되어 아테나 여신에게 자문을 한다. 아테나 여신은 페르세우스에게 과거에 무엇이 잘못되었는가를 알려면 과거로 되돌아가 보라고 충고한다. 이윽고 과거로 되돌아간 페르세우스는 당시에는 미처 몰랐던 새로운 사실을 알게 된다.

원래는 아름다운 여인이었으나 아테나 여신의 저주를 받아 괴물로 변한 메두사는 자신의 얼굴을 마주보고 키스할 수 있는 용기 있는 남자가 찾아오는 날, 예전의 아름다움을 되찾고 불사의 몸이 되리라는 신탁을 받는다. 그래서 미남 영웅이 자신을 찾아온다는 소문을 들은 그녀는 기대감에 부풀어 두 자매를 잠재우고 페르세우스를 기다린다. 그러나 아무것도 모르는 페르세우스는 메두사의 목을 베어버리고 만다. 그와 같은 사실을 알게 된 페르세우스는 이번에는 용기를 내어 추악한 메두사와 대면하고 키스하는 데 성공한다. 바로 그 순간, 두 사람은 하늘로 올라가 영원히 밤하늘을 밝히는 별자리가 된다.

바스의 이러한 비유는 최근 '문학의 위기' 의식에서 헤어나지 못하고 있는 우리 문단에서도 강력한 호소력을 갖는다. 우리 작가들과 문예지들은 그동안 문학의 위기를 초래하는 요인으로 영상매체와 전자매체, 그리고 대중문화의 확산을 비난하고 또 비판해 왔다. 사실 문자매체에 의존하는 순수작가들에게 대중문화나 뉴미디어는 마치 메두사처럼 대면하고 싶지 않은 끔찍하고 추악한 현실일 것이다. 더구나 우리 작가들은 메두사적 현실과 대면하거나 포옹하면 예술도 그 생명을 잃고 석화될 것이라는 원초적 두려움을 갖고 있다. 그래서 한국 작가들에게 현실의 상징인 메두사는 다만 예술의 거울에 비치는 이미지를 보고 그 목을 베어야만 하는 무서운 괴물이 된다.

그러나 바스의 지적대로, 오늘날 작가들은 메두사적 현실을 외면하고 경원시하는 대신 어쩌면 그 끔찍한 리얼리티와 대면하고, 더 나아가 그것을 포옹하고 또 포용해야만 하는지도 모른다. 한때 천마(天馬)를 타고 하늘을 날아다니는 영웅 페르세우스 같았던 우리 작가들이 이제는 중년이 되어 몸이 굳어지고, 상상력의 상징인 페가수스마저 비대해져 날지 못하게 되었다면, 현실을 보는 우리 작가들의 시각과 인식에 변화가 있어야만 한다는 것이다. 그것은 곧, 만일 문학이 전자매체와 영상매체를 포용한다면, 그리고 매체의 다변화를 몰고 온 새로운 패러다임과 우리의 인식을 근본부터 바꾸어놓고 있는 시대적 변화를 인정한다면 최근의 변화는 위기가 아니라 오히려 문학의 새로운 확장과 발전의 계기가 될 수도 있다는 것을 의미한다.

물론 그것이 곧 모두가 디지털 문학에 몰입하자거나 우리 작가들도 하이퍼픽션이나 테크노픽션을 써야 한다는 것을 뜻하는 것은 아니다. 사실 그런 주장은 자칫 탄탄한 내용이나 구체적 방향 제시가 없는 공허한 기원에 그칠 위험에 빠지기 쉽다. 중요한 것은 디지털 시대에 대한 단순한 환상이나 매료가 아니라 사태의 파악과 인식의 전환, 그리고 문화의 패러다임이 바뀌는 시대에 문학이 나아갈 길을 모색하는 것이다.

진정 문학을 살리고 문학을 꽃피우려면, 지금 그러한 변화가 도처에서 일어나고 있다는 것을, 그리고 새로운 형태의 문학과 예술이 새로운 인식의 공간에서 만들어지고 있다는 것을 인정하며, 그러한 변화에 적극적으로 대처해야만 한다. 비록 현실이 메두사처럼 두렵고 끔찍하거나 프로테우스처럼 그 정체를 알 수 없다 할지라도 이제는 더 이상 그것을 피하거나 부인할 수만은 없기 때문이다. 이 다매체 대중문화 시대의 거대한 물결에 휩쓸려 여러 매체 중 하나로 축소되고, 여러 문화 텍스트 중 하나로 위축되어 버린 문학의 미래와 위상과 활로도 바로 그러한 인식과 거기에 대한 적극적인 대처에 달려 있다.

대중문화·디지털 시대 문학의 자기 성찰

2000년대 들어 한국문학 비평계에 일어난 사건 중 가장 주목할 만한 사안은 문학의 위기에 대한 논의와 문학권력 논쟁, 그리고 소위 메타비평 현상이다. 문학의 위기설은 대중문화·대중매체 시대, 그리고 디지털·멀티미디어 시대로 진입하는 과정에서 일어난 작가들의 필연적인 자기 성찰에서 비롯되었으며, 그 과정에서 비평은 과거를 거울 삼아 현재의 위기 상황을 점검하고 앞으로 문학이 나아갈 길을 제시해 주는 역할을 맡았다. 문학의 위기 의식이 확대되면서 자성의 소리가 높아졌는데, 그중에는 문학 내부의 문제인 문학권력의 종식과 문학정신의 구조조정을 주장하는 목소리도 있었다.

문학권력 논쟁은 구체적으로 《문학과 사회》와 《비평과 전망》 동인들 사이의 논쟁으로 시작되었지만, 더 큰 안목으로 볼 때는 젊은 비평가들이 드디어 우리 문단의 고질적인 병폐로 지적되어 온 문학권력 문제의 핵심을 건드려 공론화했다는 점에서 중요한 의미를 갖는다. 문학권력 논쟁은 특히 지리적 여건으로 인해 늘 소외 의식을 느껴온 지방 문단의 열렬한 호응을 받았으며, 더 나아가 '안티 조선'이라 불리는 《조선일보》 거부 운동과 동인문학상 논란 그리고 급기야 미당 서정주 시인의 정치적 행보에 대한 비판으로까지 확대되기에 이르렀다.

한편 메타비평 현상은 우리 비평이 드디어 과거의 천편일률적인 논문식 평론에서 벗어나 각기 다른 목소리와 색깔을 가진 독특하고 참신한 스타일을 개발하면서 생겨났다. 젊은 평론가들을 중심으로 시작된 이 새로운 형태의 글쓰기는, 때로 창작과 비평 사이의 경계를 허물고, 비평이 또 다른 형태의 창작이 되거나 다른 비평에 대한 비평이 될 수 있음을 보여주었다는 점에서, 그리고 그 과정에서 평론가들에게 각기 독특한 목소리와 안목을 제공해 주었다는 점에서 주목할 만한 현상으로 부상했다. 또한 그동안 언어와 관념의 감옥에 갇혀 안 읽히고 안 팔려온 관습적 형태의 평론문학에 새로운 출구와 변화를 가져다주었다.

퍼트리샤 워(Patricia Waugh)에 의하면 메타비평이란 기본적으로 "언어의 재현 능력에 회의를 표명하며 비평과 창작 사이의 경계를 무너뜨리거나, 다른 비평이론을 패러디하는 비평"을 지칭한다. 국내 일각에서는 기존의 제도권 비평이나 문학권력에 대한 비판을 메타비평이라고 지칭하는데, 사실 그것은 문제 제기와 비판 그 자체일 뿐 관습적인 의미의 메타비평과는 다소 거리가 있다.

문학의 위기와 미래에 대한 논의

2000년대 들어 한국문단에서 가장 활발하게 논의되고 있는 주제 중 하나는 분명 '문학의 위기'라고 할 수 있다. 1990년대 후반부터 시작된 '문학 위기론'과 '문학의 미래'에 대한 우려와 성찰은 2000년대 들어 본격화되었는데, 그것은 다음 주요 문예지들의 특집에서도 잘 나타난다.

「21세기 문학의 미래와 전망」(《21세기 문학》 2000년 봄호)

「문학, 어디로 가고 있는가」(《오늘의 문예비평》 2000년 여름호)
「문화의 시대, 문학은 어떻게 변하는가」(《21세기 문학》 2000년 여름호)
「21세기 문학은 어디로 가고 있는가」(《문학과 사회》 2000년 가을호)
「위기론과 문학의 대응」(《문학사상》 2000년 12월호)
「21세기, 어떤 시대인가」(《창작과 비평》 2001년 봄호)
「21세기 한국문학에 바란다」(《문학평론》 2001년 봄호)
「문학의 위기, 무엇이 문제인가」(《21세기 문학》 2001년 봄호)
「오늘의 문학이 내일의 문학에게」(《세계의 문학》 2001년 봄호)
「지금 여기, 문학의 자리」(《문학동네》 2001년 봄호)

위 문예지들은, 비록 각기 다른 제목을 붙이고는 있지만, 실은 아주 비슷한 주제인 '문학의 위기와 미래' 문제를 나름대로의 시각과 안목으로 성찰하고 논의하고 있다. 그런 의미에서 우리 문예지들은 21세기에 들어서면서 모두 시대의 변화와 요구를 진지하게 받아들이고, 다각도로 고민하며 검토하고 있다고 말할 수 있다.

미국에서는 1960년대 초 컬러 텔레비전이 가정에 보급되면서 '문학 위기론'이 대두되었다. 독자들의 상당수가 텔레비전 시청자로 이동함에 따라 문학은 독자들을 대거 상실했고, 그 결과 독자들을 확보하기 위해 문학은 텔레비전과 경쟁할 만한 새로운 양식과 상상력의 문학을 창출해내야만 했다. 바스가 주도한 미국의 포스트모더니즘 문학은 바로 그러한 위기 의식 속에서 태동했다. 또 한편에서는 이제 픽션의 시대는 끝났다고 보았던 노먼 메일러(Norman Mailer) 같은 작가들이 허구와 사실이 뒤섞이는 소위 '팩션(faction)'을 쓰기 시작했다.

1960년대는 고급문화를 옹호하던 모더니즘 시대가 끝나고 대중문화가 지배문화로 자리 잡아가는 대중문화 시대였고, 이러한 대중문화의 확산을 주도한 매체는 텔레비전이었다. 1960년대 초 대중문화의 힘을 인정하고 모더니즘적 '예술소설의 죽음'을 가장 먼저 선언한 비평가 레슬리 피들러(Leslie A. Fiedler)는 난해하고 고답적인 고급문학의 종말을 선언하고 대중문화 시대에 맞는 새롭고 수준 높은 중류문학의 창출을 주창했는데 수전 손택(Susan Sontag), 노먼 포도레츠(Norman Podhoretz) 같은 비평가들과 존 바스, 로버트 쿠버(Robert Coover) 같은 작가들도 거기에 호응했다.

1990년대와 2000년대 한국은 텔레비전보다 훨씬 더 강력한 힘을 가진 인터넷의 등장으로 문학의 위기를 맞았다. 세계 5위 시장을 점유하는 컴퓨터 왕국에서 사람들은 이제 책상 앞에서 책을 펼쳐들기보다는 컴퓨터와 모니터의 스위치를 켜고, 책장을 넘기기보다는 마우스를 클릭하게끔 되었다. 인터넷은 세계를 하나로 연결해 주었고, 진정한 의미의 지구촌을 형성해 주었으며, 무한한 정보의 바다를 제공해 주었다. 또한 인터넷에는 수많은 책들과 백과사전들 그리고 각종 새로운 예술 양식들이 이미지와 음향과 더불어 들어 있어서 이제 사람들은 굳이 종이 책을 보지 않아도 불편하지 않게 되었으며, 굳이 문학서적을 읽지 않아도 기본적인 예술적 소양을 쌓을 수 있게 되었다. 더욱이 인터넷이 제공해 주는 인터랙티브·멀티미디어 기능과 작용은 단선적이고 연속적인 문자문학을 삽시간에 구식으로 만들었고, 작가와 독자가 서로 교류하고 장르의 경계를 넘나드는 새로운 형태와 개념의 문학을 요구하게 되었다.

인터넷이 가져온 또 하나의 혁명은 대중문화의 전 지구적 확산이다. 인터넷은 정보의 소수 독점을 차단하고 정보의 순간 전달을 가능하게 함으로써 전 세계에 진정한 대중문화 시대를 열었다. 그 결과 정보나 지식이나 문화는 이제 소수 엘리트 집단의 전유물에서 모든 대중의 공유물로 바뀌었으며, 대중문화는 이제 세계 각국에서 지배문화의 자리에 서게 되었다. 그와 같은 상황에서 모더니즘의 강령인 고급문화를 숭상하던 소위 순수문학 작가들이 위기 의식을 느끼게 된 것은 필연적이고도 당연한 귀결이었다.

　문학의 위기와 미래에 대한 작가들이나 문예지들의 반응과 처방은 크게 두 가지로 나누어지는데, 하나는 '그래도 문학은 강하다.' 나 '문학에는 여전히 희망이 있다.' 는 식의 문학에 대한 강한 신념이고, 다른 하나는 '이제 문학도 반성하고 변해야만 한다.' 는 진취적 태도이다. 전자의 희망적 태도 자체는 그것이 변화를 거부하는 수구적 태도가 아닌 한 대단히 바람직하다. 문학에 대한 희망이야말로 작가들이 결코 잃어버릴 수 없는 마지막 정신적 보루이기 때문이다. 그러나 만일 그것이 말하는 '문학' 이 순수문학만을 지칭하는 것이라면, 그리고 그러한 신념이 변화에 대한 완강한 거부를 의미하는 것이라면, 거기에는 심각한 문제가 있다. 왜냐하면 비평가의 책무는, 미로에서 길 잃은 작가들에게 길을 잃지 않았다는 그릇된 믿음을 심어주거나 기다리노라면 언젠가 길을 찾을 수 있을 것이라고 기약 없는 희망을 불어넣어 주는 것이라기보다는 위기 상황을 알려주고 미로를 빠져나갈 수 있는 길을 직접 찾아내어 가르쳐주는 것이기 때문이다. 미로의 출구를 찾기 위해서는 글쓰기와 문학에 대한 치열한 고뇌와 방황이, 그리고 인식의 획기적인 변화와 새로운 패러다임의 수용이 전제되어야만 한다.

　그러므로 변화는 필수적이다. 문학에 대한 희망을 버리지 않고 있는 어느 소설가는 최근에 「21세기에 문학이여, 그대에게 바라는 것은……」이라는 제목의 글에서 다음과 같이 문학의 변화를 제안하고 있다.

　　너무 순수하고 고귀하고 청결한 것만 고집하지 마십시오. 당신이 숨쉬는 세상은 무균실이 아니니까요. 순수와 잡종, 고귀한 것과 비천한 것, 청결한 것과 더러운 것이 당신 안에서 싸우고 떠들고 화해하게 하십시오. 결핵에 걸리지 않기 위해서는 결핵균을 몸속에 집어넣어야 하는 것 아닙니까? 당신의 몸속이 피아간(彼我間)에 목숨을 걸고 싸우는 전쟁터가 되었다가 마침내는 피아(彼我)가 하나로 뒤섞여 축제를 벌이는 장이 되었으면 좋겠습니다.

— 박정애,《오늘의 문예비평》2000년 가을호

　　에드워드 사이드(Edward W. Said)의 '세속적 비평' 이론과 가르시아 칸클리니(Garcia Canclini)의 '잡종이론'을 연상시키는 위 글은 우리가 살고 있는 이 세상이 살균된 곳이 아니고 사실은 현실에 오염된 곳이라는 사실을 상기시켜 주며, 문학의 세속화를 주장하고 있다. 즉 문학이 '액슬의 성(Axel's Castle)' — 에드먼드 윌슨(Edmund Wilson)이 상징주의의 순수주의적·비세속적 성향을 비판하기 위해 쓴 용어 — 에만 은둔해 있으면 오히려 전염병에 걸려서 죽을 수도 있다는 것이다. 그래서 병에 걸리지 않으려면 먼저 무균실에서 나와 그 병균을 담은 백신 주사액을 몸속에 집어넣어야만 한다는 위의 은유는 대단히 설득력 있게 다가온다.

　　이와 비슷한 은유는 미국 작가 토머스 핀천(Thomas Pynchon)의 단편「엔트로피」에서도 발견된다. 이 단편의 주인공 칼리스토는 무균실처럼 외부 세상과 단절된 방에 은둔하며 쾌적한 일정 온도를 유지한 채 자신과 여자친구만 살아남으려 한다. 그러나 그 방의 생명체가 시들시들 죽어가자 그들은 결국 창문을 부수어 바깥세상(현실)의 공기가 들어오게 한다. 이 유명한 소설에서 핀천은 순수의 세계만을 고집하지 말고 현실에의 오염을 과감히 받아들여야 살아남을 수 있고 더욱 강해진다는 것을 은유적으로 암시하고 있다. 그런 맥락에서 보면, 대중문화가 싫을수록 오히려 대중문화로 통하는 문을 열어놓고 대중문화를 몸속에 유입해야 대중문화에 대한 항체가 생겨난다고 볼 수 있다. 방민호는「한국어 문학의 현재와 장래」라는 글에서 다음과 같이 말한다.

최근 몇 년 동안 과거의 과도한 세속주의적 문학, 곧 이념적·정치적 문학에 대한 반작용의 하나로서 탈세속주의적 경향이 급속히 확산되었다. 생태주의나 불교사상과 같은 동양사상에 대한 반작용도 그 같은 확산의 큰 계기를 이루었다고 볼 수 있다. 그러나 문학이란 본디 세속적인 작업이다. 세속적인 삶의 열린 틈과 사이로 초월적 세계를 엿보는 일은 언제나 있어 왔고, 앞으로도 있을 것이며, 있어야 한다. (…) 앞을 다투어 세속을 초월하려 한다면 우리를 둘러싼 누추한 세속은 누가 그리고 말할 것인가. (…) 탈세속적 포즈는 그 나름의 강한 매력으로 독자를 사로잡는다. 이를 간파한 출판사는 계산된 연출을 행하고, 작가가 그 주연배우가 되는 경우도 심심찮게 볼 수 있다. 이러한 현상이 극단에 이르면 그보다 더 추한 세속주의도 없다 할 것이다. (…) 문학에 있어서 세속성의 초월은 바로 이 '세속적' 탐구의 와중에서 획득되는 것이 아닐까.

—《오늘의 문예비평》 2000년 가을호

물론 여기서 언급된 세속주의란 문학의 이념성과 정치성을 의미하는 것이지만, 그래도 오늘날 젊은 비평가들의 인식에 이와 같은 변화가 일어나고 있다는 것은 대단히 고무적인 일이다.

이와 같은 논의에서 언제나 중요한 것은 대중문화의 포용이나 문학의 대중화 또는 예술의 세속화나 현실화가 문학의 저급화나 경박함을 합리화해서는 결코 안 된다는 점이다. 왜냐하면 상업주의는 언제나 그런 틈새를 노리고 달려들어 문학의 세속화 논쟁의 좋은 본질을 흐리고, 저급한 통속문학을 그럴듯한 대중문학으로 포장해 판매하기 때문이다. 그렇게 되면 다시 순수·고급문학 진영의 질타와 비난이 날아들고, 진정한 의미의 중급문학은 빛을 보지 못하고 사라져가게 될 것이다. 오늘날 서점의 진열대에서 좋은 작품들을 밀어내고 인기리에 판매되고 있는 온갖 수준 낮은 통속소설들과 판타지 소설들은 바로 그러한 우려를 더해 주고 있다.

문학의 본질에 대한 성찰, 문학권력 논쟁

한국에서 문학권력이 생겨난 데에는 두 가지 전통적인 배경이 있다. 문학이나 인문학이 곧 권력을 의미했던 조선 시대의 사회구조가 그 하나이고, 비슷한 학풍끼리 모여 파벌을 이루었던 유학 전통이 또 다른 하나이다. 유일한 출세의 수단이 과거였고, 과거시험이 곧 문학과 인문학 테스트였던 당시의 상황에서 문학과 인문학은 강력한 사회적·정치적 힘을 갖게 되었다. 문(文)과 학(學)을 숭상하는 그와 같은 전통은 한국인들의 의식 속에 아직도 — 혹은 적어도 최근까지는 — 면면히 흐르고 있다.

조선 시대의 그러한 특성은 곧 모든 관료들과 정치가들이 곧 문학자나 인문학자라는 바람직한 현상을 초래했지만, 그에 따른 부작용 또한 만만치 않았다. 예컨대 실용보다는 이론을 앞세우고 유파끼리 파벌을 형성해 당파싸움을 벌였던 점, 그리고 다른 나라에서는 찾아보기 어려운 제도권 권력에 봉사하는 소위 어용문학(작가)이나 어용학문(학자)이 생겨난 점 등은 그 대표적 부작용 중 하나라고 할 것이다.

사실 정치와 (인)문학의 분리는 정치와 종교의 분리만큼이나 바람직한 것인지도 모른다. 왜냐하면 순수한 (인)문학의 유파라면 문학이나 학문의 특성에 의한 분류 개념인 '에콜'이나 '스쿨'이라고 불려야겠지만, 권력과 문단의 분리가 불가능했던 우리의 경우에는 엄격히 말해 정치적 파벌이나 당파에 가까웠기 때문이다. 그러한 경우에 권력의 유지와 확산을 위한 배타적 태도는 필연적일 수밖에 없고, 건전한 학파의 성립은 불가능할 수밖에 없다.

최근, 문학권력 논쟁의 발단은 문학과 지성사가 주최한 「김현 10주기 기념 문학 심포지엄」에서 비롯되었다. 후에 비판자들로부터 김현의 신비화를 위한 행사라는 지적을 받은 이 심포지엄에서 권성우는 주최 측의 의도와는 달리 「4·19세대 비평의 성과와 한계」라는 발표문을 통해 김현

세대의 한계를 지적했고, 그것을 김현에 대한 불경죄로 받아들인 주최 측이 행사를 정리해 관련 글을 실은 《문학과 사회》 2000년 여름호에서 권성우의 글을 비판함으로써 논쟁이 시작되었다. 참관기를 쓴 김태환의 인상비판과 권오룡의 익명비판에 대해 권성우가 이의를 제기하자, 다시 주최 측의 대응이 있었고, 이에 홍기돈과 신철하 등이 권성우를 도와 가세하면서 문학권력 논쟁은 본격화되었다. 거기에 네티즌들과 평소 중앙문단으로부터 소외 의식을 느껴오던 지방문단의 평론가들이 권성우에게 힘을 실어주면서 문학권력 논쟁은 활기를 띠게 되었다.

김현에 대한 비판적 논쟁은 새삼스러운 것이 아니다. 사실 이미 1990년대 초에 반경환에 의해 시작되었다. 그러나 당시에는 아직 시기상조였다. 혼자였던 반경환의 비판은 이번처럼 공론화되지 못했고, 본인의 회고에 의하면 자신에게 적대적인 문학권력에 의해 소외되고 제외된 채 독자들의 기억으로부터 사라져가고 말았다. 반경환은 김현에 대한 비판이 실린 평론집을 출간했지만, 이후 문예지들로부터 지면을 얻지 못해 더 이상 자신의 견해를 확대하지 못했다. 그러나 이번 경우는, 인터넷이라는 토론 공간이 이미 확보되어 있고, 적지 않은 수의 젊은 평론가들과 네티즌들이 논쟁에 가세했으며, 언젠가는 짚고 넘어가야만 할 우리 문단의 정치적 권력 문제를 다루었다는 점에서 문학사적 의의가 크다.

이번 논쟁에 참여한 평론가들의 글을 읽으면서 느끼는 것은 — 물론 그것이 젊음의 표현이기도 하겠지만 — 대부분의 글이 논리적이고 학문적이라기보다는 다분히 감정적이고 격정적이어서 설득력이 심각하게 결여되어 있다는 점이다. 국내의 모 대학에서 총장을 맡으셨던 한 분은 영어로 들어오는 이메일만 열어본다고 한다. 그 이유는 한글로 된 이메일은 보내는 사람의 표현 미숙이나 감정 조절 실패로 인해 받는 사람의 기분을 상하게 하는 경우가 많기 때문이라고 설명하였다. 괜히 이메일을 잘못 열어보았다가 하루 종일 기분이 상할 수도 있다는 말인데, 충분히 납득이 가는 이야기가 아닐 수 없다. 우리는 수사학 훈련이나 감정을 억제하는 훈련을 별로 받지 못하고 대학을 졸업하기 때문에, 본의 아니게 글로써 타자를 불쾌하게 만드는 경우가 많다. 또 감정을 드러내는 것을 솔직한 것으로 생각하는 사회적 분위기 때문에 굳이 감정을 감추려 하지 않는 경향이 있다. 그래서 국내에서 벌어지는 대부분의 논쟁은 곧 감정 싸움이나 인신공격으로 변질되곤 한다.

그런 것이 싫은 사람들은 아예 논쟁을 시작하지도 않거나 논쟁에 참여하려고도 하지 않는다. 심지어 감정적인 상황을 유발해 공감을 형성하려는 의도로, 가장 냉철해야 할 언론매체들까지도 감상적이고 감정적인 기사나 제목을 남용하는 경우가 많다. 예컨대 얼마 전 최고의 시청률을 기록했던 텔레비전 드라마 「허준」을 보면, 감동적인 상황마다 허준은 하염없이 눈물을 흘리거나 흐느껴 우는데, 이는 사실 불굴의 의지로 성공하는 영웅적 인물의 모습과는 전혀 어울리지 않는 모순된 모습이다. 그런데도 작가나 제작자가 주인공의 눈물을 동원해 시청자들의 공감을 사려고 하는 것은 그만큼 우리의 민족성이 감정의 발산과 표출에 호의적이라는 것의 한 간접적 예증이 된다.

그럼에도 불구하고 문학권력 논쟁은 그동안 수면 밑에 고여 있던 문제들을 물 위로 끌어올려 논의할 계기를 마련했다는 점에서 대단히 긍정적이고 바람직하다. 그러한 논쟁이 문학권력이나 특정 집단의 중심화에 대한 찬반 논의를 통해, 궁극적으로는 문학의 본질 자체에 대한 성찰을 가능하게 해주었기 때문이다. 다시 말해, 문학권력 논쟁은 결국 '문학이란 무엇이며, 우리는 왜 문학을 하는가?'라는 근본적인 물음과 그것에 대한 답을 생각하도록 해주었다.

예컨대 우리는 문학권력에 반대하기 위해, 또 타자에 대한 편견을 갖거나 차별을 하지 않기 위해, 그리고 보다 더 고귀하고 가치 있는 삶을 살기 위해 문학을 하며, 문학의 본질 또한 그러하다. 그런데 만일 작가들이나 비평가들이 권력을 추구하고 타자를 배제하며 고결하지 못한 삶을 추구한다면, 그런 사람들이 하는 문학은 그 순간 위선이 될 것이고 문학의 미래는 암담해질 것이다. 그러한 상황에서 우리가 어찌 문학이 고결하다고 말할 수 있으며, 어떻게 문학을 통한 인성 함양과 교양 교육의 필요성을 주장할 수 있겠는가? 오늘날 우리의 문학과 문학사가, 그리고 우리의 작가들과 비평가들이 문학권력 논쟁을 계기로 삼아 깊이 반성해야만 하는 이유도 바로 거기에 있다.

권력의 추구는 권력의 핵심에 있는 인사이더들뿐 아니라, 권력의 밖에 있는 아웃사이더들에게도 결코 쉽게 비켜 갈 수 있는 문제가 아니다. 권력의 자리 바꿈을 반복해 온 인류의 역사가 그것을 명료하게 보여주고 있다. 물론 비판을 피해 보기 위해 인사이더들이 아웃사이더를 단순히 '또 다른 권력 추구자'로 비난해서는 결코 안 되겠지만, 동시에 아웃사이더들도 자신들의 비판이 결코 권력의 분배나 쟁취를 목적으로 해서는 안 된다는 것을 명심해야만 한다. 만일 우리 자신이 공공연하게 문학권력을 행사하면서, 한편으로는 전혀 그렇지 않다는 듯 우리의 문예지에 '문학과 권력' 같은 제목의 특집을 꾸며 문학권력을 비판하는 척한다면 그것은 다만 혼란스러운 위선이 될 뿐이다. 또 한편으로는 열림과 진보와 변화를 표방하면서도 노선이 다르다고 생각되는 논객들의 글을 철저히 견제하고 배제한다면 이 또한 표리부동하며 패거리 문화에서 벗어나지 못하는 폐쇄적 동종 교배가 될 것이다. 한국의 경우, 문학의 위기와 죽음은 바로 그러한 위선과 파벌주의에서 비롯됐다고 봐도 크게 틀리지 않다.

문학권력 논쟁은 《조선일보》 논쟁과 동인문학상 논쟁으로도 이어졌다. 김정란의 「조선일보를 위한 문학」은 문학권력과 언론 유착 문제를 제기했고, 노혜경이 가세하면서 토론은 본격화되었으며, 이후 인터넷을 통해 수많은 논쟁들이 벌어졌다. 비슷한 시기에 이미정은 《조선일보》와 특정 출판사 간의 유착 문제를 다룬 석사학위 논문을 써서 《한겨레》 등 다른 언론매체의 주목을 받았다. 이러한 움직임들은 결국 '안티 조선' 운동으로 확대되어《조선일보》구독 중지와 기고 중단 운동을 주도했다. 강준만의《인물과 사상》역시 안티 조선 운동에 주도적 역할을 했다.

조선일보사가 주관하는 동인문학상의 종신 심사위원제 또한 많은 논란을 불러일으켰다. 새로 개편된 제도에 의해 심사위원들은 종신제로 임명을 받았는데, 그것이 초래할 문제점들이 지적되자 심사위원인 이문열과 정과리가 변론에 나섰고, 즉시 인터넷을 통해 반론들이 제기되었다. 심사위원들은 여러 번 모이며, 모일 때마다 후보 작품들을 선정해 논의하는데 — 이건 아쿠타가와 상 심사제도를 모방한 것처럼 보인다. 다만 아쿠타가와 상 심사 과정은 매번 텔레비전에 중계된다고 한다 — 그러던 중 황석영이 자신을 수상 후보 작가로 거론하는 것에 반대 의사를 표명하는 사건이 벌어졌다.《한겨레》에 기고한「나는 동인문학상 후보를 거부한다」라는 글을 통해 황석영은 동인문학상의 문제점을 지적하며, 자신은 그 상의 후보가 될 생각이 전혀 없음을 확실하게 밝힘으로써 동인문학상의 신뢰도에 타격을 주었다. 동인문학상 사건은 한때 작가들의《조선일보》인터뷰나 기고 거부 운동을 촉발하기도 했다.

문학권력 논의는 미당 서정주의 정치적 행보에 대한 비판으로 이어졌다. 노혜경은「시인이라는 정체성 — 지식인인가 예인인가」(《문예비평》2000년 가을호)에서 미당과 그를 옹호하는 이남호를 비판하면서 작품의 예술성과 작가의 인성이나 정치적 행보는 별개라는 주장을 일축하고 텍스트와 저자의 분리가 불가능함을 주장했다. 그와 같은 논의는 물론 리하르트 바그너(Richard Wagner) — 인성에 심각한 문제가 있었던 — 논쟁이나, 에즈라 파운드(Ezra Pound) — 파시스트였던 — 논쟁처럼 서양에서도 있어 왔다. 또한 이러한 논의가 쉽게 판단하기 어려운 문제라는 것은 부인할 수 없는 사실이다.

그럼에도 서구 문단이나 예술계에서 인권을 억압하는 독재 정권에 협조한 예술가나 학자에 대한 심판은 준엄하기 짝이 없다. 그러한 맥락에서 노혜경은 "미당의 문학이 예술적으로 위대하다고 말하기 전에, 왜 우리 문학사는 거의 고의적이라 할 만큼 작품의 예술적 가치와 작가의 행적을 분리시켜 놓고서 어느 한쪽만을 선택해 왔는가를 물어야 한다."고 주장하였다. 노혜경의 그와 같은 주장은 굳이 작가의 인품이나 행적과 작품 세계의 괴리를 크게 문제 삼아오지 않은 우리 문학 전통의 도덕적 문제에 도전했다는 점에서 중요한 의미를 갖는다. 그래서 한 문예지에는 「이제는 부패한 문학권력과 문학정신의 구조조정이다」라는 제목의 글이 실리기도 했다.

비평의 본질에 대한 성찰, 메타비평

최근 들어 젊은 평론가들의 수가 부쩍 많아졌다. 이를 두고 어느 중견 평론가가 국문학계에서 교수가 되는 조건 중 하나가 바로 평론가이기 때문에 학문 후속세대들이 기를 쓰고 비평가가 되려고 하는데, 하늘의 별 따기와도 같은 교수 임용에 실패하면 결국 평론가란 정말 아무것도 아니라고 자조적으로 말하는 것을 들은 적이 있다. 작가들처럼 돈을 벌 수 있는 것도 아니고, 지면을 얻지 못하면 정말 아무것도 아니라는 뜻이다. 현장 평론가보다는 학자들을 양성하려는 서울대학교 국문과는 예외일 수도 있겠지만, 대부분의 경우 평론가라는 직함은 우선 자신을 문단에 알려 교단에 서는 데 도움을 주는 것처럼 보인다.

그 이유가 무엇이든지 간에 요즘 젊은 평론가들이 대거 등장해 문학 논쟁을 벌이고 있다는 사실은 대단히 고무적이다. 심지어 아직 나이가 젊은데도 벌써 자신만의 비평철학과 비평이론을 갖고 있는 사람들도 눈에 띄어 퍽 대견스럽게 느껴진다. 예전처럼 그저 작품 해설이나 작가론만을 쓰는 것보다는 자신만의 이론과 목소리를 갖는 것이 훨씬 더 바람직하기 때문이다. 모름지기 비평가는 문학작품을 단순히 분석하기보다는 문학의 현재를 조감하고 작가들이 앞으로 나아갈 이정표를 예시해 주어야만 하기 때문이다. 다시 말해 비평가란 작가들에게 길을 가르쳐줄 수 있는 비전과 역량이 있어야만 한다.

요즘 문예지의 문학평론들을 보면 정말 멋지게 쓴 창작물 같은 비평들이 많이 눈에 띄는데, 우리말을 이렇게 재치 있고 재미있게 쓸 줄 아는 젊은 비평가들의 글재주에 감탄을 금치 못할 때도 있다. 중요한 것은 그러한 재치와 재미 속에 언제나 탄탄한 이론적 지식과 심오한 비평철학이 들어 있어야만 한다는 것이다. 다시 말해 겉만 화려하지 않도록 내실을 기해야만 한다는 것이다. 그래서 비평가는 작품도 많이 읽어야 하고, 이론 공부 역시 많이 그리고 깊게 해야만 한다. 그렇지 않으면 빈 수레가 요란하듯 겉만 그럴듯하다가 오래 가지 못하고 곧 빈 속을 드러내게 되기 때문이다.

또 요즘 평론가들의 대담이나 글을 보면 별 생각 없이 하는 말들로 자신의 무지를 드러내거나 남에게 상처를 주는 경우도 많은데, 이 역시 신중을 기해야만 할 것이다. 젊은 혈기와 열정에서 비롯되었을 그러한 성급한 언급들은 조금만 더 공부를 깊이 했더라면 하지 않았을 말들이거나 조금만 더 겸손했더라면 다른 비평가나 작가에게 불쾌감을 주지 않았을 수도 있는 것들이 대부분이다. 이 세상에는 자신이 아직 모르는 것들도 많다는 사실을 늘 염두에 두어야만 한다. 또 비평은 결코 단정적이거나 단선적이어서는 안 된다. 이 세상에서 가장 쉬운 것은 바로 남의 단점을 찾아 비판하는 것이고, 가장 어려운 것은 남의 장점을 찾아내어 인정해 주는 것이다. 비판은 아무나 할 수 있지만, 칭찬은 아무나 할 수 있는 것이 아니기 때문이다. 제도권에 속해 있으면서 자기 파벌에 속한 작가의 작품을 무조건 칭찬하라는 것이 아니라 자기 파벌에 속하지 않은 작가나 비평가라도 그들의 장점을 읽어내어 인정해 주라는 것이다. 작가 자신도 모르는 것들까지 찾아내어 작품의 우수성을 드러내주는 것이야말로 평론가가 우선적으로 해야 할 일이자 평론가의 비평능력을 보여주는 바로미터이다. 비판은 그런 다음에 시작해도 결코 늦지 않다.

현재 자신들이 메타비평을 실천하고 있다고 생각하는 평론가들로는 《비평과 전망》 동인들이 있다. 「비판과 관용의 네트워크 — 21세기 비평의 새로운 길 찾기」라는 대담에서 이명원은 자신들이 하고 있는 메타비평에 관해 다음과 같이 언급하고 있다.

> 창간 이후 《비평과 전망》이 주력한 것은 메타비평적 실천이었습니다. 최근 들어 김명인·권성우·신철하 등의 비평가들을 중심으로 메타비평이 활성화되고 있는 것 또한 우리는 알고 있습니다. 이러한 일련의 흐름은 바야흐로 우리 비평이 새로운 전형기에 돌입하고 있다는 것을 상징적으로 보여주고 있다고 저는 생각합니다. 메타비평의 활성화는 한편에서 보면 우리의 비평이 처해 있는 발생론적 구조와 담론의 체계를 문제 삼는 것이지만, 다른 측면에서는 보다 넓은 지평에서의 지식 생산의 지형을 검토하는 의미를 가집니다.
>
> ―《오늘의 문예비평》 2001년 여름호

위에서 언급된 메타비평은 비평의 본질과 기능과 한계에 천착하며, 그 과정에서 다른 비평가들의 비평에 대한 비평을 하는 것을 의미하는 것처럼 보인다. 그래서 위 대담의 참석자들은 《비평과 전망》의 메타비평 활동 중 하나로 최근의 문학권력 논쟁의 참여를 꼽고 있다. 그러한 것들은 물론 메타비평에 속하지만, 대단히 좁은 의미에서 그럴 뿐이다. 메타비평은 문학권력과 다른 비평가들의 비평 행위에 대한 직접적 언급과 해석과 비판이 될 수도 있지만, 사실은 그보다 훨씬 더 포괄적이고 광범위하며 추상적인 비평 행위를 두루 지칭하는 용어이기 때문이다.

문학비평 용어 사전에는 메타비평에 대한 정의가 '문학 연구를 설명·해석·평가하는 담론이자 현대문학의 중요한 요소인 비평으로, 문학작품에 관한 여러 비평가들의 견해를 토론하는 박사 논문으로부터 비평의 기능과 역할을 논의하는 평론 활동까지 다양한 형태로 나타나는 비평담론'이라고 되어 있다(The Longman Dictionary of Poetic Terms, 1989). 『메타픽션』의 저자 퍼트리샤 워는, "메타라는 용어는 언어와 그 언어가 지칭하는 세상의 관계에 대한 성찰이며, 메타픽션은 픽션의 세계와 현실 세계 사이의 관계에 대한 성찰"이라고 말했는데, 같은 내용을 메타비평에도 적용해 볼 수 있을 것이다. 그렇다면 메타비평은 기본적으로 비평과 그 비평이 지칭하는 현실과의 관계에 대한 성찰이라고 할 수 있다. 참고로 퍼트리샤 워가 정의한 메타픽션과 메타비평의 특징을 정리해보면 다음과 같다.

> 언어의 재현 능력에 대한 회의
> 글쓰기에 대한 극도의 자의식
> 글쓰기와 현실 사이의 관계에 대한 불안 의식
> 패러디, 유희를 포용하는 글쓰기
> 관습적인 글쓰기의 부정
> 비평과 창작의 경계 해체
> 비평의 한계와 고갈에 대한 인정
>
> ——『메타픽션』, 1984년

그러한 맥락에서, 메타비평은 타자의 비평에 대한 비평이나 비평의 본질에 대한 성찰을 지칭하지만, 더 나아가 마치 창작처럼 자유롭게 비평을 쓰는 요즘 젊은 비평가들의 비평에도 해당되는 용어이다. 평론과 창작 사이의 관습적 경계를 넘나들며 상상력 넘치는 비평을 시도하는 이들의 글은 확실히 기성 비평가들의 평론과는 차이가 있다.

현대 시와 그 의미를 성찰한 문혜원의 최근 평론집『돌멩이와 장미, 그 사이에서 피어나는 말들』이나 최근 한국문학의 흐름을 설득력 있게 읽어낸 백지연의『미로 속을 질주하는 문학』, 또는 홍기돈의『페르세우스의 방패』나 김미현의 평론들은 바로 그러한 맥락에서 참신하게 보인다. 또 김정란의 최근 평론집『영혼의 역사』와『연두색 글쓰기』, 그리고 김인호의『탈이데올로기와 문학적 향유』도 참신한 평론의 모습을 보여주고 있다.

프로테우스와의 씨름과 문학의 길 찾기

대중문학과 '지성의 빈곤'

지난 2000년 여름, 민족문학작가회의에서 발간하는《오늘을 여는 작가》는 「한국문학과 지성의 빈곤」이라는 특집을 실어, 최근 급속도로 확산되고 있는 대중문학의 행보에 제동을 걸었다. 사실 요즘처럼 대중문학과 대중문화가 범람하는 시대에 순수문예지가 그것의 수준을 점검하고 문제를 제기하는 것은 어찌 보면 당연한 일이다. 또 실제로 대중문학에 지성이 결여되어 있다는 것도 부인할 수 없는 사실이다. 문학의 대중화는 필연적으로 문학의 질적 저하를 초래하고 우리 모두는 그러한 현상을 다분히 우려하고 있기 때문이다.

그럼에도 불구하고, 다섯 명의 특집 필자 중 두 사람은 바로 그 특집의 의도 자체에 의문을 제기하는 글을 써서 특집을 기획한 편집위원들을 당혹스럽게 만들었다. 예컨대 이영미는 「지성의 빈곤이라는 문제 설정과 대중문학」이라는 글에서 우선 대중문학을 '지성의 빈곤' 이라는 잣대로 깎아내리려는 편집 의도를 비판하며, 지식인 문학의 특성을 대중문학에 적용할 수는 없다고 지적했다. 그는 "통속적인 것, 상업적인 것, 수용자 중심적인 것, 서민적 취향에 호소하는 것 등은 대중예술의 한계가 아니라 본원적 특성"이라고 지적하며, 지식인 문학을 보는 눈으로 대중문학을 설명할 수는 없다고 말했다. 그래서 그는 지식인 문학과 대중문학을 다음과 같이 구분했다.

지식인 예술은 지식인들의 경험과 고민을 담음으로써 인간과 세상에 대한 본질적이고 궁극적인 질문을 계속 새롭게 던지면서, 이를 위해 새로운 예술언어와 소통 방식을 끊임없이 창출해 낸다. 지식인이란 자신의 직접적 이해관계와 어느 정도 독립적으로 인간과 세상에 대한 본질적인 질문을 던지고 그것을 해명하는 것을 소명으로 삼는 사람들이기 때문이다. 그래서 지식인 예술을 향유한다는 것은, 이런 정도의 내용과 낯선 형식과 기법을 소화해 내는 것이며, 휴식이라기보다는 정신노동에 가까운 긴장감을 필요로 한다.

그에 비해 대중예술이 다루는 세계는 대중적인 경험과 욕구·욕망·취향과 예술적 관습 안에서 그다지 벗어나지 않는다. 인간이 살아가면서 경험하는 생로병사, 결혼과 자녀 양육, 가정생활과 직장생활 속의 갈등과 행복, 더 풍요롭고 안전하고 편안하고 남들에게 사랑받고 인정받으면서 살고 싶은 욕구 같은 것들이 서민들에게 익숙한 예술적 관습으로 형상화된다. 예컨대 남녀 간의 연애 이야기를 다룬다고 할 때, 대중예술에서는 대개 그 연애가 성사될 것이냐 아니냐에 관심을 모은다. 살아가면서 보통 사람들이 갖게 되는 관심이나 경험이란 바로 그런 것이니까. 이에 비해 지식인 예술, 고급예술은 초점을 달리하여 도대체 인간이 인간을 사랑한다는 것은 무엇인가, 혹은 그들의 사랑이 펼쳐지는 가족과 사회와 인간 세상이란 어떤 곳인가 등 인간 본성과 사회와 세계에 대한 궁극적인 질문을 던지고, 인간과 세상에 대한 새로운 사유 방식을 드러내는 새로운 형식과 기법을 동원함으로써, 연애담을 즐기려는 평범한 수용자들을 혼란시키고 긴장시킨다.

—《오늘을 여는 작가》 2000년 여름호

인용이 다소 길어진 이유는, 위의 글이 지식인 예술과 대중예술의 차이에 대한 구분을 명확하고 설득력 있게 제시해 주고 있기 때문이다. 또한 위의 인용은 예술이란 낯익은 것들을 낯설게 하는 것이라는 러시아 형식주의자들의 '낯설게 하기' 이론과 기법의 문제뿐 아니라 고급문화·대중문화로 대별되는 모더니즘과 포스트모더니즘 문제도 다루고 있어서 눈길을 끈다. 사실 위의 글에서 논의되고 있는 지식인 예술과 대중예술의 차이는 곧 고급예술을 선호하는 모더니즘 예술과 대중예술을 옹호하는 포스트모더니즘 예술의 차이로도 확대될 수 있기 때문이다. 이와 동시에 그 차이는 또 유럽의 예술관과 미국의 예술관, 또는 유럽 문화와 미국 문화의 차이로도 읽어낼 수 있다. 예컨대 유럽 문화에서 예술은 세속적 일상과는 다른 지고하고 순수한 것인 반면 미국 문화에서 예술은 흔히 평범한 일상 속에서 발견되는 소중하고도 아름다운 삶의 편린들이다.

한편, 황광수는 「지성, 지혜 그리고 문학」이라는 글에서 우선 '지성'과 '결핍'이라는 용어의 문제점을 지적한다. 그는 '지성'이라는 용어 자체가 임의적이고 모호하며 이분법적이고, 문학작품에 내포된 지성의 함량 또한 그것의 질적 수준을 결정하는 요소가 될 수는 없다고 말한다. 그는 또한 '결핍'이라는 부정적인 용어 역시 특집 제목으로는 문제가 있다고 지적한다. 마치 '지성'이 문학 수준의 척도가 되고, 한국문학이나 대중문학에는 애초에 지성이 결여되어 있다는 잘못된 인상을 줄 수 있기 때문이라는 것이다. 그는 '지성'이 과연 무엇인지 확실치 않은 상황에서 한국문학의 지성이나 지성의 결핍을 논할 수는 없다고 주장한다. 황광수는 "'지성' 또는 '지식인 작가' 같은 용어들이 엄밀한 개념 규정 없이 편의적으로 구사되고 있어서 그 개념들이 거의 선험적인 의미와 가치를 부여받고 있으며", 따라서 국내 비평가들이 막연히 지식인 주인공이 등장해 지적 접근을 보여주는 작품들을 지식인 문학으로 과대평가하는 경향이 있다고 지적한다. 그렇다면 국내 비평가들은 왜 지식인 문학과 지성을 그렇게도 높이 평가하는 것일까? 황광수는 이렇게 말한다.

지식인 작가란 지식인 또는 지식인 작가 자신을 소설의 주인공으로 등장시켜, 그들 자신의 좌절이나 내적 파탄 또는 패배를 통해 우리의 암울한 현대사나 정치적 상황을 짐작할 수 있게 해주는 작가이다. 그렇다면 지식인이 아닌 사람들, 예컨대 일반 서민이나 민중들은 우리의 암울한 현대사나 정치적 상황을 증언할 수 없는 것인가? 그렇지 않다. 그렇지 않을 뿐만 아니라, 우리의 역사는 오히려 지식인보다는 민중들의 끊임없는 투쟁을 통해 오늘날의 모습을 가꾸어왔다.
―《오늘을 여는 작가》 2000년 여름호

황광수에 의하면, 한국에서 지식인 문학이 높이 평가받는 이유는 "역사나 정치 같은 큰 문제를 제대로 이해하고 그것과 맞닥뜨릴 수 있는 것은 지식인"이라는 인식 때문이다. 그러한 모더니즘 문화가 한국에서 큰 호응을 얻을 수 있었고 지금도 여전히 강세를 누리고 있는 이유는, 그리고 활발했던 논의에도 불구하고 국내에서 포스트모더니즘이 큰 호응을 얻지 못했던 이유는, 바로 엘리트주의와 귀족주의를 지향해 온 한국 특유의 문사 의식과 양반 의식 때문이다.

순수문학과 대중문학 사이의 경계를 넘어서

지식인 작가와 지식인 문학, 또는 지성을 높이 평가하는 모더니즘 계열의 비평가들은 물론 엘리트주의와 문학적 귀족주의에 근거해 평론을 쓰는 사람들일 것이다. 흥미 있는 것은 그중에 민중문학을 옹호하는 사람도 있다는 점이다. 더욱 아이러니컬한 것은 민중과 대중의 옹호를 표방하는 민족문학작가회의에서 발행하는 《오늘을 여는 작가》조차도 대중문학을 폄하하는 특집을 기획했다는 점이다. 그러나 원고를 청탁 받은 필자들의 소신 있는 주장으로 그 특집은 스스로 해체와 재구성의 과정을 거쳐 균형 있는 결과를 내놓았으며, 《오늘을 여는 작가》의 편집인들 또한 그러한 결과를 받아들이는 포용력을 보여주었다.

《오늘을 여는 작가》의 이 특집 사건은 지금 우리 문단에서 갑작스럽게 범람하는 대중문학으로 인해 문학의 질적 저하를 우려하는 목소리가 높아지고 있는 데 비례해 대중문학을 옹호하고 제자리를 찾아주려는 열의와 관심 또한 만만치 않음을 잘 보여주고 있다는 점에서 중요한 의미를 갖는다. 이영미와 황광수의 글은 이제 지식인 주인공이 등장해 인생과 우주의 고뇌를 독백하는 『젊은 예술가의 초상』(제임스 조이스(James Joyce))의 시대는 지나갔으며, 평범한 주인공이 등장해 대중의 삶과 애환을 제시하는 대중문학의 시대가 도래했다는 사실을 잘 보여준다. 바꿔 말하면 이제는 대중문학도 당당하게 자신만의 특성과 목소리를 갖는 시대가 되었다는 것이다.

그런데 위 필자들을 비롯한 대중예술 옹호자들은 대부분 지식인 예술과 대중예술은 명백히 서로 다른 것이라고, 그래서 그 둘 사이에는 현저한 차이가 있다고 주장한다. 그러한 주장은 결코 틀린 것이 아니며, 또 지식인 예술의 잣대로 대중예술을 예단하려는 사람들을 쉽게 침묵시킬 수 있는 효과적인 방법이다. 그러나 그러한 주장은 자칫 지식인 예술과 대중예술을 이분법적으로 구분하는 부정적인 결과를 초래할 수도 있다. 왜냐하면 포스트모던 시대로 불리는 오늘날의 특징 중 하나는 분명 고급예술과 대중예술 사이의 경계 해체이기 때문이다.

우선 문학을 예로 들면, 포스트모던 소설로 분류되는 토머스 핀천의 『제49호 품목의 경매』나 가브리엘 마르케스(Gabriel Marquez)의 『백년 동안의 고독』에는 지식인이 아닌 그저 평범한 사람들이 주인공으로 나오지만, 이 작품들은 그 어느 고급예술이나 지식인 문학 못지않은 심오한 문학적 주제를 다루고 있다. 또 움베르토 에코(Umberto Eco)의 『장미의 이름』이나 밀란 쿤데라(Milan Kundera)의 『참을 수 없는 존재의 가벼움』은 대중소설이 아니면서도 그 어느 대중소설보다도 더 재미있고 더 많이 팔려나가 예술적으로뿐만 아니라 상업적으로도 성공한 순수문학작품이다.

한편, 마이클 크라이튼(Michael Crichton)의 『쥬라기 공원』이나 댄 브라운(Dan Brown)의 『다빈치 코드』는 재미있는 대중소설로 분류되면서, 동시에 포스트모던 인식에 근거한 예리한 문명 비판에 성공한 작품들이다. 예컨대 『쥬라기 공원』을 통해 독자들은 상업주의와 자본주의, 인간의 탐욕과 이기주의, 유전공학의 남용, 테크놀로지의 오용, 환경생태계의 파괴, 이성 중심주의, 기계주의, 그리고 컴퓨터 맹신에 대한 비판적 시각을 배우게 된다. 또한 『다빈치 코드』를 통해서는 정통·이단, 절대적 진리 혹은 비진리 같은 이분법적 가치관의 문제점과 자신만이 옳다는 확신의 위험성, 그리고 감추어진 — 침묵당한 — 또 하나의 역사 — 진실 — 에 대해 성찰할 수 있게 된다. 이 정도로 중요하고 중후한 주제들을 함축하고 있다면, 비록 대중소설이라 할지라도 그 작품은 충분한 문학적 가치가 있다고 말할 수 있다. 아무리 읽어도 무슨 말을 하려는 것인지 알 수 없는 난해한 일부 지식인의 문학작품보다는 차라리 재미있고 유익하며 깨우침을 주는 대중문학이 더 나을 수도 있다는 것이다.

상업적 성공의 여부 역시 고급예술과 대중예술을 판가름하는 척도가 되지는 못한다. 예컨대 이문열이나 황석영의 소설들이 베스트셀러가 되었다고 해서 대중소설이 아닌 것처럼, 상업적으로 실패했다고 해서 곧 고급문학이나 지식인 문학이 되는 것도 아니다.

또한 문학도가 아닌 일반 대중들에게 엄청나게 팔려나간 순수문학 작가들의 작품들은 과연 지식인 소설인가, 아니면 대중소설인가 하는 문제도 대두된다. 예컨대 유주현의 『조선총독부』나 유현종의 『연개소문』, 최인호의 『별들의 고향』 또는 조정래의 『태백산맥』 같은 베스트셀러들은 순수·고급·지식인 소설인가 아니면 대중소설인가? 그 외에도 수많은 순수문학 작가들이 썼던 그 많은 신문소설들은 어떻게 분류해야만 하는가? 문학작품을 꼭 순수·고급문학과 대중문학으로 구분해야만 하는가? 어떤 작품을 순수·고급·지식인 문학과 대중문학으로 구분하는 납득할 만한 근거는 무엇이며, 또 그와 같은 구분에는 과연 어떠한 의미가 있는 것인가?

그와 같은 의문을 품다 보면, 우리는 다시 한번 지식인 예술과 대중예술 사이의 경계선이 사실은 대단히 모호하다는 사실을 깨닫게 된다. 똑같은 누드화라도 미술관에 걸려 있으면 예술이 되지만 거리에 나오면 외설로 취급받을 수 있다는 이야기 역시 둘 사이의 경계가 임의적임을 잘 말해준다. 왜냐하면 지식인 예술에도 대중성이 있을 수 있으며, 대중예술에도 예술성이 있을 수 있기 때문이다. 그렇기 때문에 그 둘 사이에 명확한 경계선을 긋는 것은 결코 쉽지 않은 일이다.

그리고 그것은, 곧 수준 높은 대중예술의 경우에는, 지식인 예술의 관점이나 분석 방식도 사실 얼마든지 적용될 수 있다는 것을 의미한다. 예컨대 지식인 문학을 주창했던 모더니스트들은 대중문학에는 통일성과 상징성이 결여되어 있다고 보았다. 그러나 앤서니 이스트호프(Antony Easthope)가 『문학 연구에서 문화 연구로』에서 지적하고 있듯이, 사실은 대중문학에서도 얼마든지 통일성과 상징성을 찾아볼 수 있다. 위 책에서 이스트호프는 조셉 콘라드(Joseph Conrad)의 『암흑의 핵심』과 에드가 버러스(Edgar Burroughs)의 『타잔』을 비교하는 과정을 통해, 후자에도 전자에 못지않은 나름대로의 상징성과 통일성 그리고 제국주의에 대한 예리한 비판이 발견되고 있음을 보여주었다.

영상 텍스트에 나타난 현실 인식

이와 같은 시각은 비단 문학작품뿐 아니라, 영화나 텔레비전 드라마에도 적용될 수 있다. 예컨대 영화에도 고급·지식인 영화가 있고, 대중영화가 있으며, 지식인 문학작품만큼이나 예술성이 높고 주제의식이 강렬한 문제작들도 있다. 심지어는 오락영화처럼 보이는 것들 중에도 진지하고 심각한 문학적 주제들이 훌륭하게 형상화되어 있는 경우가 많다. 혹자는 영화가 예술적 주제까지도 상품화한다고 비난하지만, 사실 순수·고급·지식인 작가들 중에서 자신의 작품이 상업적으로 성공하기를 원하지 않는 사람이 과연 몇이나 있겠는가?

「터미네이터」와 「타이타닉」의 제작자인 영화 감독 제임스 카메룬(James Cameron)이 만든 텔레비전 시추에이션 드라마 「다크 엔젤」은 그의 작품들이 모두 그렇듯이 오락물처럼 보이면서도 그 속에 중후한 문명 비판을 담고 있는 좋은 작품이다. 21세기 초에 일어난 핵폭발로 미국은 모든 것을 잃고 부패가 만연한 빈민 국가로 전락한다. 제시카 알바가 역을 맡은 여주인공 맥스는 2009년 유전공학을 이용해 아이들을 슈퍼 전사로 만드는 정부 비밀 기관 멘티코어(와이오밍 주 질레트 소재)에서 탈출해 현재 시애틀의 한 택배 회사에서 근무한다. 그녀가 시내 각지에 우편물을 전달하는 택배 회사에 근무한다는 것은 대단히 아이러니하고 상징적이다. 왜냐하면 택배 회사는 커뮤니케이션의 상징인데, 그녀는 모든 교류와 연락망으로부터 완벽하게 차단되고 고립된 고아이기 때문이다. 작품 후반부에 그녀는 항상 도시의 가장 높은 조형물 위에 올라가 고독한 독백을 반복한다.

맥스는 물론 끊임없이 멘티코어의 책임자인 라이데커의 추격을 받는다. 추적자들을 따돌리면서 그녀는 어린 시절 자신과 같이 탈출했던 동료들의 행방을 수소문한다. 그러던 와중에 맥스는 스트리밍 프리덤 비디오라는 레지스탕스 TV 방송을 운영하는 '아이스 온리'라고 불리는 지하 저항운동가 로건과 만나 절친한 친구가 되고, 둘은 같이 도시의 부패를 척결한다. 그리고 그와 같은 설정하에 「다크 엔젤」은 에피소드마다 중요한 문학적 주제들을 설정해 이야기를 풀어나간다.

「다크 엔젤」은 우선 핵전쟁에 대한 경고와 개인을 통제하고 억압하는 권력기관에 대한 비판으로 시작해 유전공학과 인체공학의 오용, 인간성 상실, 인간 교류의 단절, 그리고 암울한 미래의 비전에 대한 성찰을 가능하게 해준다는 점에서 한 편의 훌륭한 예술작품이 된다. 한편 맥스는 어린 시절 자신을 착취하고 억압했던 멘티코어의 영향으로부터 아직 자유롭지 못하다. 라이데커는 에피소드마다 부단히 추격해 오고, 그녀의 목 뒤에 새겨진 멘티코어의 바코드는 결코 지워지지 않으며, 간헐적으로 찾아오는 고통 때문에 그녀는 계속해서 약을 먹어야만 한다.

영국 케임브리지 대학 교수 토니 태너(Tony Tanner)는 『언어의 도시』라는 저서에서 미국인들은 모두 보이지 않는 권력기관이 자신을 억압하고 조종하려는 것에 대한 두려움을 갖고 있다고 지적했다. 「다크 엔젤」은 미국인들의 바로 그러한 두려움을, 그리고 더 나아가서는 모든 현대인들의 은밀한 공포를 잘 표출해 주고 있는 작품이다. 시종일관 등장하는 음울한 도시의 폐허와 어둡고 암울한 거리의 풍경, 그리고 좀처럼 웃지 않는 주인공 맥스의 굳어진 표정은 황량하고 어두운 세기말적 분위기 속에서 부단히 인간 존재의 의미를 탐색하고 있다.

또 다른 미국 텔레비전 드라마인「프리텐더 제로드」역시 인간을 통제하는, '센터'라는 보이지 않는 비밀기관과 그곳을 빠져나오려는 사람들의 필사적인 노력을 그린 수작이다. 이처럼 미국 영화나 드라마들은 현대 문학이론, 예컨대 탈중심 인식과 긴밀히 연관되어 이론과 실제, 그리고 순수문화와 대중문화 사이의 경계를 해체하는 실용주의를 보여준다. 센터는 천재 소년소녀들을 어렸을 때 부모로부터 빼앗아 은밀히 교육시켜 비밀요원으로 만드는 정부기관이다. 제로드 역시 어려서부터 센터에서 교육받은 '프리텐더'다. '프리텐더'란 신분이나 능력을 위장하는 사람, 그래서 그 누구로든지 행세할 수 있는 능력을 가진 사람을 의미한다. 성장한 후 그는 센터가 자신을 기만하고 조종했다는 것을 알고, 센터를 탈출해 방랑하면서 각지에서 곤경에 빠진 사람들을 돕는다. 물론 센터는 끊임없이 제로드를 추적해 오고, 제로드는 그들을 피해 신분을 위장하며 부단히 도피의 여정에 나선다.

제로드를 추적하는 사람들 중에는 센터 고위 간부의 딸인 파커가 있다. 어린 시절 센터에서 같이 성장해 기본적으로는 제로드의 편인 파커 역시 애인이 생기자 센터를 떠나 통제받지 않는 자유로운 삶을 살고자 한다. 하지만 그녀의 아버지와 역시 센터 요원인 남동생이 그녀의 애인을 살해해 파커의 시도를 좌절시킨다. 파커는 분노하지만 증거를 남기지 않는 그들의 교묘한 수법 때문에 항의 한번 제대로 못한 채 좌절하고 끝내 센터를 떠나지 못한다. 이 드라마에서 눈에 보이지 않는 기관인 센터는 한번 발을 들여놓으면 결코 떠날 수 없는 무서운 존재로 제시된다.

미국의 드라마들이 대개 그렇지만,「프리텐더 제로드」역시 에피소드마다 중요하고도 훌륭한 주제들을 설정해 드라마를 이끌어가는데, 그것들의 제시 방법이나 시청자들에게 미치는 영향은 그 어느 문학작품 못지 않게 탁월하다. 인간 만사와 삶에 대한 다각도의 성찰을 담은 이 드라마를 보고 있노라면 문학이 해야 할 일이 바로 이런 것이 아닌가 하는 생각을 하게 되며, 굳이 활자로 된 것만 문학이라고 해야 할 필요는 없을 것 같은 생각까지 든다. 우리에게 감동을 주고, 인식의 변화를 가져다주며, 삶과 죽음과 사랑에 대해 명상하고 반성해 보도록 해준다면, 형태야 어떻든 간에 그것이 바로 문학의 또 다른 모습이라는 생각이 들기 때문이다.

원래는 프랑스 영화였지만, 미국인들의 취향에 들어맞아 미국에서 다시 영화화되고, 결국에는 텔레비전 시추에이션 드라마로도 제작된 「니키타」 역시 보이지 않는 정부기관의 조종과 억압에 대한 비판적 성찰을 담은 뛰어난 작품이다. 여자 사형수 니키타는 사형을 당하는 대신 정부기관의 암살요원으로 다시 태어난다. 그녀에게는 처음부터 선택의 여지가 주어지지 않는다. 암살요원이 되기를 거부하는 순간, 그녀는 죽음을 각오해야만 한다. 그러한 상황에서 암살자가 된 니키타는 매번 도덕적인 문제에 직면하게 되고, 그때마다 인간성을 포기하라는 보스의 명령을 받게 된다. 인간성의 회복과 자유를 향한 니키타의 절규와 시도는 매번 냉혹하게 거부당하고 그녀는 오직 좌절과 실망의 쓴맛만을 맛보게 된다. 니키타의 상황은 어떤 의미에서 현대인 모두의 상황으로 확대된다. 우리는 모두 보이지 않는 기관의 감시와 조종과 통제 속에서, 그리고 인간성과 도덕이 허용되지 않는 곳에서 자유를 상실한 채 시키는 대로 타자를 암살하며 살고 있는 니키타와 같은 사람들인지도 모른다. 영화와 드라마는 둘 다 마지막에 니키타를 탈출시킨다. 니키타는 드디어 자신을 조종해 온 기관으로부터 탈출하는 데 성공해 자유와 인간성을 쟁취한다. 그것은 현실에서는 불가능하지만 그러나 모든 현대인들이 꿈꾸는 궁극적인 소망일 것이다.

이런 영화나 드라마들은 사실 그 어떤 문학작품에도 뒤지지 않을 만큼 진지한 문학적인 주제들과 씨름하고 있다. 만일 문학이 삶과 죽음에 대한 인식론적 고뇌이자 인생의 양태에 대한 성찰의 결과물이라면, 위 드라마들은 바로 그러한 작업을 충실히 그리고 뛰어난 솜씨로 성취해 내고 있다. 다시 말해 비도덕적이고 진부한 불륜 같은 소재를 무슨 대단한 존재에 대한 고뇌나 되는 것처럼 포장해 내놓는 순수·고급·지식인 문학보다는 오히려 이러한 드라마들이 더 문학적이고 더 예술적이며 더 지적일 수도 있다는 것이다. 문학은 이제 스스로의 안일함을 반성하고, 영상·전자매체에 대한 무조건적인 비난과 적개심 대신, 다른 매체로부터 새로운 상상력을 얻으려는 겸허하고도 적극적인 태도를 가져야만 할 것이다.

문학의 활로는 과연 무엇인가

그렇다면 이렇게 대중문화가 확산되고 영상문화와 전자문화가 활자문화를 압도하는 시대에 순수문학은 과연 무엇을 어떻게 해야만 할 것인가? 작가나 평론가 중에는 시대가 아무리 변해도 여전히 구태의연한 작품들을 써내는 사람들이 있는가 하면, 가만히 앉아서 위기설을 부르짖는 사람들도 있고, 대중문화와 영상문화를 폄하하고 비판하는 사람들도 있다. 그러나 이러한 소극적 태도는 문학의 미래에 전혀 도움이 되지 않는다. 가장 도움이 되는 사람들은 시대의 변화를 인식하고, 인식의 변화를 두려워하지 않으며, 적극적으로 새로운 길을 탐색하는 진취적인 작가들과 문학이 나아갈 길을 찾아 제시해 주는 선구자적 비전을 가진 평론가들이다. 1960년대 텔레비전의 등장으로 문학의 위기설이 팽배했을 때, 미국의 소설가 존 바스는 벽에 부딪친 작가들을 미로 속에서 길을 잃은 테세우스와 고향으로 가는 길을 찾기 위해 바다의 노인 프로테우스와 씨름하는 메넬라오스에 비유해 다음과 같이 말했다.

> 미로란 결국 모든 선택의 가능성이 고갈된 장소이다. 거기에는 미노타우로스가 패배와 죽음이냐 아니면 승리와 자유냐, 하는 두 가지 최후의 가능성을 갖고 기다리고 있다. (…) 메넬라오스는 세상이라는 더 큰 미로에서 길을 잃었다. 그래서 프로테우스가 현실의 위장을 다 고갈시킨 후 진정한 자신의 모습으로 돌아갈 때까지, 길을 알아내기 위해 그 바다의 노인을 꽉 잡고 있어야만 한다. 그것이야말로 구원을 목표로 하는 영웅적인 투쟁이다.
> ——「고갈의 문학」, 『현대문학의 위기와 미래』, 1999년

프로테우스는 아리아드네가 준 실마리(clue)를 갖고 있었기에 미노타우로스를 죽이고 무사히 미로에서 빠져나올 수 있었다. 그러나 현대의 작가에게는 그러한 구원의 실마리가 없다. 우리는 다만 미로 속에서 스스로의 힘으로 출구를 찾아야만 한다. 그렇지 않으면 미노타우로스로 상징되는 대중문화와 영상·전자매체에 의해 죽임을 당하게 될 것이다.

그러므로 바스는 우리에게 문학의 위기만을 부르짖지 말라고, 또 대중문학의 '지성의 빈곤'만을 탓하지 말라고 질타한다. 그는 또 전자매체와 영상매체만을 비난하지 말고, 부단한 반성과 성찰을 통해 미로에서 탈출할 수 있는 출구를 찾기 위해 끊임없이 현실을 붙잡고 씨름해야만 한다고 말한다. 바스는 그러한 영웅적 과업을 수행한 작가로 아르헨티나 작가 호르헤 루이스 보르헤스(Jorge Luis Borges)를 들었다. 보르헤스는 이 세상을 하나의 거대한 미로로 보았고, 자신을 그 미로의 출구를 찾아 헤매며 온갖 형태로 위장하고 있는 리얼리티와 씨름하는 사람으로 보았던 특이한 작가이다. 훗날 포스트모던 문학정신으로 불리게 된 보르헤스

와 바스의 그러한 태도는 문학이 전례 없는 위기를 맞고 있는 오늘날 작가들이 나아가야 할 길을 보여준다는 점에서 중요한 의미를 갖는다.

최근 국내 작가들과 비평가들 중에 문학의 변화와 인식의 전환을 주창하고 또 실천하는 사람들이 많이 생겨나는 것은 대단히 고무적인 일이다. 예컨대 김예림은 이렇게 말하고 있다.

> 문학이 진정한 가치의 전유자, 의미의 최후 보루라는 믿음은 몇몇 계기를 통해 급격하게 무너지기 시작했는데, 무소불위의 시장논리, 또 문화론의 확산, 영상매체와 뉴미디어의 세력 확장 등이 그 계기의 일부일 것이다. (…) 문학 외부의 여타 문화적 영역들의 세 확장, 뉴 미디어의 지배적 영향력이 문학의 위치 변화를 가속화한 것은 사실이지만 이를 부정적으로만, 비판적으로만 볼 수는 없을 것이다. 이전 시대에 문학에 할당되어 온 크고도 중요한 몫이 선험적으로 주어진 게 아니라면, 그리고 문학의 내포와 외연이 고정불변의 본질을 가진 것이 아니라 역사적으로 형성된 것이라면, 계속적인 변화 자체가 곧 운명인 문학은 새롭게 조성된 환경과 구도 속에서 다시 자기의 성격과 영역을 찾아나가야 한다.
> ——「문학에 대한, 문학을 위한 질문들」, 《문예비평》 2001년 가을호

이러한 견해와 제안은 사실 10여 년 전부터 선각자들에 의해 제시되어 온 것이지만, 오늘날 젊은 비평가들에 의해 광범위하게 동의 및 지지되고 있다는 사실이 고무적이다. 아직도 문학의 신성성과 절대불변성을 주장하며 귀족주의적 우월감과 아집의 패각 속에 은둔해 있는 사람들과 달리, 이들은 바스의 말대로 미로의 출구를 향한 탐색을 시작했고, 정형이 없는 리얼리티와의 씨름을 시작했기 때문이다. 김인호는 최근 상재한 평론집에서 다음과 같이 쓰고 있다.

대중문화라는 것도 그런 측면에서 살펴볼 수 있다. 그동안 고급문화의 지배 아래 놓여 있었지만 그것도 그 나름의 독자성을 지니고 있었던 것이다. 이럴 때 '전문화' 되어 가던 고급문화의 절대성이 의심받고, 그 문화가 '대중화' 되거나 '상품화' 될지라도, 혹은 자본과 권력의 논리에 놀아나 믿을 수 없는 대중에 의해 가치도 모르면서 사용될지라도, 그것이 고급문화의 대안이 될 수 있고 새롭게 자리 매김될 여지도 존재하는 것이다. (…) 그것을 보며 로고스 중심적인 사유를 하는 사람들은 숭고한 가치란 모두 사라졌다고 한탄하기도 한다. 실제로 대중문화의 범람은 혼란을 방기하는 것처럼 보이기도 한다. 하지만 근대의 기획이 실패했다는 것을 어느 정도 자인할 수밖에 없는 지경에 이르렀다면, 새로운 패러다임을 위한 일정한 정도의 혼란은 감내해야 하는 것이 타당하다고 말할 수도 있다.
―「탈구조주의와 대중문학」,『해체와 저항의 서사』, 2004년

위의 인용은 대중문화나 대중문학으로 인해 문학의 숭고한 가치가 다 사라졌다고 한탄만 할 것이 아니라 이제는 새로운 시대의 패러다임을 받아들이고 인식의 변화와 문학 양식의 변화를 추구해야만 한다는 것을 암시해 주고 있다. 문학과 예술의 숭고한 가치가 다 사라졌다고 탄식하는 것은 다분히 모더니즘적 사고방식에서 비롯된 것인데, 특히 한국에서 그러한 탄식이 많이 들려오는 것은 우리나라가 아직도 모더니즘적 사고에서 크게 벗어나 있지 않기 때문이다.

전술한 대로 한국인들은 아직도 양반주의와 문사주의의 강력한 영향 아래 살고 있다. 중국에 무림이 있을 때 우리에게는 유림과 사림이 있었고, 일본에 사무라이가 있을 때 우리에게는 선비와 문반이 있었다. 그런 강력한 인문학적 전통에서 대중문화에 대한 폄하는 당연한 현상일 수밖에 없다. 최근 디지털 시대의 문학에 대한 관심을 갖고 많은 글들을 발표하고 있는 최혜실은 『디지털 시대의 문화 읽기』라는 책에서 그러한 요즘

의 변화에 대해 다음과 같이 기술하고 있다.

> 예술성의 개념은 디지털 매체의 출현에 의해 더더욱 그 모순을 드러내게 된다. 원본과 복사본의 구별이 없다는 점, 작품의 감상보다 참여의 행위와 과정이 중요시되면서 예술에선 보존 가치보다 향유되는 과정이 더 중요시된다. 이 과정에서 자신을 고립시킴으로써, 그리고 소통을 거부함으로써 자본주의 사회의 모순에 대항했던 예술의 존립 방식은 이제 다시금 성찰되고 있다. 수용자를 각성시키는 순수예술의 미학에 앞서, 이 모순의 사회에서 그래도 자신을 긍정하려는 즐거움을 위해 기꺼이 속아주려는 '놀이하는 사람'으로서 수용자의 입장이 떠오르는 것은 이러한 상황을 증명하는 것이다.
> ―『디지털 시대의 문화 읽기』, 2000년

최혜실은 활자문화나 문자문화가 이야기의 한 방식일 뿐 영원불변한 것이 아니기 때문에, 문자에 스스로를 묶어놓지 말고 '이야기'라는 문학의 원형에 자신을 개방시켜 놓는다면 문학은 현재의 위기를 확장의 기회로 바꾸어놓을 수 있다고 보고 있다. 이제는 양방향성·비선형성·멀티미디어성을 특성으로 하는 다매체 시대 또는 디지털 서사의 시대가 도래했기 때문이다. 그래서 그는 문자문학이나 활자매체가 이제 더 이상 예전의 영향력을 행사하고 있지 못하는 현실을 솔직하게 받아들이는 한편 전자영상매체가 제공하는 하이퍼텍스트에서 문학의 확장 가능성을 탐색하고 있다.

이런 현상이 개탄해야 할 일이라거나 일시적인 일이 아니라는 사실을 이제 대부분의 사람들이 사적 공간에서는 시인하고 있다. 왜냐하면 이 현상은 본질적으로 인류의 의사소통 수단으로서 영상매체가 출현했기 때문에 나타난 것이다. 단순히 동구권의 몰락, 거대담론의 부재로 사람들의 시선을 모을 중심담론이 부재하기 때문만은 아닌 것이다. 말로 의사소통을 하던 인류가 문자를 발명한 이후 책을 중심으로 지식이 생산·전달되던 전통이 이제 디지털 미디어의 발명으로 새로운 전기를 맞으려 하고 있다. 텍스트와 본질적으로 다른 하이퍼텍스트에서 지식은 전례에 없던 방식으로 생산·교환·소비되고 있다. 이와 동시에 영상매체는 훨씬 쉽고 본격적으로 우리 앞에 서 있다.

─『디지털 시대의 문화 읽기』, 2000년

이와 같은 진보적이고 진취적인 사고가 외국문학과가 아닌, 국문과 출신 학자들 사이에 퍼져나가고 있다는 사실은 크게 고무적이 아닐 수 없다. 우리 문학이 스스로를 열어놓고 새로운 패러다임을 탐색하는 자세를 갖는 한 한국 문단에서 문학의 위기는 사라질 것이기 때문이다. 게다가 최근 읽어본 우리 작가들의 작품에서 새로운 패러다임에 대한 인식의 변화가 여기저기에서 엿보이고 있어 우리 문학의 미래에 대한 희망과 기대를 갖게 해준다. 예컨대 백민석의 『장원의 심부름꾼 소년』, 박상우의 『까마귀 떼 그림자』, 또는 구광본의 『나의 메피스토』는 모두 새로운 양식의 문학 창출을 시도하고 있으며 나름대로 탄탄한 결실을 거두고 있다.

'잡종문화 이론'의 새로운 가능성

순수문학에 대응하는 '잡종문화(hybrid cultures)' 이론을 제안해 지금 세계적으로 각광받고 있는 비평가가 바로 멕시코의 학자 가르시아 칸클리니다. 그에 의하면 문화의 신성성을 주장하는 순수문학은 그동안 지배문화로서 헤게모니를 영속화하기 위해 비순수문화·주변부문화를 억압해 온 종교적·정치적·인종적·예술적 근본주의의 산물이다. 그러므로 그는 전에는 불경스럽다고 비난받아 온 잡종 교배를 통해 오히려 새로운 가능성을 창출하자고 제안한다. 그의 제안은 물론 지식인 문학과 대중문학뿐 아니라 서구문학·비서구문학, 또 남성문학·여성문학, 그리고 전근대·현대·탈현대의 혼성 공존으로까지 확대된다. 칸클리니는 이렇게 주장한다.

　전통적인 것과 현대적인 것 간의 극명한 대립이 유용하지 않듯이, 고급문화적인 것, 민중적인 것, 그리고 대중적인 것 사이의 차이 또한 예전과는 달리 모호하다. 이 구분을 문화의 다층적 개념들인 세 가지 차원으로 해체하여 각각에 해당하는 분과학문의 도구들, 곧 고급문화를 다루는 미술사와 문학, 민중적인 것을 신성화하는 민속학 및 인류학, 그리고 대중문화의 전문 영역인 커뮤니케이션 작업들을 이용해 잡종화가 이해될 수 있는지를 증명하는 것이 필요하다. 그러기 위해서는 각 층들을 연결하는 계단을 자유롭게 이동할 수 있는 유목민적 사회과학이나, 각 층들을 다시 디자인해 각 층들 간의 수평적 연결을 모색하는 사회과학이 필요하다. (…) 아마 이 텍스트는 고급문화적인 것, 민중적인 것, 그리고 대중화된 것이 각각 하나의 통로가 되지만 일단 안으로 들어가면 모든 것들이 혼합되어 있는 하나의 도시처럼 이용할 수 있을 것이다. 그러므로 각 장은 다른 장들을 지시하기 때문에 처음에 어떤 길로 들어왔는가는 아무런 의미가 없다.
　　　　　　　　　　　　　　—「잡종문화들」,『잡종문화』, 1995년

칸클리니에 의하면, 미술사나 문학은 그동안 고급문화를 담당해 왔고, 인류학이나 민속학은 민중문화를 구성해 왔으며, 문화산업은 대중문화를 생성해 왔다. 또 전근대의 전통주의자들이 민족적·민중적 문화들을 산업화의 물결 속에서 온전히 보존하고자 했다면, 현대주의자들은 예술을 위한 예술을 주창하면서 실험과 혁신을 통해 진보에 대한 자신들의 환상을 성취하려 했다. 그 결과 수공예품은 박람회 같은 민중적 장소로, 그리고 예술작품은 미술관과 박물관으로 들어가게 되었다. 칸클리니는 이 모든 것들을 상호배티적인 것이 아니라 상호보충석인 것으로 파악하고 잡종 교배 즉 혼성성의 중요성을 주창한다. 그는 도시를 연구할 때 인류학자는 걸어서, 사회학자는 차를 몰고, 그리고 커뮤니케이션 학자는 비행기를 타고 도시로 들어와 나름대로 독특하면서도 부분적인 시각으로 도시를 파악하기 때문에 이 세 가지의 이상적인 혼합이 가장 바람직하다고 말한다. 또한 순수·고급·지식인 문학도 산업 시대의 상품이 될 수 있고, 대중문학도 순수문학이 될 수 있다고 주장하며, 순수·고급·지식인 문학과 대중문학의 경계 해체와 잡종 교배를 제안한다.

그렇다면, 순수·고급·지식인 문학은 이제 시대의 변화에 능동적으로 대처하면서 스스로의 경계를 없애고 타 매체와 제휴하며 타자를 포용함으로써 문학의 영역을 현저히 확장시켜야만 한다. 학생들은 이제 더 이상 순수문예지들을 사 보지 않고, 문학작품들을 읽지 않고 있다. 이대로 간다면 문학은 곧 대중독자들을 떠나 그저 전문가들끼리만 돌려 읽다가 박물관에나 보존되는 문화적 유물로 남게 되는지도 모른다. 바스의 말대로 문학은 지금 심각하게 그 효용가치를 의심받고 있다. 과거 활자 매체 시대에 문학이 누렸던 특권과 영광은 이제 다시는 돌아오지 않을 것이다. 그러므로 과거에 대한 향수에 연연하지 말고, 문학은 이제 새롭게 태어나야만 한다. 새로운 매체, 새로운 상상력, 그리고 새로운 양식을 찾아 작가들은 길 잃은 메넬라오스처럼 정형이 없는 프로테우스와의 씨름을 계속해야만 한다. 리얼리티가 본래의 모습을 드러내고 미로의 출구가 나타나는 것은 바로 그 순간일 것이다.

문학은 과연 위기인가

문학의 위기, 문학의 소외

최근 한국 문단은 소설의 위기와 비평의 위기에 대한 논의에 휩싸여 있는 것처럼 보인다. 예컨대《세계의 문학》1996년 겨울호는 샐먼 루슈디(Salman Rushdie)의「언제 소설이 위기가 아닌 적이 있었던가」라는 글을 통해, 그리고《문학정신》1997년 봄호는「비평의 위기, 비평의 부활」이라는 특집을 통해 각각 한국소설과 비평의 위기를 논했다. 그런 맥락에서 보면《세계의 문학》1997년 겨울호의 좌담「새로운 문학논리를 찾아서」나《문학정신》의 특집인「1990년대 한국문학의 출구 찾기」,「진단, 한국문학 30~40대 작가들」,「한국문학 세대론」같은 것들 역시 모두 소설과 비평의 위기를 진단하고 그 해결책을 모색해 보려는 진지한 시도로 비춰진다.

심지어《문학정신》1997년 가을호는「소외의 문학, 문학의 소외」라는 특집을 통해 지금은 아예 문학 자체가 위기를 맞았다고 진단했다. "이제 아무도 문학을 읽지 않는다."라는 다소 성급하고 암울한 문장으로 시작되는 「편집자가 독자에게」라는 서두의 글에서 이 잡지는 오늘날 수많은 사람들 사이에 익명으로 묻혀버린 작가들의 위상과 수많은 문화상품 중 하나로 전락해 버린 문학의 현 위치를 개탄하고 있다.

그렇다면 과연 한국문학은 지금 위기에 처해 있는 것일까? 한국문학의 현황은 어떠하며, 앞으로 나아갈 길은 무엇인가? 소설은 왜 죽어가고 있으며, 비평은 또 왜 위기에 처하게 되었는가? 문학은 정말 소외되고 있는가? 문학이 문화의 중심으로 복귀하는 날이 다시 돌아올 수 있을 것인가? 도대체 한국문학에 미래가 있는가? 21세기는 과연 문학의 황금기가 될 것인가, 아니면 쇠퇴기가 될 것인가? 의문은 끊임없이 이어지지만, 거기에 대한 답은 쉽게 나오지 않는다. 새 시대의 혼란과 불안 속에서 우리는 현재의 어둠을 통찰하고 미래의 구름을 투시할 수 있는 혜안을 심각하게 결여하고 있기 때문이다.

비평의 위기, 비평의 진로

먼저 비평의 위기에 대해서 생각해 보자. 지금은 비평의 시대다. 1957년 최초의 전업 비평가 노스롭 프라이(Nothrop Frye)가 등장한 이래 전문 비평가들은 비평을 창작보다 우위에 올려놓았고, 그 결과 지금은 비평가의 수가 작가보다 더 많게 느껴지는 시대, 비평이 창작보다 더 많이 쏟아져 나오는 시대, 그리고 작품은 안 읽어도 그 작품에 대한 비평은 읽는 시대가 되었다.

그럼에도 불구하고 한국 문단에서는 여전히 비평의 위기를 우려하는 목소리들이 작가들과 비평가들 사이에서 높아지고 있다. 그러한 우려의 정점은 1996년 말 갑자기 비평지면을 삭제해 문학평론가들의 간담을 서늘하게 한 《세계의 문학》의 변모로 나타났는데, 1997년 초가 되자 비평가들의 절망감이 극에 달했든지《문학정신》에는「문학비평은 죽었다」라는 선언까지 실렸다.

물론 위의 두 경우는 서로 다른 맥락에서 이해해야만 할 것이다. 예컨대《세계의 문학》의 경우는 이제 더 이상 아무도 읽지 않는 비평을 빼고 대신 아직도 수요가 있는 창작을 주로 싣는 한편 문학에 대한 열린 태도를 견지하고 해외문학 정보를 적극적으로 수용하겠다는 것을 새로운 편집 방침으로 내세운 것이다 — 고백하건대, 당시 미국에 있었던 나 역시《세계의 문학》의「해외문학 정보 적극 수용」분야의 핵심요원으로 차출되어 그 일익을 담당했다. 반면《문학정신》의 경우는 상업주의와 물질주의가 극에 달한 오늘날 저질문화에 의해 주변으로 밀려난 문학과 비평의 무력감과 당혹감에서 비롯된 것이다.

그럼에도 불구하고 비평의 위기에 관한 한, 위 두 계간지의 우려는 궁극적으로 서로 통하고 있다. 왜냐하면 독자들이 요즘 비평을 읽지 않는 이유 중 하나는 분명 상업주의가 독자들의 시선을 다른 데로 돌려놓고 있기 때문이다. 사실 예전에는 소설 읽기가 거의 유일한 오락이었던 시절도 있었다. 그러나 지금은 텔레비전, 비디오, 영화, 비소설 베스트셀러, 주간지, 그리고 컴퓨터 게임과 인터넷 게임 등 온갖 종류의 엔터테인먼트 미디어가 소설을 대신하는 시대가 되었다. 그리고 현실이 워낙 변화 없고 무미건조해서 신나고 감동적인 허구가 필요하던 예전과 달리 지금은 현실이 오히려 허구보다도 더 재미있고 더 믿기 어려운 시대가 되었다.

그래서인지《세계의 문학》은 비평 전문지인《현대사상》이라는 계간지를 하나 더 만들어서 비평을 아예 따로 독립시켰다. 비평 때문에 죄 없는 소설까지 피해를 보느니, 차라리 따로 살림을 차려줄 테니 비평은 비평가들끼리 돌려보든지 아니면 비평에 관심이 있는 전문인들만 보라는 것이다. 그래서 비평은 문예지의 지면에서도, 독자들의 관심권에서도 추방되고 말았다. 오래 되지 않아《현대사상》이 독자들의 외면으로 폐간되었음은 물론이다.

　사실 비평서가 안 팔린다는 것, 그래서 모든 출판사들이 평론집 출간을 꺼려한다는 것은 이미 잘 알려진 사실이다. 언젠가는 일부 인기 있는 필자를 제외하고는 비평시도 시집처럼 자비 출판을 하거나 출판 후 필자가 상당 부수를 소화해 주어야만 하는 날이 올는지도 모른다.

　현재 비평서에는 관례적으로 '저자의 이름+평론집'이라는 부제가 붙는다. 그런데 내 평론집 『뉴미디어 시대의 문학』의 표지에는 그런 부제가 없다. 잘 팔릴 책에 뭐 하러 '사지 마시오'라는 부제를 붙이느냐는 것이 출판사의 생각이었고, 원래 책의 출간을 출판사에 일임하고 별 신경을 쓰지 않는 나 역시 그런 것에 전혀 관여를 하지 않았기 때문이었다. 그러나 그동안 내가 쓴 책들은 비록 학술서적이라 할지라도 일 년 이내에 틀림없이 2쇄를 찍었건만, 웬일인지 『뉴미디어 시대의 문학』만큼은 10년이 지난 지금도 2쇄 인쇄에 들어갔다는 소식이 없다. 결국 아무리 부제를 붙이지 않았어도 목차를 훑어본 독자들에 의해 재미없는 평론집인 것이 들통났기 때문이라고밖에는 달리 설명할 길이 없다.

　그렇다면 도대체 독자들은 왜 문학평론을 읽지 않는 것일까? 우선 우리 문학평론이 너무 작가론과 작품론에만 치우친 것은 아닌가 생각해 볼 필요가 있다. 작가론과 작품론은 물론 필요하다. 예컨대 이상(李箱) 연구가 한국문학 연구에 끼친 학문적 업적을 생각해 보라. 그럼에도 불구하고 특정 작가나 작품을 연구하거나 비판한 글의 독자는 주로 국문학자나 국문학도에 한정될 수밖에 없다. 특정 작가나 작품을 좋아해서 그것에 관련된 비평을 읽는 사람도 있겠지만 그것은 아마도 극소수에 불과할 것이다. 보다 많은 독자들을 확보하려면, 개별 작가들에 대한 단절된 논의보다는 여러 작가들을 주제별로 묶어 논의하거나 시대별로 나누어 비평하는 접근법이 훨씬 더 효과가 있을 것이다.

　굳이 독자들을 의식하지 않더라도 문학 비평을 미시적인 작가 해설이나 작품 분석에서 거시적인 문화 비판이나 문명 비판 또는 사회 비평의 차원으로 확대시키는 것은 분명 바람직한 작업이다. 그래야만 비평가가 문학과 문화와 사회에 대해 보다 더 확고한 비평의 책무와 비평가의 사명감을 느낄 수 있을 것이기 때문이다. 예를 들면 미국의 비평가 레슬리 피들러를 유명하게 만들어준 비평서 『미국소설에 나타난 사랑과 죽음』은 바로 그러한 경우를 보여주는 가장 좋은 예다. 이 비평서에서 피들러는 개별 작가론이 아니라, 미국소설 전통에 면면히 흐르고 있는 미국인들의 원형적 심리와 미국 문화에 내재해 있는 미국 특유의 신화를 거시적인 안목으로 논의하고 있다. 그 결과 이 책은 많은 독자들로부터 "소설보다 더 재미있는 비평서"라는 평을 받았다.

다음으로 비평은 시대를 앞서가며 미래를 예시하고 새로운 문학이론을 창출해 내야만 한다. 다시 말해 작가가 써놓은 작품만을 뒤따라 다니며 칭찬하거나 비판하는 것보다는 작가들보다 앞서 가며 작가들에게 창작의 지표가 될 만한 새로운 이론을 제공해 줄 수 있어야 한다는 것이다. 작가들은 자신의 작품을 평해 놓은 평론에 관심이 있는 만큼이나 자신의 창작에 도움이 될 수 있는 새로운 이론에도 관심을 갖고 있다. 예컨대 에드워드 사이드의 반제국주의 문학이론이 많은 탈식민주의 작가들의 이론적 근간이 되고 있는 것은 그 한 좋은 예가 된다. 그러기 위해서 비평가들은 물론 끊임없이 공부하고 연구하며, 깊은 성찰과 사유를 게을리 하지 않아야만 할 것이다.

위와 같은 일들을 문학 비평가가 하지 못할 때, 그 작업은 자연히 다른 사람들에게 넘어가게 된다. 요즘 갑자기 대거 등장해 문학 비평가들로부터 빈축을 사고 있는 문화 비평가들이 그 한 좋은 예다—사실 사회 평론가, 대중문화 평론가, 대중음악 평론가, 만화 평론가 등 요즘에는 거의 모든 분야에 평론가 타이틀이 붙고 있다. 문학 비평가들은 도대체 "누가 그들에게 문화 비평가라는 타이틀을 붙여주었는가?", 그리고 "새파랗게 젊은 사람들이 도대체 문화를 어떻게 평한다는 것인가?"라고 반문한다. 그러나 그러한 문화 비평가들이 혹시 문학 비평가들의 직무 유기나 보수적 무사안일주의 때문에 생겨난 것은 아닌지 한 번쯤 숙고해 보아야만 할 것이다. 만일 문학 비평가들이 진작부터 거시적인 안목으로 문화 비평까지를 포함하는 비평 작업을 했더라면 굳이 별도로 문화 비평가들이 등장하지 않았을 수도 있었을 것이라는 얘기다.

어떤 의미에서 문학 비평은 그동안 너무나 편협한 범주에만 머물러 있었기 때문에 그 기능의 일부를 문화 비평가들에게 빼앗겼는지도 모른다. 문화 비평가들이 자생적으로 생겨난 것은 분명 독자들로부터 그만한 수요와 요구가 있었기 때문이다. 그렇다면 그것은 최근 독자의 상실로 비평의 위기를 겪고 있는 문학 비평가들에게 시사하는 바가 크다. 혹자는 이 시점에서 문화는 저급하고 문학은 고급이어서 그 둘은 서로 섞일 수 없다고 생각할는지 모르지만, 그건 대단히 단순하고 잘못된 생각이라고 아니할 수 없다. 여기서 말하는 문화가 꼭 대중문화를 의미하는 것만은 아니기 때문이다.

바로 이 시점에서 우리는 문화 비평가들에 대한 문학 비평가들의 곱지 않은 시선이 혹시 자신의 영역을 침범당한 데 대한 반사적인 거부반응은 아닌지 생각해 보게 된다. 그러나 기득권 주장이나 영토권 다툼은 이제 그만 접어두고, 이제 우리는 경계를 넘고 간극을 넘어 타자를 포용하는 공동 작업에 같이 참여해야만 한다. 비평가들은 이제 새로운 형태의 문학이나 문화도 적극적으로 수용하고 논의해야만 한다. 그렇지 않을 경우 우리는 "문학이 죽은 것이 아니라, 사실은 문학을 바라보는 비평가의 눈이 죽었다."라는 비난을 면치 못하게 될 것이다.

최근 비평가들에 대한 작가들의 불만과 비판 또한 귀담아들을 필요가 있다. 그러한 불만은 대개 작가들이 애써 써놓은 귀한 작품들을 비평가들이 제대로 읽어보지도 않고 간단히 매도한다는 데 기인한다. 정말이지 작가들의 글쓰기 능력이나 작품을 비난하는 것이 비평가들의 주 작업이라면 그 어느 작가가 비평가를 필요로 하겠는가? 비평가들의 주 작업 혹은 주 기능은 작가의 장점을 살려주고, 작가 자신도 채 깨닫지 못한 좋은 점들과 새로운 가능성들을 작품에서 발견해 독자들에게 알려주는 것이어야만 한다. 물론 정치적인 의도에서 자기 계열이나 취향의 작가들을 미사여구로 칭찬만 하라는 것은 아니다. 다만 비평가란 작가를 비판하기 위해서 있는 것만은 아니라는 것, 그리고 진정으로 능력 있는 비평가라면 작품에 숨어 있는 의미를 캐내어 작가 자신까지도 놀라게 할 수 있을 정도가 되어야만 한다는 것이다.

마지막으로, 요즘 비평이 읽히지 않는 또 하나의 중요한 이유는 글쓰는 기술이나 정확한 학문적 지식 또는 깊은 성찰과 사유가 부족한 비평가들의 글이 간혹 여과 없이 발표되고 있기 때문이다. 주어와 동사조차 서로 일치되지 않을 정도로 기본적인 문법도 안 되어 있는 문장들, 서구 비평이론이나 비평가들에 대한 부정확한 지식과 이해, 표피적이고 선동적인 주장과 성급하고 단순한 단정, 그리고 일방적으로 상대방을 헐뜯는 독설 — 이와 같은 비평은 도대체 아무리 읽어도 그 의미를 알 수가 없거나, 아니면 비평의 품위와 신뢰도를 떨어뜨려 더 이상 읽어보고 싶은 의욕을 없애고 만다. 최근 여러 문학지에서 읽은 많은 평론들이 안타깝게도 바로 위와 같은 문제들을 가지고 있었다.

그럼에도 불구하고 비평은 필요하고 또 살아남을 것이다. 사실 작품을 읽고 알 수 없었던 것들이나 미처 생각하지 못했던 것들을 비평이 설득력 있고 정확하게 풀어줄 때 답답했던 독자의 가슴이 그 얼마나 시원하겠는가? 또 글쓰기가 안 되고 문학의 미래가 걱정될 때 무릎을 칠 수밖에 없는 새로운 혜안과 깨달음을 비평이 가져다준다면 공허하던 작가의 마음이 그 얼마나 든든하겠는가? 비평은 이제 리얼리즘·모더니즘 논쟁 같은 철 지난 지엽적 문제에서 벗어나, 문화·문명·환경·생태·생명 같은 보다 더 큰 삶의 문제들로 관심을 돌려야만 할 것이다. 그리고 그러한 움직임은 이미 사방에서 소리 없이 시작되고 있다.

소설의 위기, 소설의 죽음

그렇다면 소설은 과연 위기를 맞고 있는가? 소설의 위기론과 소설의 죽음론은 소설이라는 장르가 탄생하자마자부터 있어 왔기 때문에, 사실 하등 새로울 게 없다. 1960년대 초에 이미 노먼 포도레츠는 「문학에 미래가 있는가?」라는 글을 썼고, 레슬리 피들러는 「소설의 죽음」을 선언해 문학의 위기를 주장했다. 그러나 문학은 아직도 건재하고 소설은 아직도 많이 읽히고 있다. 그러므로 이제 와서 새삼 소설의 죽음을 논하는 것은 진부한 짓일 수도 있다.

그럼에도 불구하고 많은 소설가들이 이 하이테크 시대의 영상세대 독자들을 앞에 놓고 허구와 상상력의 효용성에 대해 심각한 불신과 불안에 빠져 있다. 정말이지 오늘날 우리의 현실은 그 어떤 픽션보다도 더 재미있고 더 생생하며 더 허구적이다. 정말이지 신문이 소설보다 더 재미있고 텔레비전 뉴스가 책이 주는 정보보다 더 생생한 이 시대에 굳이 머리를 쥐어짜서 허구인 이야기를 지어낼 필요가 있을까? 그래서 조지 스타이너(George Steiner)는 "오늘날 어떤 소설이 최고의 르포르타주, 그러니까 최고의 내러티브와 겨룰 수 있을 것인가?"라고 묻는다.

과연 우리나라에서도 요즘 초대형 베스트셀러들은 모두 비소설류가 차지하고 있다. 소설류 베스트셀러도 있긴 하지만 판매 부수는 비소설류에 비교도 안 될 만큼 적다. 그리고 요즘에는 비소설류도 소설만큼 재미있고 감동적이다. 그래서 사람들은 굳이 소설을 찾지 않는다. 또 한때 소설에서 주로 얻었던 감동과 정보를 텔레비전이나 영화나 컴퓨터에서도 얻을 수 있는 이 시대에 독자들 역시 굳이 허구인 픽션을, 그것도 활자매체를 통해 왜 읽어야만 하는지 이해하지 못하는 경우가 많다. 그래서 문학 지망생 수는 급속도로 줄어들고, 문학에 대한 매력 역시 급격히 떨어지고 있다. 그러한 추세에서 어문학과 학생들 가운데도 문학보다는 영화나 비디오나 텔레비전이나 컴퓨터 쪽으로 관심을 돌리는 사람들이 점점 더 많아지고 있다. 심지어는 문예창작과 학생들도 대부분 순수문학 작가가 아닌 방송 작가가 되기를 더 선호한다.

그럼에도 불구하고 소설은 없어지지 않고 살아남을 것이다. 양식의 변화를 겪어야만 할는지는 모르지만, 그래도 소설 자체가 없어지는 일은 결코 없을 것이다. 독자들 역시 사라진 것이 아니라 다만 루슈디가 '탈문자 세대'라고 부른 영상세대로 변형되었고, 책 또한 플라스틱 책으로 바뀌었을 뿐이다. 그렇다면 '소설의 죽음'이란 없고, 다만 진부한 소설 양식의 죽음만 있을 뿐이다. 문학의 본질은 변하지 않겠지만, 문학의 양식은 시대의 요구에 따라 얼마든지 변화할 수 있기 때문이다. 루슈디는 이렇게 말한다.

> 내 생각에는 소설에 위기란 존재하지 않는다. 소설이란 본래 스타이너 교수가 갈망하고 있는 '혼합 양식'인 것이다. 소설은 부분적으로는 사회적 탐구이고, 부분적으로는 환상이며, 부분적으로는 고백이다.
> ―《세계의 문학》 1996년 겨울호

루슈디의 위 지적은 참으로 정확하게 소설의 본질을 드러내고 있다. 정말이지 소설은 사회적 탐구이자 환상이며 개인의 고백이다. 그렇다면 원래가 혼합 양식인 소설이 다른 것을 포용한다고 해서 안 될 것은 없다. 문제는 우리가 소설이 순수하다고 착각한다는 점이다.

인생이나 창작이란 어차피 하나의 창조적 게임이자 놀이라고 생각한 사람은 미국 작가 로버트 쿠버였다. 『우주의 야구협회』 같은 소설에서 쿠버는 삶과 글쓰기를 바로 그러한 '형이상학적 유희'로 파악하고 있다. 그런 시각으로 보면 인류 역사도 어쩌면 신들의 체스 게임 같은 것인지도 모른다. 그러한 그가 최근 컴퓨터 윈도를 이용해 소설을 쓰고 판매하고 읽는 하이퍼픽션에 관심을 갖게 된 것은 당연한 것처럼 보인다. 나는 최근 미국에서 활발하게 시도되고 있는 하이퍼픽션이나 테크노픽션을 특별히 지지하지는 않지만, 앞으로 문학은 그러한 하이테크 소설 양식까지도 인정해야만 한다고 생각한다. 하이퍼텍스트 또는 하이퍼픽션의 특성은 그것이 독자에게 텍스트 또는 소설을 재구성할 수 있는 자유를 주어 저자와의 대화를 가능하게 해준다는 데 있다. 정해진 틀과 답이 정해져 있는 종이 책에 익숙한 기성세대에게는 그것이 대단히 불안해 보일 수도 있겠지만 열린 플라스틱 책에 익숙한 젊은 세대에게 그것은 오히려 창의력을 키워주는 무한한 가능성을 의미한다. 에코는 다음과 같이 말한다.

> 종이 책은 정해진 것을 바꿀 수가 없다. 여러분은 운명의 법칙을 받아들여야 하며, 자신이 운명을 바꾸지 못한다는 것을 깨달아야 한다. 그러나 하이퍼텍스트 능력을 갖춘 대화형 소설은 우리에게 자유와 창조의 기회를 부여하며, 나는 미래의 학교에서 그런 창조적 활동이 이루어지기를 희망한다.
>
> ―《출판저널》 1996년 5월호

나 역시 에코처럼 우리의 아이들이 하이퍼텍스트 식의 교육을 통해 창의력을 키워나가게 되기를 바라며, 우리의 소설들 역시 그렇게 열린 결말을 허용하게 되기를 희망한다. 정해진 운명을 바꿀 수 있다는 것은 얼마나 신나는 일인가? 비록 텍스트 속에서나마 말이다.

그렇다면 사이버픽션이나 컴퓨터 소설까지도 포용해서 안 될 것은 없을 것이다. 다만 그러한 새로운 형태의 소설들이, 또는 컴퓨터의 사이버 공간에 매료된 젊은이들이 성급하게 "이제 종이 책, 활자 책의 시대는 끝났다."라고 선언해서는 안 된다. 이 세상에 소멸하는 것은 없다. 모든 것은 다만 변형될 뿐이다. 우리는 낡은 것을 새것으로 대체하며 살고 있는 것이 아니라 그 두 가지를 다 갖고 살고 있다. 어린아이는 노인을 대체하지 못한다. 그 두 세대는 같이 살다가 하나는 사라져가고 또 하나는 늙어갈 뿐이다. 신구세대는 공존한다. 그것이 바로 문화의 속성이며, 역사의 흐름이다.

문예지의 위기, 다성적 잡지의 출현

오늘날 문예지들은 잘 안 팔린다. 문예지를 출간해 재정적 흑자를 보는 경우는 겨우 하나나 둘 정도고, 나머지는 모두 현상 유지나 적자라고 한다. 그럼에도 불구하고 문예지들이 명맥을 유지하는 이유는, 그것이 문단에서의 헤게모니 유지에, 그리고 단행본 출간으로 이어지는 좋은 작가나 필자들의 확보에 필수적이기 때문이다. 작가들이나 비평가들의 경우, 문예지는 물론 작품을 발표할 수 있는 중요한 매체이다. 문예지가 없어지면 작가들은 직접 단행본을 위해 집필해야만 하고, 또 원고를 들고 출판사를 찾아다녀야 하는 부담을 안게 된다. 이 밖에 여러 가지 이유에서 문예지가 없어지기를 바라는 작가는 없다.

그런데 최근에는 문학과 사회 비평과 영상매체와 대중문화를 같이 다루는 다성적 잡지들이 갑자기 많이 생겨났고, 그 결과 기존의 순수 문예지들은 심각한 위협을 느끼기 시작했다. 그렇다면 그러한 잡지들의 출현은 과연 바람직하지 못하며 문학에 부정적인 결과만을 초래할 것인가? 물론 문학작품의 상품화나 상업화는 늘 경계해야만 한다. 하지만 그러한 잡지들은 어쩌면 기존의 문예지들이 다루지 못하거나 다루지 않는 분야에 대한 급격한 수요 증가 때문에 생겨났는지도 모른다. 그렇다면 다양성을 위해 우리는 그러한 잡지들의 존재를 허용하고 인정해야만 한다. 새로운 것들에 대한 두려움은 언제나 기득권을 가진 측의 불안 심리에서 비롯된다. 자신감을 갖는 한 새로운 것을 두려워할 필요는 없다. 우리는 자신과 다른 것들과 공존하는 방법을 배워야만 한다.

한국 문단에는 각기 특색을 달리하는 여러 개의 문예지들이 있다. 문예지가 서로 다른 특성을 갖는 것은 너무나 당연하다. 그러나 만일 문예지가 특정 그룹이나 파벌의 권력 유지 수단으로 사용된다면 그것은 분명 잘못된 것이다. 문예지가 잡지의 특성이 아니라 소속 당파의 특성으로 구분된다는 것은 안타깝고도 유감스러운 일이다. 문예지마다 노선과 성향이 같은 작가들과 비평가들이 속해 있고 필자들이 고정되어 있다면, 이 또한 슬픈 일이다. 닫힌 체계가 활력을 잃고 스스로 질식되어 붕괴된다는 것은 자명한 사실이다. 그럼에도 불구하고 우리의 문예지들은 여전히 배타적이고 타자를 향해 문을 닫고 있는 것처럼 보인다. 문학의 위기를 초래하는 것은 사실 바로 그러한 분파주의와 파벌주의인데도 말이다.

서점에서 문예지를 구입하는 사람들은 대개 20대 초반의 직장 여성들과 30대 초반의 회사원들이라고 한다. 그렇다면 지성의 상징인 대학생들은 다 어디로 갔단 말인가? 그들은 도서관에서 취업 준비와 토익·토플·텝스 시험 준비에 여념이 없다. 그 결과 우리 문학의 미래가 오직 20대 초반 여성들과 30대 초반 직장인들에게 달려 있다는 사실은 고무적이면서도 슬픈 일이다.

문학은 사실 언제나 위기였다. 그럼에도 불구하고 지금까지 문학은 살아남았다. 특히 한국처럼 아직도 시집이 잘 팔리는 나라, 아직도 문학도들과 문학 지망생들이 많은 나라, 그리고 아직도 국민들이 문학을 사랑하는 나라에서 문학의 미래는 결코 어둡지만은 않다.

최근 고맙게도 내게 보내주는 여러 시인들의 시집을 읽어보며, 그리고 아직도 시집이 베스트셀러가 될 수 있는 한국인들의 시 사랑 정신을 보며, 나는 우리 시의 미래도 밝다고 생각한다. 열역학 제1법칙은 "우주의 에너지는 일정하다."이다. 즉 에너지는 소멸되는 것이 아니라 다만 변형될 뿐이라는 것이다. 그렇다면 문학 역시 죽거나 없어지는 것이 아니라, 다만 변화되어 갈 뿐이라고 말할 수도 있을 것이다.

개인과 사회 그리고 문학의 길

텍스트와 컨텍스트

문학은 개인의 사적 체험의 기록인가, 아니면 집단의 공적 경험을 담은 사회적 문서인가? 문학이 생성된 이후 그와 같은 질문은 꾸준히 계속되고 있지만, 거기에는 정답이 없다. 문학은 기본적으로 개인적이고 사적인 것이면서도 동시에 사회적이고 공적인 것이기 때문이다. 문학이 성취해야만 하는 궁극적 목표인 '보편성'도 사실은 사적인 것에서 공적인 것으로 나아가야만 하는 문학의 본질을 잘 보여주는 한 예이다.

그럼에도 불구하고 문학의 사명과 기능에 대해서는 시대마다 열띤 논쟁이 있어 왔다. 특히 역사적 질곡이 많았던 우리나라의 경우 그러한 문제는 20세기 초부터 시작된 순수문학과 참여문학 논쟁, 1980년대의 모더니즘과 리얼리즘 논쟁, 그리고 1990년대의 사소설과 이념소설 논쟁 등을 통해 언제나 문단의 뜨거운 쟁점이 되었다. 문제는 그 둘 중 그 어느 것도 절대적인 답이 아니라는 데 있다. 문학은 결코 사적인 기록만도 아니며, 그렇다고 정치 이데올로기를 위한 이념적 도구만도 아니기 때문이다. 또 반대로 문학은 개인적 체험과 인간의 내면 세계를 중요시하면서도 동시에 사회적이고 역사적이며 정치적이어야만 하기 때문이다.

그렇지만 그러한 이상적 조화는 현실적으로 쉽게 이루어지지 않았고, 그래서 매 시대 양극은 늘 충돌과 갈등을 반복해 왔다. 그것은 미국의 경우에도 예외가 아니어서 모더니즘의 전성기였던 1920년대에는 순수문학론이 우세하다가 경제공황 시기였던 1930년대에는 이념문학·참여문학이 지배적이었고, 산업 시대였던 1940~1950년대가 되자 다시 개인의 사적 공간과 소외를 중요시하는 문학이 등장했으며, 진보주의 시대였던 1960년대에는 또다시 사회의식이 강한 문학운동이 일어났다. 그러다가 미국 사회가 보수주의로 회귀한 1970~1980년대가 되자 미국 문단은 다시 한번 사적인 세계로 되돌아갔다.

당시를 회상하며, 비평가 에드워드 사이드는 "1960년대 이후, 미국의 문학 비평은 그것을 산출한 역사적·사회적 컨텍스트에서 벗어나 점점 더 텍스트의 미궁 속으로 침잠해 들어갔다."라고 개탄하고 있다. 즉 상아탑 이론이었던 신비평을 비판하며 새롭게 등장한 현대 문학이론들, 예컨대 구조주의·탈구조주의·해체이론·독서이론 등도 여전히 현실로부터 괴리된 상아탑 속에 은둔한 채 사변적이고 추상적인 논쟁만을 계속해 왔다는 것이다. 사이드는 문학이 결코 사회적·역사적·정치적 맥락으로부터 자유로울 수 없다고 주장하며, 문학의 세속화를 주장한다. 그러면서도 그는 문학이 결코 개인과 분리될 수 없으며, 개인의 사적인 체험과 대단히 밀접한 관계가 있음을 역설한다. 예컨대 명저『오리엔탈리즘』에서 그는 "내가 이 책을 쓰게 된 개인적인 동기는 두 개의 영국 식민지에서 자라난 동양 어린이로서의 자아 인식 때문이다."라고 밝히고 있다. 즉 유럽의 식민지에서 성장하고 교육받은 식민지인, 그리고 나라를 잃어버린 영원한 망명객인 팔레스타인인으로서의 독특한 체험과 자기 인식이 바로 자기 문학 세계의 근간이 되고 있다는 것이다. 사이드는 자신의 그러한 사적인 경험을 역사적·사회적 문학 비평을 통해 곧 모든 인간의 보편적 상황으로 승화시키는 데 성공하고 있다.

그래서 사이드에 의하면 텍스트와 컨텍스트는 똑같이 중요한 의미를 갖는다. 텍스트만을 중요시할 때 순수문학론이 나오게 되고, 컨텍스트만을 중요시할 때 참여문학이 나오는데, 사실 그 둘은 서로 분리할 수 없는 동전의 양면과도 같다. 그럼에도 오늘날 우리는 컨텍스트는 무시하거나 무관심한 채 오직 텍스트만을 중요시하는 경향 속에 살고 있는 것처럼 보인다. 그러나 컨텍스트를 배제한 텍스트란 존재할 수 없으므로, 텍스트를 산출해 내는 컨텍스트의 중요성을 잠시라도 잊어서는 안 될 것이다. 텍스트는 자체 충족적이 아니라, 언제나 다른 텍스트와의 관련과 맥락 즉 컨텍스트에서만 존재하기 하기 때문이다.

문학의 내면화와 비현실적 환상의 추구

한국문학사에 있어서 1980년대는 이념의 시대이자 현실 참여의 시대였고, 개인보다는 사회가 우선하던 시대였다. 그러나 오랜 군부독재가 서서히 막을 내리고 드디어 정치적 안정기에 접어든 1990년대에 들어서면서부터 한국문학은 점차 개인적 체험의 사회화 경향과 첨예한 현실 인식에서 벗어나 개인의 주관적 내면 세계와 비현실적 환상 세계로 침잠해 들어갔다. 시대적 변화와 세대의 교체가 불러온 그러한 갑작스러운 변화는 필연적으로 1990년대 한국문학에 대한 상반된 평가와 혼란스러운 진단을 불러왔다. 일부 비평가들은 소위 신세대 문학이라고 불리던 1990년대 문학의 경박성과 비정치성을 경고했으며, 또 일부 비평가들은 새롭게 등장한 신세대 문학의 참신성과 탈이념성을 찬양했다.

1990년대 문학의 공과(功過)는 결국 후세의 평가를 받게 되겠지만, 이 시점에서 우선 지적할 수 있는 것은 그것이 1980년대에 대한 반동으로 인해 정치와 사회, 그리고 역사와 현실로부터 너무 멀리 떨어져 나갔고, 그 결과 컨텍스트를 떠나 텍스트 속으로 침잠해 들어갔다는 점이다. 그리고 그 과정에서 '사적인 내면 세계의 탐색'이라는 이름하에 개인의 일기장에나 묻어두어야 할 것들도 버젓이 출간되었다. 또 작가의 사적인 경험이 전혀 여과되거나 승화되지 못한 채 소설이라는 이름으로 출판된 것들도 적지 않다. 1990년대 문학의 가장 큰 문제점은 그것이 문학의 본질 중 하나인 투철한 현실 인식과 역사의식, 또는 예리한 사회 비판 의식이나 정치적 관심을 심각하게 결여하고 있었다는 점이었다. 왜냐하면 문학이란 아무리 사적인 체험에서 출발한다 하더라도, 궁극적으로는 그 시대의 역사적·사회적·정치적 상황의 산물이며, 당대의 문화를 반영하는 중요한 매체이기 때문이다.

그럼에도 불구하고 1990년대 문학이 나름대로 장점을 갖고 있었으며, 꽤 가치 있는 문학적 성취를 이루어냈다는 사실을 부인할 수는 없다. 예컨대 1990년대 문학은 1980년대의 이념문학이 소홀히 했던 개인의 중요성과 인간 내면 세계의 탐구, 인간 존재에 대한 고뇌에 대한 인정, 그리고 또 다른 현실 즉 환상에 대한 포용의 가능성을 보여주었으며, 그러한 것들을 효과적으로 담아내는 신선하고도 참신한 문체와 형식을 창출해 냈다는 점에서 중요하다. 또한 문학적 상상력과 창의력에 있어서도 1990년대 문학은 1980년대 문학보다 진일보한 것이었다. 사실 문학에 있어서 내용과 형식은 똑같이 중요한 것이지만 1980년대 문학에 있어서 중요한 것은 언제나 내용이었지 형식은 아니었다. 그런데 1990년대 문학은 내용과 더불어 형식의 중요성도 깨닫게 된 것이다. 다만 1990년대 문학이 과연 내용에 있어서도 충실했는가에 대해서는 논란의 여지가 있을 것이다.

1990년대 이후 한국문학은 또 판타지의 세계를 적극적으로 탐색해 문학의 새로운 가능성을 보여주었다는 점에서 주목의 대상이 된다. 우리는 흔히 리얼리즘 문학은 판타지 문학과 아무런 관련이 없는 것으로, 또는 판타지 문학보다 더 우월한 것으로 생각하기 쉽다. 그러나 문학은 근본적으로 환상적인 장르이며, 리얼리티와 판타지는 결코 이분법적 서열로 나눌 수 있는 것이 아니라는 사실을 간과해서는 안 된다. 다시 말해, 모든 문학은 리얼리티와 판타지의 결합이며, 그 두 요소가 서로 결합하고 적절히 조화를 이룰 때 비로소 훌륭한 문학작품이 산출될 수 있다. 예컨대 조세희의 『난장이가 쏘아 올린 작은 공』이나 윤흥길의 「아홉 켤레의 구두로 남은 사내」는 리얼리티와 판타지적인 요소가 결합해 탁월한 효과를 내고 있는 고전적인 경우이다.

1990년대와 2000년대 한국문학이 판타지의 영역을 또 다른 리얼리티와 또 다른 가능성으로 보고 탐색했던 우선적인 이유는 1980년대 문학이 자신의 영역에서 판타지나 판타지적인 요소를 철저히 배제했기 때문이다. 그러나 1990년대 작가들은 사실 문학에 있어서 리얼리티와 판타지가 마치 동전의 양면처럼 상호보충적인 것이라는 사실을 깨닫고, 바로 그 소외된 영역에서 새로운 가능성을 찾으려 시도했다. 그러나 그와 동시에 신세대 작가들이 판타지의 세계를 탐색하기 시작한 또 하나의 이유는 공상과학소설이나 판타지 소설이나 추리소설 같은 하위 장르에 대한 재조명과 재평가를 요청한 포스트모던적 인식과 시각 때문이다. 포스트모더니즘은 그동안 주류로부터 제외되고 소외되어 온 판타지와 판타지 문학의 가능성에 주목했는데, 리얼리즘 문학의 한계를 극복하고자 노력한 1990년대 우리 문학이 바로 거기에서 미로의 출구를 찾은 것이다.

2000년대 들어 국내 문단의 주류에서 판타지적 기법을 차용한 작품들이 속속 산출되는 가운데, 비주류에서는 아예 판타지 문학이라는 독립된 장르가 탄생해 전례 없는 인기와 호황을 누리는 현상도 일어났다. 초기에 판타지 문학은 그 명칭 자체만으로도 전통적인 작가들의 의심을 샀고, 냉대의 대상이 되었다. 그러나 사실 판타지 문학의 종주국인 영국의 경우 판타지 문학은 삼류작가들에 의해 쓰인 하류 장르가 아니라, 옥스퍼드 대학과 케임브리지 대학의 중세문학 교수들에 의해 태동된 당당한 본격 문학 장르였다. 예컨대 판타지 문학의 대가들인 루이스 캐롤(Lewis Carroll)이나 J. R. R. 톨킨(John Ronald Reuel Tolkien)이나 C. S. 루이스(Clive Staples Lewis)는 모두 옥스퍼드대학 교수들이었으며, 그들의 판타지 소설인 『이상한 나라의 앨리스』나 『반지의 제왕』이나 『사자, 마녀 그리고 옷장』 역시 오늘날 모두 당당한 본격문학으로 대접받고 있다.

그렇다면 문제가 되는 것은 판타지 문학이라는 장르 자체가 아니라, 우리나라 판타지 소설들의 질적 수준일 것이다. 국내에는 이미 판타지 소설 전문 작가나 판타지 문학 전문 출판사도 생겼지만, 대부분의 경우 작품들의 문학적 성취도는 기대 수준에 크게 못 미치는 것이 사실이다. 보다 더 심각한 문제는 — 비록 예외도 있지만 — 그런 함량 미달의 작품일수록 쉽게 베스트셀러가 되고, 작품성이 뛰어난 작품일수록 그렇지 못하다는 데 있다. 그러나 판타지 문학 중에도 진지하고 중후한 주제를 다루며, 본격문학과의 경계를 허무는 뛰어난 작품들은 있다.

김민영의 『옥스타칼니스의 아이들』은 바로 그러한 새로운 가능성을 보여준, 주목할 만한 작품이다. 엄밀하게 말해 기존의 판타지 문학과는 다른 이 작품은 시공을 초월하는 복합적 구성, 추리소설적 기법, 그리고 무거운 주제와 참신한 문체로 판타지 문학의 새로운 지평을 열었다는 평을 받고 있다. 김민영의 이 소설은 목적 없이 질주하는 신기술의 위험, 스피드의 시대에 우리가 잃어버린 소중한 것들, 현실을 대체하는 유토피아적 가상현실, 그리고 그 속에 숨어 있는 암울한 디스토피아라는 진지한 주제의 탐구를 통해 최첨단 현대문명에 대한 준엄한 경고의 메시지를 던지고 있다.

그렇다면 잘만 하면 판타지 문학에서도, 또는 비현실적 판타지의 세계에서도 얼마든지 수준 높은 예술성과 예리한 문명 비판의 성취가 가능하다고 말할 수 있을 것이다. 사실 현실에 대한 보다 더 강력한 비판은 직설적인 리얼리즘 소설보다는 오히려 우회적인 판타지 소설이나 공상과학소설이나 역사소설 속에서 더 효과적으로 이루어지며, 예술적으로 더 잘 형상화되는 것인지도 모른다. 다만 그러기 위해서는 판타지 소설의 질적 향상이 부단히 시도되고 또 이루어져야만 한다. 판타지 문학이 단순히 '컴퓨터 시대의 무협지 수준'에 머물러서는 결코 진지한 본격 주류 문학으로 격상되기 어렵다.

인간 존재에 대한 성찰, 여성 작가들의 새로운 움직임

1990년대의 문학을 단순히 이념적 가벼움이나 비정치성을 이유로 폄하할 수만은 없다. 사실 1990년대와 2000년대의 한국문학은 탈이데올로기 시대에 적절히 대처하고, 전자매체와 영상매체의 가공할 만한 위협 속에서도 나름대로 새로운 가능성을 추구했다는 점에서 긍정적인 측면을 갖기도 한다. 물론 그중에는 아예 정치적 불간섭을 표명한 현실도피적 작품도 있고, 사적 독백이나 개인적 푸념에 불과한 비역사적 작품들도 있으며, 아직도 구태의연한 내러티브 기법에서 벗어나지 못한 진부한 작품들도 있다. 그럼에도 불구하고 상당수의 작가들은 나름대로 새로운 상상력과 새로운 주제, 그리고 새로운 양식의 문학을 창출함으로써 한국문학의 발전에 공헌했다.

특히 1990년대에 대거 등장해 한국문학의 판도를 바꾸어놓은 여성 작가들은 비록 정치적 무거움의 결핍이라는 비판을 받기도 하지만 대신 1980년대에는 무시되었던 인간 존재의 무거움을 성찰했다는 점에서 중요한 의미를 갖는다.

조경란
삶과 존재에 대한 내면적 고뇌

1996년 《동아일보》 신춘문예에 「불란서 안경원」이 당선되어 등단한 조경란은 최근 한국문학의 긍정적인 변화에 중요한 역할을 담당하고 있는 작가로 평가된다. 그는 상호이해와 교류가 단절된 사회에서 인간이 느끼는 극도의 고독과 고립을 능숙하고도 유려한 문체로 풀어나가는 데 탁월한 역량을 보여주고 있다.

예컨대 「나의 자줏빛 소파」의 주인공 박숙자는 독신자들의 파티에서도 고립된 채 혼자 "거실 한가운데 놓여 있던 석유난로를 껴안다시피 하며" 서 있는 여자로 제시된다. 그녀가 느끼는 추위는 신체적인 것이라기보다는 물론 정신적인 것이다. 그러다가 그녀는 그만 자기를 감싸주는 외투의 일부를 태우고 만다. 또 뜨개질을 좋아해서 뜨개방 아주머니들의 모임에 나가지만, 그녀는 거기에서도 역시 유일한 미혼녀로서, 대화에서 제외된다.

박숙자는 예전에 6개월 동안 D서점 출입구에 앉아 스캐너로 명함을 만들어주던 때를 회상한다. 명함은 사람의 정체성의 표상이다. 그런데 그녀가 좋아했던 한 남자는 올 때마다 각기 다른 이름의 명함을 만들어가는 카멜레온 같은 사람이었고, 결국 저녁식사 약속 시간에도 나타나지 않는다. 박숙자는 점점 자신이 좋아했던 사람들로부터 낯섦을 느낀다. 심지어는 학창 시절에 자신이 좋아했던 단짝 여자 친구를 다시 만나면서도 그녀는 "이 도시 어디에서나 마주칠 법한, 어깨를 부딪치거나 발을 밟아도 한마디 인사 없이 지나쳐버리곤 하는 그런 낯선 얼굴"만을 발견한다. 심지어 그녀는 자신과 핏줄을 함께 나눈 가족들과의 유대에도 별 확신을 갖지 못한다. 바이러스 감염으로 실명된 채 물속에서 나오지 않고 있는 애완용 거북이도 주위로부터 고립된 주인공의 자화상처럼 제시된다.

박숙자의 고립은 완벽하다. 그러나 고독과 고립의 극한에서도 그녀는 결코 좌절하지 않는다. 그녀가 작품의 마지막에 남자를 주려고 짰던 스웨터를 풀어 자신의 외투를 짜는 모습, 그리고 이 소설 자체가 주인공의 편지로 이루어져 있다는 사실 등은 모두 타자와의 교류를 간절히 원하는 주인공의 심정과 노력을 잘 드러내주고 있다. 한 등장인물은 사람들이 타인에게 편지를 쓰는 이유를 "그건 바로 타인과 교통하고 있다는 느낌이야. 이 세상에 혼자가 아니라는 것 말이지."라고 말한다. 조경란의 주인공들은 어쩌면 바로 그러한 느낌을 위해 부단히 누군가를 사랑하고 또 그에게 편지를 쓰고 있는지도 모른다.

　작가 조경란은 정치적 이념보다 더 소중한 것이 삶과 존재에 대한 인간의 내면적 고뇌일 수도 있다는 것, 그리고 1990년대의 한국문학이 단순히 "참을 수 없는 존재의 가벼움"만을 다룬 것이 아니라 사실은 존재의 무거움과 인간의 존엄성, 그리고 개인의 중요성을 인식하고 포착했다는 것을 잘 보여준 재능 있는 작가이다. 특히 인간의 내면 세계와 의식 풍경을 묘사하는 그의 뛰어난 문장력과 독특한 문체는 대단히 인상적이다. 우수에 찬, 그러나 전혀 감상적이지 않은 문체를 통해 조경란은 소설을 마치 한 편의 시처럼 부드럽게 바꾸어놓고 있다. 만일 쿤데라가 시사했듯이 이념의 무거움보다 존재의 가벼움이 더 중요하다면, 조경란의 문학 세계는 한국문학의 발전에 중요한 일익을 담당하고 있는 셈이다.

함정임
교류의 단절과 고독

　함정임의 작품 세계를 관통하는 주제도 '인간 교류의 단절'이다. 최근 나온 작품집 『당신의 물고기』에 수록된 일곱 편의 작품들에서도 함정임은 인간의 생래적인 고립과 고독, 그리고 부단한 소외 의식을 하드보일드한 문체로 다루고 있다. 작가 함정임은 "처음 소설가가 된 십 년 전이나 지금이나 나는 기본적으로 인간과 인간 사이의 소통은 불가능하다고 생각한다. 사랑과 이해 또한 그렇다. 그렇기 때문에 나는 글을 쓴다고 생각해 왔고 말해왔다."라고 말한다. 그렇다면 그의 문학은 바로 인간과 인간 사이의 소통과 사랑을 가능하게 해주는 노력이자 매체가 된다고 볼 수 있을 것이다. 그런 의미에서 함정임의 문학 세계는 중요하고도 소중하다.

함정임의 중편소설「검은 숲」역시 인간 교류의 단절과 고독에 관한 이야기로 읽을 수 있다. 남편과 사별한 주인공인 "나"는 이방인의 나라인 독일에 가지만 만나고 싶었던 영우 선배는 끝내 나타나지 않는다. 영우 선배 대신 유진이 나타나고 "나"는 아무런 말없이 그녀의 곁을 떠난다. 작품의 마지막에 그녀에게 전화를 하려고 전화 부스에 들어가서야 "나"는 비로소 자신이 유진의 전화번호를 모른다는 사실을 깨닫는다. 이 작품에는 다만 이국에서의 완벽한 단절과 고립만 있을 뿐 인간 사이의 진정한 교류는 이루어지지 않는다. 주인공은 그러한 이방의 지역을 "시간이 바뀌어진 곳"으로 묘사한다. 그래서「검은 숲」에서는 내내 시간이 맞지 않는 시계가 등장한다. 한국과 유럽의 시간이 다르듯, 주인공 "나"의 심리적 시간 역시 주위 사람들의 시간과는 다르기 때문이다.

함정임의「버스, 지나가다」는 우편 취급소에 근무하는 여자와 수신인의 주소를 아무렇게나 쓴 편지들을 들고 와서 배달에 소요되는 시간이 얼마나 걸리는지를 묻고 가는 남자의 이야기가 서로 긴밀하게 맞물리며 진행되고 있다. 우편 취급소는 세계 각국, 전국 각지로 가는 편지들이 모이는 인간 교류의 교통 신호등과 같은 곳이다. 그곳은 자크 데리다(Jacques Derrida)의 말대로 커뮤니케이션의 센터이자 세계 각지로 메시지가 산포되는 탈중심의 지역이다. 그러나 그곳에 근무하는 송연은 인간관계가 단절된 고독한 여인이다. 어머니가 누구인지도 모르며 아버지마저 세상을 떠난 후, 그리고 그녀에게 처음으로 "자신만의 방"을 갖게 해준 첫 남자까지 죽은 후, 그녀는 현재 철저하게 고립되어 있다.

수신인이 없는, 그래서 목적지를 상실한 편지를 들고 우편 취급소를 찾아오는 남자 역시 부치지 않을 편지를 쓰는 솔 벨로(Saul Bellow)의 장편소설 『허조그』의 주인공 모세 허조그처럼 근본적으로 외롭고 고독한 남자다. 3년 전부터 손가락 마비증세로 오른팔을 쓰지 못하는 서른한 살의 그는 출판기획 대행사 소속 전문 번역가이자 기획사 카피라이터에게 아이디어를 제공해 주는 사람이다. 그의 인생은 자신의 선택이 배제된 대행사의 패키지 상품이자 문어발 식으로 일상의 균열을 흡수하는 회사의 한 촉수일 뿐이다. 단 한 번도 원본의 삶을 살아보지 못하고 번역만 하다가 — 그것도 회사가 정해 준 것들만— 오른팔이 마비된 남자는 문득 자유롭게 말을 달리며 원초적 삶을 누릴 수 있는 몽골의 초원을 그리워한다.

뼛속 깊이 스며드는 존재의 고뇌 속에서 두 남녀는 모두 초원에서 말을 달리는 유목민의 꿈을 꾼다. 몽골의 꿈을 꾸는 남자를 태운 버스는 떠난다. 그러나 버스는 다시 올 것이고, 그러면 사라진 자신들의 몽고반점을 찾는 여자와 남자는 오래전 상실한 유목민의 자유로운 삶을 회복할 수 있을는지도 모른다. 남자의 편지가 남기고 간 자취에서 여자는 언제나 메마른 가랑잎을 집어 든다. 작가 함정임은 바로 그 메마른 나뭇잎 속에서 몽골의 드넓은 초원을 본다. 생명의 근원이자 삶의 터전이었던 그곳에서 우리는 모두 한때 초원을 달리던 몽골의 기마민족이 아니었던가. 함정임은 「버스, 지나가다」에서 적절하고 풍부한 상징과 은유로 현대인의 단절과 고립, 그리고 인간 교류에 대한 희망을 잘 형상화시키고 있다.

함정임의 「골프 클럽 파티」에는 '달리는 여자' 란 부제가 붙어 있다. 이 소설의 화자는 이 세상에 "달리지 않고는 견딜 수 없는 사람들이 있다."고 말한다. 주인공 미나와 승희는 둘 다 사랑하는 사람을 잃어버린 여인들이다. 그리고 그 상처를 잊기 위해 두 사람은 끝없이 달려야만 한다. 그러나 미나는 승희에게 "보는 사람은 달리는 행위 자체가 치열하고 철저하게 보일지 몰라도 막상 달리고 있는 사람은 지루하고 심심한" 법이라고 말한다. 「골프 클럽 파티」는 상처받은 여주인공의 방랑과 여행을 주제로 한 일련의 소설들을 마무리 짓고, 삶에 대한 긍정과 더불어 이제 새로운 세계로 들어가려는 작가의 변화를 보여주는 주목할 만한 작품이다.

강석경
현대인의 존재 방식과 황폐한 시대 상황의 문학적 형상화

강석경의 「나는 너무 멀리 왔을까」를 관통하는 주제는 관(觀·棺)이다. 주인공의 이름이기도 한 '관'은 불교에서의 '觀'과, 죽음을 상징하는 '棺'이라는 이중의 의미를 담고 있어서 상징적이다. 그런 의미에서 주인공 '관'은 개인일 수도 있고, 동시에 한 시대나 한 나라의 은유일 수도 있다.

『이상한 나라의 앨리스』를 번역한 남자, 그리고 태어날 때 이 세상에 나온 충격으로 울지 않았던 남자인 38세의 노총각 '관'에게는 두 여자가 있다. 하나는 임신을 핑계로 결혼을 강요하는 O양이고, 또 하나는 영혼의 자매이자 쌍생아처럼 느껴지는 재연이 바로 그들이다. O양은 비록 새로운 생명의 탄생을 예고하고 있지만, 동시에 주인공 '관'에게는 죽음과도 같은 결혼을 강요하고 있다. 암울한 '관'은 경주에 내려간 재연으로부터 신라의 외교정책이었던 국혼(國婚)에 대해 듣고 흥미를 느낀다. 과연 신라는 김춘추의 누이와 김유신의 혼인으로부터 시작해 일본과 가야 그리고 백제 사이에 맺은 정략결혼을 통해 점차 한반도의 패권을 차지하고 결국은 삼국통일을 성취했다. '관'과 O양의 결혼 문제가 신라의 정략결혼과 강렬하게 병치되고, '관'의 사적 문제가 한 나라의 집단적 운명으로 확대되는 것은 바로 그 순간이다.

한편, '관'에게 재연은 환상 속의 소녀 앨리스와도 같다. '관'이 재연을 쌍생아 누이처럼 느끼는 이유도 '관' 역시 그녀처럼 환상 속에 살고 있어서인지도 모른다. 그러므로 재연이 하얼빈으로 떠날 때 '관'이 자기가 번역한 책『이상한 나라의 앨리스』를 주는 것은 대단히 상징적인 제스처가 된다. '관'이 환상 속에서 살고 있다는 것의 또 다른 예증으로는, 그가 시나리오 작가이며, 이 소설이 '관'의 꿈으로부터 시작하고 있다는 점이 있다. 소설의 초반부에 '관'은 자신이 꾼 꿈을 자신이 쓴 시나리오와 착각한다. 그렇다면 그에게 시나리오 쓰기는 곧 꿈꾸기를 의미하며, 그런 맥락에서 그는 꿈을 꾸며 살아가는 사람이라고 할 수 있다.

그런 그에게 LA의 닥터 박으로부터 오는 국제전화는 끈질기게 달라붙는 과거의 망령을 상징한다. 한때 그가 자포자기의 심정으로 호모인 닥터 박과 가졌던 '금지된 장난'은 과거의 악몽이 되어 끈질기게 그를 괴롭힌다. 닥터 박이 전화를 걸어올 때마다 적절하게도 그의 휴대폰에선 벨소리 대신「금지된 장난」의 멜로디가 울려댄다. 그러므로 닥터 박이 전화를 걸어오는 '관'의 휴대폰은 인간 교류의 수단이라기보다는 그의 현재와 미래를 위협하는 기기가 된다. 동성연애자인 닥터 박과의 관계에는 물론 새로운 생명의 탄생이 있을 수 없다. 닥터 박이 생식기를 다루는 비뇨기과 의사라는 점 역시 그런 점에서 상징적이다.

강석경의「나는 너무 멀리 왔을까」는 꿈으로 시작해 신화로 끝난다. 작품의 마지막에, 작가는 문무왕이 즉위한 직후 사비수 남쪽 바다에 나타났다는 생식기가 3척이나 되는 거대한 여자의 시체는 백제의 상징이지만, 불기 2545년 정월 보름 요당리 앞바다에 떠오른 시체는 신라의 죽음이었다고 말한다. 강석경의 주인공들은 신라 천 년의 고도인 경주로 흘러와 자신들의 뿌리를 찾으려 하지만 난장판 속에 더 이상 신라는 존재하지 않는다. 작가는 바다 위로 떠오른 거대한 여자의 시체 역시 생식기가 제거된 거대한 '관'의 시신이었다고 말한다.

강석경의「나는 너무 멀리 왔을까」는 개인의 꿈과 시나리오를 공동체의 집단신화로 승화시킴으로써, 현대인의 존재 방식과 황폐한 시대 상황의 문학적 형상화에 성공한 주목할 만한 작품이다. 이 소설은 개인의 존재론적 고뇌가 어떻게 사회 현실과 시대 상황에 대한 비판으로 확대될 수 있는가를 잘 보여주는 수작(秀作)이다. 작가가 마지막에 제시한 생식기가 제거된 거대한 시체의 신화적 의미는 여러 가지로 해석될 수 있다. 다만 작가가 바다 위로 떠오른 그 시체를 통해, 이제는 '관(觀)'을 잃고 생식력을 상실한 채 죽어 '관(棺)' 속에 누워 있는 현대인의 불모 상황을 슬퍼하고 있다는 것은 부인할 수 없는 사실이다.

「나는 너무 멀리 왔을까」는 『숲 속의 방』의 작가 강석경이 인도 여행을 다녀온 후 모처럼 오랜만에 발표한 신작 소설로, 불교 사상과 힌두교 사상, 현실과 꿈의 모티프, 그리고 개인과 사회의 갈등 등의 주제가 잘 녹아 있다.

공지영
진실과 허구, 삶과 예술 사이의 방황

공지영의 「우리는 누구이며 어디서 와서 어디로 가는가」는 현대인의 정체성 위기와 그에 따른 삶의 고뇌를 진실과 허구, 또는 삶과 예술 사이의 방황이라는 모티프를 통해 천착하고 있는 주목할 만한 작품이다. 이 소설은 우리에게 주어진 태생적 정체성이 결코 절대적이거나 고정된 것이 아니며, 따라서 자신의 운명은 스스로 선택하고 만들어나가는 것이라는 실존주의적 명제를 설득력 있게 제시하고 있다.

어느 날 우연히 자신이 입양아인지도 모른다는 사실을 알게 된 이 소설의 여주인공은 진실을 밝히기 위해 유전자 검사 제의에 동의한다. 그러나 그 검사 결과가 나오는 날, 그녀는 과거의 진실로부터 몸을 돌려 현실 세계로 돌아온다. 진실은 때로 치명적이어서 우리에게 지울 수 없는 상처를 주므로, 밖으로 드러내는 것보다는 안개나 베일에 가려지는 것이 더 안전하기 때문이다. 검사 결과를 보러 간 대학병원의 영안실에는 작가가 존경하던 어느 진보주의자 교수의 시신이 누워 있다. 탄생과 죽음이 동시에 이루어지는 그곳에서 그녀는 그 교수로 상징되는 자신의 과거를 잊기로 하고, 대신 현재와 미래를 선택한다. 집에는 아픈 아이가 그녀를 기다리고 있고, 그녀는 자신이 누구의 딸인가보다는 누구의 어머니인가가 더 절박한 문제라는 사실을 깨닫게 된다.

「우리는 누구이며 어디서 와서 어디로 가는가」는 작가 자신이 직접 화자이자 주인공으로 등장하는 특이한 실명소설이다. 거기에는 아마도 현실과 예술, 또는 사실과 허구 사이의 경계를 무너뜨리려는 작가의 의도가 숨어 있을 것이다. 그러나 화자와 개인적인 친분이 있으며, 생전의 회고담까지 여러 페이지에 걸쳐 서술되고 있는 K교수까지 실명으로 거론된 것은 이 작품이 감당해야만 하는 적지 않은 부담이다. 동서고금의 많은 작가들이 굳이 작중작가와 화자와 주인공을 별개의 인물로 등장시켜 복합적인 내러티브를 구축해 온 이유도 바로 그러한 부담을 피하기 위해서이다.

그럼에도 불구하고, 이 소설은 진실과 현실 또는 과거와 현재 사이에서 고뇌하는 현대인의 모습을 잘 부각시키고 있다. 주인공은 결국 진실 대신 현실을, 그리고 과거 대신 현재를 선택함으로써 스스로의 운명과 정체성을 결정하는 용기를 보여준다. 그녀가 존경하는 타계한 K교수에 대한 기억도, 비록 소중하지만 현재의 삶을 위해서는 잊고 극복해야만 하는 "과거"를 상징하는 좋은 은유가 된다. 공지영의 이 소설은 과연 "우리는 누구이며 어디서 와서 어디로 가는가", 즉 인간의 고립과 단절에 대한 보기 드문 문학적 성찰을 성취하고 있다.

고립과 단절은 공지영의 「고독」을 관통하는 주제이기도 하다. 한때는 시인이 되고 싶었지만 지금은 그저 평범한 주부일 뿐인 여주인공의 자기 성찰을 통해 작가는 여인의 고독, 더 나아가서는 인간의 "고독한 영혼"을 탁월한 글솜씨로 탐색하고 있다. 어머니의 슬픈 사랑과 죽음, 사라진 아버지, 의붓아버지의 죽음, 이복동생의 결혼 실패, 둘째 아들의 적응력 부족, 남편과의 교류, 그리고 소꿉친구 경식과의 사소한 일탈 등의 장치를 통해 작가는 삶의 외로움과 존재의 고독을 설득력 있게 보여주고 있다.

양귀자
억압하는 사회와 고뇌하는 개인

양귀자의 「늪」은 1980년대 군부 독재가 개인의 삶과 미래를 어떻게 철저하게 파괴했으며, 그것이 초래한 정신적 상처와 후유증이 지금도 어떻게 계속되고 있는가를 성찰한 소설이다. 거역할 수 없는 시대의 힘과 잔혹한 정치적 폭력 앞에 무참히 부서져버린 삶을 추슬러 황급히 이 나라를 떠난 사람들이나 이 소설의 주인공처럼 이 땅에 남아 평생을 남이 시키는 대로만 살아오다가 1990년대를 맞은 사람들 모두에게 당시의 아픈 기억은 아직도 사라지지 않고 마치 늪처럼 음습하게 고여 있기 때문이다.

그래서 이 소설에는 내내 비가 내린다. 비 오는 날이면 늪에는 물이 불어나고, 완쾌되지 않은 옛 상처는 쑤시는 법이다. 독재정권의 폭력에 모든 것을 잃고 20년 전 미국으로 떠났던 김 선생이 갑자기 돌아오는 것도 바로 그때이다. 암울한 빗속에 갑자기 찾아온 손님을 통해 주인공은 비로소 자신의 삶을 돌이켜보게 된다. 20년 후인 지금도 달라진 것은 별로 없고, 세월의 무상함과 삶의 가혹한 법칙만 발견한 채 김 선생은 다시는 돌아오지 않겠다며 미국으로 돌아간다. 그리고 김 선생과의 짧은 조우는 주인공에게 새로운 깨우침을 준다. 그런 의미에서 「늪」은 지난 20년 동안 우리가 과연 어떻게 살아왔는가에 대한 문학적 반성문이라고 할 수 있다.

「늪」은 쉽게 읽힌다. 쉽게 읽히는 것을 대중성이라고 한다면 이 시대에 대중성을 탓하는 것은 별 의미가 없다. 지금은 대중문화의 시대이고, 소설 역시 쉽고 재미있어야 독자들을 불러 모을 수 있기 때문이다. 다만

이 소설에 좀 더 복합적이고 정교한 문학적 장치와 주제가 들어 있었더라면 좋았을 것이라는 아쉬움은 토로할 수 있을 것이다. 독자가 찾아내야 할 주제가 이미 선명하게 드러나 있거나 구성이 너무 단순하고 평범하면 작품의 가능성과 매력이 그만큼 줄어들기 때문이다. 그럼에도 불구하고 「늪」은 그러한 문제점들을 쉽게 극복할 수 있는 이 작가의 평소 역량이 잘 드러나 있는 좋은 작품이라 생각된다.

신경숙
인간 존재의 고뇌에 대한 천착

신경숙의 「그가 모르는 장소」는 또다시 우리에게 '떠남'과 '인간관계'의 의미를 상기시켜 주는 잔잔한 분위기의 감동적인 소설이다. 다른 남자를 찾아 자신을 떠나간 아내, 그리고 그 아내에게 하나밖에 없는 딸을 떠나보내는 주인공. 홀로 남은 그는 "어디에나 있고 어디에도 없는 호수, 어쩌면 필름 속에서나 존재하는 호수"의 낚시터에 앉아 아버지를 떠나보내고 홀로 된 외로운 새어머니에게 떠나간 자신의 아내와 딸의 이야기를 들려준다. 비극적인 이야기건만, 그의 목소리는 마치 호숫가의 갈대숲처럼 사각거리며 시종일관 부드럽게 속삭인다.

이 작품에서 작가는 특유의 유려한 문체로 내내 꿈꾸는 듯한 분위기를 연출해 내면서 존재론적 고뇌를 천착하고 있다. 그래서 비극은 승화되고, 슬픔은 호수에 이는 잔잔한 파문으로만 남아 우리의 가슴에 그 부드러운 진동만을 전해 준다. 수초가 평화롭게 흔들리는 호수는 모든 상처를 치유해 주는 원초적 자연의 상징이고, 어머니 역시 우리의 이야기를 들어주는 대자연의 상징이며, 낚시는 주인공의 기구(祈求)를 의미하는 상징적 행위가 된다.

주인공이 "모르는 장소"는 과연 어디일까. 떠나버린 아내가 존재하고 있었던 장소일까, 아니면 자신의 핏줄이 아닌데도 오로지 아들만을 호수처럼 생각하며 키워온 어머니의 마음속일까, 혹은 물고기들이 한가롭게 헤엄쳐 다니고 수초들이 하늘거리는 호수 속일까. 신경숙의 「그가 모르는 장소」는 바로 그러한 주제들을 성공적으로 다루고 있다.

김인숙
삶과 죽음, 꿈과 현실 사이의 비상

김인숙의 「바다와 나비」는 바다를 건너가고 싶어 하는 나비, 그러나 세파(世波)의 소금물에 젖어 몸통을 잃고 날개만 남은 슬픈 나비의 이야기다. 찢어진 날개를 퍼덕이며, 바닷물을 뚝뚝 흘리며, 김인숙의 주인공은 삶과 죽음의 바다를 횡단하는 비상(飛翔)을 꿈꾼다. 그런 의미에서 김인숙의 이 작품은 이상의 「날개」와 김기림의 「바다와 나비」의 연장선상에 있다. "아무도 그에게 수심(水深)을 일러준 일이 없기에/흰나비는 도무지 바다가 무섭지 않다./청(靑)무우 밭인가 해서 내려갔다가는/어린 날개가 물결에 절어서/공주처럼 지쳐서 내려온다./삼월달 바다가 꽃이 피지 않아서 서거픈/나비 허리에 새파란 초승달이 시리다."

「바다와 나비」의 주인공은 몸통인 남편과 고국으로부터 떨어져 나와 언어가 통하지 않는 중국으로 건너가 오직 날개로만 존재하는 고독한 나비다. 중국혁명사를 학습하던 1980년대 대학생들에게 중국이 '금단의 나라'이자 '금지된 이상(理想)'이었던 점에서, 그녀의 중국행은 상징적 의미를 갖는다. 자본주의 시장경제를 받아들여 변해 버린 중국에도 역시 아버지와 고국을 버리고 물질적 행복을 찾아 한국으로 떠나는 또 다른 형태의 '날개'인 조선족 여자가 있다. 다시 한번 날고 싶어 하는, 그러나 반대 방향으로 가고 있는 두 여인의 삶을 긴밀하게 병치시키면서, 또 1980년대의 정치적 신념을 잃고 무력해진 주인공의 남편과 문화혁명을 겪으며 한 눈과 한쪽 다리의 힘을 잃어버린 조선족 여인의 아버지를 대비시키면서, 김인숙은 놀라운 통찰력으로 시대의 변화와 가치관의 혼란, 그리고 신념을 상실한 세대의 방황과 좌절을 그리고 있다.

모든 것이 찰나적이고 한없이 가벼워지는 이 시대에 김인숙은 문학의 진지함과 무거움의 정수(精髓)를 보여주는 보기 드물게 진지하고 노련한 작가다. 「바다와 나비」에서 그는 다시 한번 고도의 상징성으로 개인의 슬픔을 '시대의 아픔'으로 승화시키는 데 성공하고 있다.

김인숙의 단편소설 「칼에 찔린 자국」은 현실 속에서 앞만 보고 달려온 한 남자가 사실은 자신이 인생의 고속도로에서 과속으로 연쇄추돌 교통사고를 낼 수도 있었고, 취한 상태에서 자신도 모르게 다른 사람을 언어나 편견의 칼로 찔러 상처를 입혔을 수도 있었다는 사실을 깨닫게 되는 과정을 그린 작품이다. 그러나 삶의 트랙 위에서 어느덧 지쳐버린 그는 붉은 노을빛을 바라보며 문득 자신의 삶을 돌이켜보게 된다. 멈출 수 없는 달리기는 그의 현실이고, 붉은 노을은 그가 지쳤을 때 바라보는 환상이자 곧 태양이 지고 인생의 운동장이 어두워진다는 엄숙한 경고가 된다. 이 소설에서 현실과 꿈 또는 현실과 악몽 사이의 경계가 부단히 흐려지는 것도 바로 그런 맥락에서일 것이다.

한강
단절되고 고립된 오늘의 현실

최근 나온 작품집 『내 여자의 열매』로 문단의 주목을 받고 있는 한강의 중편소설 「어느 날 그는」이 묘사하고 있는 풍경도 단절되고 암울한 오늘의 현실이다. 단란주점과 카센터와 당구장과 헬스클럽이 층층이 들어서 있는 건물의 꼭대기의 두 평도 채 못 되는 고시원 10호실에 거주하며 하루 종일 신간 서적을 배달하는 주인공의 짧고 비극적인 사랑, 그리고 현재형의 서술과 치밀한 구성 등은 이 소설에 고도의 상징성과 강렬한 분위기를 부여해 주고 있다. 소설의 핵심을 이루는 민화와 주인공 사이의 만남과 헤어짐이 갖는 의미 역시 인간 사이의 교류와 이해와 사랑의 어려움을 잘 표출해 주고 있다. 그러한 주제는 한강의 다른 좋은 작품들 — 예컨대 「아기 부처」나 「붉은 꽃 속에서」나 「내 여자의 열매」 — 에도 부단히 나타나고 있다. 그래서 그의 주인공들은 늘 단절과 고립으로부터의 탈출을 꿈꾼다. 비록 그 탈출이 실패하고 싸늘한 현실로 다시 되돌아올지라도.

한강의 「몽고반점」은 중편소설임에도 불구하고 단숨에 읽히는 재미있는 작품이다. 읽기가 고통스럽고, 그럼에도 작품의 의도를 알기 위해서는 다시 읽어야만 하는 다른 소설들과 달리 이 작품은 충격적일 만큼 대담한 묘사와 예측을 불허하는 사건 전개를 통해 초반부터 독자들의 호기심을 이끌어내는 데 성공하고 있다. 그러면서도 이 소설은 삶과 예술의 관계를 천착하는 중후한 주제와 참신한 소재로 독자들의 지적 기대에 부응한다.

한강의 「몽고반점」은 탐미와 관능의 세계를 고도의 미적 감각으로 정치하게 묘사함으로써 한국 문단에서는 비교적 생소한 '예술가 소설'의 뛰어난 전범을 잘 보여주고 있다. 다니자키 준이치로의 「문신」을 연상시키는 이 작품에서 작가는 미(美) 지상주의와 단순한 여체 예찬을 넘어서, 척박한 현실과 환상적인 이미지 사이에서 고뇌하는 예술가가 고통 속에서 어떻게 그 두 세계의 합일을 추구하다가 파멸하는지를 정교한 묘사와 세련된 문체로 제시해 보여주고 있다.

미의 극단적 추구는 때로 관습적인 도덕의 초월과 일상으로부터의 일탈을 요구한다. 이 소설에서 비디오 아티스트인 주인공은 자살 시도 후 신경쇠약에 시달리는 처제와 더불어 각자의 나신(裸身)에 꽃을 그려 넣는 보디페인팅을 한 후 합일하는 장면을 비디오에 담는다. 그것은 그가 강렬하게 추구하는 예술의 극치이지만, 동시에 관습과 도덕에는 위배되는 행위일 수밖에 없다. 그러나 처제는 아내의 또 다른 모습일 수도 있다는 상징성을 통해 이 소설은 통속적인 윤리 문제를 능숙하게 비켜 간다. 또한 두 사람의 결합이 단순히 동물적인 것이 아니라 식물적이기도 하다는 점을 부각시킴으로써, 작가는 섹스를 육체적 욕망을 초월한 심미적 기구(祈求)로 변모시킨다. 그리고 바로 그 순간, 두 사람의 결합은 순수한 예술의 차원으로 승화된다.

한강의 「몽고반점」은 몸을 주요 모티프로 삼아 몸이 내포하고 있는 아름다움과 순수함을 탐색하고, 몸에 내재된 삶의 의미를 천착한다는 점에서 현대 문예이론인 '몸 담론(body discourse)'의 정수를 잘 보여주고 있다. 이 소설에서 몸은 영혼의 열등한 부속물이 아니라, 영혼을 담고 영혼을 살아 있게 하는 중요한 그릇이자 역동적인 구축물로서 기능한다.

몽고반점은 어린아이의 엉덩이에 나타났다가 세월이 지나면 퇴화해 없어진다. 그러나 스무 살이 넘은 처제의 둔부에는 아직도 몽고반점이 사라지지 않고 있으며, 주인공은 바로 그 몽고반점에 말할 수 없는 향수와 매력을 느낀다. 그런 의미에서 몽고반점은 현대인들과 성인들에게는 퇴화해 사라진 원초적인 '순수성'의 상징으로 보인다. 한강의 「몽고반점」은 바로 그 사라진 '순수성'을 되찾고 싶어 하는 현대인의 정신적 집착과 추구를 다룬 뛰어난 예술가 소설이다. 몽골의 초원에서 말을 달리던 태곳적 기억의 흔적은 오늘을 사는 현대인들에게는 어쩌면 회복 불가능한 정신적 외상이자 달랠 수 없는 향수로만 남아 있는지도 모른다.

그래서 이 작품은 비디오를 본 아내가 주인공과 처제를 정신병원으로 보내는 상황으로 끝난다. 각박한 현실은 순수성과 아름다움을 추구하는 예술과 이미지의 세계를 용납하지 않는다. 현실 세계에서 모든 비관습적인 행위들과 일탈은 격리되고 처벌된다. 그럼에도 불구하고 예술가들은 인간이 상실한 아름다움과 순수함에 대한 꿈을 포기하지 않는다. 한강의 「몽고반점」은 예술가의 그러한 꿈과 탐색을 도발적이고도 강렬한 이미지와 상징적 섹슈얼리티의 혼합을 통해 잘 보여주고 있는 보기 드물게 좋은 작품이다.

전경린
여성의 고립과 단절, 정체성 위기에 대한 천착

『여자는 어디에서 오는가』에서 전경린은 환상을 찾아 설화의 세계와 과거로 떠난다. 그렇지만 그녀의 궁극적 목적지는 과거가 아닌 현재이다. 단지 그녀는 현재 우리가 당면하고 있는 문제점의 해결책을 찾아 과거로 떠났을 뿐이다.

『여자는 어디에서 오는가』에서 전경린은 여성의 고립과 단절 그리고 정체성 위기를 천착하고 있다. 과거에 대한 기억을 상실한 전경린의 주인공은 자신의 지난날과 자신이 누구인가를 알고 싶어 방황한다. 그리고 그녀가 이끌리는 달(月)은 바로 그 잃어버린 기억을 되살려주는 촉매의 역할을 한다.

그러나 전경린의 달은 우리의 설화에 나오는 한(恨)과 향수의 달만은 아니다. 그녀의 달은 보름날 인간의 무의식 속에 숨겨진 원초적 본능을 불러내는 서구의 늑대인간 설화에 나오는 유혹과 운명의 달이기도 하다. 그 결과 여인을 여우에 비유하는 한국적 문법의 틀을 깨고 과감히 야생 늑대의 이미지를 여성에 투사함으로써 전경린은 동서고금을 아우르는 예술적 보편성을 성취하고 여성에 대한 새로운 인식의 문을 열었다.

그렇다면 그녀는 단순히 과거로 되돌아간 것이 아니라 옛것에 새로운 상상력을 부여해 신선하고도 참신한 새 문학 양식을 창출해 냈다고 볼 수 있다. 모든 이야기의 근원인 민담과 설화의 세계로 되돌아가 새로운 문학 양식의 가능성을 탐색하는 작업이 오늘날 중요성을 갖는 것은 바로 그러한 이유 때문이다. 작가들의 창조적 에너지를 충전시켜 줄 수 있는 새로운 상상력은 비단 미래에서뿐만 아니라 과거에서도 찾아볼 수 있기 때문이다.

그래서 '어른을 위한 동화'라는 이 작품의 부제는 별 의미가 없다. 신화나 전설이나 민담은 어차피 모두 어른을 위한 동화의 형태를 띠고 있을 뿐만 아니라 전자매체의 위협으로부터 새로운 활로를 모색하고 있는 요즘 문학의 훌륭한 소재가 되고 있기 때문이다. 그런 의미에서 『여자는 어디에서 오는가』는 동화라기보다는 차라리 새로운 형태의 소설이 된다. 전경린은 이 작품의 서두에 이렇게 쓰고 있다.

여자는 어디에서 왔을까. 어느 먼 곳에서 와서 무릎을 꿇었기에 작은 몸 안에 이토록 많은 배반과 그리움이 술렁이는 것일까. 양팔에 감자 같은 아이들을 주렁주렁 쥐고도 늘 굽어진 길의 끝을 바라보는 잠들지 않는 야생. 운명의 얼굴이 다르듯 모두 다르지만, 그러나 여자에게는 손가락이 터지며 기워야 할 자신만의 실과 바늘이 있다. 자궁이 세대를 영원하게 하듯, 가죽신은 여성을 근원으로 인도한다. 그대의 가죽신은 무엇인가. 여자는 삶보다 더 숭고하다.

『여자는 어디에서 오는가』에서 전경린이 제시하고자 하는 것은 단순한 페미니즘이 아니라, 여성의 정체성과 본질과 운명에 대한 존재론적 성찰이다. '여자'로만 명명된 이름 없는 주인공은 보름달이 뜨던 날 야성의 숲 속으로 돌아가지 않고 자신을 필요로 하는 가정에 남는다. 그리고 그 후 오랜 세월을 가족과 더불어 보낸 다음, 죽기 직전에야 비로소 숲 속으로 돌아간다. 작가는 그런 늑대여인의 이야기를 통해 여성이란 어떤 존재이며, 아내와 엄마로서 과연 무엇을 상실하는지, 그리고 궁극적으로는 어디로 돌아가는지를 탐색하고 있다.

그런 의미에서, 전경린의 '여자' 주인공이 내내 손에서 놓지 못하는 실과 바늘은 『주홍글자』의 헤스터 프린처럼 여자의 예술성과 창조성의 상징일 수도 있고, 동시에 여인들이 끊임없이 수놓고 꿰매야만 하는 삶의 편린들이라고도 할 수 있다. 또 그녀가 나중에 만드는 가죽신은 인간의 무게를 그 속에 담고 지탱해 주는 텅 빈 공간으로서, 여성의 은유이자 여인이 신고 떠나야 할 머나먼 여정의 상징일 수도 있다.

만일 『여자는 어디에서 오는가』가 동서양의 두 설화인 「나무꾼과 선녀」와 「늑대인간」의 혼합에서 나온 것이라면, 선녀가 그리워하는 천국과 '여자'가 돌아가고 싶어 하는 늑대의 숲은 결국 같은 의미를 갖는다. 비록 고립과 단절과 남성적인 폭력에 의해 고통 받으며 상처와 순치와 체념 속에서 살고는 있지만, 모든 여성들에게는 늘 자신들의 원초적 야성과 신비한 생명력의 근원으로 돌아가고 싶어 하는 본능이 있다는 것이다. 그런데도 어리석은 남자들은 보름달이 뜨는 밤이면, 여성들이 스스로의 정체성을 발견하지 못하도록 여자를 방에 가두어놓는 우를 범한다. 그래서 작가는 이 작품을 '결혼한 모든 여성들에게, 그리고 자신이 결혼한 여성이 누구인지 모르는 모든 남성들에게 바치고 싶다.'고 말한다.

문학작품으로서 『여자는 어디에서 오는가』의 강력한 호소력은 우선 전경린 특유의 속삭이는 듯한 문체가 만들어내는 특이한 분위기에서 기인한다. 실제 이 작품에서 독자들은 내내 원시림의 서늘한 숲 속 바람 소리를, 신비스러운 대자연의 속삭임 소리를, 그리고 아늑한 태곳적 이야기꾼의 다정한 목소리를 들을 수가 있다. 그러한 졸리는 듯한 소리들 속에 상처 입은 여자의 슬픔과 고통과 바람이 비수처럼 날아와 꽂히고 있음은 물론이다.

전경린의 「메리고라운드 서커스 여인」은 서커스라는 특이한 상황 속에서 부단히 방황하고 방랑하는 상처 입은 사람들의 소외와 단절과 사랑을 뛰어난 감수성으로 묘사한 수작이다. 이 소설을 읽는 독자들은 우선 전경린의 우수에 찬, 그러면서도 전혀 감상적이지 않은 빼어난 문체와 그

서정적 문체가 만들어내는 환상적인 분위기에 매료되게 된다. 그리고는 곧 이 작품이 보여주는 인간의 황량한 내면 세계와, 냉혹한 운명에 의해 모든 것을 빼앗긴 사람들의 삶과 저항 속에 자신도 모르게 침잠해 들어가게 된다. 마치 겨울밤, 태고의 이야기꾼으로부터 이국적인 동화를 듣는 듯한 분위기 속에서 독자들은 어느덧 인생의 심오한 존재론적 고뇌에 빠져 들어가게 되는 것이다.

'메리고라운드'나 '서커스'는 모두 원형의 회전을 의미한다. 주인공 여자 역시 접시를 돌리는 재주를 갖고 있다. 그러나 그녀는 결국 접시를 내던지고 타성적인 원형의 회전에서 뛰쳐나온다. 그녀가 자신을 잡아당기는 중력을 벗어나 공중에 뜨는 재주를 갖고 있다는 사실은 바로 그녀의 그러한 속성을 드러내주는 은유가 된다. 서커스 단장은 물론 그녀에게 공중에 뜨는 것보다는 접시돌리기를, 그리고 진정한 교류와 사랑보다는 그녀의 몸을 요구한다. 그러나 그녀는 단장의 명령을 거역하고, 자신이 선택한 남자인 류와 사랑을 나눔으로써 정신적 자유를 쟁취한다.

물론 운명에 대한 그녀의 저항은 신체적 추방과 또 다른 방랑을 초래한다. 그럼에도 전경린의 주인공들은 결코 체제전복적인 저항을 멈추지 않는다. 꼽추와 부랑아와 사팔뜨기 같은 기형 인간들이 만나 삼각관계의 비극적 사랑을 벌이는 미국 작가 카슨 매컬러스(Carson McCullers)의 「슬픈 카페의 노래」처럼, 전경린의 「메리고라운드 서커스」 역시 정신적·신체적 장애인들이 잠시 만나 부르고 헤어지는 '슬픈 서커스의 노래'와도 같다. 작가에게 있어서 신체적 기형은 곧 정신적 상처의 상징이고, 우리 모두는 각기 나름대로 상처 입은 기형들이기 때문이다. 「메리고라운드 서커스」에서 전경린이 성취한 것은 그로테스크 리얼리즘과 환상적 리얼리즘이다. 이 소설에서 그는 서로 상극인 것처럼 보이는 판타지와 리얼리티를 이상적으로 혼합해 서정적 아름다움을 창출해 내는 데 성공하고 있다.

전경린의 단편소설「바다엔 젖은 가방들이 떠다닌다」에서도 인간 교류의 단절과 이해의 어려움이라는 주제는 여전히 지배적이다. 이 작품의 주인공은 아직 미혼인 39세의 광고회사 직원이다. 그에게는 공항에서 근무하는 31세 난 여자와 은행에 근무하는 화련이라는 30세의 여자가 있다. 공항 여자로만 불리는 전자는 아무것도 할 줄 모르는 순진한 여자이고, 후자인 화련은 섹스를 포함해 모든 것에 능숙한 여인이다. 주인공은 답답한 공항 여자보다는 시원하고 적극적인 화련에게 더 이끌린다. 그러나 그는 점점 화련과 의견 충돌을 하게 되고, 결국 그녀와의 사이에서 극도의 단절감을 느낀다. 더구나 화련은 그동안 내내 직장 상사와 불륜의 관계를 맺고 있었다. 화련과의 관계를 끝낸 그에게 어느 날 공항 여자로부터 바다로 가자는 전화가 온다.

이 작품에서 사람들이 겨울 바다에 버리는 가방은 더 이상 갖고 싶지 않은 과거의 기억들의 상징이다. 주인공 역시 화련과 헤어진 후 이제는 가방을 버리러 갈 때가 되었다고 생각한다. 그리고 "어차피 인생에 더 나은 것 따위는 없을 것 같다. 우리는 단지 더 모르는 것에 끌릴 뿐이다." 라고 독백한다. 존 스타인벡(John Steinbeck)의「빨간 망아지」에서처럼 전경린도 인생에 어차피 선물이란 없으며, 삶이란 그저 상실을 반복하고 견디며 사는 것이라고 말하는 것 같다. 현대인의 인간관계와 삶의 편린에 대한 고찰을 통해 인간이 보편적으로 갖고 있는 존재론적 고뇌에 천착한 이 작품에서 사회적 문제는 뼈대가 드러나지 않고 아득한 배경으로만 깔려 있다는 느낌을 준다.

전경린의「부인내실의 철학」은 쌍방 간의 불륜이 유행처럼 번지고 있는 이 시대에 매우 조용한 물음을 던지고 있다 —— "서로 다른 연인을 만나고 있음에도 가정이 해체되지 않고 있는 이유는 무엇인가?" 결혼에 실패한 두 커플의 이야기를 통해 인간의 조건과 삶의 비극적 양태를 그린

이 작품에서 전경린은 결혼을 인간관계와 교류의 근원이며, 우리가 살고 있는 사회의 축소판이자 소우주로 본다. 그래서 그에게 결혼의 실패는 곧 사회의 실패로 확대된다. 그래서 전경린의 「부인내실의 철학」은 실패한 사람들끼리의 만남과 상처 치유, 그리고 진정한 교류를 위한 필사적인 재시도이면서, 동시에 가정을 끌어안는 오묘하고 불가해한 힘에 관한 소설이라고 할 수 있다. 전경린에게 있어서 '불륜'이 상처 입은 사람들을 위한 상징적 치료가 되고, 제대로 된 상대를 찾는 삶의 필연적 과정이 되며, '부인내실의 철학'이 되는 이유도 바로 거기에 있다. 생래적인 고뇌 속에서 그의 주인공들은 모두 실존주의자가 되어 생의 의미를 찾는다. 독백하는 듯한 전경린 특유의 문체는 그러한 여자들의 고뇌와 삶을 생동감 있게 살려내는 데 성공하고 있다.

하성란
현대인의 초상

하성란의 「치약」은 개인과 사회를 조화시킨 특이한 작품이다. 치약은 일상적인 것이지만, 동시에 광고가 우리에게 주입한 상큼하고 거품이 이는 이미지를 갖고 있기도 하다. 「치약」은 날마다 쏟아지는 광고의 이미지 속에서 살고 있는 현대인의 모습을 장 보드리야르(Jean Baudrillard)적 시각으로 성찰한 작품이다. 작가가 보는 후기 산업사회 속 우리의 삶은 이미 그 본질을 잃고 오직 시뮬라시옹에 도취되어 있는 허상일 뿐이다. 그래서 이 소설에는 사람들을 현혹하는 현란한 이미지들이 도처에 편재해 있다. 그러나 그것들은 아파트 경비원의 박하 냄새나 최명애의 성형수술한 코처럼 다만 부자연스럽고 떳떳하지 못한 눈속임일 뿐이다. 주인공이 잘 알고 있는 것처럼 유혹적인 이미지인 고층 빌딩의 옥외광고판 뒤에는 대공포와 미사일을 지키는 경비병들의 폭력과 전쟁이라는 끔찍한 리얼리티가 숨어 있다. 우리들은 다만 광고가 제공해 주는 표피적인 이미지를 현실로 착각하며 살고 있을 뿐이다. 하성란의 「치약」은 바로 그와 같은 현대의 끔찍한 상황을 문학적으로 형상화하는 데 성공하고 있다.

하성란의 「파리」는 '떠남'과 '인간관계'에 관한 이야기라고 볼 수 있다. 서울을 떠나 "논과 밭밖에 없는" 시골 오지로 부임해 간 경찰관인 주인공은 그곳 사람들의 음모에 걸려 결국 파멸한다. 13호 가옥이 모두 같은 성(姓)을 쓰는 동질성의 지역인 운봉리 청봉부락은 처음부터 "1미터 앞도 안 보이는" 안개 자욱한 곳, 그리고 "기준으로 삼아야 할 이정표나 건물 같은 것도 없는" 곳으로 묘사된다.

아무것도 확실치 않은 이 안개마을 하숙집에서 주인공은 자신이 먹을 명태에 붙어 있는 파리들과 구더기들을 발견한다. 이 마을에서 파리는 끊임없이 사람들의 음식과 얼굴로 날아든다. 그리고 마을 사람들은 마치 파리처럼 주인공에게 달라붙어 그를 파멸시킨다. "외부인이 오면 마을 전체가 커다란 개가 되어" 경계하고 덤비는 폐쇄된 공간에서 외부인인 주인공의 파멸은 필연적이다. 그런 의미에서 이 단편은 '열림과 닫힘' 또는 '단일성과 다양성'에 대한 상징적인 이야기라고도 할 수 있다.

하성란의 「자전소설」은 작가의 소설 쓰기와 일상생활, 픽션과 사실, 그리고 리얼리티와 판타지 사이의 경계가 해체되는 특이한 소설이다. 메타픽션적인 요소를 십분 활용해 작가는 이 복합적인 현실 속에서 글쓰기와 인생 살기의 상호관계를 뛰어난 통찰력으로 성찰한다. 그리고 그 과정에서 작가의 삶과 소설 사이의 상관관계, 픽션 속 주인공과 실제 존재하는 인물 사이의 유사점, 그리고 허구와 현실을 혼동하는 독자들의 의식 세계가 설득력 있게 탐색된다. 「자전소설」에서 작가는 소설 쓰는 과정 속으로 독자들을 데리고 가고, 독자들은 이 작품을 읽는 내내 작가의 창작 과정을 같이 경험하게 된다. 그런 의미에서 하성란의 「자전소설」은 문학과 인생 사이의 관계를 성찰하게 해주는 포스트모던 소설이고, 독자들의 다양한 해석을 허용하는 열린 문학작품이다.

하성란의 「그림자 아이」에서는 빗길에 미끄러진 트럭이 인도로 뛰어들어 손을 잡고 있던 아버지와 아이를 덮친다. 아버지는 멀쩡했지만 아이는 트럭에 치이고, 그 광경을 본 아버지는 그만 정신이상이 된다. 아버지는 아무것도 기억하지 못하지만 자신의 손이 놓친 것이 무엇인가 늘 의아해하고 허전해한다. 남자는 요양원에 들어가 갇혀 지내지만 언제나 창가에 서서 자전거로 출퇴근하는 건너편 공장의 공원들을 지켜본다. 그러다가 아이의 보조좌석이 달린 빨간 안장의 자전거를 발견하고 희미한 기억으로 자신의 아이를 생각해 낸다.

어느 날, 남자는 요양원을 빠져나와 그 자전거를 타고 공원들 사이에 섞여 그곳을 탈출한다. 집을 찾아가 아이를 태우고 도로를 질주하기 위해서 그는 '신념'이라고 써진 그 자전거의 페달을 밟는다. 하성란 특유의 세련된 문체와 고도로 집약된 상징으로 서술되는 「그림자 아이」는 강렬한 흡인력으로 독자들을 끌어들이는 작품이다.

하성란의 「악몽」은 매우 특이한 분위기의 소설이다. 뛰어난 문장력과 고도의 상징을 이용해 과수원 집 처녀의 특별한 경험을 묘사하면서, 작가는 허구와 현실 그리고 꿈과 악몽의 경계를 해체하고 있다. 일 나간 부모 대신 아침마다 주인공 여자를 깨우는 자명종 시계, 여자의 방에 숨어든 일꾼 남자, 그리고 그 남자의 살해와 매장 — 이 모든 것들이 현실과 환상의 경계선상에서 일어나 독자들을 당혹스럽게 하지만, 독자들은 결국 그와 같은 이분법적 경계 초월이 바로 이 작품의 숨은 주제 중 하나라는 것을 깨닫게 된다.

하성란의 「고요한 밤」은 시대의 변화를 다분히 우화적인 분위기로 다루고 있는 작품이다. 전도유망한 은행원이던 주인공의 남편은 갑자기 이미 사양길에 접어든 직종인 목수가 되겠다고 사표를 낸다. 죄 많은 조상의 유산을 거부하고 목수가 되는 윌리엄 포크너(William Faulkner)의 작품 「곰」의 주인공 매카슬린처럼 「고요한 밤」의 남편은 더 이상 돈 만지기를 거부하고 어느 날 홀연히 나무를 다듬어 책걸상을 짜는 목수가 된다.

그들은 그러기 위해 시의 변두리로 이사를 가지만 윗집에서 들리는 소음 때문에 꿈을 이루지 못하고 고통받게 된다. 그곳에서 남편의 목수 기술은 단지 위층 사람들을 골탕 먹이는 데 사용될 뿐이다. 결국 그들은 서둘러 다시 신도시로 이사를 가고, 남편은 드디어 목수의 본령과 "고요한 밤"을 되찾는다. 도심과 신도시, 그리고 그 경계선에 위치한 변두리의 삶을 통해 작가는 시대의 변화와 그것이 수반하는 제반 문제들을 예리한 눈으로 읽어나가고 있다.

정미경
인간의 생래적 고립과 고독의 예술적 형상화

1990년대 여성 작가들이 즐겨 써내 이제는 진부해져 버린 '이혼과 불륜' 이라는 소재가 정미경이라는 역량 있는 작가의 손을 거치면 금방 신선하고 참신한 신개념 소설로 그 모습을 드러낸다. 작가 특유의 새로운 감수성과 뛰어난 감각, 그리고 세련된 서사기법은 별거나 불륜 같은 일상의 일탈 행위도 한편의 훌륭한 문학작품으로 변환시키는 뛰어난 솜씨를 보여주고 있다. 아무리 비극적인 사건이나 이별을 다루어도 그의 작품에는 끈끈한 정이나 헤픈 눈물이나 청승맞은 넋두리가 없다.

「발칸의 장미를 내게 주었네」는 자칫 신파조 불륜이 될 수도 있는 소재인 원룸 아파트에서 만난 기러기 아빠와 간호사 재이의 짧은 사랑을 마법사 같은 솜씨로 바꾸어, 진정한 교류가 단절된 현대를 읽어내는 탁월한 문학작품의 소재와 주제로 변용시키는 데 성공하고 있다. 「발칸의 장미를 내게 주었네」는 인간의 생래적 고독과 고립을 예술적으로 잘 형상화하고 있다.

정미경의 「호텔 유로, 1203」은 올바른 가치관과 지향점을 잃고 거리를 방황하는 현대인들에 대한 신랄한 비판이자 이 시대의 병폐를 상징적으로 드러내 보여주는 예리한 문명 비판 소설이다. 쇼핑센터와 호텔처럼 끝없이 분출하는 구매욕과 성적 욕망으로 인간을 유혹하는 현대사회에서 정미경 소설의 등장인물들은 오직 쇼핑과 명품만을 추구하는 후기 자본주의 사회의 상품들이다. 환경미화원인 엄마와 명품에 중독된 '밤의 신데렐라'는 모순과 아이러니에 가득 찬 우리 시대의 단면을 너무나 적나라하게 드러내 보여주고 있어 독자들로 하여금 스스로의 삶을 되돌아보게 한다.

정미경이 보는 「호텔 유로, 1203」은 현재 우리가 살고 있는 사회의 축소판이자 소우주이다. 이 작품에서 작가는 신선하고 세련된 화법과 기법으로 표피적인 것만을 추구하는 현대인들의 삶과 사회상을 묘사하고 있다. 남자의 전화를 받는 것으로 시작해 약속 장소인 호텔 방의 초인종을 누르는 것으로 끝나는 이 소설은 여주인공이 호텔 방까지 가는 과정에서 온갖 현란한 명품들을 보여줌으로써, 모든 것이 상품화되어 버린 이 시대를 설득력 있게 패러디하고 있다.

1990년대 이후 한국문학의 새로운 방향

이념의 세계에서 사적(私的) 세계로

1990년대 이후 한국문학이 변화한 가장 큰 이유는, 1980년대 한국문학의 근간을 받치고 있었던 이념적 투쟁이 그간의 정치적·사회적 변화로 인해서 퇴조했기 때문이다. 1980년대라는 정치적 억압의 시대에 사람들은 '나' 보다는 '국가' 를, '개인' 보다는 '집단' 을, 그리고 '사적인 것' 보다는 '대의명분(Grand Cause)' 을 더 중요시했다. 그리고 그와 같은 태도는 한국문학에 역동적 에너지를 제공해 주었다.

그러나 1990년대 들어 정치적 억압과 사회적 경직이 완화되자 사람들은 이제 '국가' 와 '집단' 과 '대의명분' 보다는 '나' 와 '개인' 과 '사적인 것' 의 존엄성과 중요성을 깨닫기 시작했다. 그것은 곧 '좋은 사회가 좋은 개인을 만든다.' 라는 1980년대 식 발상으로부터 이제는 '좋은 개인이 좋은 사회를 만든다.' 라는 생각으로 사고의 전환이 이루어졌다는 것을 의미한다. 장 프랑수아 리오타르(Jean Francois Lyotard)의 용어를 원용하자면, 한국 사회에도 '대서사' 의 시대가 사라지고 드디어 '소서사' 의 시대가 찾아온 것이다.

1980년대에 한국인들은 '남의 문화나 전통'은 비하하는 반면 '우리의 문화나 전통'은 무조건 숭상하는 다소 편협한 국수주의적 태도에 젖어 있었다. 외국 문화의 유입이 초래하는 문화적 제국주의와 사대주의는 철저히 배격되었으며, 반면 자국 문화는 자랑스럽고 위대한 것으로 낭만화되었다. 그러한 태도가 오랜 외세의 지배로 인해 손상된 민족적 자존심을 회복시켜 주는 데 지대한 공헌을 했음은 물론이다. 그러나 그러한 과정에서 방어적이고 보수적이며 편집증적인 국수주의가 배태되었다는 사실을 부인할 수는 없다.

1990년대는 바로 그러한 편협하고 왜곡된 국수주의의 종말을 고하며, 그리고 타자의 문화와 전통에 대한 '열린 태도'의 도래를 고하며 시작되었다. 1992년에 출판한 저서 『문화와 제국주의』에서 에드워드 사이드는 다음과 같이 말하고 있다.

> 우리는 아직도 개인이 국가에 의해 정의되는, 그래서 단절되지 않은 전통에 의해 권위를 부여받는, 그러한 관념을 물려받은 후손들이다. (…) 그러나 나는 '우리'는 '우리 것'에만 관심을 갖겠다는 태도를 참을 수가 없다. (…) 베토벤은 그가 독일인인 것만큼이나 서인도제도인일 수도 있다. 왜냐하면 그의 음악은 인류 전체의 유산이기 때문이다.

그러므로 개인을 제쳐놓고 먼저 역사와 사회 속으로 뛰어들었던 1980년대와 달리 1990년대 작가들은 개인으로부터 출발해 점차 역사와 사회 속으로 들어갔다. 그것은 커다란 인식의 변화라고 할 수 있다. 쿤데라가 시사하고 있듯이 역사의 무거움과 개인의 가벼움은 서로 맞물려 들어가는 것이지, 결코 서로 대립되거나 상충되는 것은 아니라는 사실을 작가들이 깨닫게 된 것이다. 그것은 곧 역사만큼이나 개인의 삶도 중요하며, 개인의 가벼운 삶에 대해 사회는 무거운 역사적 책임을 져야만 한다는 것을 의미한다. 개인의 삶을 역사의 무거움으로 짓누를 권리는 그 누구에게도 없기 때문이다.

1990년대 들어서면서부터 사람들은 모처럼 정치적 무거움과 경제적 어려움에서 벗어나 수준 높은 삶과 문화생활을 즐기게 되었다. 사람들은 그것이 결코 사치가 아니라 그동안 부당하게도 우리에게 허용되지 않았던 삶의 기본적 권리라는 사실을 깨닫게 되었다. 모든 것은 — 문학과 예술을 포함해 — 결국 나 자신과 개인으로부터 시작된다. 그런 다음 비로소 우리는 역사와 사회 속으로 들어간다. 1990년대 한국문학에 커다란 변화를 가져다준 요인은 바로 그러한 인식의 변화였다.

1990년대부터 현재까지 이어지고 있는 이러한 새로운 경향의 문학들에 대한 보다 정확한 평가는 물론 후세의 문학사가들에 의해 이루어질 것이다. 그러나 이 시점에서 우선 이야기할 수 있는 것은, 우리가 새롭게 등장한 1990년대의 문학 또는 2000년대의 문학을, 탈이념성을 이유로 단순히 평가절하할 수만은 없다는 것이다. 왜냐하면 비록 새로운 문학이 역사의식과 현실 인식을 결여하고 있다고 하더라도, 그것은 우리가 그동안 소홀히 해왔던 또 다른 역사와 또 다른 현실의 가능성을 탐색하는 데에는 성공했기 때문이다. 그리고 더 나아가 그중 일부는 단순히 개인의 사적 체험을 다룬 탈이념 문학만 산출한 것이 아니라, 개인과 사회의 조화 그리고 사회 비판과 문명 비판을 다룬 수준 높은 작품들을 창출하는 데에도 성공하고 있기 때문이다.

혼란기의 한국문학, 새로운 패러다임의 등장

미국문학의 경우에도, 많은 사람들이 윌리엄 포크너와 어니스트 헤밍웨이(Ernest Hemingway)의 사후에 미국 문단이 침체기에 빠졌다고 생각했으나 사실은 그렇지 않았다. 그와 같은 생각은 구시대에 대한 강력한 향수를 갖고 있는 모더니스트들의 편견일 뿐, 사실 제2차 세계대전 이후 미국 문단은 수많은 훌륭한 작가들을 배출했다. 그리고 시대는 이미 포크너나 헤밍웨이 같은 소수의 영웅·대가·경전을 필요로 하지 않았고, 그 대신 다양한 배경의 보통 작가들을 원하고 있었다.

물론 절대적 존재들이 사라지고 난 공간에 일시적인 혼란은 있었다. 그러나 많은 경우, 그러한 혼란은 다양한 목소리에서 비롯되는 다층적 울림이지 무정부주의적 무질서는 아니었다. 현재 한국문학이 침체되어 있다는 우려의 목소리도 어떤 의미에서는 그러한 맥락에서 비롯된 것일 수도 있다. 만일 그렇다면 현재의 한국문학은 오히려 다양한 변신을 시도하고 있는 긍정적인 과정을 겪고 있다고도 볼 수 있을 것이다.

그럼에도 불구하고, 여전히 현재 한국문학이 침체에 빠져 있는 것처럼 보인다면, 우리는 그 원인을 1980년대의 이분법적 대립이 끼친 부정적인 영향에서 찾아볼 수 있을 것이다. 우리가 이미 잘 알고 있는 대로 1980년대는 정치적 혼란으로 인해 비단 문학뿐만 아니라 우리의 앎과 삶 모두가 이분법적 대결 구도 속에서 속박되어 있었던 경직되고 편향된 시대였다. 그러한 시대적 상황에서 우리는 특권층 권력자들의 억압에 대항해 민중을, 그리고 마치 정치권력처럼 위협적인 외국 문화에 대항해 민족 문화를 지켜야 한다는 사명감을 갖게 되었다. 그러나 그와 같은 사명감은 곧 외국 혐오증과 국수주의 그리고 문화적 복고주의와 자국 문화의 낭만화로 변질되었다. 그래서 우리는 외국의 고전보다는 자국의 고전을 읽었으며, 우리의 전통은 거의 무비판적으로 받아들이되 타국의 문화나 전통은 깎아내리는 태도를 갖게 되었다. 한국문학 역시 그러한 분리주의 담론으로부터 자유스럽지 못했음은 물론이다.

비록 그와 같은 이분법적 대립이 당시의 상황에서는 필연적이었다고 해도, 그것은 결과적으로 한국문학의 경직과 편향을 초래했다. 그래서 1990년대 들어 정치적·사회적 상황이 변하고 이분법적 대치 상황이 해소되었을 때에도, 한국문학은 갑작스러운 열림과 변화에 대응할 만한 유연성을 갖고 있지 못해 당황하고 어리둥절할 수밖에 없었다. 그와 같은 현상은, 과거의 영광을 잊지 못하는, 그래서 아직 새로운 시대에 부응하는 새로운 패러다임을 찾지 못하고 있었던 민족문학 진영에서 특히 두드러졌지만, 동시에 민족문학의 한계를 극복해 보겠다고 나선 소위 신세대 작가들의 경우에도 예외는 아니었다. 1990년대의 서두를 장식하면서 등장한 소위 신세대 작가들은 철학의 빈곤과 탐색 정신의 부족, 그리고 고뇌의 부재와 삶의 가벼움으로 인해 처음부터 떳떳하지 못한 표절 시비에 휘말려 들어갔다. 결국, 글쓰기의 어려움이나 역사적 무거움을 철저히 외면한 솜털처럼 가벼운 신세대 작가들 역시 지난 시대의 악몽이었던 이분법적 대립이 산출한 또 다른 부정적 산물이었던 것이다.

미로에서 길을 잃었을 때, 출구를 찾기 위한 필사적인 탐색이 없는 문학은 침체될 수밖에 없다. 1990년대라는 새로운 시대의 '미로'에서 우리 작가들은 길을 잃었다. 그럼에도 불구하고 출구를 찾기 위한 노력은 별로 보이지 않고, 한쪽에서는 기득권을 빼앗기지 않기 위해, 그리고 다른 한쪽에서는 자기네들도 권력을 가져보기 위해, 여전히 경직된 이분법적 대치를 계속하고 있었다. F. 스콧 피츠제럴드(Fracis Scott Fizgerald)의 중편 「바빌론 재방(再訪)」의 주인공 찰스는 끈질기게 따라다니는 '과거의 망령'으로 인해 결국 모든 것을 잃어버리고 파멸한다. 만일 이분법적 대립이라는 '과거의 망령'을 떨쳐버리지 못하면, 우리 역시 모든 것을 상실한 채 자멸의 길을 걸을 수밖에 없을 것이다.

페미니즘 문학과 영상소설의 확산

페미니즘 소설이 구체적으로 무엇을 지칭하는가에 대해서는 여러 가지 논란이 있을 수 있다. 예컨대 여성 작가가 쓴 소설이어도 여성 문제를 다루지 않았다면 페미니즘 소설이 아니고, 또 남성 작가의 작품일지라도 그것이 여성 문제를 다루고 있다면 페미니즘 소설이 될 수 있다. 또한 어느 정도로 여성 문제를 다루어야 페미니즘 소설의 범주에 들어가는지도 역시 분명치 않다. 왜냐하면 여성 작가들의 소설 치고 여성 문제를 전혀 다루지 않는 작품은 거의 없기 때문이다.

한국문학의 경우, 우리에게는 이미 박완서라는 전통적인 페미니스트 작가가 있다. 그리고 오정희·김지원·강석경·양귀자 등도 역시 기본적으로는 페미니스트 작가라고 할 수 있다. 물론 그러한 작가들이 페미니즘이라는 틀을 뛰어넘은 큰 그릇의 작가들이라는 데에는 의심의 여지가 없다. 그럼에도 불구하고 그들이 여성 작가로서 기본적으로 페미니즘적인 작품을 쓰고 있다는 사실 또한 부인할 수 없는 사실이다.

1990년대에 새로운 감각과 신선한 시각의 페미니즘 소설을 썼던 작가로는 우선 공지영과 신경숙, 그리고 최윤과 공선옥을 들 수 있지만, 그 외에도 전경린·조경란·하성란·배수아 등도 어떤 의미에서는 모두 나름대로 페미니즘 계열의 소설을 썼다. 이들의 공통적인 특징은 우선 선배 페미니스트 작가들의 비교적 단순한 페미니즘과는 달리 여성 문제에 대한 복합적인 시각과 기교 그리고 고도로 상징적인 장치들을 차용했다는 점이다.

예컨대 이상문학상을 수상한 최윤의 「하나코는 없다」는 '타자 또는 집단의 시선 속에서 소외되고 증발되어 버린 한 여인의 존재 상실'을 그린 소설이다. 물론 이 작품은 꼭 여성만의 문제를 다룬 의도적인 페미니즘 소설이라기보다는 '인간의 소외와 익명성'이라는 보편적인 문제를 다룬 소설이라고 보는 편이 보다 더 정확할 것이다. 또 어떤 면에서 이 소설은 환상적 미스터리를 모티프로 해서 쓰인 '환상소설'이기도 하다. 그럼에도 불구하고 이 소설의 기본 구도에서 페미니즘의 자취를 읽어내는 것은 그리 어렵지 않다.

그런데 이 소설에서 보이는 특이한 점은 '미로'·'안개' 또는 '환상'의 모티프와 '현존과 부재' 같은 해체주의적 장치, 그리고 '표면·이면' 같은 기호학적 코드들이다. 최윤의 경우에는 물론 전공의 특성상 프랑스 문학이론들의 영향이 나타나는 것이 당연하겠지만, 사실 그와 같은 복합적인 모티프나 장치들은 비단 최윤뿐 아니라, 공지영이나 신경숙의 작품들에도 나타나고 있다. 그러므로 최근의 페미니즘 소설들이 '남성=가해자', '여성=피해자'의 단순 도식을 갖고 있을 뿐이라는 비판은 별 설득력이 없다.

최윤의 「굿바이」는 병들어 죽어가는 어머니를 바라보는 딸의 심정과 시각을 통해 채워지지 않는 존재의 공허함과 '인간관계'의 의미, 그리고 여성의 홀로서기를 성찰한 심도 있는 소설이다. "아름다운 사람"이라 지칭되는 주인공의 어머니의 모습은 병으로 인해 사실은 전혀 아름답지 않다. "가장"이라 지칭되는 아버지는 말주변이 없고 나약하며 유부녀인 파출부에게 매력을 느끼는, 전혀 가장답지 않은 인물이다. 그리고 주인공의 숨은 애인은 불과 여덟 걸음 떨어져 있는 바로 옆 사무실에 근무하고 있지만, 어떤 의미에서 가장 만나기 힘들고, 또 가장 멀리 떨어져 있는 사람이다. 죽어가는 어머니의 어두운 방, 텅 빈 집, 그리고 가까우면서도 먼 애인의 사무실 — 이 모든 것은 주인공의 가슴에 공허한 공간으로 남는다. 어머니가 죽어 환자의 방이 비어버린 후, 주인공은 "어두운 방은 어두운 방이 되기 훨씬 오래전부터 이미 비어 있었던 것은 아니었을까."라고 독백한다. 그리고 어머니가 돌아가시고 한 달 후, 주인공은 애인과의 결별을 선언한다. 결국 그녀는 모든 것에 "굿바이"를 고하고, 자신의 본질로 돌아간다. 그러한 심리적 변화의 과정을 작가는 뛰어난 솜씨로 포착해 기록하고 있다.

최근 엿보이는 새로운 형태의 소설 중 눈에 띄는 것은 영상매체의 영향을 받은 소위 '영상소설'들이다. 미국의 경우에는 토머스 해리스(Thomas Harris)의 『양들의 침묵』이나 마이클 크라이튼의 『쥬라기 공원』 또는 댄 브라운의 『다빈치 코드』같이 아예 영화화될 것을 의식하고 쓰인 것 같은 소위 '스튜디오 소설'들이 있다. 특히 『쥬라기 공원』이나 『다빈치 코드』는 영화 기법을 많이 차용해 소설 자체가 마치 한 편의 영화를 보는 것처럼 구성되어 있다. 사실 영화 기법을 차용한 소설들은 20세기 초부터 수없이 많이 있어 왔다. 예컨대 존 도스 패소스(John Dos Passos)의 'U.S.A. 삼부작'은 영화 기법 중 '뉴스 릴(newsreel)'과 '카메라의 눈(camera eye)' 기법을, 마르셀 프루스트(Marcel Proust)의 『잃어버린 시간을 찾아서』는 '플래시 백(flashback)' 기법을, 그리고 윌리엄 포크너의 『고함과 분노』는 '몽타주(montage)' 기법을 차용했다.

하재봉의 『콜렉트 콜』은 영화나 비디오의 기법을 효과적으로 차용한 소설이다. 우선 이 소설에는 저자의 사진 — 특히 눈을 클로즈업 한 사진 — 이 많이 사용되고 있다. 이 소설에서 저자의 눈은 최첨단 인류문명의 극치인 뉴욕의 어두운 풍경과 세태를 마치 '핍 쇼(pip show)'를 보듯이 관찰하고 있다. 그리고 이 소설의 각 장은 마치 영화의 장면들처럼 시공을 초월해 재빨리 전환되고 있다.

하재봉의 『콜렉트 콜』은 또 장정일의 『아담이 눈뜰 때』나 『너에게 나를 보낸다』와 더불어 에로티시즘 소설의 한 좋은 예가 된다. 이러한 소설들 속에서 성(性)은 신비스러운 것이 아닌, 일상의 의식으로 축소된다. 하재봉의 『콜렉트 콜』에서 섹스는 다만 판매되고 구매될 수 있는 하나의 상품이자 현대 문명의 타락한 폐허일 뿐이다. 그러나 하일지의 소설들은 에로티시즘을 주제로 한 작품은 아니다. 그의 대표작인 『경마장 가는 길』이나 『경마장의 오리나무』에 나타나는 섹스는 '인간과 인간 사이의 교류와 교감'의 실패와 커뮤니케이션의 실패를 의미하는 것처럼 보인다. 하일지의 소설에서 섹스를 통한 진정한 교류는 어디에서도 이루어지지 않는다.

2000년대 한국 문단에서 영상매체와 전자매체를 대표하고 있는 두 사람의 작가로 김경욱과 김영하가 있다. 김경욱의 주요 작품들은 예외 없이 영화적 상상력과 영화기법을 차용하고 있는데, 그 결과 그의 문학 세계는 문학과 영상매체의 제휴 가능성은 물론 그로 인해 생성되는 새로운 형태의 문학 양식을 보여주고 있다. 김경욱의 작품에서 현실과 영화는 확연히 분리되지 않고 부단히 뒤섞이며, 심리나 상황 묘사는 마치 영화의 장면 전환이나 카메라의 렌즈처럼 이동한다. 그로 인해 김경욱은 활자보다는 영상에 더 익숙한 젊은 세대들에게 인기 있는 작가가 되었다.

반면 인터넷 소설로 등단한 김영하는 전자매체 세대들에게 강력한 호소력을 갖는 새로운 감수성의 작품들을 써내 주목을 받았다. 특히 「비상구」나 「엘리베이터」 같은 그의 초기 작품들은 관습적인 한국소설에서는 찾아볼 수 없었던 새로운 세대의 새로운 가치관과 감수성을 과감히 드러낸 수작들이다. 인터넷으로 교류하고 컴퓨터 윈도를 통해 리얼리티와 조우하는 젊은 세대들은 김영하의 소설에서 전자시대의 새로운 문학을 발견하고 매료되었다.

2000년대와 문학의 미래

2000년대로 접어들면서 작가들이 문자매체에 의존할 수밖에 없는 문학은 필연적으로 위기를 맞을 수밖에 없는 시대를 맞게 되었다. 문자문학은 우선 텔레비전을 보면서 성장했으며 지금은 컴퓨터에 매료되어 있는 소위 '영상·전자매체 세대'들의 주요 관심사에서 밀려났다. 영상매체에 익숙해져 있는 신세대들은 이제 책을 펴 보는 대신 텔레비전과 비디오와 컴퓨터의 스위치를 켠다. 과거의 독자들은 이제 시청자가 되어 책을 떠나고 있으며, 문자로 만들어진 책은 살아남기 위해 모든 것을 화상으로 보여주는 텔레비전과 비디오와 컴퓨터와 경쟁해야만 하게끔 되었다.

문학의 위기는 또 상업적이고 저속한 통속소설들이 대중문학 또는 심지어 순수문학의 탈을 쓰고 그나마 남아 있는 독자들마저 잠식하는 데에서도 비롯된다. 광고와 상업주의가 만들어낸 현재 베스트셀러 리스트에 올라 있는 소설 중에서 문학작품이라고 부를 수 있는 수준의 책을 찾기 어려운 이유도 바로 거기에 있다. 컴퓨터 통신망에 띄웠다가 출간된 판타지 소설들 역시 유치한 공상 무협지 수준을 넘지 못하는 경우가 대부분이다. 그럼에도 불구하고, 제대로 된 문학작품들은 그러한 통속소설들의 위세에 밀려 서점의 진열대에서 밀려나고 있다.

소위 신세대 소설들 역시 정치적·역사적 무거움은 외면한 채, 한없이 가벼운 사적 고민이나 의미 없는 에로티시즘에 탐닉해 들어가는 경향을 보이고 있어 실망스럽다. 1980년대 리얼리즘 소설들처럼 개인의 삶을 무시하고 정치적 투쟁을 앞세울 필요는 없지만, 문학작품이라면 적어도 예리한 역사의식과 현실 인식만큼은 깃들어 있어야만 할 것이다. 그런데도 요즘 신세대 소설에서는 그러한 무거움을 찾아볼 수 없다. 뿐만 아니라 그들의 작품에서는 글쓰기에 대한 고뇌도, 미로를 벗어나기 위한 탐색 의식도 찾아보기 어렵다.

2000년대 한국문학이 활로를 찾기 위해서는 먼저 활자매체의 한계를 인정하고 장르의 확산을 통한 영상매체와의 교류를 적극 시도해 보아야만 할 것이다. 영화로 만들어질 것에 대비해 스튜디오 소설을 쓰라는 이야기가 아니라, 영상매체가 갖고 있는 장점과 테크닉을 문학작품에도 적극 활용하고, CD-ROM을 제2의 책으로 받아들여야 한다는 것을 의미한다. 왜냐하면 책은 이제 종이 책에서 플라스틱 책(디스크)으로 그 개념과 형태가 급속도로 바뀌고 있다. 이러한 상황에서 언제까지나 진부한 종이 책에 매달려 있을 수만은 없기 때문이다. 물론 활자매체와 종이 책은 앞으로도 계속 존재할 것이다. 1960년대 초 마셜 맥루언(Marshall McLuhan)이 활자매체의 종말을 선언하면서 "구텐베르크여 안녕!"이라고 말했을 때에도, 그는 아이러니컬하게도 그 말을 구텐베르크식 활자 책에다가 썼다.

한국문학은 또 엘리트들을 위한 고급문학과 통속적이고 저속한 하류문학 사이를 중개할 수 있는 '중급문학'의 창출을 긍정적으로 추진하는 열린 태도를 가져야만 한다. 어느 것이 진정한 중급문학인가 하는 문제에 대해 보편적인 동의를 얻기 위해서는 물론 많은 논의가 필요하다. 그럼에도 불구하고 모더니즘적 예술소설도 아니고 저속한 통속소설도 아닌 새로운 형태의 '중급소설' 이야말로 문학의 존립을 위협하는 이 영상시대와 멀티미디어 시대에 탄탄한 경쟁력을 갖고 살아남을 수 있는 유일한 방법이 될 것이다. 이제 대중을 외면하고는 살아남기 어려운 시대가 되었기 때문이다. 그러나 저속한 통속문학이나 경박한 표피문학만큼은 늘 경계해야만 할 것이다.

앞으로 한국문학은 새로운 기법과 주제, 그리고 새로운 상상력의 개발에 주력해야만 한다. 진부한 스토리텔링과 픽션메이킹으로는 이제 더 이상 소설이 살아남을 수 없는 시대가 되었기 때문이다. 트로이 전쟁이 끝난 후, 고국으로 돌아가다가 길을 잃자 고정된 모습이 없는 '바다의 노인' 프로테우스를 꼭 잡고 길을 알려줄 때까지 절대 놓지 않았던 메넬라오스처럼, 우리 작가들 역시 새로운 길과 새로운 상상력을 찾기 위해서 정형이 없는 리얼리티와의 씨름을 부단히 계속해야만 할 것이다.

대중문학과 순수문학의 경계 해체

한국 문단은 그동안 부단히 순수문학·대중문학 논쟁을 벌여왔다. 가깝게는 산업사회의 후유증 문제를 여성 주인공을 등장시켜 다루었던 최인호(『별들의 고향』), 조해일(『겨울여자』), 조선작(『영자의 전성시대』) 등이 대중작가라는 비난을 받았던 1970년대부터 시작돼 양귀자(『천년의 사랑』)와 이인화(『영원한 제국』)까지도 대중문학 논쟁에 휩쓸렸던 1990년대와 2000년대에 이르기까지 순수문학·대중문학 논쟁은 언제나 한국 문단에서 초미의 관심 대상이었다.

순수문학이라고 하는 개념은 모더니즘적 사고의 소산이다. 그러나 모더니즘의 퇴조에 따라 예술가의 우월성과 고급문화에 대한 선호, 그리고 문학과 예술의 심미성에 근거한 분격문학·순수문학의 시대는 이제 급속도로 퇴조하고 있다. 지금은 특권층의 전유물인 예술과 문화가 박물관과 미술관과 도서관으로부터 나와 거리에 전시되고 있는 시대이고, 그러한 시대적 변화는 이제 도저히 막을 수 없는 대세가 되었다. 다만 예술과 문화가 거리의 부랑아나 쓰레기로 전락하는 것만은 경계하고 또 막아야만 할 것이다.

오늘날 대중문화의 확산에 위협을 느끼고 있는 작가들은 그 어떤 유혹에도 불구하고 문학과 예술의 순수성만은 지켜나가야 된다고 강조한다. 그것은 물론 옳은 말이다. 왜냐하면 문학과 예술이 상업주의와 야합해서 타락하는 것은 결코 바람직하지 않기 때문이다. 그러나 그러한 생각은 자칫 모더니즘적인 예술관, 즉 문학과 예술의 지고성과 지순성에 대한 귀족주의적 옹호의 또 다른 변형일 수도 있다는 점에서 조심스럽다. 문학은 기본적으로는 순수한 것이지만, 궁극적으로는 역사적·정치적·사회적 상황의 산물이다. 그렇다면 문학의 순수성 못지않게 중요한 것이 바로 문학의 역사성·정치성·사회성일 것이다. 물론 문학은 사회학이나 정치학과는 다르며, 이데올로기의 투쟁을 위해 복무하는 도구도 아니다. 그럼에도 불구하고 문학과 예술은 우리의 현실 상황을 떠나서는 존재할 수 없고, 정치적 불간섭주의를 선언할 수도 없다.

본격문학이 퇴조하고 대중문학이 확산되는 이유는 또한 후기 자본주의 시대의 특성과 긴밀히 맞물려 있는 것처럼 보인다. 예전에 사람들은 자신들의 사회가 중산층인 부르주아 계급과 하류층인 프롤레타리아 계급으로 나뉘어 있다고 생각했다. 그러나 후기 자본주의 시대에 들어오면서부터 그 두 계급은 새로운 중류계급이라고 할 수 있는 '대중' 이라는 보다 더 포괄적인 개념의 범주에 포함되어 버렸다. 그러므로 오늘날 대중문학은 별도로 존재하는 어떤 것이 아니라 우리 모두의 일상문화와 우리 삶의 일부가 되어버린 것이다.

본격문학과 대중문학의 구분이 점점 더 불확실해져 가는 현상 자체는 바람직하다. 그러나 문제는 그와 같은 본격문학의 퇴조와 대중문화의 확산 속에서 대중문화가 저급화되는 것을 과연 어떻게 막을 수 있겠는가 하는 점이다. 왜냐하면 대중문화를 허용한다는 것이 곧 문학의 저질화나 상업화를 허용한다는 것을 의미하는 것은 아니기 때문이다. 대중문학 또는 중류문학이 바람직한 수준을 유지하기 위해서는 우선 저자의 신중성, 독자의 분별력, 그리고 비평가의 비판력이 요구된다. 그와 같은 부단한 성찰과 검증이 없으면 대중문학은 통속문학으로 전락해 버리고 말 것이다. 그렇게 되면 서점은 저속한 통속물로 가득 찰 것이며, 사람들은 다시 한번 본격문학과 고급예술에 대한 시대착오적인 향수에 빠져들고 말 것이다.

소위 본격문학 작가들은 현재 새롭게 각광받고 있는 추리소설이나 공상과학소설 같은 장르를 자칫 통속적인 것으로 생각하기 쉽지만, 사실 그 생각은 편견에 지나지 않는다. 그것은 추리소설의 원조인 에드거 앨런 포(Edgar Allan Poe)나 공상과학소설의 원조인 메리 셸리(Mary

Shelley)나 로버트 루이스 스티븐슨(Robert Louis Stevenson), 또 허버트 조지 웰스(Herbert George Wells) 같은 작가들이 모두 영문학사에서 본격작가로 평가받고 있다는 사실에서도 알 수 있다. 그와 같은 장르들은 오히려 본격문학의 대중화에 공헌할 수도 있다. 사실 요즘에는 영문과 학생들을 제외하고는 아무도 제임스 조이스의 『율리시즈』나 윌리엄 포크너의 『고함과 분노』 같은 소위 본격문학 작품을 읽지 않는다. 사람들의 손에는 오히려 메리 셸리의 『프랑켄슈타인』이나 브람 스토커(Bram Stoker)의 『드라큘라』, 또는 아이작 아시모프(Isaac Asimov)나 로버트 하인라인(Robert Heinlein)의 공상과학소설들이 들려 있다. 요즘 미국 공항이나 비행기 안에서 사람들은 스티븐 킹(Stephen King)의 공포소설이나 존 그리샴(John Grisham)의 법률소설, 또는 매슈 펄(Matthew Pearl)의 『단테 클럽』이나 댄 브라운의 『다빈치 코드』를 읽는다. 그리고 그러한 소설들에서도 얼마든지 심오한 문학적 메시지와 상징들을 찾아낸다. 시대는 변하고 있다. 우리는 언제까지나 본격소설·순수소설의 퇴조를 서러워하고 있을 수만은 없다. 독자를 찾지 못하는 소설은 결국 망각 속에 사라져갈 뿐이다.

평론가의 책무, 새로운 시대정신의 탐구

평론 한 편을 발표했다고 해서 어떤 사람이 하루아침에 갑자기 비평가가 되는 것은 아니다. 그럼에도 불구하고, 오늘날 우리는 특정 작품을 분석한 평론 몇 편만 쓰면 곧 비평가가 되는 것으로 착각하고 있다. 그러나 진정한 비평가는 단순히 문학작품을 분석하는 사람이 아니라 문학 텍스트를 관통하는 한 나라, 한 민족의 문화적 패턴을 통찰하고, 한 시대를 이끌어가는 거시적 안목을 가진 사람을 의미한다. 예컨대 끝내 '비평가'

라는 칭호를 사양했던 미국의 문인 에드먼드 윌슨은 개별 문학작품의 분석보다는 문학의 시대정신을 탐구하는 데 더 많은 관심을 가졌던, 진정한 의미에서의 비평가였다. 바로 그러한 이유로 해서 전기 작가 리온 에들(Leon Edel)은 윌슨의 저작들을 모아 각각 『1920년대』와 『1930년대』라는 제목으로 묶었다. 윌슨은 또 자기 시대의 양극 이데올로기였던 마르크스주의와 프로이드주의의 조화와 화해를 위해 부단히 노력했던 비평가였다. 그는 경직된 아카데미를 싫어했으며, 그 어느 파벌에도 속하지 않았다. 그 결과 윌슨은 오늘날 미국의 가장 위대한 비평가 중 한 사람으로 평가받고 있다.

그러한 면에서 볼 때 오늘날 우리 문화계 전반에 걸쳐 퍼져 있는 '파벌주의'는 하루속히 사라져야만 한다. 왜냐하면 각기 다른 이론을 갖고 있기 때문에 필연적으로 생기는 '학파'나 '특정사조 그룹'이 아닌 학연이나 지연에 의해 인위적으로 형성된 '파벌'은 우리 문화의 발전에 별 도움을 주지 못하기 때문이다. 사실 한 시대, 한 사회에서 비평의 책무와 비평가의 책임은 사실 바로 그러한 백해무익한 '파벌주의'를 타파하는 데에서부터 시작되어야만 하는지도 모른다. 진정한 비평가라면 분명 그러한 사소하고 지엽적인 문제들보다는 이 혼란의 시대에 어둠을 밝혀줄 수 있는, 보다 더 거시적인 문제들에 더 많은 관심을 가져야만 하기 때문이다.

한국문학, 어디로 가고 있는가

문학은 과연 사라질 것인가

우리는 지난 세기말에 전례 없이 강렬한 종말 의식을 겪어봤다. 한 세기가 — 그것도 파란만장했던 20세기가 — 끝나고 새로운 세기가 시작되는 세기말을 경험해 보았다. 당시 우리는 인류의 장래를 걱정하고 문학의 미래를 우려했다. 그러나 그러한 종말 의식은 사실 인류역사의 시작과 더불어 비롯되었고 시대마다 반복되어 온 오래된 관행이자 증후군이지, 전혀 새삼스러운 것은 아니다. 현존하는 가장 오래된 이집트 파피루스(기원전 2000년)에도 이미 다음과 같은 저자의 탄식이 기록되어 있다 — "아직까지 알려지지 않은 구절, 이상한 말들, 이미 말해져 진부해진 말들이 아닌, 한 번도 사용되지 않고 반복되지 않은 새로운 언어를 가질 수만 있다면." 또한 기원후 예수와 동시대 사람들도 말세에 대한 예수의 예언이 먼 훗날이 아니라 모두 자신들의 시대에 이루어질 것으로 믿고 엄청난 종말 의식을 느꼈다.

사실 매 시대 사람들은 자신들이 말세에 살고 있다고 생각했고, 신이 내릴 최후의 심판과 세상의 멸망을 두려워했다. 그러나 세상은 아직도 건재하며, 인류의 문명은 여전히 계속되고 있다. 방황하던 1950년대 후반 및 1960년대 대학생들을 위해 지적 길잡이 역할을 해주었던 문학사가 헤르만 글라서(Herman Glaser)는 1957년에 나온 『현대 세계문학 소사』에 다음과 같이 썼다.

> 우리는 자주 새 시대의 입구에 서 있다는 말을 듣는다. 어디를 보나 범위를 측정할 수 없는 새로운 발명들, 모든 분야에 있어서의 거대한 전회, 정치적·경제적 동요, 정신적 붕괴와 불안 등이 있다. 인류역사에서 이렇게 짧은 시간 동안에 이렇게 심한 변천이 있었던 일은 일찍이 없었다. (…) 새로운 시대는 시작되고 있다. 그것은 우리를 혼돈 속으로 몰아갈 것인가?

흥미 있는 것은, 이미 40여 년 전에 표출되었던 글라서의 종말 의식이 오늘날에도 그대로 유효하다는 것이다. 그리고 그것은 곧 어느 시대에나 사람들은 자신들의 시대를 한 시대의 종말로, 그리고 새로운 시대의 시작으로 파악한다는 것을 의미한다.

그럼에도 불구하고, 오늘날 문학 — 그중에서도 소설문학 — 이 극도로 불안한 미래와 대면하고 있다는 것은 부인할 수 없는 사실이다. 문학을 둘러싸고 있는 상황들이 급속도로 그리고 본질적으로 변하고 있기 때문이다. 예컨대 낭만주의나 모더니즘 시대와 달리 이제 작가들은 순수하고 지고하며 시간을 초월한 이상적인 미(美)만을 추구할 수는 없게 되었으며, 일상적인 것들 속에서 동시대인들과 더불어 고뇌하고 생활해야만 하게끔 되었다. 그래서 이제는 문학의 주제와 소재마저도 예전과는 달라졌다. 즉 글라서의 지적대로 지금은 "숭고한 자유 이념보다는 집단 수용소에서의 노예화가 문제이고, 영원한 사랑보다는 술집에서의 섹스가 문제이며, 신과 악마 사이에서 방황하는 영혼보다는 거리에서 횡사하는 가엾은 인간들이 문제가 되는 시대"가 되었기 때문이다. 문학은 이제 문화적 귀족들의 전유물에서 벗어나 대중과 민중의 삶을 반영하는 거울이 된 것이다.

그러나 문학이 심각한 종말 의식과 위기 의식을 느끼게 된 것은, 최근 예술에 대한 개념 자체를 뒤흔들며 등장한, 보다 더 복합적인 문제들 ── 예컨대 예술작품의 상품화 문제, 순수문학과 대중문학의 경계 해체, 또는 전자매체와 영상매체의 위협 등 ── 때문이다. 문학 장르 중에서도 특히 소설의 경우가 가장 타격이 컸던 이유는 경쟁매체인 영화나 텔레비전이 소설처럼 모두 내러티브 양식을 차용하는 장르이며, 그 전달 방식이 구텐베르크식 활자와는 비교가 되지 않을 만큼 효율적이고 뛰어나기 때문이다. 이제 양피지 개념의 활자 문화와 문자 문화, 그리고 그것에 의존해 온 소설 장르는 심각한 위기를 맞게 된 것이다.

그러한 변화는 독자들에게도 일어났다. 젊은 독자들은 언젠가부터 종이에 인쇄된 활자보다 스크린에 나타나는 아이콘을 더 선호하게 되었고, 문자매체보다 영상매체나 전자매체를 더 좋아하게 되었다. 놀라운 것은 무려 반세기 전에 다음과 같은 언급을 한 비평가가 있다는 사실이다.

> 머지않아 우리는 스위치만 누르면 우리가 선택하는 대로 어떤 영화나 강연이나 백과사전이라도 검색해 볼 수 있는 장치들을 갖추게 될 것이다. 이와 같은 테크놀로지 앞에서 손으로 쓴 양피지 문서로서의 책은 사라질 것이다. 그리고 인쇄물은 최소한의 실용적인 기능으로서만 존재하게 될 것이다. 그러한 미래의 전망에 대해 동감을 표시하는 사람들은 그것이 공학자의 책상에서가 아니라, 젊은이들의 가슴속에서 나온 것임을 알고 있다.
>
> ── 노먼 포도레츠, 「문학에 미래가 있는가」

오늘날 앞서 언급한 예언은 엄연한 현실이 되었다. 그리고 젊은이들 역시 '가슴속'으로부터 전자매체를 선호하고 있다. 활자와 문자에 의존하고 있는 소설은 이제 점점 독자들을 잃어갈 수밖에 없다. 문자매체의 시대가 퇴조하고 영상매체의 시대가 도래했으며, 퇴물이 되어버린 활자 세대 대신 새로운 감각을 가진 전자세대가 등장했기 때문이다.

문학은 왜 변화해야 하는가

그렇다면 과연 문학에 미래가 있는가? 언젠가 책이 지식과 정보의 전달자의 역할을 완전히 컴퓨터에 내주는 날이 와도, 그리고 사람들이 책 대신 텔레비전과 비디오와 영화에서 교양과 엔터테인먼트를 찾는 때가 와도 소설은 정말 살아남을 수 있을 것인가? 미국의 비평가 노먼 포도레츠는 "그렇다."라고 말한다. 1970년대 초에 쓴 「문학에 미래가 있는가」라는 글에서 그는 이렇게 말하고 있다.

50년 전 T. S. 엘리엇은 소설이 죽었다고 말했다. 그러나 그는 문학이 죽었다고 하지는 않았다. 그때 그가 말하려 했던 것은 협의의 예술 가운데 어느 특정 장르가 어떤 특정 시대의 목적에 더 이상 부응하지 못한다는 것이었다. 그것은 곧 새로운 양식의 장르가 그 자리를 대체할 것임을 의미한다. 마찬가지로 1930년대에 에드먼드 윌슨이 "운문이 죽었다."라고 말했을 때 그는 "시가 사라져버렸다."라고 하지는 않았다. 대신 그는 시가 운문 이상의 또 다른 형태로 쓰이고 있다고 주장했던 것이다.

포도레츠에 의하면, 문학은 죽어서 사라지는 것이 아니라 다만 시대의 요청에 따라 변해 갈 뿐이다. 그러므로 전자매체가 문학의 전통적 기능을 빼앗아가더라도 문학은 여전히 살아남을 것이다. 다만 그 양식과 형태는 상당한 변화를 겪게 될 것이다.

1960년대 후반에 쓴 「고갈의 문학」이라는 글에서 "문학은 이제 고갈되었다."라고 언급해 많은 논란을 불러일으켰던 미국의 소설가 존 바스도 궁극적으로는 같은 이야기를 하고 있다. 바스는 자신이 의도했던 것은 결코 문학이 죽었다는 것이 아니라 "예술의 형식과 양식은 인류 역사와 함께 살아나가는 것이기 때문에, 적어도 특정한 장소나 특정한 시기에 사는 많은 예술가들의 마음에서 그 가능성이 고갈될 수도 있다는 것"이라고 설명한다. 다시 말해 예술 양식이라고 하는 것은 "노화되거나 변형될 수 있으며, 심지어 새롭고 활기찬 작품을 만들기 위해 스스로에 대해 반동적일 수도 있다."는 것이다.

소설은 결코 죽거나 사라지지는 않을 것이다. 소설은 다만 변해 갈 것이다. 물론 변화를 거부하는 소설도 있겠지만, 그런 노화된 소설들은 결국 아무도 읽지 않는 퇴물이 되어 점차 독자를 잃어갈 것이다. 변화는 결코 신념의 포기나 타협이 아니라 새롭게 태어나려는 시도이고 활력을 재충전하는 과정일 뿐이다. 변화에 대한 관심이나 노력 없이 과거의 명성에만 의존해 구태의연한 소설을 쓰는 작가들은 머지않아 설 땅을 잃게 될 것이다. 그리고 그들의 소설은 점차 그 가능성이 고갈되어 결국에는 망각 속에 사라지게 될 것이다.

그래서 소설의 변화는 필연적이다. 살아남기 위해서뿐만 아니라, 부단히 새로워지고 재충전되기 위해서라도 소설은 변화해야만 한다. 정말이지 급변하는 시대의 요청에 부응하고, 전자매체의 위협에 맞서기 위해서라도 소설은 이제 적극적인 변신을 시도하고 다시 태어나야만 한다. 그것이 적어도 이 시대를 사는 작가들의 사명이자, 독자에 대한 예의이다.

그럼에도 불구하고, 요즘 문학지들을 읽어보면 그러한 변화에 무심한 소설들이 너무 많은 것에 놀라게 된다. 예컨대 이광수 이래 거의 한 세기

동안 변한 적이 없는 천편일률적이고 진부한 스토리텔링식 내러티브 — 사실은 그 옛날에도 벌써 이상 같은 참신한 기법의 작가가 있었지만 — 가 있는가 하면, 아무리 노력해도 전혀 읽히지 않는 재미없고 지리멸렬한 내용과 구성도 있고, 또는 정치 가십이나 사적 느낌 같은 것이 문학적 여과 없이 그대로 나열된 채 끝나는 상상력과 주제의 빈곤도 있다. 그러한 경우는, 기성작가와 신인작가 또는 저명작가와 무명작가를 막론하고 발견된다. 그래서 때로는 이 작가가 왜 이런 소설을 썼으며, 편집자는 또 왜 이런 작품을 실어주었는가 의아하게 느껴질 때도 많다. 그런 소설을 읽고 나면 평론가는 별로 할 말이 없다. 그리고 독자나 평론가가 할 말이 없는 소설은 좋은 작품일 수 없다.

아직도 그러한 구태의연한 소설을 쓰는 작가들은 자신들을 순수문학의 수호자로 착각할는지도 모른다. 그러나 구식 소설이 곧 순수문학이 될 수는 없다. 변화를 거부하는 것이 곧 순수를 의미하는 것은 아니기 때문이다. 변화하지 않는 것은 순수하게 남는 것이 아니라 부패하거나 퇴물이 되어 사라질 뿐이다. 소설이 변해야만 하는 이유도 바로 거기에 있다.

작가들은 어떻게 변화해야 하는가

소설에 변화가 오게 하기 위해서는 물론 작가들이 먼저 변해야만 한다. 그렇다면 작가들은 도대체 어떻게 변화해야 하는가? 우선 새로운 형태의 소설을 쓰기 위해 작가들은 끊임없이 새로운 주제와 상상력을 계발하고, 참신한 문체와 구성과 내러티브를 창조해야만 한다. 마치 새로운 상상력과 새로운 이야기를 만들어내지 못하면 그 즉시 죽임을 당하는 이야기꾼의 원조 세헤라자드처럼 작가들 역시 절박하고 비장한 각오로 참신하고 재미있는 이야기들을 창조해 내야만 한다. 급진적인 실험소설을 쓰라는 이야기가 아니라 늘 새로운 소재와 모티프와 스타일을 발굴하려고 노력해야 된다는 것이다. 그러기 위해서 작가들은 열심히 공부하는 한편 동시대의 다른 작가 — 특히 외국 작가 — 들의 작품을 부지런히 읽어야만 한다.

작가들이 열심히 공부해야 한다는 것은 우선 문학이론서나 역사책이나 교양서적을 읽어 박학다식해져야 한다는 것을 의미한다. 학자들도 그렇지만 작가들 역시 책을 읽지 않으면 정확한 지식과 새로운 상상력을 얻기 어렵다. 예컨대 한국소설에서는 의외로 작가의 부정확한 지식으로 인해 발생하는 잘못된 사실들과 틀린 진술들이 자주 발견되는데, 그건 작가가 공부를 게을리 한 탓이다. 문제는 사실과 다른 것이 하나라도 발견되면 그 작품 전체의 신용도가 추락해 그만 공든 탑이 무너져버린다는 데 있다.

작가들은 우선 고전을 많이 읽어야만 하는데, 그 이유는 문학의 근원으로 되돌아가서 현대의 문제들을 해결할 수 있는 새로운 상상력과 영감을 얻을 수 있기 때문이다. 관습적인 문학의 가능성이 고갈되어 더 이상 무엇을 어떻게 써야 할지 몰라 딜레마에 빠졌을 때, 호르헤 루이스 보르헤스나 존 바스나 로버트 쿠버 같은 작가들은 모두 『아라비안나이트』나 『돈키호테』나 『그리스신화』 같은 고전에서 새로운 상상력과 슬기로운 지혜를 찾았다.

한편 작가들이 동시대의 책을 읽어야만 하는 이유는 지금 세상이 도대체 어떻게 돌아가고 있는가를 알아야만 하기 때문이다. 문학작품이란 원래 그 작품이 산출된 당대 사회와 문화의 반영이라고 할 수 있다. 그래서 당대의 시대정신이라고 할 수 있는 문예사조와 창작은 언제나 긴밀한 관계를 갖는다. 그런데 만일 작가가 자신의 시대를 대표하는 문예사조를 모른다면 시대의 흐름과는 전혀 무관한 작품을 쓰게 될 것이고, 그러한 작품은 결국 문학사적 좌표를 상실한 채 그 존재 가치를 잃게 될 것이다.

뜻밖에도 할리우드 영화들은 매 시대 문예사조들을 충실하게 반영해 오고 있다. 그래서 당대의 문예사조와 당대의 미국 영화는 언제나 긴밀한 연관을 맺고 있다. 사실 공상과학의 경우에는 할리우드 영화의 상상력이 오히려 소설을 앞질러 나가고 있다. 그리고 그것은 곧 할리우드의 제작자들이 당대를 대표할 만한 좋은 원작 소설들을 골라 영화화하고 있다는 것을 의미한다. 그런데 우리의 작가들은, 공부를 하지 않는 것은 물론 때로 할리우드 영화 제작자들만큼도 당대의 문예사조에 관심을 갖지 않는 경우가 많다. 그러한 작가들이 쓴 소설이 세계 문단에서 외면당하며, 독자들의 관심을 끌지 못하고 읽히지 않은 채 버려지는 것은 너무나 당연한 일이다.

우리 작가들이 또 외국 작가들의 작품을 많이 읽어야만 하는 또 다른 이유는 그러한 책 읽기가 자신의 편협한 문학 세계 밖의 또 다른 세계를 보여줌으로써 강렬한 지적 자극을 주기 때문이다. 작가들은 누구나 한번쯤은 마음에 드는 외국소설의 영향을 받아 소설을 써본 경험이 있을 것이다. 이국적인 소설의 분위기와 문체와 주제는 작가들에게 늘 새로운 자극과 영감과 상상력을 제공해 준다. 그래서 외국소설을 많이 읽는 사람은 그만큼 참신한 작품을 많이 산출하게 된다. 외국소설을 읽는 것 자체가 작가에게는 또 다른 형태의 공부가 되기 때문이다.

물론 그 과정에서 중요한 것은 외국소설을 단순히 모방하거나 표절하지 않고 자신의 독창적인 작품을 만들어내는 것이다. 즉 외국소설을 읽을 때 받은 영감이나 아이디어를 자신의 것으로 전환시키고, 외국적인 요소와 자국 고유의 요소를 적절히 조화시켜야 한다는 것이다. 그래서 몇 년 전에 있었던 '일본소설 베끼기 논쟁' 같은 바람직하지 않은 사건이 또다시 일어나지 않도록 해야 한다. 그것은 고전에서 새로운 영감과 상상력을 얻을 때에도 마찬가지다. 고전을 베끼거나 표절하거나 모방해서는 안 되고, 다만 작가 자신이 현재 당면한 문제를 해결할 열쇠만을 가져오면 된다.

존 바스가 그 대표적인 예이다. 1960년대 미국 작가들은 소설 쓰기가 어려워지자 설화문학의 근원인 『아라비안나이트』나 '페르세우스 신화'나 18세기 '서간체 문학'으로 되돌아가 거기에서 새로운 상상력과 소설 기법을 발견하려고 노력했다. 우리 작가들도 전통적인 설화와 민담의 세계로 되돌아가 거기에서 새로운 소설 쓰기의 가능성을 탐색하는 시도를 해볼 수도 있을 것이다. 때로 현재의 문제를 해결할 수 있는 열쇠가 '과거로의 여행'을 통해 발견되기도 하기 때문이다.

전자매체와 영상매체, 어떻게 할 것인가

계시록적 시대라고 일컬어지던 미국의 1960년대처럼, 오늘날 우리는 전자매체와 영상매체의 가공할 만한 영향력으로 인해 문자문화가 죽어가고 있으며, 문학 역시 독자들을 잃어가고 있다고 불평하고 있다. 다시 노먼 포도레츠가 오래전에 쓴 글을 살펴보면, 오늘날 우리의 불평이 그 당시 미국에도 똑같이 있었다는 사실을 잘 알 수 있다.

어느 세대보다도 더 많은 교육을 받은 이 세대는 책보다는 영화에 더 많은 관심을 보이며, 이성보다는 감각적인 것에 더 몰두하고, 이미지를 중시하며, 지고한 것보다는 천박한 것에 더 깊은 관심을 보인다.

오늘날 우리가 젊은 세대를 향해 느끼는 감정이 위 인용문의 내용과 얼마나 똑같은가를 발견하는 것은 그리 어려운 일이 아니다. 비록 시대적인 차이는 있지만 미국과 한국의 기성세대들은 영상매체에 심취해 있는 젊은 세대들에 대해 비슷한 느낌을 갖는다.

동시에 1960년대의 미국 작가들처럼 오늘날의 한국 작가들 역시 전자매체와 영상매체의 보편화로 인해 점점 더 글쓰기의 어려움을 토로하고 있다. 픽션과 리얼리티, 또는 환상과 현실 사이의 구분이 이제 더 이상 예전처럼 명확하지 않게 된 이 전자·영상매체의 시대에 활자문학의 기능이 현저히 축소되었기 때문이다. 그럼에도 불구하고 우리 작가들은 그 문제에 대해 분노와 허탈과 좌절 속에 빠져 있을 뿐 해결책을 찾거나 적극적인 대책을 모색하고 있는 것처럼 보이지는 않는다.

활자문화가 전자매체와 영상매체에 밀려 점차 설자리를 잃어가던 미국의 1960년대에 존 바스는 그저 허탈과 좌절에 빠져 지내지만은 않았다. 도저히 소설을 쓸 수 없을 것만 같은 상황에서 심각한 '작가의 벽(writer's block)'에 부딪쳤던 그는 소설의 미래를 걱정하다가 어느 날 보르헤스라는 아르헨티나 작가를 발견하게 된다.

자신이 가던 길에서 딱 멈추게 되는 것은 젊은 예술가에게 있어서 별로 이상한 일은 아니다. 과연 나는 어디에선가 열정적인 대가의 기교 앞에서 압도되는 것이야말로 깨어 있는 견습 예술가들 — 사실은 모든 견습생들 — 의 책임이라고 쓴 적이 있다. 멀리 또는 가까이의 원조들에게서 발견되는 잘 조절된 힘 말이다. 그래서 나는 학부 시절에 제임스 조이스와 프란츠 카프카(Franz Kafka)를 발견했다. 그러나 사람이 30대 중반이 되면 그것은 또 다른 문제이다. 그런데도 나는 「비밀의 기적」, 「자히르」, 「피에르 메나르」, 「기억왕 푸네스」, 「틀룐, 우크바르, 오르비스, 테르티우스」 같은 보르헤스의 단편들을 읽으며 다시 한번 견습 시절의 절박함을 느끼게 되었다.

— 『보르헤스와 나』, 1990년

현실 자체를 환상으로 보고 소설을 씀으로써 멋지게 전자매체와 영상매체를 압도한 보르헤스에게서 새로운 출구를 발견한 바스는 이후 보르헤스를 거울삼아 「고갈의 문학」이라는 기념비적 에세이와 『미로에서 길을 잃고』라는 혁신적인 단편집을 출간해 포스트모더니즘 소설의 원조가 되었다. 즉 바스는 전자매체에 압도당하지 않고 오히려 전자매체를 적극 포용해 새로운 소설 양식을 창출해 내는 데 성공한 것이다. 「고갈의 문학」에서 그는 다음과 같이 말한다.

문학의 형식은 분명히 역사와 역사적 우연성을 가지고 있으며, 따라서 소설을 주요 예술 양식으로 자부하던 시대는 아마도 끝이 났는지도 모른다. 마치 고전 비극, 그랜드 오페라, 혹은 소네트 시대가 지나가 버린 것처럼 말이다. 소수의 소설가들을 제외하고 이 가정은 전혀 놀랄 만한 사건이 못 된다. 그리고 그러한 문제를 해결하는 방법은 바로 그러한 문제에 관해 소설을 쓰는 것이다. 역사적으로 소설이 끝이 났는가 혹은 지속될 것인가 하는 문제는 내게 있어서 사소한 것이다. 만일 다수의 작가와 비평가들이 그렇게 계시록적으로 느낀다면, 그들의 느낌은 곧 현저한 문화적 현상이 되어버릴 것이다.

바스는 우선 주요 문학 양식으로서 '소설의 시대'가 끝이 났는지도 모른다는 사실을 인정한다. 마치 예전의 대표적 문학 장르였던 고전 비극이나 그랜드 오페라나 소네트가 시대의 변화에 따라 차츰 사라져 없어졌듯이, 소설이라는 장르 역시 다른 장르나 매체의 등장으로 인해 밀려날 수도 있다는 것이다. 그는 바로 그러한 문제에 대해 소설을 써볼 수 있다고 말한다. 즉 피하거나 거부반응만 보일 것이 아니라 소설을 위협하는 바로 그 문제와 직접 부딪쳐 씨름을 해보자는 것이다. 물론 이때 그는 '메타픽션'에 대한 이야기를 하고 있는 셈이지만 동시에 전자매체 및 영상매체와 소설 사이의 대면과 씨름에 대해서도 말하고 있는 것이다. 그것이 미로에서 길을 잃은 작가에게 출구를 가르쳐줄 수도 있기 때문이다. 바스는 그 적절한 예로 고향으로 돌아가는 길을 알아내기 위해 변신의 명수 프로테우스와 씨름하는 메넬라오스의 신화를 든다.

메넬라오스는 세상이라는 더 큰 미로에서 길을 잃었다. 그는 길을 알아내기 위해, 프로테우스가 리얼리티의 무서운 위장을 다 고갈시키고 드디어 자기 자신의 모습으로 되돌아갈 때까지 그 바다의 노인을 꽉 붙잡고 있어야만 한다.

프로테우스는 이름 그대로 정형이 없는 존재이다. 길을 묻는 메넬라오스로부터 빠져나가기 위해 프로테우스는 온갖 형태의 동물과 사물로 변한다. 그래도 메넬라오스가 놓아주지 않자 프로테우스는 드디어 모든 변신의 가능성이 고갈된 후 드디어 길을 가르쳐준다. 바스는 미로의 출구를 알아내기 위해 '정형이 없는 현실'의 상징인 프로테우스와 씨름하는 메넬라오스야말로 오늘날 벽에 부딪친 작가들의 은유적 모습이라고 말한다. 그러한 씨름의 한 시도로 바스는 『미로에서 길을 잃고』라는 작품집에서 전자매체와 소설의 공존과 화해 가능성을 타진한다. 회피하거나 증오하는 대신 바스는 '적과의 동침'이라는 적극적인 방어책을 선택한 것이다.

얼마 전, 국내에서 창립된 '문학과 영상학회' 역시 문학과 영상을 상호배제적인 것으로 보지 않고 상호보충적인 것으로 파악하며, 문자문화와 영상매체의 조화와 공존을 추구한다는 점에서 적극적인 태도를 보이고 있다. 만일 문자매체와 전자매체 또는 문학과 영상이 결국 공존할 수밖에 없다면 서로 적대적이 되는 것보다는 상호타협의 방법을 찾아나가는 것이 바람직하기 때문이다.

순수문학과 판타지 문학, 무엇이 문제인가

얼마 전 어느 작가 지망생이 내게 전화를 걸어와 순수문학이 적어도 앞으로 30년 동안은 지속되지 않겠느냐고 물은 적이 있다. 40세의 순수문학도라고 자신을 밝힌 그는, 내가 순수문학은 이제 점차 사라져가리라고 쓴 『뉴미디어 시대의 문학』이라는 평론집을 읽고 다소 낙심한 것처럼 보였다. 앞으로 30년 후면 70세가 될 그는 적어도 그때까지만이라도 순수문학이 존재하기를 바라는 것 같았다.

나는 순수문학은 적어도 앞으로 100년은 더 지속될 것이며, 수세기 동안 이룩되어 온 문자 문화가 결코 그리 쉽게 사라지지는 않을 것이라고 그를 안심시켜 주었다. 정말이지 문화나 역사란 서로 모순되는 것들끼리 동시대에 공존하다가 조금씩 서서히 사라져가는 것이지, 하루아침에 하나가 등장해 다른 하나를 퇴출시키지는 않기 때문이다.

그는 또 팽배한 상업주의와 물질주의 속에서 타락해 가고 있는 현대문학에 대해 진지한 우려를 표명했으며, 중급소설의 가면을 쓴 통속소설들을 평론을 통해 질타해 달라고 내게 부탁했다. 요즘에는 돈을 벌기 위해서 쓴 상업적 소설들이 너무 많다는 것이었다. 그는 특히 판타지 소설의 탈을 쓴 통속소설들의 범람을 경계했고, 나 역시 그의 견해에 공감했다.

판타지 소설이 상업적인 통속소설이 되지 않기 위해서는 우선 치열한 작가 정신과 뚜렷한 주제 의식이 있어야만 한다. 판타지 소설의 궁극적인 목표는 현실에 대한 우회적·우화적 비판이어야만 한다. 역사소설의 궁극적인 목표가 현재 상황에 대한 비판이듯이, 판타지 소설의 경우도 결국에는 리얼리티에 대한 비판이어야만 한다는 것이다. 그러므로 환상 속에 빠져서 현실로 되돌아오지 않는다면 판타지 소설은 그 문학적 가치를 잃게 된다. 환상은 또 다른 형태의 리얼리티이며, 보르헤스의 말대로 "아무것도 우리가 리얼리티라고 부르는 것만큼 환상적인 것은 없기 때문"이다.

그러므로 판타지 소설은 궁극적으로 리얼리티를 다루는 소설이어야만 한다. 작품의 배경이 어디든지 간에 그리고 등장인물의 이름이 무엇이든지 간에 판타지 소설의 종착지는 결국 우리의 리얼리티이고 현실이어야만 한다. 그렇지 않고 만일 비평계 일각의 비판처럼 컴퓨터 게임이나 무협지 수준에 그친다면 판타지 소설은 상업적 통속소설이라는 비판을 면치 못할 것이다.

제대로 된 판타지 소설을 쓰기 위해서뿐만 아니라 판타지 소설을 제대로 비판하기 위해서라도, 우리는 외국의 판타지 소설을 많이 읽고 또 공부해야만 한다. 예컨대 판타지 소설의 전통과 계보를 파악해야만 하고, J. R. R. 톨킨을 비롯한 외국 판타지 소설가들의 작품도 모두 다 읽어보아야만 한다. 그런 다음에야 비로소 우리는 판타지 소설에 대해 이야기할 수 있을 것이다.

사실 제대로 된 본격 판타지 소설이라면 얼마든지 앞에 언급한 작가지망생이 말한 '순수문학'의 범주에 들어갈 수도 있을 것이다. 왜냐하면 그 사람이 말한 '순수문학'이란 사실 귀족적인 예술소설이 아니라 상업적이거나 통속적이지 않은 순수한 의미의 '본격문학'을 의미하기 때문이다. 그리고 그러한 의미의 본격문학은 물론 앞으로도 오래도록 살아남을 것이다. 그러나 모더니즘이 주창했던 식의, 문화적 엘리트들을 위한 지고의 순수예술 또는 난해한 순수문학은 이제 더 이상 설 자리가 없어 사라져갈 것이다.

1984년 우리나라에 왔을 때, 백남준은 "예술은 사기다."라는 유명한 말을 했다. 그 말은 마치 "프로레슬링은 쇼다."라고 폭로했던 1960년대 장영철의 폭탄선언만큼이나 당시 예술의 진지성과 순수성을 믿었던 한국의 예술가들에게 충격을 주었고, 많은 오해를 불러 일으켰다. 그러나 그가 진정으로 의도했던 것은 예술에 대한 모더니즘적인 경외심을 비판하고, 예술의 진지성에 대한 신념을 조롱하며, 소위 순수예술의 허위와 기만을 폭로하는 것이었다. 그는 물론 그러한 예술에 대항하고 패러디하는 자신의 아방가르드 예술 역시 진지하거나 순수한 것은 아니라고 공언했다.

우리 소설의 미래를 위해서는 이제 순수문학과 참여문학, 모더니즘과 리얼리즘 또는 고급문학과 대중문학 사이의 소모적인 대립과 반복을 중지하고, 그 둘의 공존과 조화 또는 그 둘을 혼합한 제3의 길을 모색해야만 한다. 예컨대 백남준이 「굿모닝, 미스터 오웰」에서 말하고자 했던 것처럼 미디어 테크놀로지는 인간을 통제하고 노예화할 수도 있지만, 동시에 인간과 인간 사이의 교류를 가능하게 해주기도 하기 때문이다. 즉 문화나 문학이란 원래 모순과 갈등 속에 존재하는 것이기 때문에, 단일한 시각으로 보기보다는 복합적인 시각과 포용력으로 이해하고 접근해야만 한다는 것이다. 다만 그와 같은 인식의 변화를 악용해 대중문학의 탈을 쓰고 등장하는 상업적인 통속소설들은 철저히 경계하고 비판해야만 할 것이다.

우리 문학의 해외 소개, 무슨 문제가 있는가

우리나라 소설가들 중에는 역자들의 번역 솜씨가 신통치 않아 한국문학이 세계에 잘 알려지지 못하고 노벨상도 받지 못하고 있다고 생각하는 사람들이 있다. 그러나 외국문학자들의 모임에 가보면 정반대의 이야기가 나온다. 도대체 번역을 해서 외국에 소개할 만한 좋은 작품이 없다는 것이다. 작가들로서는 우선 기분이 나쁘겠지만, 그래도 외국문학자들이나 번역문학자들의 말을 전혀 터무니없는 소리라고 일축할 수만도 없다. 일본문학에 비해 우리 문학이 크게 뒤질 것이 없다고 생각하면서도, 막상 훌륭한 작품을 찾으려고 보면 그게 그렇게 쉽지만은 않기 때문이다. 그렇다면 노벨상은 아직도 요원하다는 이야기가 된다. 노벨상을 받으려면 외교적인 로비가 필요하다는 의견도 있지만, 그렇다고 하더라도 우선 훌륭한 작품이 준비된 후에야 로비가 가능할 것이다. 수상작으로 선정될 만한 작품이 아직 없는 상태라면, 노벨상에 대한 성급한 기대는 결코 바람직하다고 볼 수 없다.

번역에도 많은 문제가 산적해 있다. 십여 년 전 서울대학교에 체류한 적이 있는 비교문학자 오웬 올드리지(A. Owen Aldridge)는 한국소설을 번역할 때에는 역자가 다시 편집해 불필요한 부분을 대폭 삭제해야만 할 것이라고 말한 적이 있다. 사실 번역을 하려고 보면, 한국소설들은 고도로 절제되고 깔끔한 외국소설에 비해 상대적으로 산만하고 느슨해서 그대로 외국어로 옮길 경우에는 많은 문제가 발생한다. 때로는 문단이 전혀 없어서 문단도 만들어야만 하고, 때로는 논리적이지 못해 먼저 논리적인 서술로 고친 후 외국어로 옮겨야 하는 경우도 생긴다.

대하소설의 경우 작업해야 할 분량 때문에 그러한 문제는 더욱 심각해진다. 사실 요즘 외국에서는 대하소설이 전혀 환영받고 있지 못하고 있는 형편이다. 사람들이 이제는 아무도 대하소설을 읽으려고 하지 않기 때문이다. 사실 컴퓨터 시대에 살고 있는 현대인들의 시간관념과 생체리듬은 두꺼운 소설 읽는 것을 아예 불가능하게 만들고 있다. 그러므로 외국에 한국문학을 소개하는 데 대하소설은 그것이 아무리 훌륭한 걸작이라고 해도 별 도움이 되지 못한다. 유일한 방법은 한 권으로 축소해 발간하는 것이다.

한국문학의 외국어 번역은 문학적 센스가 있고 영어에 능통한 한국인과 해당 언어를 모국어로 하면서 한국어도 잘하는 외국인 작가나 문인의 공동 작업이 바람직한 것처럼 보인다. 한국인은 자연스러운 외국어를 구사하기 어렵고, 외국인은 때로 한국어의 미묘한 뉘앙스를 파악하지 못해 정확한 번역을 하기에 어려운 문제가 있을 수 있기 때문이다. 그러나 외국인 번역자가 한국어에 능통하다면, 그리고 한국인이 영어를 잘 못 한다면 굳이 두 사람을 공역자로 해서 번역비를 반씩 나눌 필요는 없을 것이다.

예컨대 일본어에 능통했던 컬럼비아 대학의 에드워드 사이덴스티커(Edward Seidensticker) 교수는 일본인의 도움을 전혀 받지 않고서도 혼자서 『설국』을 포함한 가와바티 야스나리의 작품들을 번역해 가와바타가 노벨문학상을 타는 데 크게 공헌했다. 그러므로 한국어에 능통한 현지 원어민을 양성하고 그들을 역자로 하는 것이 가장 바람직한 경우이다. 외국인들은 현재 한국문학번역원이나 대산문화재단에서 번역 프로젝트 지원 조건으로 내세우고 있는 한국인과 원어민의 공동 작업에 불만이 많다. 대부분의 경우 영어가 서투른 한국인의 도움은 극히 미미한데, 번역비의 절반을 가져가기 때문이다. 그런 경우 원어민들은 부당하다고 느끼게 되고, 일할 의욕을 상실하게 된다. 그러나 그와 동시에 무시할 수 없는 것은 아무리 한국어를 잘하는 외국인이라 할지라도 모국어가 아니면 여전히 문학과 영어에 센스와 재능이 있는 한국인의 도움이 필수적이라는 점이다. 그래서 가장 바람직한 것은 문학적 감각이 뛰어나면서 이중언어를 구사하는 교포 번역자들을 양성하는 것이다.

우리 문학에 미래가 있는가

물론 우리 소설에 대한 지나친 폄하나 무조건적인 비하는 바람직하지 않다. 세계문학과 어깨를 나란히 할 만한 훌륭한 작품들이 우리 문단에는 엄연히 존재하고 있기 때문이다. 그럼에도 소설이 달라져야 한다는 비판과 작가들이 변해야 한다는 지적만큼은 귀담아들어야만 한다. 아무리 구태의연하고 수준 낮은 소설을 써도 이미 얻어놓은 명성과 벌써 확보해 놓은 지면 때문에 아무런 제재 없이 발표되고 추종자들에 의해 무슨 대작이나 되는 듯 칭송받는다면 우리 소설의 미래는 암울할 수밖에 없다. 또 작가들이 아무리 좋은 작품을 써도 실험소설이라는 이유로 또는 아직 잘 알려진 작가가 아니라는 이유로 발표지면을 얻지 못한다면 우리 소설의 미래는 암담할 것이다. 그리고 작가들이 창작보다 문단의 권력이나 파벌에 더 관심을 갖는다면, 그것 또한 우리 소설의 미래를 어둡게 하는 요인이 될 것이다.

뉴미디어 시대 또는 멀티미디어 시대라고 불리는 21세기에 소설이 살아남고 번창하려면 우선 다양한 소설 양식을 허용하고 소설과 타 장르 또는 문학과 다른 매체의 경계를 해체하고 초월하는 열린 태도가 필요할 것이다. 소설은 이제 자신만이 주요 문학 장르라는 자만심을 버리고, 시나 희곡 또는 전자매체나 영상매체와의 공존과 조화를 추구하며, 적극적으로 타 매체들과의 화해와 제휴를 모색해야만 할 것이다. 그리고 부단한 아방가르드 정신으로 새로운 상상력과 참신한 소설 기법을 찾아 때로는 과거로 또 때로는 미래로 끝없는 지적 모험을 떠나야만 할 것이다.

"이럴 때일수록 우리는 순수하게 문학의 본령을 지켜야만 한다."라는 주장은 얼핏 타당성이 있어 보인다. 그러나 이 세상에 영원한 것은 없다. 모더니스트들이 그렇게도 노력했지만 결국에는 실패했듯이, 지고의 미나 절대적 순수도 시간이 지나고 시대가 변하면 결국은 낡고 늙어가는 법이다. 포크너의 중편『에밀리를 위한 장미』에서 에밀리는 남편의 죽음을 끝내 인정하지 않았지만, 그녀가 오랫동안 침대에 모셔놓고 같이 잠을 잔 것은 다만 부패하고 생명이 없는 시체였을 뿐이다.

젊음과 아름다움을 영원히 간직할 수 있는 비법은 없다. 또 늙어가는 것을 거부하거나 부정할 방법도 없다. 변화는 필연적이다. 그렇다면 늙어가는 것을 거부만 할 것이 아니라 차라리 나이에 따라 자신을 새롭게 가꾸고 단장하는 것이 더 바람직한 태도일 것이다. 소설 역시 퇴물이 되지 않으려면 시대의 변화에 따라, 그리고 자신의 나이에 따라 새로운 화장술을 개발해야만 한다. 불행히도 우리는 문학이나 예술이 더 이상 특권적 위치에 있지 않고, 다만 여러 문화매체 중 하나로만 취급되는 시대에 살고 있기 때문이다.

우리 소설에 미래가 있는가? 물론 있다. 소설이 시대적 요청인 변화를 거부하지만 않는다면 말이다. 전통적이고 관습적인 의미의 소설은 어쩌면 죽어가고 있는지도 모른다. 그러나 그와 동시에 새로운 형태의 소설들이 고고한 울음을 터트리면서 여기저기에서 태어나고 있다. 그렇다면 죽어가는 것은 '소설' 그 자체가 아니라 아직도 자신의 시대가 끝났다는 것을 모르고 변화를 거부하는 구태의연한 옛 소설 양식들이라고 할 수 있다. 소설은 분명 다시 태어날 것이다. 다만 우리는 새롭게 태어날 아이의 모습을 아직은 잘 모르고 있을 뿐이다.

2 한국문학의 세계화, 어떻게 할 것인가

세계 속의 한인 작가들

미국 내 한인 작가들

세계 속의 한인 작가들의 계보를 거슬러 올라가노라면 20개 국어로 번역된 『초당』의 작가 강용흘(Younghill Kang)과 조우하게 된다. 1937년에 쓴 『서양에 간 동양』을 통해 강용흘은 일제침략하의 피폐한 한국을 떠나 미국으로 건너간 이민자의 복합적인 심리를 탁월한 솜씨로 묘사하고 있다. 강용흘의 주인공은 흑인들을 멀리하고 백인 사회에 동화되고 싶어하지만 결국 자신은 서양 속의 영원한 동양인일 뿐이라는 사실을 깨닫는다.

『서양에 간 동양』은 주인공 김이 백인 여인 헬렌과 결혼하려 하나 여자 집의 반대로 좌절하고 자살한 것을 화자인 한이 기록하는 식으로 되어 있다. 강용흘이 『서양에 간 동양』 원고를 찰스 스크리브너 앤드 선 출판사(Charles Scribner and Sun Press)에 보냈을 때, 편집자였던 맥스웰 퍼킨스(Maxwell Perkins)는 이 작품이 동양인의 미국 정착을 너무 부정적으로 묘사했다면서 적어도 화자인 한이라도 백인 여자와 결혼하도록 수정할 것을 요구했으나 강용흘은 이를 거절했다.

한국계 미국인의 소외와 동화(同化) 문제를 주제로 다루었던 강용흘과 달리 1960년대 초에 미국 문단에 등장한 김은국(Richard E. Kim)은 주로 한국을 배경으로 한 소설들을 썼다. 예컨대 아이오와 대학의 문예창작 석사학위 작품이었던 『순교자』는 한국전쟁을, 『심판자』는 5·16 군사 쿠데타를, 그리고 『빼앗긴 이름』은 일본 식민지 시대를 배경으로 하고 있다. 그렇지만 그의 소설에는 한국인들과 더불어 미국인들도 등장해 한미 간의 문화와 가치가 어떻게 갈등하고 충돌하는지를 잘 보여주고 있다. 김은국의 작품은 냉전 시대에 한국 문제를 미국 독자들에게 알리는 데 크게 공헌했다. 그의 소설을 통해 미국인들은 한국의 역사적 비극들 — 일본의 합병, 한국전쟁, 그리고 군사 쿠데타 — 과 그 비극에 개입한 미국의 역할에 대해 잘 알게 되었다.

김은국 이후, 미국 문단에서는 한 젊은 한국계 여성 작가가 유작으로 남겨놓고 간 작품이 화제의 대상이 되었다. 탈식민주의와 페미니즘의 새로운 조명 아래 최근 미국 문단과 학계에서 뒤늦게 발견되어 각광을 받고 있는 그 작가는 『딕테』의 저자 차학경(Theresa Hak kyung Cha)이다. 젊은 나이에 유명을 달리한 차학경은 『딕테』에서 식민지 시대 한국의 비참한 상황을 한국 여성의 운명과 한국 이민자의 애환 그리고 모국어를 박탈당한 작가의 문제와 연결시켜 탁월한 문학작품으로 산출해 내는 데 성공하고 있다. 한국의 식민지 역사와 한국인들이 당한 억압과 침묵과 고통을 미국 사회 속의 이민자 — 즉 자기 자신 — 의 상황과 병치시키고 있는 차학경의 『딕테』는 그 자체가 곧 작가와 글쓰기에 대한 저자의 뛰어난 성찰이라고 할 수 있다. 차학경이 『딕테』에서 영어·독어·프랑스어·한국어를 뒤섞고 수많은 사진과 삽화들을 삽입한 이유도 바로 거기에 있다. 『딕테』는 구술 역사, 기호학, 샤머니즘, 여성적 글쓰기, 페미니즘, 한국 근대사, 복합서사, 다매체(편지·그림·사진 등) 등의 시각으로 논의될 수 있는 탁월한 작품으로, 현재 미국 대학 교수들의 비상한 주목과 높은 평가를 받고 있다. 이 작품에서 차학경은 모국어가 있지만 모국어를 말할 수 없고 쓸 수 없는 이민자의 상황을 자신의 의지와는 상관없이 불러주는 대로 써야만 하는 '딕테(dictee)', 즉 '받아쓰기'에 비유하고 있다.

혼혈 작가인 하인즈 인수 펭클(Heinz Insu Fenkle) 바사르 대학 교수는 1996년에 발표한 처녀작 『나의 유령 형님에 대한 회상』에서 1960년대 부평의 미군기지에서 성장한 혼혈아의 이야기를 서술하고 있다. 이 작품의 혼혈 주인공은 정복자인 미제국과 정복당한 나라 한국 그리고 동양을 무시하는 독일계 미국인 아버지와 한국인 어머니 사이에서 비로소 동양인의 모호한 위치를 깨닫게 된다. 이 소설에서 혼혈은 그 어느 곳에도 속할 수 없는 바로 그러한 회색지대의 상징으로 제시된다. 펭클은 뉴욕에서 발간되는 통문화(cross-culture) 저널 《무애》의 발간 기념식에 참가하기 위해 1995년 6월 서울에 와서 《외국문학》 가을호에 「아시아계 미국문학과 한국문학」이라는 글을 발표하기도 했다.

『상록수』의 작가 심훈의 조카인 시인 월터 류(Walter Lew)는 브라운 대학과 캘리포니아 대학(UCLA)에서 시를 공부했고, 미국계 한국문학과 아시아 문학을 주로 다룬 《무애》의 편집장을 역임했으며, 시를 통해 한국계 미국문학의 발전에 공헌해 왔다. 그 역시 《외국문학》에 기고한 글 「세계화를 넘어서 : 통문화적 상호텍스트성의 전초병으로서의 한국계 미국문학」을 통해 한국계 미국문학과 한국문학이 나아가야 할 길을 제시하고 있다.

권위 있는 《히스 미국문학 앤솔로지》에도 작품이 실려 있는 하와이 이민 3세 캐시 송(Cathy Song)은 『사진 신부』를 통해 초기 하와이 이민자들의 삶과 애환을 다루고 있으며, 궁극적으로 자신의 관심을 개인과 가정의 갈등이라는 더 보편적인 주제로 확대시키고 있는, 잘 알려진 시인이다. 또 한국문학 평론가로서 명문 아이비리그인 하버드 대학과 컬럼비아 대학에서 한국소설을 전공해 버클리, 남캘리포니아 대학, 그리고 워싱턴 대학에서 한국문학을 가르치다가 현재 경희대 초빙교수로 한국에 와 있는 춘원 이광수의 손녀 앤 리(Ann Lee)도 한국계 미국문학의 핵심적인 인물이다. 앤 리 교수는 2005년에 미국 코넬 대학 출판부에서 자신이 영어로 번역한 이광수의 『무정』과 그에 대한 해설을 실은 『이광수와 현대 한국문학 ─ '무정'』이라는 저서를 출간했다.

1997년에는 패티 김(Patti Kim)이라는 교포 작가가 「릴라이어블이라는 이름의 택시」라는 소설을 발표해 미국 사회의 인종 문제에 대해 신랄한 비판을 가해 주목받았다. 워싱턴 DC로 이민 와서 살고 있는 안주라는 주인공과 그녀의 아버지의 이야기를 다룬 이 소설에서 패티 김은 "아시아계는 모범 소수인종"이라는 미국 사회의 찬사 뒤에 숨어 있는 미국 백인들의 인종적 편견과 불공정, 그리고 아시아에 대한 의도적 신비화와 다문화주의적 제스처의 위선을 폭로하는 데 성공하고 있다.

또 다른 한국계 미국 작가인 헬리 리(Hellie Lee)가 몇 년 전에 발표해 호평을 받은 『스틸 라이프 위드 라이스』는 캘리포니아에 살고 있는 한미국 소녀가 한국인인 외할머니의 파란 많은 인생 여정을 추적해 기록한 전기적 소설이다. 일인칭으로 서술된 이 소설에서 작가는 자신의 한국적 유산을 탐색하기 위해 외할머니의 나라로 정신적 여행을 떠난다. 그리고 그 과정에서 그녀는 자신의 뿌리인 한국의 문화와 역사를 발견하고, 현재 미국에서 체류하고 있는 자신의 삶과 정체성에 대해 성찰한다. 1912년에 태어난 외할머니의 삶은 부모가 정해 준 결혼, 일제의 침략, 중국으로의 도피, 아편 매매, 해방과 귀국, 그리고 분단과 한국전쟁을 거쳐 미국으로의 도피로 이어지며, 한국의 비극적 근대사와 긴밀히 뒤섞인다. 이 소설은 결국 미국인으로 살고 있는 작가 자신의 정체성과 삶의 의미에 대한 성찰로 확대되며 보편성을 획득한다.

샌프란시스코 주립대 교수였다가 2002년 9월 학기부터 버펄로 소재 뉴욕 주립대 영문과 교수로 스카우트되어 아시아계 미국문학과 창작 과목을 담당하고 있는 김명미 역시 어렸을 때 미국으로 건너간 한국계 미국인 시인으로, 현재 활발히 활동하고 있으며 「깃발 아래서」로 좋은 평가를 받고 있다. 하와이 출신의 개리 박(Gary Park) 역시 한국계 미국 작가로서, 2002년 3월에 풀브라이트 작가로 한국에 와서 체류했다. 또 『종군위안부』로 유명한 노라 옥자 켈러(Nora Okja Keller)도 하와이 출신이다. 타이 박(Ty Park)은 1983년에 「죄의식의 보수」를 써서 주목받았으며, 김기충은 「귀향」을 써서 유명해졌다.

돈 리(Don Lee)는 이민 2세나 3세처럼 완전히 미국사회에 진입해 미국인이 다 된 이민자들의 심리적·사회적 문제를 능숙한 필치로 다루고 있는 주목할 만한 작가이다. 단편 소설집 『옐로』와 장편 『고국』에서 돈 리는 굳이 한국계에 국한하지 않고 아시아계 미국인 모두의 보편적 문제를 잘 다루었다. 후자는 흑인 피와 일본인 피를 반씩 가진 버클리 대학 대학원생이 일본 여행 중 실종되는 사건과 정체성 추구라는 주제가 긴밀히 맞물린 작품이다.

프린스턴 대학 교수이자 작가로 활동 중인 이창래(Changrae Lee)는 세 살 때 미국으로 이민을 가서 영어가 모국어처럼 된 교포 작가이다. 그러나 이창래의 문학 세계 역시 두 문화 사이에서 방황하는 아웃사이더의 강렬한 소외 의식과 망명 의식에 뿌리박고 있다. 이창래는 처녀작 『네이티브 스피커』를 통해 미국 사회에서 한국인 이민자가 느끼는 소외 의식을 이중언어라는 모티프를 통해 설득력 있게 표출했으며, 최근 발표한 『제스처 라이프』에서는 자신의 정체성을 찾지 못하고 오직 주류 문화와 지배 문화에 편입되기만을 원하는 소심한 한 이민자의 삶을 묘사하고 있다.

『제스처 라이프』의 주인공 프랭클린 구로하타는 한국인이다. 그러나 그는 일본인 가정에 입양되어 일본인이 되었으며, 지금은 미국인으로 미국에서 살고 있다. 그는 일본인 가정에 입양된 후에는 한국인으로서의 정체성을 부정하고 일본인으로서 일본문화에 받아들여지기 위해 모범적인 일본인이 된다. 그는 일본제국의 장교가 되어 동남아시아에 파견되어 군의관으로 복무한다. 그러나 그는 의사 출신의 정식 군의관이 아니라 임시 훈련을 받고 의무대에 배속되어 군의관을 돕는 의무장교일 뿐이다. 그것은 곧 그가 다치거나 아픈 사람들을 돕는 제스처만 할 뿐 실제로는 환자를 제대로 치료할 능력이 없다는 것을 상징한다. 과연 한국 여인들로 구성된 종군위안부들이 왔을 때, 비록 동정은 하지만 그는 그들을 위해 아무것도 해주지 못한다. 사랑을 느끼게 된 종군위안부 끝애를 위해 하타는 딱 한 번 상관에게 항의하지만, 그것도 단지 힘없는 제스처였을 뿐이다. 하타는 끝애가 한국인이 아니냐고 묻자, 처음에는 자신의 진정한 정체를 부인한다. 자신의 그러한 성격과 태도로 인해 하타는 일본군의 불의에 항의하지 못하고 사랑하는 여인 끝애의 죽음을 힘없이 바라보는 방관자의 위치에 머무른다. 일본 군대에 받아들여지기 위해 그는 모범적인 황군이 되어야만 했기 때문이다.

전쟁이 끝나고 하타는 미국으로 건너간다. 그는 미국에서도 미국 사회의 일원으로 받아들여지기 위해 노력할 뿐, 자신의 정체성을 주장하지 않는다. 백인 동네에 이사 온 후, 그는 언제나 집 안을 깨끗이 정리하고 열심히 정원을 가꾼다. 미국에서 깨끗한 집과 잘 단장된 정원, 그리고 예쁘게 깎인 잔디는 이웃의 신임을 얻고 좋은 이웃으로 받아들여지는 가장 확실한 방법이기 때문이다. 그런 의미에서 하타가 자기 집 정원을 손질하다가 메리 번즈라는 백인 여자와 사귀게 되는 것은 대단히 상징적이다. 유색인으로서 백인 여자와 결혼하는 것은 곧 백인 사회에 공식적으로 받아들여지는 것을 의미하기 때문이다.

그 백인 마을에서 하타는 의료기기 상점을 운영하며 군대 시절의 경험을 살려 사람들에게 동네 의사처럼 행동하며 살고 있다. 그리고 미국인들 역시 그를 의사를 의미하는 "닥"이라고 부른다. 의사 행세를 하는 그의 제스처는 미국에 와서도 계속되고 있는 것이다. 그러나 그는 단지 의료기기를 파는 사람일 뿐 타인의 상처를 치료할 수 있는 의사가 아니다. 그것은 곧 그가 일생 동안 한 번도 진실한 삶을 살지 못했다는 것을 의미한다. 그가 입양한 한국인 소녀 서니도 한국에 대한 자신의 의무감과 죄의식을 나타내는 제스처에 불과할는지도 모른다. 결국 메리 번즈도, 서니도 모두 그의 곁을 떠난다. 자신의 생업에서 은퇴하고 늙어서야 하타는 비로소 자신의 삶이 공허한 제스처였다는 사실을 깨닫는다.

하타의 원래 이름인 구로하타는 죽음을 알리는 '검은 깃발'이라는 의미를 갖고 있다. 그렇다면 오직 제스처로서만 일생을 살아온 하타는 비록 육체적으로는 살아 있지만 정신적으로는 이미 죽어 있었는지도 모른다. 한국인으로 태어나 일본인 가정에 입양되고, 다시 미국에 이민 와서 미국 시민이 된 하타의 복합적인 정체성은 바로 그와 같은 저자의 주제를 잘 드러내주는 효과적인 장치이다. 자신의 인생이 제스처에 불과했다는 것을 깨달은 하타는 이제야 비로소 얼마 남지 않은 삶이나마 진실하게 살기 위해 새롭게 태어난다.

이창래의 『제스처 라이프』는 두 가지 문화 사이에서 방황하는 아웃사이더의 의식으로부터 시작되고 있다. 이창래는 아웃사이더의 문제를 자신의 고유한 정체성 주장, 그리고 지배 문화로의 편입과 받아들여짐의 과정으로 풀어나가고 있다. 예컨대 하타의 경우, 일본인들 앞에서는 자신이 한국인임을, 그리고 미국인들 앞에서는 자신이 동양인임을 인정하고 주장하는 것이, 자신의 정체를 감추고 지배 문화의 일원이 되기를 원하는 것보다 훨씬 더 떳떳한 것이라고 이창래는 시사한다. 아무리 일본인인 척해도, 또 아무리 백인인 것처럼 행동해도 지배 문화의 눈에 하타는 결국 한국인이고 동양인일 뿐이기 때문이다. 다문화주의와 탈식민주의가 호소력을 갖는 이 시대에 이창래의 소설은 바로 그와 같은 삶의 진리를 독자들에게 깨우쳐주고 있다.

그렇다면 세계화를 부르짖는 오늘날에도 여전히 중요한 것은 자신의 고유문화의 보존과 정체성 확립인 것처럼 보인다. 그러면서도 똑같이 중요한 것은, 세계 문명에의 동참과 더 큰 사회로의 편입이다. 하타의 비극은 그가 자신의 정체성은 부정한 채, 오직 지배 문화의 일원이 되기만을 원했다는 데 있다. 그러나 반대로 하타가 자신이 편입된 일본 사회나 미국 사회를 부정하고 거부만 했다면 그것 또한 똑같은 비극적 결과를 초래했을 것이다. 사이드가 『문화와 제국주의』에서 주장하고 있는 "공동의 영역과 겹치는 지역을 통한 동서 문명의 화합과 공존"은 그런 의미에서 이창래의 『제스처 라이프』의 주제와 상통한다.

그러나 부정과 분열의 시대를 끝내고 인정과 통합의 시대를 열기 위해서는 제국주의나 인종 차별주의나 서구 중심주의가 사라지고 동서 간에 동등한 상호 인정이 선행되어야만 한다. 애초에 식민지인이나 타 인종에 대한 차별이 없었다면, 하타 역시 자신의 정체성을 잃지 않았을는지도 모른다. 일본 문화와 미국 문화의 일원이 되는 것은 이창래의 주인공 하타에게 있어서 결코 무시할 수 없는 삶의 과정이 된다. 문제는 그 과정에서 그가 자신의 진정한 정체성을 상실했다는 데에 있다. 그렇다면 가장 바람직한 것은, 사이드의 말대로, 그 두 가지 중 어느 하나만을 선택하려 하지 말고 그 두 가지 사회와 문화에 다 속하는 것이다. 인류의 비극인 제국주의나 식민주의, 국수주의나 민족주의 또는 파시즘이나 나치즘 같은 것들도 사실은 모두 하나만 선택하는 데서 비롯되었기 때문이다. 이 다문화주의 시대에 경계를 허무는 것, 또 경계를 넘어 글쓰는 것의 중요성이 강조되는 것도 바로 그러한 맥락에서이다.

일본 내 한인 작가들

재일 교포들에 대한 차별은 적어도 일본 문단에는 없는 것처럼 보인다. 그동안 네 명의 재일 교포 작가들에게 일본의 가장 권위 있는 문학상인 아쿠타가와 상이 수여되었기 때문이다. 수상 작가들인 이회성·이양지·유미리·현월은 물론 모두 재일 교포라는 위치와는 상관없이 훌륭한 작가들이다. 그러나 어쩌면 재일 한국인들의 특별한 삶을 묘사함으로써 그들은 더 의미심장하고 더 호소력 있는 작품들을 쓸 수 있었는지도 모른다. 아쿠타가와 상은 전통적인 작품과 혁신적인 작품 하나씩을 골라 상을 주는데, 재일 교포들의 작품은 대개 두 번째 범주에 해당한다고 알려져 있다.

2000년 1월 제122회 아쿠타가와 상 공동 수상자로 결정된 현월의 수상작 『그늘진 동네』 역시 재일 교포 사회의 그늘진 삶과 애환을 그린 작품이다. 오사카의 빈민촌을 무대로 하는 이 작품은 일본 식민지 시대에 전쟁터로 끌려가 손을 잃은 후 가족들과도 사별한 채 외롭게 살아가고 있는 한 외로운 노인의 눈을 통해 주변 인간들의 삶을 마치 신화 속 에피소드처럼 들려주면서 간접적인 문명 비판을 시도하고 있다. 심사위원들은 이 작품이 "재일 한국인들의 삶의 모습을 미묘하게 표현한 작품으로, 언어로는 표현하기 힘든 부분을 잘 묘사하고 있다."라고 평했다. 그러나 그는 "재일 교포라는 점에 구애받지 않고 인간의 불가사의한 문제를 탐색해 나가겠다."고 말했다. 1997년 『가족 시네마』로 아쿠타가와 상을 수상한 유미리 역시 재일 교포들의 일그러진 삶을 솔직하고 적나라하게 묘사하는 극작가이자 소설가이다. 불행한 가정에서 자라난 그녀의 문학적 주제는 작가 자신의 말을 빌리면 언제나 "가족에 대한 그리움과 갈망, 그리고 죽음"이다. 1993년 기시다 희곡상을 수상한 『물고기의 축제』 역시 막내의 죽음을 계기로 12년 만에 모인 가족들이 불화와 원망 속에 다시 반목하다가 결국 막내의 죽음이 가족들의 재회와 화해를 위한 것이라는 사실을 발견한다는 내용이다.

비록 한국말은 못 하지만, 유미리는 "한순간도 한국인이라는 사실을 잊어버린 적은 없다."고 말한다. 그는 고려원에서 있었던 신경숙과의 대담에서 다음과 같이 이야기했다.

> 저는 한국인도 일본인도 아니라고 늘 생각했어요. 역시 저는 한국과 일본 두 나라 사이에 끼어 있는 존재거든요. 아이덴티티를 상실한 인간, 보이지 않는 인간이 저라고 생각해요. 그런데 모든 작가들이 그처럼 보이지 않는 인간에서 출발하지 않나요? 그런 점에서 역설적으로 제 상황은 작가로서 다행스럽다고 봐요. 제 상황은 어려서부터 제 의지와는 상관없이 생긴 것이에요. 작가란 어떤 상황에 떨어지더라도 나는 어디에 있는가, 나는 무엇인가를 끊임없이 질문하는 사람이에요.
> ―《조선일보》박해현 기자 정리

유미리는 1996년에는 『풀 하우스』로 이즈미교카 상과 노마문예 신인상을 수상하였다. 그리고 1998년에는 『골든 러시』가 수십만 부 팔리며 베스트셀러 작가가 되었다. 그녀의 작품들은 한국어로도 번역되어 일본뿐 아니라 우리 독자들에게도 많은 영향을 끼치고 있다.

러시아 내 한인 작가들

카자흐스탄에서 출생해 모스크바 미술대학과 고리키 문학대학을 졸업한 한국계 러시아 작가 아나톨리 김은 다인종·다문화 사회인 러시아 출신답게 교포나 이민들의 애환보다는 범우주적 문제들과 신화적 비전들을 다룬다. 예컨대 1993년에 모스크바 시문학상을 수상한 『켄타우로스의 마을』에서 그는 그리스신화에 등장하는 반인반마인 켄타우로스를 통해 인간사의 제반 문제들을 성찰하고 비판한다. 또 『신의 플루트』에서 그는 신의 재림과 밀레니엄이라는 기독교적 모티프를 통해 선과 악, 신과 인간, 그리고 죽음과 불멸의 문제에 천착함으로써 러시아 환상소설의 새로운 경지를 개척했다는 평을 받았다.

아나톨리 김은 화가답게 자신의 작품 속에 회화적 기법을 사용해 현란한 색채감을 보여주고 있으며, 직접 삽화를 그려 극적 효과를 살려내고 있다. 그는 또 음악 형식을 도입한 「바하 음악을 들으며 버섯이 필 때」라는 새로운 기법의 작품을 발표하기도 했다. 그러한 그의 특색으로 인해 아나톨리 김의 소설들은 그동안 16개국 언어로 번역되어 전 세계에 널리 알려졌으며, 국내에서도 위의 두 작품 외에 『사할린의 방랑자들』, 『다람쥐』, 『아버지 숲』, 『연꽃』, 『초원 내 푸른 영혼』 등이 번역 출간되었다.

오스트레일리아 내 한인 작가들

오스트레일리아의 한국계 교포 작가로는 김동오(DonO Kim)가 가장 유명하다. 오스트레일리아의 주요 문학상까지 받은 김동오의 소설은 꼭 한국인의 경험만 다루고 있는 것이 아니라 아시아인 전체의 경험을 다루고 있어서 범세계적 보편성을 갖는다. 그래서 그의 소설 속 주인공 또한 일본인을 비롯한 다른 아시아인일 때도 있다. 그러나 김동오는 한국에 자주 와서 한국적인 소재를 수집하기도 하고, 자신의 문화적 뿌리를 탐구하기도 한다.

교포 작가들과 한국문학의 세계화

현재 세계 문단에서는 다행히도 다문화주의와 탈식민주의의 덕택으로 소수인종문학과 문화가 새로운 조명을 받고 있다. 그러한 추세에 힘입어 지금 각 나라들에서는 소수 그룹인 교포 작가들과 그들의 문학 세계가 중요한 비중을 갖고 부상하고 있다. 또 세계적으로도 그동안 주변부에 위치해 왔던 작은 나라들의 문화가 재평가되고 주목받기 시작하고 있다. 그와 같은 최근의 변화 속에서 이제는 한국문학도 — 만일 질적으로 준비만 되어 있다면 — 얼마든지 세계문학으로 부상하고 인정받을 수 있게 되었다. 적어도 그런 기회는 주어진 셈이다.

한국문학은 스스로의 범위를 넓혀 이제 비단 국내 작가뿐만 아니라 교포 작가들의 문학도 포용해 교류하고, 연구하며, 가르칠 때가 되었다. 물론 일차적으로 그들은 자신들이 살고 있는 나라의 작가들이며, 그 나라의 문단에서 활동하고 있고, 또 그 나라의 문학을 형성하고 있는 작가들이다. 그러나 동시에 그들은 한국문학의 연장선상에서 한국문학을 풍요롭게 해주는 특별한 작가들이기도 하다. 이민의 애환과 정체성의 위기를 다루는 그들의 문학을 포용할 때, 그리고 한국적인 것들과 외국의 특이한 문화가 뒤섞이고 갈등하는 그들의 문학을 끌어안을 때 한국문학의 범위와 지평은 그만큼 더 확대되고 넓어질 것이다. 문화는 본질적으로 서로 겹치고 뒤섞이며, 모순과 갈등 속에서 발전해 나가는 것이기 때문이다.

사람들은 가장 한국적인 것이 가장 보편적인 것이라고 말한다. 그러나 문학에 있어서 가장 한국적인 것은 외국인들의 호기심은 자극할망정 범세계적 보편성을 갖지는 못한다. 문학이 국경을 초월해 전 세계적으로 읽히고 감동을 주는 이유는 거기에 범세계적 보편성이 깃들어 있기 때문이다. 그렇다면 한국적이면서도 보편적인 것, 또는 한국적인 것과 외국적인 것 사이의 조화야말로 한국문학의 세계화를 위해 가장 절실하게 필요한 조건이자 요소일 것이다. 그런 의미에서 보면 교포 작가들이 산출해내는 문학적 성과는 한국적이면서도 동시에 보편적이어서 한국문학의 세계화를 위한 한 전범을 잘 보여준다고 할 수 있다.

사람들은 한국문학의 질적 수준을 의심하며 한국문학의 세계 진출 가능성에 회의를 제기하기도 한다. 물론 그 점에 있어서는 한국 작가들의 반성과 분발이 필요하다. 작가들은 부단히 다른 나라 작가들의 작품을 읽어 끊임없이 자극 받고 새로운 것들을 배워나가야만 하는데 우리 작가들은 안일무사 속에 침잠해 있는 경우가 많다. 그럼에도 불구하고 오늘날 한국문학 전체를 가치 없는 것으로 간단히 매도하거나 비하할 수는 없다. 이상의 「날개」나 「오감도」를 읽으며 감탄하는 외국인들이 아직도 많고, 김승옥의 「서울, 1964년 겨울」을 읽고 감동하는 국내 독자들도 적지 않기 때문이다.

그렇다면 국내 작가들과 교포 작가들은 서로의 문학 세계를 주고받으며 자신의 글쓰기 영역을 넓혀갈 수 있을 것이고, 그것은 곧 한국문학의 세계화로 이어질 것이다. 서구적인 것을 답습하거나 모방할 필요는 없다. 그러나 똑같은 맥락에서 지나치게 한국적인 것만을 고수할 필요도 없다. 해외에서 활동하고 있는 교포 작가들은 한국적인 것들이 어떻게 다른 것들과 뒤섞여 세계적인 것이 되고 보편적인 것이 되는가를 잘 보여주고 있다. 만일 그들의 문학적 성과와 우리의 문학적 특성이 서로 어울려 대화하고 조화를 이룬다면, 우리가 바라는 한국문학의 세계화는 의외로 쉽게 이루어질 수도 있을 것이다.

한국문학의 세계화와 국제 홍보

한국 문화의 국제 홍보

외국에서 살아본 한국인이라면 누구나 일본인도 중국인도 아닌 한국인 특유의 비애를 느껴보았을 것이다. 외국인들이 일본이나 중국에 대해서는 잘 알면서도 한국에 대해서는 별로 아는 것이 없기 때문이다. 또 지리적으로는 일본과 중국 사이에 위치해 있고, 문화적으로도 한자문화권에 속해 있는 관계로 서구인들은 한국을 일본이나 중국과 비슷한 나라 정도로만 알 뿐 한국 문화의 고유성에 대해서는 잘 모르고 있는 것이 사실이다. 20여 년 전 유학생 시절에 만난 한 미국인 교수는 "한국 문화는 일본 문화하고 비슷한가, 중국 문화하고 비슷한가?"라고 내게 물은 적이 있다. 그래서 내가 "한국은 일본이나 중국의 문화와는 다른 고유한 문화를 갖고 있다."라고 대답했는데도 그는 여전히 "그래도 일본이나 중국 중 어느 한쪽에 더 가깝지 않겠는가?"라고 말해 나를 난감하게 만들었다.

한국의 문화와 문학이 일본이나 중국에 비해 해외에 널리 알려지지 못한 가장 큰 이유는 우선 국제사회에서 우리나라의 영향력과 국력이 약해서일 것이다. 특히 일본이나 중국에 비해 분단국가인 우리의 국제 인지도는 아직도 미미한 형편이다. 사실 탄탄한 경제와 외교의 뒷받침 없이는 오늘날 그 어느 나라의 문화도 세계의 주목을 받기 어려운 것이 사실이다. 그런데 20세기를 일제의 식민지 지배나 한국전쟁 같은 재난 속에서 살아온 한국의 문화나 문학이 어떻게 세계에 널리 알려질 수가 있겠는가?

그럼에도 불구하고 그와 같은 것이 설득력 있는 핑계가 되진 못한다. 왜냐하면 일제의 식민통치나 한국전쟁 같은 사건들은, 비록 비극적인 측면을 통해서이긴 하지만 한국을 세계에 알릴 수 있는 좋은 기회가 되기 때문이다. 예컨대 그와 같은 사실이 세계에 알려지거나 그러한 상황에 외국이 개입하게 되면 한국에 대한 국제사회의 관심이 고조되는데, 바로 그때 한국 문화를 자연스럽게 세계에 알릴 수도 있다. 그러나 불행히도 우리는 그와 같은 사건들을 적극적으로 활용하지 못했고, 심지어는 수많은 나라가 참전한 한국전쟁까지도 '잊혀진 전쟁(the forgotten war)'이 되는 상황에서 국제사회로부터 점점 고립되고 폐쇄적이 되어갔다.

한국의 문화나 문학이 해외에 잘 알려지지 않은 두 번째 이유는 한국인들의 폐쇄성과 소극성에서 찾아볼 수 있다. 문제의 단초는 어쩌면 조선왕조 말기의 쇄국주의에서부터 시작되었는지도 모른다. 일본은 일찍부터 외국 문화에 개방적이었으며, 중국은 찬란했던 고대 동양 문명의 대국으로서 오래전부터 서양의 인정을 받아왔지만, 한국은 그 두 가지 중 어느 하나도 갖추지 못한 채 문을 걸어 닫았고, 그 결과는 일본의 식민지와 후진국이라는 명예롭지 못한 딱지였다.

사실 국제통화기금(IMF) 사태 이전에는 경제적 기적을 이룬 나라로 한국도 한때 세계의 주목을 받은 적이 있었다. 그러나 경제가 밀어주었던 그때도 한국 문화는 별로 알려지지 않았었다. 경제 우선주의와 기술만능주의 노선을 추구했던 정부가 문화 홍보에 소극적이었기 때문이다.

비록 불가시적이긴 하지만 '문화적 영향'이야말로 오래 지속되는 것이라는 사실을, 가시적 효과만을 중요시하는 경제 관료들이나 기술 관료들이 미처 깨닫지 못했던 것이다. 한 나라를 국제사회에 알리는 데에는 문화가 가장 효과적이고, 문화를 알리는 데에는 문학이 가장 효과적임에도 말이다.

그럼에도 불구하고 문화에 관한 한 우리는 지금도 다분히 보수적이고 폐쇄적이다. 그래서 우리는 외국 문화의 유입에 소극적일 뿐 아니라 우리 문화의 해외 홍보에도 적극적으로 나서지 않고 있다. 그러한 태도의 심리적 근저에는 문화란 홍보하거나 판매하는 것이 아니라는 선비 의식 또는 문화란 상업화되어서는 안 된다는 모더니즘적 고급문화주의가 자리 잡고 있다. 그러나 문화 상품이니 문화 산업이니 하는 말들이 보편화되고 있는 오늘날 그와 같은 낡은 문화론은 더 이상 설득력이 없다. 문화는 이제 한 나라의 국제경쟁력을 상징하는 척도가 되었으며, 국제수지를 좌우하는 상품이 되었기 때문이다.

그럼에도 불구하고 우리는 아직도 한국 문화의 국제 홍보에 충분한 관심을 쏟고 있지 않다. 그리고 그 결과는 한국에 대한 외국인들의 무지와 무관심 그리고 외국 도서관의 빈약한 한국 자료 소장으로 나타난다. 예컨대 미국 대학의 도서관에 일본과 중국 관련 자료들은 서고 하나를 가득 채울 정도로 많지만, 한국 관련 서적은 아직도 책장 하나 둘 정도의 수준인 경우가 많으며, 심지어 단지 수십 권의 한국 관련 서적만 비치하고 있는 곳도 있다. 현재 아시아 문학을 다루는 가장 권위 있는 학술지인 《저널 오브 에이션 스터디스》 역시 매호 중국과 일본 관련 논문이나 서평을 수십 편씩 게재하는 데 비해 한국에 관련된 글은 극소수일 뿐이다.

영상자료도 서적이나 학술지의 경우와 크게 다르지 않다. 내가 1990년부터 1년간 체류했던 미국 펜실베이니아 주립대의 영상자료원에는 일본이나 중국에 관해서는 무려 100여 개의 영화 필름과 비디오가 비치되어 있는데 한국 문화에 관련된 영상자료는 딱 두 개밖에 없었고, 그것도 그나마 미국인이 찍은 한국전쟁 필름이었다. 그러한 상황은 16년이 지난 오늘날에도 크게 바뀌지 않고 있다. 2006년 현재 캘리포니아 대학 버클리의 도서관에서 교육용으로 소장하고 있는 한국 관련 비디오나 DVD는 겨우 열 개 남짓인데, 그중에서 한국 문화를 알리기 위해 미국 대학생들에게 보여줄 만한 것은 「JSA」와 「아름다운 시절」 두 개 정도이다. 그런데 그 두 개조차도 한국 정품이 아니라 중국에서 만들어져 제조 회사도 없는 것들이다.

또 1991년 뉴욕 주 버펄로에 있는 메이플 웨스트 초등학교에 편입한 내 딸아이의 나라를 급우들에게 소개해 주기 위해 담임교사가 친절하게도 자료실을 뒤져서 찾아내어 상영해 준 유일한 비디오 역시 미국인이 찍은 한국전쟁 기록 흑백영화였다. 자기가 알고 있는 한국이 전혀 아닌, 피난민으로 가득 찬 이상한 폐허 지역에 대한 흑백영화를 급우들과 같이 보는 동안 딸아이가 내내 당혹스럽고 어리둥절해했음은 물론이다.

당시 한국에서는 문화부가 창설되어 그래도 문화에 대한 인식이 상승세를 타던 시기였다. 그래서 나는 펜실베이니아 주립대에 한국 문화에 관한 영상자료와 책을 보내달라고 당시 초대 문화부 장관이셨던 이어령 선생에게 부탁했다. 얼마 후 한국 문화에 관한 비디오 다섯 개가 왔는데 불행히도 영어 자막이 없어 미국인 학생들에게 보여줄 수가 없었다. 당시 문화부에서 온 편지에 의하면 한국 문화에 관한 책은 교육부 소관이어서 문화부에서는 책을 보내기 곤란하니 교육부에 요청해야 한다는 것이었다. 사실 한국 문화를 해외에 알리는 데에는 부처 간 업무 구별이 없이 서로 발 벗고 나서야만 하는데도 우리는 아직도 부서 간의 공조가 잘 이루어지지 않고 있다.

그동안 한국 문화의 해외 홍보에 효과적이면서도 실제로는 구할 수 없어서 안타까웠던 것이 바로 영어 자막이 있는 한국 영화들이다. 실제로 내가 체류했던 펜실베이니아 주립대, 뉴욕 주립대, 그리고 브리검 영대학의 국제 교류 부총장들이나 국제 영화 담당자들로부터 한국 영화를 상영하려고 했지만 영어 자막이 있는 영화 필름을 구하지 못해 포기했다는 이야기들을 여러 번 들었다. 미국 내의 영사관이나 한국문화원에도 협조를 요청했지만 별 반응이 없었고 별 도움도 되지 않았다고 한다. 실제 자료를 구할 수가 없었기 때문이기도 하고, 또 문화담당관들이 주로 한국에서 방문하는 고관들의 영접과 안내에 투입되어 정작 한국 문화를 홍보하는 업무에는 신경을 쓰지 못하기 때문이라는 말을 들었다. 미국 대학의 영화이론학과에서도 한국 영화를 교재로 쓰려다가 결국은 실패한 적이 있다고 한다. 일본 영화들과 중국 영화들은 거의 대부분 영어 자막이 들어 있고 그 필름을 미국에서 손쉽게 구할 수 있는 데 반해 한국 영화는 전혀 그렇지 못하다는 것이었다. 그러나 지금은 DVD 덕분에 영어 자막이 들어간 한국 영화를 구하기가 쉬워졌다. 그럼에도 불구하고 막상 미국 대학 자료실에는 한국 영화 DVD가 별로 없다.

그동안 한국문학번역원과 대산문화재단의 번역사업 지원이 한국문학의 해외 홍보에 중요한 역할을 해왔다는 것은 부인할 수 없는 사실이다. 다만 번역 대상 작가나 작품을 선정하는 데 더 많은 신경을 써서 한국문학을 세계에 알리는 데 필수적이거나 지대한 공헌이 될 만한 경우만 골라 집중 지원해야만 한다. 현재로서는 꼭 번역되면 좋을 만한 작품들이 빠져 있거나 꼭 들어가지 않아도 될 만한 작품들이 포함되어 있다는 느낌이 들기 때문이다. 그러나 그렇게 된 데에는 물론 역자의 취향이나 외국 독자들의 반응에 대한 고려도 작용했을 것이다.

한국문학의 세계화

한국문학의 세계화를 논의하기 위해서는 우선 몇 가지 기본적인 질문이 선행된다. 예컨대 한국의 문학 전통을 해외에 널리 알리고 세계적으로 인정받기 위해서 한국문학은 한국적인 것으로 남아 있어야만 하는가 아니면 세계화되어야만 하는가? 그리고 후자의 경우, 한국문학이 세계화된다는 것은 과연 무엇을 의미하는가? 가장 한국적인 것이 가장 세계적이고 보편적인 것인가 아니면 한국적인 것을 세계화시켜서 국제적 보편성을 획득해야만 하는가?

이러한 질문들에 답하기는 결코 쉽지 않다. 왜냐하면 한국적인 것을 상실하면 국제사회에서 아무런 가치를 인정받지 못할 것이고, 동시에 너무 한국적이어서 세계의 공감을 얻지 못하면 그 역시 국제사회의 외면을 받을 것이기 때문이다. 사실 한국적인 것이 그렇지 않은 것보다 국제사회의 주목을 받기는 훨씬 더 용이하다. 예컨대 해외 문단이나 학계는 우리나라의 포스트모더니즘 전공 학자들에게 관심을 가질 이유가 전혀 없지만, 민중문학이나 민족문학 전공 학자들에게는 각별한 관심을 갖는다. 문학에 대한 민중·민족문학자들의 접근과 해석이 대단히 한국적이어서 특이하기 때문이다. 그래서 마치 김치나 불고기의 경우처럼, 한국적인 것은 쉽게 세계의 관심을 끌 수 있다.

반면 김치 냄새가 너무 강렬하고 맛이 맵다면 그것에 대한 외국인들의 관심은 오래가지 않을 것이다. 한국의 민족문학 역시 서구의 탈식민주의와 연결되어 세계적인 보편성을 얻지 못하면 단지 지역적인 것으로 치부되어 국제무대에서 단명하게 될 것이다. 이처럼 우리 것과 세계의 것을 연결시켜 고유한 것에 보편성을 부여하는 것이야말로 성공적이고 바람직한 세계화라고 할 수 있다. 그러므로 한국문학의 세계화는 필요하다. 세계의 독자들이 한국문학에서 고유하고 특이한 것만 발견하고 보편적인 공감을 느끼지 못한다면 한국문학은 세계문학으로 인정받지 못하게 될 것이기 때문이다.

그렇다면 어떻게 해야 한국문학을 세계문학의 반열에 올려놓을 수 있을까? 거기에는 여러 가지 방법이 있겠지만 가장 중요한 것은 역시 한국문학의 수준이다. 한국문학을 세계무대에 자랑스럽게 내놓기 위해서는 우선 한국 작가들의 분발이 필요하다. 예컨대 외국 독자들은 이제 더 이상 정치 이데올로기 소설이나 계급투쟁에 관심이 없다. 분단문학도 예외가 아니다. 독일을 제외하면 한국의 분단 문제에 크게 관심을 갖는 나라는 찾아보기 어려운 것이 사실이다.

1980년대 국내 작가들이 너무나 과도하게 정치적 대의와 리얼리즘과 민중 이데올로기에 의존하느라 문학에서 중요한 사적 영역의 탐색과 인정에 인색했다면, 1990년대 작가들은 반대로 너무나 과도하게 사적인 세계로 침잠해 들어가 스스로를 현실과 사회와 정치로부터 괴리시켰다. 그리고 그 결과 개인의 일기장에나 묻어야 할 극히 사적인 내용들이나 가족 간의 갈등이나 멜로드라마적인 남녀 간의 사랑 이야기가 '인간 존재에 대한 고뇌'라는 탈을 쓰고 한국문학의 중심에 자리 잡게 되었다. 또 2000년대 한국 작가들은 급변하는 시대의 변화를 따라잡지 못한 채 구태의연한 작품을 쓰거나 동시대 세계 작가들의 공통 관심사를 전혀 파악하지 못함으로써 세계 문단에서 한국문학을 고립시키는 결과를 초래했다.

그래서 한국문학번역원이나 대산문화재단의 번역 대상 작품 선정을 맡은 평론가들은 좋은 작품의 기근 현상에 우려를 표하는 경우가 많다. 정말이지 이 시대 한국 문단을 대표할 만한 작품, 그래서 번역해 해외에 널리 알릴 만한 작품을 찾기가 그리 쉽지만은 않기 때문이다 — 물론 이 시대 한국 문단을 대표할 만한 유명한 작가들은 많이 있지만. 좋은 작품을 쓰려면 우선 글쓰기에 대한 부단한 고뇌와 성찰, 새로운 창작 기법과 참신한 상상력에 대한 탐구, 그리고 끊임없는 책 읽기를 통한 지적 자극과 지식 축적 등이 필수적이다. 원고 청탁에 쫓기는 상황에서, 독서가 부실한 상황에서, 또는 문학의 보고(寶庫)를 뒤져 위대한 작가들이 써놓은 창작을 읽지 않는 상황에서 좋은 작품이 나오기는 어렵다. 특히 우리와는 다른 외국문학을 읽고 영감을 받거나 자극을 받는 것은 작가들이 좋은 작품을 쓰기 위한 필수적인 과정인데, 우리 작가들이 과연 얼마나 외국작품을 읽고 있는지는 미지수이다 — 간혹 외국문학을 많이 읽고 있는 작가들을 만나는데, 그들은 역시 좋은 작품을 써내는 역량 있는 작가들이다.

한국 작가들의 외국어 실력이 아쉬운 것도 바로 그런 측면에서다. 만일 외국어로 외국의 문학작품이나 문학이론서를 직접 읽을 수 있다면, 그 작가가 갖는 이점은 대단할 것이다. 또 한국 작가들이 외국어를 잘한다면 외국 작가들이나 평론가들과의 교우도 가능한데, 그러한 능력이야말로 한국문학의 세계화에 지대한 공헌을 할 수 있다. 만일 한국 작가들이 외국에 나가 자신의 작품을 외국어로 읽고, 자신의 문학 세계를 외국어로 설명하고 제시할 수 있다면, 그리고 외국어로 질의응답이 가능하고 사교적 대화가 가능하다면 한국문학은 훨씬 더 빨리 세계 문단에 편입될 수 있을 것이다. 이는 외국어를 자유롭게 구사하는 작가들이 많은 일본이나 중국의 경우를 보면 쉽게 알 수 있다. 우리의 대가급 작가들이 단지 외국어를 잘 못 한다는 이유로 받는 불이익은 사실 가히 상상을 초월할 정도이다. 그 능력과 위치만큼 세계 문단에서 정당한 인정을 받지 못하게 되기 때문이다.

다음으로 한국문학의 세계화를 위해서는 문단에 파벌이 없어야 한다. 물론 문학하는 태도나 창작 태도의 차이로 인해 학파가 생길 수 있지만, 서로를 배척하고 부인하는 파벌 또는 문학권력을 놓고 헤게모니 다툼을 벌이는 파벌이 있다면 그건 한국문학의 세계화를 저해하는 요인이 된다. 또 단지 우리와 노선이 다르다는 이유만으로 타자를 배제하거나 같이 글을 쓰는 것을 꺼린다면 그것 역시 지식인과 예술가로서 부끄러운 일일 수밖에 없다. 지금 세계는 변하고 있는데, 그리고 도처에서 경계선들이 무너지고 있는데, 우리만 아직도 칸막이 속에서 나와 너 또는 우리와 그들로 이분법적 파벌을 형성하고 있다면 우리는 아직도 문학의 세계화에 동참할 준비가 되어 있지 않다고 말할 수밖에 없다.

또 한국문학이 세계화되기 위해서는 좋은 번역자의 양성과 확보가 무엇보다도 중요하다. 지금처럼 아마추어 번역가들에게 의존하기보다는 정말 번역에 능한 프로급 번역문학가들이 필요하다. 전문 번역가는 우선 해당 언어가 모국어인 원어민이어야만 한다. 그리고 그 원어민은 한국문학 전공자이거나 작가이거나 문학적 재능과 센스가 있는 글 잘 쓰는 사람이어야만 한다. 원어민이라고 해서 아무나 문학작품을 번역할 수 있는 것은 결코 아니기 때문이다. 얼마 전 한글로 된 논문을 영어로 번역하면서 '작품 세계(literary world)'라는 말을 직역해 'work world'로 번역한 원어민이 있었는데, 이는 그가 문학적 센스도, 한국어에 대한 지식도 터무니없이 부족하다는 것을 의미한다. 그래서 번역은 한국인 작가나 평론가나 문학가와의 협의를 통한 공역이 필수적이다. 외국인이 알기 어려운 언어나 표현의 뉘앙스를 한국인은 알 수 있기 때문이다.

좋은 번역, 수준 높은 번역이 한국문학의 세계화를 위한 필수조건이 되는 이유도 바로 거기에 있다. 나쁜 번역은 외국 독자들에게 오히려 한국문학에 대한 부정적인 인상을 주기 때문에, 오직 최상급의 번역만을 출간해야 한다. 간혹 국내 여러 기관에서 시행하는 번역 프로젝트 응모를 놓고 국내 번역가들과 해외 번역가들 사이에 미묘한 경쟁의식이 생기고, 그 결과 서로의 번역 수준을 폄하하는 일들이 생기기도 하는데, 사실은 두 그룹이 공동 작업하는 것이 가장 바람직하다. 편을 가르는 것보다는 서로 협조하는 것이 언제나 성공의 지름길이기 때문이다.

한국문학 작품이 해외에서 출간된 후 그 작품의 홍보에 대한 지속적인 지원도 한국문학의 확산을 위해서는 필수적이다. 출판만 해놓고 지원을 끝내면 그 책은 거의 팔리지 않을 확률이 높다. 특별한 이유가 없는 한 외국 사람들 중 그 누가 책을 구매하면서까지 한국문학을 읽으려 하겠는가? 예를 들어 한국문학을 영어로 출간하는 영미 출판사는 적자를 감수해야만 한다. 영어권에는 한국문학 독자들이 없기 때문이다. 그런 상황에서 출판사가 한국문학 홍보에 비용을 투자할 수는 없다. 문제는 홍보가 없으면 사람들이 그 책의 출간 소식을 모르게 되고, 그렇게 되면 판매율은 제로에 가깝게 된다는 점이다. 홍보는 몇 가지로 나누어 이루어지는데, 우선 현지에서 개최하는 작가의 작품 낭송회가 있을 수 있고 — 현지 언론을 초청해 홍보할 수도 있다 — 언론매체나 관련 저널에 서평을 싣는 방법이 있으며, 한국문학 전용 홈페이지에 광고를 하는 방법도 있다. 출판사에 출판 경비를 지원하면 됐지 굳이 홍보비까지 지원할 필요가 있겠는가 하는 의견도 있을 수도 있지만, 꼭 그렇지만은 않은 것이 현실이다. 판매되지 않으면 한국문학을 출간하려는 출판사는 점점 없어지고 말 것이기 때문이다.

우선 한국문학 출판이 비교적 활발하게 이루어지고 현지 언론의 관심도 많은 프랑스의 예를 살펴보기로 하자. 프랑스는 문학과 예술에 대한 이해와 배려가 남다르다. 프랑스에서 한국문학이 관심의 대상이 되고 있는 이유 중 하나는 갈리마르(Editions Gallimard) 같은 유명 출판사에서 우리 번역작품을 출간했기 때문이라고 할 수 있다. 그리고 그러한 출판사의 섭외에는 프랑스 전문가들인 김화영 고려대 교수나 최현무 서강대 교수의 공이 컸다. 출판사 섭외는 이렇게 한국 유명 비평가나 작가와의 개인적 친분을 동원하는 것이 가장 확실한 방법이다. 그렇지 않고서는 이익이 남지 않는 책을 출간하려는 출판사가 거의 없기 때문이다.

미국의 경우에는 소위 잘 알려진 메이저 출판사(상업 출판사)는 한국문학을 출간하려 하지 않는다. 이익이 남지 않을 뿐만 아니라 일본이나 중국도 아닌 한국의 문학작품을 출간해 봐야 자사의 이미지에도 별 도움이 되지 않는다고 판단하기 때문이다. 거기에서 한국문학은 또다시 약소국의 서러움을 경험하게 된다. 그런 큰 출판사가 관심을 갖는 것은 소수 인종 문화 붐을 타고 미국 독자들에게 호소력이 있는 이창래 같은 아시아계 미국인 작가들의 작품 정도이다. 그런 심지어는 이창래까지도 그동안 메이저 출판사에서 작품을 내지 못하고 있다가 최근에야 겨우 랜덤하우스에서 관심을 보이고 있는 실정이다.

그러한 상황에서 최근 미국 뉴욕의 화이트 파인 출판사가 한국문학에 관심을 보이며, 한국문학 시리즈를 만들고 한국문학 발간 편집자문위원회를 구성하겠다고 나선 것은 경하할 만한 일이다. 화이트 파인 출판사의 편집장은 데니스 멀로니라는 시인인데, 만일 그가 상업적인 것을 크게 고려하지 않는 시인이 아니었다면, 그리고 아시아 문화에 관심을 갖고 있는 특별한 사람이 아니었다면 아마도 한국문학 시리즈를 만들어 지속적으로 한국문학을 출간하겠다는 의지를 표명하지는 않았을 것이다. 출판사의 이익만을 생각한다면 그것은 분명 무모한 짓일 수도 있다. 만일 미국의 메이저 출판사에서도 혹시 그런 제의가 들어오지 않을까 생각하는 사람이 있다면 그건 한국문학을 너무 과대평가한 큰 착각이다. 미국인들은 결코 손해 보거나 적자가 나는 짓을 하지 않기 때문이다. 그들이 그런 일을 할 때가 있다면, 그것은 아주 특별한 이유가 있을 때뿐이다. 이번 화이트 파인 출판사의 한국문학 시리즈 출간 소식은 미국 출판사 중 최초의 기획이라는 점에서, 그리고 한국문학의 세계화를 위한 체계적이고 본격적인 작업의 시작이라는 점에서 대단히 고무적이다.

한국문학을 세계문학으로

한국문학에 대한 외국인들의 관심을 고조시키는 데에는 비단 문학뿐 아니라 국악, 동양화, 고전무용, 연극, 영화, 판소리, 책 전시 같은 한국 문화의 다양한 분야를 같이 소개하는 것이 효과적이다. 그런 맥락에서 외국 주요 도시에서 한국 문화공연이나 전시회 같은 것이 자주 개최되는 것이 바람직하다. 또 프랑크푸르트 도서 박람회나 시카고 도서 박람회에 한국관을 설치해 도서를 진열하고 홍보하는 것도 필요하다. 민음사 팀과 같이 내가 참여한 1996년도 시카고 북 페어에는 한국의 출판사들이 여럿 참여하긴 했지만 대부분 외국 도서를 보러 간 것이지 우리 책을 홍보하러 간 것은 아니었다.

그런 면에서 보면 한국문학번역원에서 해마다 국내 유명 작가들을 요테보리 북 페어에 보내 한국문학을 알리는 작업은 중요한 의미를 갖는다. 요테보리 북 페어에 참가하는 작가들은 스톡홀름에서 한국문학 세미나를 열어 스웨덴 사람들에게 한국 문화를 알리고 있는데, 이 또한 한국문학이 국제사회에서 인정을 받기 위한 중요한 기초 작업이 되고 있으며, 한국문학의 세계화에 지대한 공헌을 하고 있다. 노벨상을 받기 위한 정지 작업으로 일본이 스웨덴에 로비를 많이 하기 때문에 우리도 열심히 로비를 해야 한다는 의견도 타당하긴 하지만, 보다 더 중요한 것은 수준 높은 번역과 문학 행사들을 통한 한국문학의 적극적인 홍보이다. 한국 문화에 대한 긍정적인 인상을 심어주려면 물론 고아들의 해외 입양 같은 떳떳하지 못한 일들도 중지하거나 적어도 대폭 줄여나가야만 한다. 특히 스웨덴으로의 입양을 중지하지 않는 이상 가까운 장래에 노벨문학상을 기대하기는 어려울 것이다. 고아 수출국은 아직 노벨상을 받을 준비가 안 되었다고 생각할 것이기 때문이다.

한국문학의 세계화를 위해서는 문학작품들이 가능한 한 많은 언어로 번역 출판되는 것이 바람직하다. 물론 영어 번역이 주종을 이루어야겠지만 유럽 독자들을 위해서는 한국문학이 프랑스어·독일어·스페인어·이탈리아어·러시아어·폴란드어·스웨덴어 등 여러 언어로 번역되는 것이 유리하며, 아시아 독자들을 위해 일본어나 중국어 번역도 필요할 것이다. 그러나 노벨상에 너무 연연할 필요는 없다. 또 노벨상을 받기 위해 무슨 위원회를 만든다거나 몇 개년 계획 같은 것을 세울 필요는 없다. 노벨상은 우리 문학의 수준이 높아지고, 대한민국의 위상이 올라가면 아마 저절로 주어질 것이다. 그런데 서두를 이유가 어디에 있는가? 상부터 원할 것이 아니라 우선 한국문학의 수준부터 높여야 할 것이다.

한국문학이 세계화되기 위해서는 또한 한국문학이나 한국 문화 관련 국제 세미나를 해외에서 자주 개최해 세계 문단과 학계의 관심을 끄는 것도 필요하다. 얼마 전 한국국제교류재단 후원으로 캘리포니아 대학 버클리에서 열린 한국학 국제 세미나나 수년 전 한국문학번역원과 한국국제교류재단의 후원으로 뉴욕 주립대 버펄로에서 개최된 국제비교한국학회 국제 세미나는 모두 한국문학을 해외에 알리는 데 지대한 공헌을 했다. 특히 뉴욕 주립대에서 열린 국제 세미나는 「21세기 한국학의 미래」라는 주제로 모두 15명의 국내 및 해외 한국학자들이 모여 한국 문화에 대한 미국의 관심과 주목을 끄는 데 성공했다. 뉴욕 주립대 스티븐 더넷(Stephen Dunnet) 부총장과 토머스 버크만(Thomas Buckman) 아시아학 주임교수, 그리고 최혜원 한국학 주임교수 — 그는 그 후 귀국해 현재 이화여대 교수로 재직하고 있다 — 가 초청자로서 직접 참여하고 수고해 준 이 국제 세미나는 이러한 세미나들이 한국의 문화와 문학을 해외에 알리는 데 얼마나 효과적인가를 잘 보여주었다. 세미나가 진행되는 동안 접수 데스크에서는 영역된 한국문학 도서들의 전시와 판매가 이루어졌으며, 현지 언론의 관심도 컸다.

한국문학은 앞으로 점점 더 세계에 알려지고 세계 문단에서 인정받게 될 것이다. 한국문학은 지역문학으로 만족할 것이 아니라 이제 세계 각국에 독자들이 있는 진정한 의미의 '세계문학'으로 발돋움해야만 한다. 물론 언제나 중요한 것은 '어떻게 하면 고유의 특성을 잃지 않으면서도 세계화에 동참할 수 있는가' 이다. 유럽과 손을 잡고 무조건 세계화를 거부하는 것은 우리로서는 바람직하지 않다. 그것보다는 세계화에 동참하면서 거기에 따를지도 모를 폐해를 늘 경계하고 최소화하는 것이 더 중요하다. 우리 문학을 세계에 알리고, 우리 문학을 세계문학으로 끌어올리는 것 — 바로 그것이 이제부터 우리가 해야 할 일이다.

그렇다면 세계 문화시장에 우리는 과연 어떤 상품을 내놓아야만 하는가? 즉 어떤 성격의 작품을 선택해 번역할 때 외국 독자들에게 환영을 받을 수 있을 것인가? 혹자는 우리 고유의 것이 곧 세계적인 호소력을 갖기 때문에 토속적인 작품을 골라야만 한다고 주장한다. 그러나 또 다른 사람들은 너무 토속적인 것은 보편성이 없어 외국인들의 공감을 얻지 못한다고 말한다. 가장 바람직한 것은 '자국 문화의 고유성을 살리면서도 서구 독자들의 취향을 고려해 보편적인 공감대를 얻을 수 있는 작품'일 것이다.

한편 번역자로서 누가 더 이상적인가 하는 문제는 그동안 외국인 번역자와 내국인 번역자들 사이에 많은 논란을 빚어왔다. 외국인과 내국인 사이의 그러한 갈등은 비단 번역 분야에서뿐만 아니라 미국 대학의 한국학 교수 자리를 놓고도 벌어지는데, 이는 두 그룹 사이의 경쟁에 따르는 프리미엄 — 예컨대 적지 않은 번역 지원금이나 교수직이라는 특권 — 때문인 것으로 풀이된다. 가장 이상적인 번역은 한국인과 외국인의 공동 작업일 것이다. 외국인 역자의 번역에서도 한국어 해독의 미숙으로 인해 오역이 나오고, 한국인 역자의 경우에도 외국어의 미숙으로 인한 문제가 발생하기 때문이다. 그러므로 한국어와 외국어를 모국어로 하는 역자들이 공동 작업을 통해 번역에 같이 참여해야 비로소 좋은 번역이 나올 수 있다.

어려움과 소외감 속에서도 한국(문)학을 전공한 외국인이나 교포들은 미국 대학에 교수 공채가 났을 때, 현지 유학생들이나 한국인 학자들과 경쟁하는 것을 싫어한다. 한국(문)학을 전공하라고 격려해 놓고는 교수직을 알선해 주지는 못할망정 일자리를 위협하거나 빼앗아가는 것은 부당하다는 지적이다. 최근 내가 만난 한국(문)학 전공 미국인 학자들과 교포들은 모두 그 점에 대해 강한 불만을 갖고 있었다. 한국(문)학을 전공하는 외국인 학자들과 한국인 학자들 사이의 이러한 불화와 경쟁의식은 한국 문화의 세계화에 심각한 저해 요인이 된다. 한국문학의 세계화를 위해서는 그와 같은 문제들에 대한 성찰이 부단히 이루어져야만 할 것이다.

새로운 학문 분야로 부상한 번역문학

번역은 제2의 창조, 번역의 재발견

번역문학은 인문학자들에 의해 오랫동안 이차적이고도 열등한 학문 분야로 인식되어 왔다. 문학작품은 원어로 읽어야 제 맛이 나고 원래의 의미를 제대로 파악할 수 있다는 생각을 가진 학자들에게 있어서 그동안 '번역 행위는 곧 반역 행위'였고 '번역자 역시 반역자'였을 뿐이다. 심지어는 여러 나라의 문학을 비교연구하는 대학의 비교문학과에서도 원전을 원어로 읽는 것만이 허용될 뿐 번역 텍스트의 사용은 일절 금지되어 왔다.

그러나 최근 세계 각국의 인문학자들은 '번역'의 중요성을 절감하고, 그동안 원전의 권위에 눌려 주변부로 밀려나 소외되어 온 '번역 텍스트'들의 의미와 비중을 재조명하기 시작했다. 그리고 그러한 과정에서 그들은 '번역'을 하나의 학문 분야로 인정하는 번역학(Translation Studies)이라는 새로운 학문 분야를 주창하게 되었다. 그 결과 대학의 비교문학과에 번역문학에 대한 강좌들이 설강되었고, 더 나아가 '번역문학 프로

그램'이 창설되어 번역문학 전공자들을 모집하게 되었다. 그것은 곧 '번역'이 드디어 또 다른 형태의 '창작'으로 인정받게 되었다는 것을 의미한다. 그리고 거기에 따라 '번역자는 반역자'라는 말 역시 새로운 긍정적인 의미를 갖게 되었다. 다시 말해 번역자는 이제 명실 공히 또 하나의 새로운 저자·창조자로서, 그리고 번역 행위 역시 또 다른 창작 행위로 인정받게 된 것이다.

번역학과 번역문학의 이와 같은 최근의 부상은 지난 1960년대 이후 세계 문단과 학계에서 논의되어 온 '소외된 분야와 주변 문화의 재인식과 재조명'과 밀접한 관련을 갖는다는 점에서 더욱 중요한 의미를 갖는다. 왜냐하면 그와 같은 과정에서 새롭게 인식되고 조명된 것들이 그동안 지배문화에 의해 억압되고 제외되어 온 여성문학, 소수인종문학, 제3세계 문학, 동양 문화와 문학 또는 번역문학 같은 것들이며, 그것들이 궁극적으로는 최근의 세계화 및 국제화 움직임을 추진하는 원동력이 되고 있기 때문이다. 그렇다면 번역문학은 비서구 국가이자 비영어권인 한국 같은 나라에서는 더욱 절실하고 중요한 연구 분야가 될 것이다.

번역문학의 활성화를 위한 세 가지 제안

국제화 시대를 맞아 외국 문화를 제대로 알고 자국 문화를 해외에 알리기 위해, 또 번역학을 중요시하는 세계적인 추세에 맞추기 위해 국내에서 번역문학은 적극 지원되고 육성되어야만 한다. 그러나 그러기 위해서는 우선 선행되어야만 하는 세 가지 전제조건이 있다. 만일 그 세 가지 기본 조건이 충족되지 않는다면 한국의 번역문학은 결코 활성화될 수 없을 것이다.

첫째, 교육부와 각 대학들은 '번역'을 논문이나 저서의 경우처럼 공식적인 학문적 업적으로 인정해야만 한다. 그렇지 않을 경우 지금처럼 대학원생들에 의해 급조되어 나오는 오역이 계속될 것이며, 전문가에 의한 좋은 번역은 영원히 나오기 힘들 것이다. 일반인들의 추측과 달리 교수들은 대학원생들의 영어 실력이 얼마나 믿을 수 없으며, 그들의 한국어 구사력 또한 얼마나 불안한 것인가를 잘 알고 있다. 그럼에도 불구하고 국내에서는 많은 번역서들이 아직도 대학원생들에 의해서 출간되고 있다. 그러한 것은 물론 한국만의 특이한 현상이다. 세계 그 어느 나라도 우리나라처럼 대학원 학생들에 의한 번역서가 많이 쏟아져 나오는 나라는 없다.

그러한 기형적인 현상의 이면에는 물론 적은 번역비를 지급하면서도 원고는 빨리 받아낼 수 있다는 상업적인 이익만을 생각하는 출판인들의 양식 부족이 자리 잡고 있다. 그러나 그보다 더 심각한 것은, 번역은 아무나 할 수 있다는 잘못된 편견이다. 번역은 고도의 해당 외국어 수준과 자국어 수준을 동시에 갖추어야만 가능한 어려운 작업이다. 그런데 외국어 지도와 논문 지도를 해보면 한국의 대학원생들은 대체로 외국어 실력뿐만 아니라 한국어 능력 또한 위태로울 정도로 형편없는 경우가 많다. 그렇다면 도대체 아무리 읽어도 무슨 말인지 알 수 없는 논문을 한글로 써 온 대학원생이 해놓은 번역 문장은 또 얼마나 난삽하겠는가?

거기에다가 오역까지 겹치면 그것은 가히 난해한 '고전 읽기'에 속한다. 예컨대 어느 영문과 대학원 박사과정 학생은 짧은 번역문 속에서 다음과 같은 놀라울 만한 잘못을 저지르고 있다(괄호 속이 맞는 번역임).

    literary work : 문학적 노동(문학작품)
    central : 백 년 간의(중심이 되는)
    interdisciplinary : 상호 훈련적인(학제 간의)
    MIT : 기술연구소(매사추세츠 공과대학)

문제는 이러한 오역이 비단 그 박사 후보생뿐만 아니라 다른 대학원생들의 번역에서도 얼마든지 일어날 수 있다는 점에 있다. 만일 그렇다면 그것은 정말 심각하게 우려할 만한 현상이라고 아니할 수 없다.

물론 대학원생들의 번역이 다 수준 이하인 것은 아니다. 그중에는 번역에 지대한 관심을 갖고 있거나 진지한 사명감과 학문적 열정을 갖고 번역에 전념하는 학생들도 있다. 두 번째 제안은 바로 그러한 학생들을 위해 대학원에 번역문학 강좌들을 설강하고 번역문학 프로그램을 설치하여 전문적인 번역문학가들을 제도적으로 양성·배출해 내자는 것이다. 최근에는 국내에서도 직업적인 번역문학가들이 등장하고 있고, 또 학생들 중에도 대학원에서 전문적인 번역문학가로서 훈련을 받고 싶어 하는 사람들이 상당수 있다. 특히 외국의 문물과 최신 학문 정보를 주로 번역을 통해 접하게 되는 우리나라의 경우 체계적이고도 전문적인 번역 교육을 받은 수준 높은 번역문학가의 양성은 매우 시급한 과제라고 하겠다.

현재 나와 있는 번역서들을 보면 영어 실력은 차치하고라도 우선 우리말과 글에 대한 역자의 감성과 구사력이 부족해서 내용이 잘 읽히지 않거나 또는 별 감흥이 일어나지 않는 경우가 많이 있다. 그래서 아이러니컬하게도 어떤 경우에는 최신 번역본보다는 차라리 예전에 일본어판을 중역한 번역본이 오히려 훨씬 더 잘 읽히는 경우가 있다. 만일 대학원에 해당 외국어의 독해 기술뿐만 아니라 한국어에 대한 적절한 구사와 어휘 선택까지도 가르친다면 진정으로 바람직한 번역이 이루어질 수 있을 것이다.

그렇게 되면 지금까지의 무책임한 오역들은 저절로 사라질 것이며, 번역 원고를 하도급 준 후 나중에 역자의 이름만 빌려주는 기업식 번역회사들도 자연 도태될 것이다. 그리고 아무나 번역에 뛰어들어 번역서를 출판하는 일도 줄어들 것이다. 한국 출판계의 문제점 중 하나는 부정확하고 무책임한 글들이나 번역이 전혀 걸러지지 않은 채 활자화되는 경우가 많다는 점이다. 그것은 곧 관대하고 허술한 한국의 현행 출판 풍토에서는 글을 제대로 쓸 줄 모르는 사람들이나 번역을 할 줄 모르는 사람들도 어렵지 않게 자신의 작업 결과를 출판할 수 있다는 것을 의미한다.

외국의 경우에는 출판사마다 분야별 전문 편집위원들이 있어 수준 이하의 글들을 걸러내는 여과장치 역할을 철저하게 수행해 내고 있다. 한국의 출판사들도 국제 경쟁에서 살아남으려면 바로 그러한 전문 편집위원들을 갖고 있어야만 한다. 외국의 경우에는 대개 영문학 박사들을 출판사 전속 편집위원으로 확보하고 있지만, 문학박사들을 전속직원으로 두기 어려운 국내 출판사들의 경우에는 해당 분야 전공 교수나 비평가나 작가들을 상임 편집위원으로 위촉하는 것도 한 방법이 될 것이다.

세 번째 제안은 모국에 와서 수학하고 나서 한국에서 직장을 갖고 싶어 하는 교포 학생들의 인적자원을 적극 이용하라는 것이다. 한국 정부나 대학들은 교포 학생들의 장학 사업에는 관심을 갖고 있는 것 같은데, 이상하게도 국내에서 취업하고 싶어 하는 교포 학생들에 대해서는 아무런 제도적인 지원이나 활용 계획을 갖고 있지 않은 것처럼 보인다. 물론 직장이나 진로는 개인의 사적 문제일 수도 있다. 그러나 오늘날 같은 국제화 시대에 외국어와 한국어를 동시에 유창하게 구사할 줄 아는 그 소중한 인적 자원을 이용하지 못하고 폐기시킨다면 그보다 더 어리석고 안타까운 일은 없을 것이다.

교포 학생들의 한 가지 문제는 외국어에 비해 한국어 실력이 부족하다는 점이다. 그러나 그런 경우에도 한국인 대학원생과 같이 공동 작업을 하도록 한다면 문제는 간단히 해결될 뿐만 아니라 오히려 더 이상적인 번역이 이루어질 수 있을 것이다. 교육부나 문화부나 대학의 국제교류처는 교포 학생들의 인적자원을 파악하여 활용하는 방안을 이제부터라도 적극 검토해 보기 바란다.

한국문학의 영어 번역에 대하여

한국 문화나 문학을 전공하는 교포 학생들과 외국인들을 활용하는 또 하나의 방법은 그들로 하여금 한국문학을 외국어로 번역하도록 하는 방법이다. 물론 이 경우 영어를 잘하는 한국인 번역자와 공동 작업을 하는 것이 필수적인 요건이다. 예컨대 작고한 하와이 대학의 마셜 필(Marshall Phil) 교수가 지적했듯이 한국인 혼자의 영역은 영미인들에게 호소력 있는 영어를 구사하기가 어렵기 때문에 대부분 실패한다고 봐도 크게 틀리지 않다.

영미인에게만 맡긴 영역 또한 한국어 미숙으로 인한 오역의 가능성이 크기 때문에 역시 바람직하다고 볼 수 없다. 더욱 영미인이라고 해서 다 영어 문장력이나 문학적 센스가 있는 것은 아니기 때문에 한국인과 원어민의 공동 번역이 가장 이상적이라고 할 수 있다.

현재 우리는 피터 리(Peter H. Lee)나 데이비드 맥켄(David McCann) 같은 기존의 번역문학자들 외에도 브루스 풀턴(Bruce Fulton)과 주찬 풀턴, 그리고 이문열의 작품들을 프랑스어로 번역해 호평을 받은 최현무와 파트리크 모리스(Patrick Maurice) 또는 황석영의 『손님』을 유려한 프랑스어로 번역한 최미경 등 좋은 번역가들을 갖고 있다. 그러나 그들만으로는 안 되고 계속해서 훌륭한 번역문학가들을 발굴해서 집중적으로 지원해야만 할 것이다.

국제화 시대의 번역문학

국제화 시대를 맞아 이제부터는 우리나라 출판계도 스스로를 개방하고 외국시장에서 경쟁할 준비를 해야만 한다. 그리고 그 과정에서 필연적으로 번역에 관련된 문제들이 대두될 것이다. 우선 맨 처음 해야 될 작업이 바로 번역권을 따내는 일이다. 그러자면 흔히 에이전트라고 불리는 대행 기관을 통해 외국의 출판사와 교섭을 하지만 때로는 직접 편지로 교섭하게 될 때도 있을 것이다. 그때 꼭 공식 서한의 양식과 예의를 갖추고 편지의 영어가 틀리거나 어색하지 않도록 철저하게 확인하는 작업을 거치도록 해야만 한다. 세련되지 못한 편지를 보낼 경우 상대방으로부터 무시를 당할 뿐 아니라 교섭도 망치게 되기 때문이다.

국내의 출판사들은 또 어리석게도 한국 출판사들끼리 경합을 벌여 로열티를 올리는 어리석은 제 살 깎아먹기 식 경쟁을 이제부터라도 그만두어야만 한다. 오히려 일본의 경우처럼 자기편끼리 담합을 해서 로열티를 내리는 방법을 연구해 보기 바란다. 그렇지 않아도 세련되지 못한 채 인심만 후해서 '국제 바보' 소리를 듣고 있는 한국이 그런 식으로 비웃음을 당해 가면서까지 외화를 낭비할 필요는 없기 때문이다.

외국 출판사들이 국내에 들어오면 틀림없이 후한 번역비를 주고 좋은 번역자를 확보하려고 할 것이다. 그리고 자사의 책들을 번역해 출판하려고 할 것이다. 그렇게 되면 로열티를 지불할 필요도 없고 광고력도 갖고 있으며 출판사의 네임 밸류를 향유하고 있는 외국 출판사들의 번역서들이 상당한 경쟁력을 갖고 국내시장을 잠식할 것이다. 국내 출판사들도 이제는 번역을 쉽게 생각하지 말고 번역비의 수준도 창작고료의 수준으로 인상해야만 할 것이다. 자본주의사회에서는 불행히도 돈에는 돈으로 경쟁할 수밖에 없다. 자금력이 곧 그 품질을 만들어내는 자본주의사회에서 처우가 더 나은 곳에 인재를 빼앗기는 것은 너무나도 당연한 현상이다. 국내의 출판사들은 바로 그와 같은 현상에 미리 대비해야만 할 것이다.

그렇지만 그것이 곧 소규모 영세 출판사들의 도산을 의미하는 것은 아니다. 미국의 경우에도 소규모 출판사들은 여전히 존재하고 있으며 또 출판 활동을 계속하고 있다. 문제는 이제 국제화 시대를 맞아 우리가 이제는 예전처럼 닫힌 문 뒤에 숨어 밀폐된 공간에 안주할 수 없다는 사실을 인식하는 것이다. 이제 살아남는 방법은 도피나 망각이 아니라 적극적인 사고방식과 적극적인 대처 방식뿐이다. 그것은 '번역'에 있어서도 마찬가지이다. 냉전이 종식된 이후 무역전쟁에 휘말리고 있는 급변하는 세계정세 속에 한국의 번역문학이 세계시장에서 살아남고 번창하기 위해서는 앞에서 제시한 세 가지 제안이 조속히 실현되어야만 한다. 그때에야 비로소 한국의 번역문학은 제 궤도에 오르게 될 것이며, 동서 문화를 이어주는 가교의 역할을 훌륭하게 수행할 수 있을 것이다.

한국 단편문학의 가능성

단편소설에서 장편소설로

전통적으로 한국 현대소설은 장편소설보다는 단편소설에서 더 강세를 보였으며, 작가들 역시 장편소설보다는 단편소설에서 더 뛰어난 재능을 발휘했다. 예컨대 이상의 「날개」나 김승옥의 「서울, 1964년 겨울」 같은 단편소설들은 비록 길이는 짧지만 지금도 그 어느 장편소설에 못지않은 무게를 가지고 한국문학사의 중심부를 차지하고 있다.

그러나 단편소설보다는 장편소설을 더 선호하는 세계 문단의 조류에 따라, 그리고 한국문학의 해외시장 개척을 위해 몇 년 전부터 한국문학은 장편소설 위주로 대전환을 하기 시작했다. 그것은 단편소설을 본격적인 문학의 범주에 넣기를 꺼려하는 외국인들을 생각하면 분명 바람직한 방향 전환이다. 비록 단편소설집 『물방앗간의 편지』나 『월요 이야기』를 쓴 알퐁스 도데(Alphonse Daudet)나 오 헨리(O. Henry)의 경우 같은 예외도 있기는 하지만, 그래도 세계적으로 유명한 문학작품들은 사실 모두 장편이지 단편은 아니기 때문이다.

그래서 얼마 전부터 국내 문단에서도 중편소설과 장편소설들이 본격적으로 산출되기 시작했다. 그러나 아직 장편소설에 익숙하지 못한 상태에서의 갑작스러운 전환은 대외적으로 바람직한 것만큼이나 대내적으로는 부작용과 문제점들을 야기했다. 예컨대 단순히 단편소설을 늘어놓은 것 같은 중편소설과 장편소설이 나오기도 했고, 또 쓸데없이 길이만 길어진 단편소설이 등장하기도 했다. 그리고 그와 같은 현상은 결국 한국소설의 전반적인 질적 저하를 초래했다는 비판을 불러오기까지 했다.

물론 긴 안목으로 볼 때에는 장편소설로의 전환이 한국소설의 질적 저하를 상쇄할 만큼의 이점을 한국 문단에 가져다주는지도 모른다. 그럼에도 불구하고 한국소설의 중·장편으로의 최근 선회가 제대로 정착되기 위해서는 여러 가지 측면에서 엄정한 검증과 비판을 거쳐야만 한다는 데에는 의심의 여지가 없다. 그중에서도 특히 최근에 이유 없이 점점 길어지고 있는 한국 단편소설들의 경향은 독자들과 평자들의 준엄한 평가와 비판의 대상이 되어야만 한다. 그와 같은 것을 염두에 두면서, 미국의 단편소설과 단편소설 작가들의 경우는 어떠한지 살펴보기로 한다.

압축과 긴장, 포의 단편소설론

'단편소설(short story)'이라는 용어를 공식적인 문학 용어로 처음 정착시킨 사람은 19세기 후반 컬럼비아 대학 교수였던 브랜더 매슈스(Brander Matthews)로 알려져 있지만, 단편소설의 원조는 19세기 초반의 미국 작가 에드거 앨런 포이다. 그는 단 한 편의 장편소설인 『아서 고든 핌의 모험』을 제외하고는 평생 단편소설만을 쓴 단편 작가였다. 1836년에 발표한 『글쓰기의 철학』에서 포는 단편소설에 대해 다음과 같이 말하고 있다.

사람은 오랜 긴장에 견디지 못하므로, 산문도 30분 내지 한두 시간 안에 읽을 수 있는 길이여야 독자가 장편소설을 읽을 때처럼 흥미의 중단이나 권태나 싫증을 느낄 사이 없이 저자의 감정을 포착할 수 있을 것이다.

만일 하나의 문학작품이 한자리에 앉아서 읽기에 너무 길다면 우리는 통일된 인상에서 얻을 수 있는 중요한 효과를 기대할 수 없다. 왜냐하면 두 번에 걸쳐서 읽어야만 다 읽을 수 있다면, 그 사이에 세상사가 끼어들 것이고 결국 총체성이 파괴되고 말 것이기 때문이다.

포는 단편소설의 조건을 우선 '짧은 길이'로 보았다. 그리고 짧은 길이는 곧 '통일된 인상'과 직결되었다. 포가 '통일된 인상(unity of impression)'이라고 부른 것은 20세기에 접어들면서 '단일한 효과' 또는 '극적 효과'라는 말로 불리기도 했지만 짧은 형식에 단일한 효과와 통일된 인상을 중요시한다는 점에서 결국 그 의미는 같은 것이었다.

그렇다면 단편소설의 필수조건은 우선 압축과 긴장 그리고 통일성과 일관성이라고 할 수 있다. 그리고 그러한 특성을 유지하기 위해서는 필수적으로 짧은 길이가 요구된다. 그럼에도 불구하고 만일 불필요하게 단편소설의 길이를 늘인다면 그것은 이미 단편소설로서의 장점과 특성을 상실했다고 봐도 크게 틀리지 않다. 포는 다시 이렇게 말하고 있다.

단편소설은 아무리 짧은 것이라 할지라도, 그것을 그 이상 늘이면 오히려 더 나빠질 것이라는 느낌을 주는 그런 것이라야만 한다. 그러한 독창성과 압축의 재능이 없다면 단편소설 작가로서 성공할 수 없다.

포의 이러한 단편소설론의 정수를 극명하게 보여주는 것은 허버트 렐리호의 유명한 단편소설 「독일군의 선물」이다.

전쟁은 끝났다. 그는 독일군으로부터 되찾은 고국으로 돌아왔다. 어두컴컴한 길을 그는 급히 걷고 있었다.

어떤 여인이 그의 손을 잡고 술 취한 목소리로 말을 걸어왔다.

"어디 가세요? 우리 집에 가시는 거죠, 네?"

그는 웃었다.

"아니요. 당신 집이 아니고 난 애인을 찾아가는 길이오."

그는 여인을 돌아보았다.

두 사람은 가로등 옆으로 갔다. 여인은 갑자기 "앗!" 하고 소리 질렀다. 그는 여인의 어깨를 잡아 불빛 쪽으로 끌어당겼다.

그의 손가락은 여인을 파고들었으며, 눈은 빛났다.

"요안!" 하고 그는 여인을 껴안았다.

단편소설을 통해 보는 촌철살인의 진실

예전에 장편소설을 옹호하는 사람들은 현대와 같이 불안정한 사회에서는 인생을 포괄적으로 보여주는 장편소설이야말로 삶의 총체성을 회복시켜 줄 수 있는 문학 장르라고 생각했다. 그러나 오늘날에는 그것과 정반대의 견해가 문단을 지배하고 있다. 즉 현대와 같이 불안정한 사회에서는 포괄적인 인생의 제시나 총체성의 회복은 애초에 불가능하며 오히려 파편적인 인생의 편린에서 삶의 진실을 엿볼 수 있기 때문에 단편소설이 더 효과적이고 더 설득력이 있다는 것이다.

위와 같은 사고방식과 포의 단편소설론은 20세기 들어 특히 어니스트 헤밍웨이 같은 하드보일드 문체의 작가들, 인생을 파편적인 것으로 파악했던 리처드 브라우티건(Richard Brautigan) 같은 작가들, 그리고 오 헨리, 도널드 바셀미(Donald Barthelme), 그리고 레이먼드 카버(Raymond Carver) 같은 미국의 전문 단편소설 작가들에게 커다란 영향을 주었다. 헤밍웨이는 전쟁의 참상과 죽음을 목도한 작가답게 현실을 파편적으로 보았고, 간결하고 절제된 언어와 형식과 길이에 맞추어 뛰어난 단편소설들을 썼다. 그는 물론 파편적인 상황에 질서와 총체성을 부여하고, 처참한 죽음에 최소한의 존엄성을 주려고 노력했던 20세기 초 모더니즘 시대의 작가였다. 그럼에도 불구하고 그의 단편소설에는 늘 치유되지 않는 근본적인 허무감과 침묵이 깔려 있었다.

예컨대 헤밍웨이의 단편소설집 『우리들의 시대에』에 수록된 「아주 짧은 이야기」는 단 두 페이지짜리 단편임에도 불구하고 그가 『무기여 잘 있거라』에서 묘사한 자기 자신의 잃어버린 사랑 이야기를 인상 깊게 써 나가고 있다. 이 단편소설이 그 짧은 길이로 해서 오히려 강력한 호소력과 팽팽한 긴장감을 주는 데 성공하고 있음은 물론이다. 또 다른 단편소설인 「인디언 캠프」 역시 짧은 길이에도 불구하고 극적인 효과를 주는 완벽한 단편소설의 한 뛰어난 예로 늘 언급되는 작품이다. 의사인 아버지를 따라 인디언 마을에 가서 죽음과 삶의 의미를 깨닫게 되는 소년의 이야기인 이 단편소설은 더 이상의 군더더기가 없을 만큼 간결하고 절제된 구성을 갖고 있다.

헤밍웨이의 또 하나의 단편소설집 『여자 없는 남자들』에 수록된 작품들 중 「이국(異國)에서」는 문학개론서에 대표적인 단편소설의 한 예로 늘 수록되는 성공적인 작품으로 알려져 있다. 이 단편소설은 아내를 잃고 허무감에 빠진 부상당한 이탈리아군 소령과 역시 같은 군 병원에 입원 중인 미군을 대비시켜 상처와 상실 그리고 고독과 허무를 그린, 짧지만 인상적인 작품이다. 다음은 병실에서 두 사람이 주고받는 대화이다.

"자네 결혼했나?"
"아니요. 하지만 하고 싶습니다."

"점점 더 바보 같은 소리만 하는군."

"왜요, 소령님?"

"소령님이라고 부르지 마."

"왜 결혼을 하면 안 됩니까?"

"결혼해선 안 돼. 결혼해선 안 돼." 그는 화난 듯이 말했다.

"만일 모든 것을 잃어버릴 거라면, 아예 그런 위치에 자신을 놓아서는 안 돼. 사람은 잃어버릴 수 없는 것을 찾아야만 해."

"그렇지만 꼭 잃어버리라는 법은 없지 않습니까?"

"잃어버려." 소령은 말했다.

(…)

"미안하네, 점잖지 못하게 굴어서. 아내가 최근에 죽었다네. 용서하게나."

그는 아랫입술을 깨물며 서 있었다. "참 어려워." 그는 말했다.

"도저히 잊어버릴 수가 없어." 그는 흐느꼈다.

두 사람의 이 간결한 대화는 놀라울 만큼 군더더기가 없으면서도 독자들의 가슴을 파고드는 놀라운 효과를 거두고 있다. 한편, 같은 단편소설집에 수록되어 있는 「오늘은 금요일」은 극적 효과를 극대화시키기 위해 아예 희곡 형태의 대사로만 되어 있는 간결한 단편소설로서, 예수를 십자가에 매달고 술집에 와서 대화를 나누는 로마 병사들의 우화적 이야기로 되어 있다.

리처드 브라우티건 역시 헤밍웨이처럼 단편소설뿐만 아니라 장편소설도 썼다. 그러나 인생을 한 편의 기다란 장편소설이 아니라 순간적이고 파편적인 단편소설의 연속으로 본 그는 자신의 장편소설들 역시 단편소설들의 연속으로 파악했다. 예컨대 그의 대표적인 장편소설 『미국의 송어 낚시』나 『수박 설탕』은 하나의 장편소설이면서 궁극적으로는 수많은 단편소설들의 모음이다. 그렇기 때문에 그의 소설들에서는 언제나 팽팽한 긴장과 압축감이 느껴진다. 그러한 그의 소설들이 짧은 길이와 극적인 효과와 통일된 인상을 특징으로 하고 있음은 물론이다.

장편소설을 중시하는 미국의 풍토에서 평생 단편소설만을 썼던 오 헨리는 결코 길지 않은 에피소드 속에서 그 누구보다도 강렬한 '극적 효과'를 성취했던 뛰어난 작가였다. 예컨대 「크리스마스 선물」, 「마지막 잎새」, 「녹색의 문」, 「식단의 봄」, 「지미 밸런타인」 같은 훈훈한 휴먼 드라마에서도, 또 「붉은 추장의 몸값」, 「재화의 신과 사랑의 신」, 「경관과 찬송가」 같은 재치 있고 희극적인 단편소설들에서도, 그리고 「20년 후」, 「두 추수감사절 신사」 같은 삶의 아이러니를 다룬 작품들에서도 그는 단편소설로 거의 완벽한 극적 반전과 극적 효과를 긴장과 압축의 기교를 통해 잘 보여주었다.

오 헨리는 사람들의 각기 다른 삶을 다루는 데 굳이 장편소설이 필요 없다고 느낀 작가였다. 그가 보기에 인생은 어차피 각기 다른 단편소설들의 공존이었을 뿐이다. 그래서 그는 자신의 단편소설 속에 각기 다른 인생의 단면들을 묘사하였는데, 그 결과 그의 단편소설들에는 결국 삶의 모든 측면이 들어가게 되었다. 그러므로 그는 결코 장편소설을 쓴 적도 없었고 또 필요 이상으로 긴 단편소설을 쓴 적도 없었다.

얼마 전 요절한 레이먼드 카버는 현대 미국 문단에 다시 한번 단편소설의 중요성을 일깨워준 작가이다. 기껏해야 5분이나 10분이면 다 읽어낼 수 있는 그의 단편소설들은 짧은 만큼 더 강력한 힘과 인상으로 독자들을 사로잡는다. 카버의 단편소설이 가진 또 하나의 특징은 문장의 길이와 대화가 짧다는 점이다. 그는 마치 헤밍웨이처럼 일상언어로 된 극도로 절제된 단문을 즐겨 사용했으며, 결코 감상적이지 않은 고독과 허무와 패배의 분위기를 창출하는 데에 성공했다. 카버의 그러한 특징은 미국 남성들의 독특한 성향과 맞아떨어졌고, 그 결과 그는 죽기 전 미국의 가장 유명한 작가 중 한 사람이 되었다.

　카버가 장편소설을 선호하는 미국 문단에서 왜 굳이 단편소설만을 썼는가 하는 것은 정확히 알 수가 없다. 다만 분명한 것은 그가 삶을 단편적이고 파편적인 것으로 파악하고 있었다는 점이다. 과연 카버의 주인공들은 총체적 질서의 밖에 존재하며, 전통이나 과거와의 유대도 없다. 그러므로 카버의 단편소설에서 찾아볼 수 없는 것은 역사의 연속성, 개인의 정체성, 그리고 우주적 조화이다. 카버의 주인공들은 전형적인 미국인들의 모습 그대로, 언제나 고독한 서부의 사나이일 뿐이다.

　카버의 대표적 단편소설집 중의 하나인 『내가 전화 걸고 있는 곳』에 수록된 37편의 단편소설들을 관통하는 형식과 주제도 미국인들의 공감을 얻는 카버의 바로 그러한 생활철학과 태도이다. 그의 힘차고도 간결한 단편소설들은 미국인들에게 또다시 일상언어와 비기교와 단순한 문체에 대한 신뢰심을 되찾아주었다. 그의 주인공들 역시 특별한 인물들이 아니라 이발사나 식당 웨이트리스나 공장 노동자나 서적 외판원 같은 평범한 시골 사람들이다. 그들은 혼자 술을 마시며 풍요로운 현대사회에서 소외된 채 패배 의식과 고독을 달랜다. 그는 스스로도 고독과 패배 의식 속에서 자신의 주인공들처럼 계속 술을 마셔대다가 결국에는 이 파편적인 세상을 떠났다.

　카버는 단순한 단편소설 작가가 아니었다. 그는 인생을 묘사하는 데 단편소설을 장편소설보다 더 나은 소설 장르임을 증명하고, 그리고 지방성을 범세계적으로 승화시킨 작가였다. 그런 의미에서 그는 『더블린 사람들』의 제임스 조이스나 『와인스버그 오하이오』의 셔우드 앤더슨(Sherwood Anderson)의 단편소설 전통을 계승한 이 시대의 뛰어난 작가였다. 카버는 마치 헤밍웨이나 앤더슨처럼 미국인 특유의 고독한 개인주의와 허무 의식을 자신의 단편소설들을 위한 보편적인 주제로 변화시켰다. 그리고 마치 조이스처럼 일상의 사람들과 사물들을 새로운 눈으로 바라봄으로써 단편소설의 새로운 경지를 열었다. 뉴욕 주립대 교수 마크 셰크너(Mark Shechner)는 최근 발표한 「미국의 리얼리티, 미국의 리얼리즘」이라는 글에서 카버의 단편문학에 대해 다음과 같이 말하고 있다.

그러나 가장 기계적일 때라 할지라도 카버는 죽은 자에게라도 생명을 줄 만한 정교한 글솜씨를 통해 존재의 신비를 파헤치고 있다. 『불』이라는 책에 수록된 에세이 중 하나에서 카버는 아이삭 바벨(Isaac Babel)의 단편 「기 드 모파상」에 나오는 다음 구절을 인용하고 있다 — "그 어느 무쇠도 제자리에 찍히는 마침표보다 더 힘차게 심장을 찌를 수는 없다." 카버의 단편소설들은 바로 그러한 힘을 갖고 있다.

카버의 힘의 원천은 한때 언어의 힘을 가졌던 앵글로색슨 영어에 있다. 그의 영어는 완전한 음악 같은 산문이고, 시각적인 정직함, 그리고 사물을 명료하게 보는 능력과 시각적 세계의 환상을 창조해 낼 수 있는 힘을 갖고 있다. 카버에게 언어는 그 자신을 인생과 연결시켜 주는 실과도 같았다. 그래서 그는 자신의 세계와 우리의 세계 사이를 연결해 주는 중계자의 역할을 훌륭하게 수행했다.

요절한 단편작가 도널드 바셀미 역시 단편소설의 새로운 가능성을 열어놓은 중요한 작가로 알려져 있다. 물론 그는 단편소설뿐만 아니라 『백설공주』와 『죽은 아버지』라는 두 권의 뛰어난 장편소설도 썼다. 그러나 이 두 장편소설 역시 관습적인 의미에서의 장편소설과는 전혀 다르며 차라리 한 권의 단편소설 모음집 같은 느낌을 준다는 점에서 바셀미는 카버와 더불어 단편소설의 부흥을 일으킨 현대 미국의 두 명의 대표적 단편소설 작가라고 할 수 있다.

바셀미의 대표적 단편소설집은 『도시 생활』이다. 그가 보는 현대인들의 도시 생활은 자신의 뇌가 손상되었다는 사실조차 모른 채 살고 있는 뇌성마비 환자들의 의미 없는 삶이다. 이 단편소설집에 수록되어 있는 간결하고도 재치 있는 단편소설들 속에서 바셀미는 뇌성마비자들의 각기 다른 도시 생활의 단면들을 파노라마처럼 보여주고 있다. 그는 자신의 단편소설 속에 많은 사진과 그림들을 삽입함으로써 단순히 언어가 주는 것 이상의 메시지까지도 전달하고 있다.

자신의 뇌가 손상되었다는 것을 모른 채 사는 한, 도시 생활은 도시 사람들에게 별 고통을 주지 않는다. 그러나 그중에서 다소라도 깨어 있는 사람들은 자신이 마치 카프카의 주인공처럼 부조리한 상황에 빠져 있다는 사실을 깨닫게 된다. 예컨대 『칼리가리 박사여, 돌아오라』에 수록되어 있는 「나와 미스 맨디블」의 주인공 조셉은 자신의 그러한 처지를 깨닫고 거기에 저항하다가, 마치 카프카의 주인공 조셉 K처럼 부조리한 상황에 처하게 된다. 즉 그는 35세의 나이에도 불구하고 당국에 의해 초등학교 6학년으로 처리되어 재교육을 받게 되는 것이다.

바셀미는 또 단편소설이라는 장르에 특이한 형식을 부여한 작가로도 유명하다. 예컨대 그의 또 다른 단편소설집 『죄의식에 젖은 쾌락』에 수록된 단편들 중 「탐험」은 순전히 사진과 그림으로만 구성되어 있으며 「바퀴의 나라」는 그림과 사진에 약간의 설명이 붙어 있을 뿐이다. 그는 언어를 최소화하고, 그 대신 그림과 사진들을 활용해 단편소설을 썼다. 말하자면 그는 포가 말한 단편소설의 정의를 그 극으로까지 몰고 간 것이다.

한국문학의 힘, 단편소설의 묘미

이효석은 「단편소설 강좌」에서 다음과 같이 단편소설을 정의하고 있다.

단편소설은 단일한 주제와 집중된 인상의 요구에서 오는 통일된 형태가 절대로 필요한 것이니, 정연한 형식미 없이는 구성의 치밀을 기하고 통일된 효과를 바랄 수 없는 까닭이다. 단편소설에서는 그 요구가 특히 강렬해서 당초에 단일한 목표로 연상하고 그 목표에 맞도록 뭇 사건을 인위적으로 결합·배열·구성하지 않으면 안 되는 것이니 형식적 엄수가 근본적으로 필요한 소이(所以)가 여기 있다.

여기에서 이효석이 말하고 있는 '통일된 형태'나 '통일된 효과'가 궁극적으로는 포가 말한 '통일된 인상'과 맥을 같이하고 있다는 것을 알아내는 것은 그리 어려운 일이 아니다. 그렇다면 단편소설이란 결국 최소한의 분량과 길이에 최대한의 긴장과 압축을 담는 소설 형식이라고 할 수 있을 것이다. 그리고 바로 그러한 점이 단편소설을 중편소설이나 장편소설과 변별해 주는 요소가 될 것이며, 단편소설에 존재 가치를 부여해 주는 이유가 될 것이다.

최근의 장편소설 바람에도 불구하고 외국의 한국문학 번역가들은 여전히 한국문학의 강점이 단편소설에 있음을 지적하고 있다. 최근 수려한 번역으로 문예진흥원 주최 제1회 한국문학 번역상을 수상했으며, 독자들로부터 찬사를 받은 브루스 풀턴의 『별사』는 장편소설이 아니라 강석경·김지원·오정희의 단편소설과 중편소설 모음집이다. 또 일리노이 대학 명예교수인 올드리지는 한국의 장편소설들을 영어로 번역할 경우 많은 부분을 삭제하고 재편집한 후에 정수만 번역해야 될 것이라고 지적한 바 있다. 그것은 곧 국내 장편소설들이 불필요하게 길고 분량이 많다는 것을 의미한다. 그런데 만일 단편소설에까지 불필요한 길이와 분량이 유입된다면, 그것은 한국문학의 정수였던 단편소설의 생명까지도 죽이는 비극적인 결과를 초래하게 될 것이다. 단편소설을 단편소설답게 쓰는 것, 그것이 바로 한국문학이 지향해야 될 중요한 목표 중 하나가 되어야만 할 것이다.

다문화 시대의 한국문학을 위한 일곱 가지 제안

다문화 시대, 어떻게 볼 것인가

다문화주의(multiculturalism)는 다인종사회인 미국에서 시작되었으며, 그동안 지배 문화로 군림해 온 백인 중심의 서구 문화에서 벗어나 주변부에 위치해 온 소수인종 피지배 문화의 중요성을 재조명하자는 최근의 문예사조이다. 그래서 스스로를 단일민족이고 단일 문화라고 자부하는 한국인들은 자칫 다문화주의가 미국에만 해당되는 것으로 생각할 수도 있다. 그러나 다문화주의는 광의(廣義)로 해석할 때 궁극적으로는 전 세계 모든 국가에 해당되는 사조이며, 또 설혹 직접적으로 해당되지 않는다고 해도 그 국제적 영향과 파급에서 결코 벗어날 수 없는 이 시대의 대표적인 사조라고 할 수 있다.

사실 세계 어느 나라에나 지배 문화와 피지배 문화가 있고, 중앙 문화와 지방 문화가 있으며, 다수민족과 소수민족 또는 주요 인종과 소수인종이 있어 다문화주의라는 사조와 직접 또는 간접적인 연관을 맺고 있다. 또 미국의 소수인종 문화가 새로운 조명을 받고 부상하면 당연히 미국에 이민 인구를 갖고 있는 비서구 지역들인 아프리카나 아랍이나 동남아시아나 동북아시아의 문화가 새롭게 평가되고 각광받기 마련이다. 그래서 오늘날 다문화주의는 전 지구적이고 범세계적인 사조로 확산되고 있다.

'다문화 시대'라는 용어는 바로 그러한 다문화주의가 보편화된 시대, 즉 다문화주의의 개념이 확대되어 다양한 문화가 혼합·공존하며 서로의 차이를 존중하는 시대를 의미한다. 다시 말해 다문화 시대란 에드워드 사이드가 말하는 "각기 다른 문화가 서로 뒤섞이는 시대" 또는 자크 데리다가 말하는 "중심과 주변의 경계가 해체되는 시대"를 의미한다. 그것은 세계가 하나의 지구촌(global village)이 된 시대 또는 세계 문화를 보다 더 큰 개념인 태양계 문화(planetary culture)로 파악하는 시대를 의미한다. 그것은 또한 국제사회에서뿐 아니라 국내에서도 중앙과 각 지방의 문화가 융합하거나 동등하게 공존하는 시대, 또는 그 둘 사이의 경계가 소멸하는 사회를 의미한다.

물론 현실적으로는 강대국의 문화가 아직도 막강한 영향력을 행사하고 있으며, 약소국의 문화는 여전히 그 가치를 제대로 인정받지 못하고 있다는 사실을 부인할 수는 없다. 문화는 때로 권력과 밀접한 관계를 맺기도 하고, 또 제국주의적이기도 하기 때문이다. 그럼에도 불구하고 지난 수십 년 동안 다문화주의의 확산에 힘입은 소수 문화의 부상과 비서구 문화의 재조명은 놀랄 만큼 활발하게 이루어졌다. 또한 다문화주의와 더불어 문화연구(cultural studies)는 소위 정전(canon)과 비정전, 또는 고급문화와 대중문화 사이의 경계도 해체해 명실 공히 다문화 시대를 꽃피웠다.

그 결과 미국을 비롯한 세계 각국의 대학들은 서구 백인 문화 중심에서 벗어나 비서구 및 유색인종 문화에 대한 과목들을 대거 설강하기 시작했으며, 교과 과정을 개편해 비정전 작가들과 비정전 텍스트들을 정규 과목으로 가르치기 시작했다. 그 결과 서구에서는 오랫동안 주변부 문화로만 인식되어 오던 아프리카나 동양 문화에 대한 새로운 관심이 생겨났고,

비서구에서는 서구 제국주의 시대의 문화적 유물들을 청산하고 그동안 홀대받아 오던 자국의 전통과 고유 문화의 가치에 눈을 돌리게 되었다.

다문화주의는 또한 탈식민주의(postcolonialism)와 더불어 예전 식민지들, 즉 제국주의의 피해 국가들에 대한 관심과 재조명을 시도했다. 최근 노벨상이나 공쿠르상이 식민지 출신 소수인종 작가들에게 주어지는 것이나 베니스 영화제나 칸 영화제 같은 국제영화제에서 비서구 국가들의 영화에 상이 수여되는 것의 배경에는 바로 그와 같은 인식의 변화가 자리 잡고 있다.

다문화 시대의 한국문학, 어떻게 변해야만 하는가

그렇다면 다문화 시대에 한국문학은 어떻게 변해야만 하는가? 한국문학이 다문화 시대에 그 비전과 영역을 확대하기 위한 방안으로 나는 다음 일곱 가지를 제안하는 바이다.

첫째, 다문화 시대의 한국문학은 다른 나라의 문학과 스스로를 비교하는 비교문학적 접근을 통해 스스로의 비전과 영역을 넓혀나갈 것을 제안한다. 한국문학도 이제는 민족주의적 시각에서 벗어나 외국문학과의 비교와 대화를 통해 세계로 뻗어나가야만 하고, 또 세계문학의 반열에 올라서야 할 때가 되었기 때문이다. 예전의 비교문학은 주로 각기 다른 나라의 작가들 사이의 영향에 관심이 있었지만, 지금은 그런 문제 대신 인종·계급·젠더·정체성 같은 주제에 대해 각 나라 문학이 갖고 있는 특성이나 대응하고 있는 방식 같은 것에 초점이 모이고 있다. 우리 국문학자들 역시 예전 방식이 아닌, 새롭게 변하고 있는 비교문학이론과 방법론을 우리 문학 연구에 적용해야 함은 물론이다.

둘째, 한국문학이 비교문학을 통해 세계문학에 진입하기 위해서는 국문학자들과 외국문학자들 사이의 공동 작업과 우리 작가들과 외국 작가들 사이의 교류가 필수적이기 때문에 국문학자들과 외국문학자들이 한데 모여 정보를 교환하고 새로운 이론을 도출해 낼 수 있는 토론 모임을 정례화할 것을 제안한다. 또한 국내 작가들과 외국 작가들이 모여 친교를 맺고 문학을 논할 수 있는 모임의 장(場)도 자주 마련해야만 한다. 그런 의미에서 2000년 9월에 5대양 6대주에서 19명의 대표적인 외국 작가들이 서울에 와서 국내 작가들과 교류하는 기회를 가졌던 서울국제문학포럼(대산문화재단 주최)은 대단히 바람직한 행사였다. 대산문화재단은 2005년 제2차 서울국제문학포럼을 개최하였는데, 이 역시 우리 작가들을 세계 문단에 알리고 한국문학을 세계문학으로 진입시키는 중요한 계기가 되었다.

그러나 유감스럽게도 학자들끼리의 교류는 거의 찾아보기 어려운 것이 현실이다. 현재 국문학자들과 외국문학자들 사이의 만남은 국제비교한국학회(IACKS)나 한국비교문학회 학술대회 정도가 유일한데, 1년에 한두 번 모이는 소규모 학술 발표대회로는 안 되고, 훨씬 더 자주 그리고 정기적으로 모여서 토론하는 모임이 있어야만 할 것이다. 그러나 그러기 위해서는 우선 학과 사이의 벽을 허물고, 각 분야의 경계를 해체하는 작업이 선행되어야만 하는데, 한국의 현실에서 그러한 변화를 기대하는 것은 결코 쉬운 일이 아니다. 그러나 만일 그러한 만남과 공동 작업이 가능하다면, 우리 문학을 세계에 알리는 데 큰 도움이 될 것이며, 더 나아가 우리도 고유의 이론을 개발해 이스라엘의 텔아비브 학파나 인도의 뉴델리 학파처럼 국제적으로 인정받는 '서울학파'를 만들 수도 있을 것이다.

국문학자들과 외국문학자들이 만날 수 있는 한 가지 좋은 방법은 문예지를 통하는 것이다. 때로는 편집자로서, 또 때로는 필자로서 서로 만나 의견을 교환하고 같이 작업할 수 있는 기회를 문예지가 제공해 주기 때문이다. 바로 그런 의미에서 문학 평론을 하는 외국문학 전공자들과

국문학자들 사이의 문예지를 통한 친교와 토론은 중요한 의미를 갖는다. 국문학의 지평을 확대하는 데 그러한 만남이 중요한 역할을 하기 때문이다. 예컨대《세계의 문학》,《창작과 비평》,《문학과 사회》,《문학동네》,《문학수첩》같은 계간지나《문학사상》이나《현대문학》같은 월간지들은 국문학자들과 외국문학자들, 또는 국내 작가들과 외국 작가들의 지적 만남의 장을 마련해 주는 역할을 훌륭하게 수행하고 있다.

만일 대학 당국이나 한국학술진흥재단의 주선과 지원으로 국문학자들과 외국문학자들의 만남이 보다 더 실질적으로 활발하게 이루어진다면, 국문학자들은 최신 서구 문학이론에 대한 논의를 통해 좀 더 확신을 갖고 그것들을 국문학 연구에 원용할 수 있을 것이며, 외국문학자들 또한 국문학에 대한 정확한 이해를 통해 우리 문학을 세계에 알리는 데 기여할 수 있을 것이다.

셋째, 다문화 시대의 한국문학을 위해, 그리고 한국문학의 세계문학화를 위해 우리 국문학이 교포 문학까지도 포용할 것을 제안한다. 교포 문학에는 두 가지가 있는데, 우선 이민 1세들이 해외에서 우리말로 작품 활동을 하는 경우가 있고, 이민 2세나 3세들이 해당 국가의 언어로 작품 활동을 하는 경우가 있다. 전자의 경우에는 마종기처럼 원래 등단 작가였다가 이민을 간 후에도 계속해서 한글로 작품 활동을 하는 경우와 이민을 간 후 문학이 좋아서 현지 교포들끼리 문인단체를 결성해 한글로 작품 활동을 하는 경우로 나누어지는데, 두 경우 다 한국문학에 편입시키는 데 큰 문제는 없어 보인다. 하와이 문인회나 뉴욕 문인회나 LA 문인회가 그 대표적인 예다. 한국인들의 문학 사랑은 유별나서 이민을 간 후에도 대부분 현지에서 문학 동호회를 만들어 창작 활동을 하는 예가 많은데, 이는 다른 나라의 경우에는 찾아보기 힘든 한국인의 특성 중 하나다.

교포 문학의 두 번째 경우는 이창래나 캐시 송 또는 노라 옥자 켈러나 하인츠 인수 펭클처럼 영어로 작품 활동을 하는 작가들이다. 이들은 기본적으로 한국계 미국 작가(Korean-American writers)라고 불리지만, 더 엄밀히 분류하자면 미국 작가들이다. 영어로 작품 활동을 하는 이들은 한국 작가가 아니며, 따라서 한국문학과 아무 상관이 없다고 말할 수도 있다. 그럼에도 이들의 문학을 넓은 의미에서 한국문학에 편입시킨다면, 한국문학의 영역과 지평이 크게 넓어질 뿐 아니라 한국문학의 세계화를 위해서도 큰 도움이 되리라고 생각한다. 왜냐하면 이들은 꾸준히 한국을 소재로 작품을 쓰고 있으며, 미국 역시 이들을 굳이 한국계 미국 작가라고 부르고 있기 때문이다.

물론 영어로 글을 쓰는 교포 작가들은 한국인들이나 미국인들이 자기들을 굳이 한국계 작가로 범주화하는 것에 대해 불만을 갖고 있다. 예컨대 2002년 대구 세계문학인 대회에 참가한 캐시 송이나 월터 류 같은 교포 작가들은 "당신이 한국계라는 사실이 글을 쓰는 데 도움이 됩니까?"라고 묻는 한국인 기자들에게 "사실 우리는 한국계라는 범주를 초월하려고 노력하고 있습니다."라고 대답했다. 즉 그들은 한국계라는 한계를 벗어나 미국 작가로서 인정받고 싶은데, 한국인들은 자꾸만 한국인으로서의 뿌리만 강조하고, 미국인들은 또 자기들을 한국계 작가라고 범주화한다는 것이다. 사실 유럽계 작가의 경우에는 그냥 미국 작가라고 부르면서 미국인들은 비백인 소수인종의 경우에만 아랍계 아시아계 또는 한국계 작가라는 명칭을 부여한다.

현재 국내 대학의 국어국문학과에서는 외국인들에게 한글을 가르치는 한국어 프로그램을 마련하고 있으며, 그 전망 또한 밝다. 이들 학과는 한국인들을 대상으로 하는 것은 '국어 교육'으로, 외국인들을 대상으로 하는 것은 '한국어 교육'으로 구분하고 있다. 그렇다면 내국인들을 대상으로 하는 '국문학'과 외국인을 대상으로 하는 '한국문학'도 구분할 수 있을 것이다. 만일 그렇다면 영어로 활동하는 교포들의 문학에 대해 '디아스포라 문학'이나 '이민 문학' 같은 새로운 범주와 명칭을 만들어서

국문학에 포함시키지 못할 법도 없다. 얼마 전, 서울대학교에 온 UCLA의 피터 리 교수는 "한국의 국문학자들이 미국 대학의 국문학 교수가 되기 어려운 이유는 현대 서구 문학이론을 잘 알지 못해서이고, 한국의 영문학자들이 미국 대학의 국문학 교수가 되기 어려운 이유는 한국 고전문학을 잘 모르기 때문이다."라는 말을 했다. 즉 국문학을 가르치는 데 영어로 쓰인 현대 서구 문학이론에 대한 지식이 필수적이라면, 영어로 쓰인 교포 문학을 국문학의 여러 갈래 중 하나로 인정해 주지 못할 이유도 없다.

넷째, 한국문학 번역의 경우 현재처럼 한국인과 원어민이 공역하는 것보다는 한국어가 유창한 원어민을 역자로 하는 것을 제안한다. 물론 그렇게 하기 위해서는 한국어가 완벽한 원어민 역자를 발굴하거나 양성해야 하는 문제점이 있지만, 궁극적으로 해당 언어에 대한 문장력이 뛰어난 원어민 역자가 가장 이상적이라는 것은 부인할 수 없는 사실이다. 정말이지 이 다문화 시대에 한국문학이 세계 문단에 알려지고 세계문학에 진입하려면 좋은 번역자에 의한 훌륭한 번역이 필수적이다.

문제는 한국어가 완벽하거나 해당 외국어 문장력이 뛰어나고 문학적 감수성이 풍부한 원어민을 찾기가 결코 쉽지 않다는 것이다. 만일 원어민 역자의 한국어 실력이 약하다면, 영어와 한국어 모두를 다 잘하는 한국인의 도움이 필수적이다. 이 경우 도움을 준 한국인이 꼭 공역자로 이름이 들어갈 필요는 없다. 예전에 그런 맥락에서 한국문학을 번역할 때는 한국인과 원어민의 협동 작업이 필수적이라는 글을 썼더니, 한국어에 능통한 한 원어민 학자가, 원어민 역자면 됐지 한국인 공역자는 필요 없다는 반론을 편 적이 있었다. 만일 한국인 공역자가 영어 실력이 약해 별 도움도 되지 못하면서 공역자로 이름만 내고 번역비를 절반이나 가져가는 경우가 있다면 물론 그것은 부당한 일이다. 그러나 원어민의 한국어 실력이 약한 경우에는 아무래도 한국인의 도움이 없이는 오역 없는 좋은 번역작품을 만들어내기 어렵다.

다섯째, 국문과와 외국문학과가 같이 참여하는 번역학 협동 과정이나 번역학 프로그램의 설치를 제안한다. 한국문학번역원이 한국문학의 번역 사업과 해외 홍보 및 출판을 담당한다면 대학의 번역학 프로그램은 유능한 번역가 양성을 담당할 수 있을 것이다. 외국인 번역자들은 영어가 외국어인 사람의 경우 좋은 번역을 기대할 수 없다고 말한다. 맞는 말이다. 그래서 대부분의 경우 번역은 원어민에게 맡겨야 한다. 작고한 이인수 교수나 UCLA의 피터 리 교수가 그 대표적인 예이다. 탁월한 언어 감각과 예리한 문학적 센스를 갖춘 소수의 자국인 번역가들은 대부분의 원어민 번역가들보다 더 훌륭한 번역을 할 수 있다. 대학의 번역학 프로그램은 바로 그러한 재능 있는 번역가들을 양성할 수 있다는 점에서 중요한 의미를 갖는다. 번역학 프로그램에서 자국인과 외국인 번역 지망생들이 모여 활발한 워크숍을 통한 번역 작업을 추진한다면, 그 프로그램은 마치 아이오와 대학의 작가 워크숍처럼 또는 움베르토 에코의 볼로냐 대학 번역학 프로그램처럼 국제적 명성과 권위를 가진 기구가 될 수도 있을 것이다.

여섯째, 다문화 시대의 한국문학을 위해 '문화를 통한 한국어 교육과 한국문학 교육'을 할 것을 제안한다. 예전에는 한국어를 배우면 한국 문화는 그 속에 들어 있기 때문에 저절로 습득되는 것이라고 생각했다. 그러나 최근 등장한 '문화와 언어' 이론은 그렇지 않다고 말한다. '문화와 언어' 이론에서는, 언어는 문화의 하부 구조이며 문화를 통한 언어 습득이야말로 살아 있는 언어를 배우는 지름길이라고 말한다. 그래서 요즘 미국 대학 교수들의 명함을 보면 'Professor of Korean Language and Culture'처럼 대부분 종래의 전공에다가 'and Culture'를 붙이고 있다. 문화 컴포넌트가 그만큼 중요해졌기 때문이다.

최근 한국 전문가를 양성하기 위해 미 국방성이 UCLA 및 하와이 대학과 맺은 플래그십(flagship) 프로그램에 의하면, 캘리포니아 대학 학생들을 여름방학 때 서울에 보내 민박을 통해 한국 문화를 배우고 한국어는 그 부차적인 소득으로 습득하도록 되어 있다. 문화를 부차적인 것이라 생각하고 우선 한국어부터 가르치던 종래의 방법은 이제 낡은 교수법이 되었다. 그래서 서울대학교 언어교육원은 최근 과천시와 외국 학생들을 위한 '홈스테이' 교류 협정을 체결했으며, 한국 문화 체험 수학여행도 자주 보내고 있다. 또한 각종 문화 클래스를 통해 한국 문화를 통한 한국어 교육을 실천하고 있다. 예컨대 외국 학생들은 불고기나 김치를 직접 만들어보는 수업에서 그야말로 생생한 한국의 음식 문화와 요리에 대한 각종 표현들을 현장에서 배우고 체득하게 된다.

일곱째, 다문화 시대의 한국 문화를 위해 우리 작가들이 당대의 문학이론을 앞서 가는, 그래서 오히려 문학이론의 이정표가 되며, 인식의 변화를 주도하는 역할을 해줄 것을 제안한다. 그러기 위해서는 작가들이 시대의 변화를 정확하게 감지하고, 부단히 새로운 것을 공부하며, 끊임없이 참신한 상상력을 개발해야만 한다. 한국문학이 세계문학이 되려면 우선 질적 수준의 획기적 향상이 필요하고, 그 다음으로는 고유성과 보편성이 잘 조화된 호소력 있는 문학작품을 산출해야만 한다. 고유성과 보편성은 동전의 양면과 같아서 서로 상충하는 것처럼 보이면서도 상호보충적인 관계를 유지하고 있기 때문이다.

다문화 시대의 한국인

우리는 지금 타자와 공존하고 타 문화를 포용해야만 하는 시대, 그리고 사물의 경계가 소멸함에 따라 여러 문화가 서로 뒤섞이는 시대에 살고 있다. 그러한 시대의 흐름을 읽지 못하고, 여전히 단일민족, 단일 문화의 환상에 빠져 배타적이고 국수적인 태도만을 견지한다면 한국은 또다시 국제사회에서 소외되고 국제경쟁에서 낙오되는 비극적 역사를 되풀이하게 될 것이다.

그런 의미에서 최근 국내 국어국문학과들의 변화는 고무적이다. 예컨대 서울대학교 국어국문학과는 최근 외국인 대상 한국어 교육을 담당할 교수와 비교문학 교수 그리고 공연과 영상을 염두에 둔 드라마 교수를 공채로 뽑았는데, 이는 전통적인 국문과의 분위기로 보아 획기적인 변화라고 할 수 있다. 더욱이 국문과 역사상 처음으로 여성 교수를 뽑은 것 또한 매우 고무적이다. 또 서울대학교 사범대학에서 '한국어 대학원 학위 과정'과 '외국인을 위한 한국어 교육 지도자 과정'을 시작한 것도, 국내 최초로 경희대 외국어 대학에 '한국어학과'가 설치되어 외국인을 대상으로 하는 한국어 교육을 공식화된 것도 대단히 바람직한 일이다.

그동안 우리는 과도한 민족주의와 단일 문화주의, 그리고 정통 의식에 사로잡혀 타자를 인정하거나 타자와 더불어 사는 법을 배우지 못했다. 그러나 다양한 문화가 동등하고 평화롭게 공존하는 이 다문화 시대에 그러한 태도는 이제 더 이상 용납되지 않는다. 지금 우리는 단일민족, 단일 문화라는 사실이 자랑이 아니라 오히려 심각한 약점이 되는 시대에 살고 있다. 동시에 에드워드 사이드의 지적처럼 "이 세상에 순수한 단일 문화란 이제 더 이상 존재하지 않는다."는 것이 정설이다. 한국 문화 역시 중국 문화와 일본 문화를 떠나서 단일 문화로 존재할 수는 없을 것이다.

현대 문화비평가들은 닫힌 사회는 필연적으로 파멸한다고 말한다. 그렇다면 한국문학과 한국 문화도 문을 활짝 열고 타 문학과 타 문화와의 교류를 시작해야만 할 것이다. 그렇게 할 때 한국문학과 한국 문화는 보다 더 풍요로워지고, 한국 사회 역시 보다 더 유연하고 다양해질 것이다. 한국문학과 한국 문화가 국제사회에서 인정받는 것은 바로 그 순간일 것이다.

3 문학의 길 찾기와 새로운 가능성

경제와 인간의 변증법
── 김준성론

정원 속의 기계 : 「돼지 족발」

　작가들은 때로 신문기사를 소재로 소설을 쓴다. 문학이란 원래 겉으로 드러난 사건의 이면에 숨어 있는 진실을 탐색해 삶의 의미와 인생의 아이러니를 드러내주는 것이기 때문이다. 예컨대 미국 작가 포는 《필라델피아 선》에 실린 뉴욕의 살인 사건인 흑인이 백인 여자의 목을 면도칼로 잘라 살해한 사건에서 영감을 얻어 단편소설 「모르그가의 살인사건」을 썼으며, 리처드 라이트(Richard Wright)도 《시카고 트리뷴》에 실린 살인 사건인 흑인이 백인 여자를 살해한 사건을 소재로 장편 『네이티브 선』을 썼다.

　김준성의 중편소설 「돼지 족발」 역시 얼마 전 실제로 일어났던 엽기적 사건을 소재로 물질과 인간, 그리고 육체와 정신 사이의 관계를 성찰한 작품이다. 이 작품에서 작가는 보험금을 타내기 위해 스스로 자신의 발을 철로에 묶어 세인을 놀라게 했던 어느 택시 기사의 충격적인 이야기를 소설화함으로써 인간의 신체가 그 가치와 존엄성을 잃고 '돼지 족발'

로 전락해 버린 황금만능 시대의 처절한 참상을 설득력 있게 그려내고 있다. 이 작품의 마지막에 김준성이 성취하고 있는 것은 모든 것이 상품화되고 있는 후기 자본주의 시대에 살고 있는 인간의 물질주의적 가치관에 대한 신랄한 비판과 그에 따른 강력한 사회 비평이다.

「돼지 족발」은 두 가지 사건으로 구성되어 있다. 액자소설처럼 도입부를 장식하고 있는 택시 교통사고와 후반부에 제시되는 철로 자해사건이 바로 그것인데, 그 두 사건은 서로 긴밀하게 맞물리면서 이 작품의 주제를 잘 드러내주고 있다. 어느 날 밤, 택시기사 송영달은 친구와 함께 술을 마시고 경인가도를 달리다가 사람처럼 보이는 물체를 치고 그대로 달아난다. 집에 돌아온 그는 아침 일찍 근처의 개천에 나가 차의 타이어에 묻은 핏자국을 씻어낸다. 교통사고를 내고도 뺑소니를 쳤다는 점, 그리고 증거를 인멸했다는 점에서 송영달은 이미 도덕관념을 상실한 비양심적인 사람이다. 더욱 중요한 것은 그가 술에 취한 상태 — 즉 마비된 상태 — 에서 그와 같은 일을 저질렀다는 사실이다. 즉 칠흑 같은 어둠 속에서 술에 취한 채 기계(자동차)를 운전하며 야간 주행을 한 송영달은 후기 산업사회의 전형적인 상징이다.

송영달은 무모한 야간 주행으로 주위 사람들을 다치게 하거나 죽게 만들지만 전혀 양심의 가책을 느끼지 않는 이기적이고 물질주의적인 현대인의 공통된 자화상이기도 하다. 그런 의미에서 송영달은 F. 스콧 피츠제럴드의 대표작 『위대한 개츠비』에 나오는 톰과 데이지 뷰캐넌 부부와도 같다. 톰과 데이지 부부 역시 자신들이 몰고 가던 자동차(기계)로 사람을 치어 죽이고도 전혀 양심의 가책을 느끼지 못하는 비도덕적이고 '부주의한 운전사(careless driver)'들이기 때문이다.

물질주의가 팽배한 후기 자본주의 시대에 살면서 정신적으로 마비된 사람은 비단 송영달뿐만이 아니다. 사건의 전모가 드러나면서 송영달은 그것이 보험금을 타내기 위한 피해자 친지들의 살인극이었음을 알게 된다. 그 사람들은 송영달에게 접근해 증언을 부탁하고, 그는 대신 거액의 뇌물을 요구함으로써 살인 사건의 공모자로 전락한다. 더욱 놀랄 만한 일은 그러한 비리를 저지르도록 부추기는 사람이 바로 송영달의 아내 추경애라는 사실이다. 자신의 택시로 사람을 치었다는 송영달의 증언은 곧 그의 감옥행을 의미한다. 그럼에도 추경애는 남편의 체포와 수감을 불사하고서라도 살인 공모에 의해 생기는 돈을 받아내기 위해 송영달을 부추긴다. 황금만능주의는 이미 개인의 도덕과 윤리를 마비시켰을 뿐 아니라 가장 가까워야 할 부부 사이마저도 단절시킨 것이다.

1억 원의 뇌물을 받은 후 송영달은 자신의 택시로 사람을 치었노라고 경찰에 자수한다. 그러나 경찰의 유도심문에 넘어간 그는 그만 공모 사실을 털어놓게 되고 결국 모든 것은 수포로 돌아간다. 그 결과, 그는 돈 한 푼 받지 못하고 오히려 감옥살이만 하게 된다. 남편이 형기를 마치고 출옥하자 일수놀이꾼인 추경애는 또다시 남편을 이용해 돈을 벌 궁리를 한다. 모두 다섯 개의 보험회사에 남편의 상해보험을 들어놓은 그녀는 송영달이 이번에는 고의적인 사고를 내도록 부추긴다. 그녀는 "당신…… 손목 하나…… 발목 하나…… 부러져도…… 보험금 타면…… 평생 잘 먹고…… 잘살 건데."라고 말한다. 처음에 송영달은 펄쩍 뛰며 자해 행위를 거부한다. 그러나 발목 절단 같은 장애 3급을 입을 경우, 일시금 1억 6000만 원과 60세까지 매년 750만 원의 연금을 탈 수 있다는 사실을 알게 된 그는 이윽고 끔찍한 자해 행위를 시도하기로 결심한다.

어느 어두운 밤, 그는 술에 취한 채 지나가는 기차에 절단되도록 자신의 발목을 철로에 묶어놓고, 자신의 손에는 미리 준비해 간 수갑을 채워 마치 누군가가 그를 납치해 상해를 입힌 것처럼 보이도록 한다. 또다시 '어둠과 마취(마비)와 기계'의 모티프가 등장한다. 다만 이번에는 그가 가해자가 아니라 피해자의 위치에 놓여 있다는 점이 다를 뿐이다. 그러나 차가운 철로 위에 발목을 올려놓고 기차를 기다리던 그는 갑자기 자신의 어리석음을 깨닫는다.

몸은 취해 있어도 그의 의식은 몸 밖 어딘가에 깨어 있는 상태였다. 송영달은 이번 일을 꾸미는 동안 발목 하나가 잘려 나간다는 사실을 남의 일처럼 애써 외면하려 들었다. 때문에 끔찍한 일을 계획할 수 있었다. 한데 막상 꼼짝할 수 없는 상태로 몸을 묶어놓고 쇳덩이리가 덮쳐오는 사태를 기다린다는 것이 얼마나 잔인한 일인가를 알아차렸다.

당초 계획했던 대로라면 사고는 자신이 취기에 떨어져 있는 사이에 저질러지기로 돼 있었다. 마치 돼지 족발처럼 간단히 해치우려 했던 것이 얼마나 무모한 일이었나를, 여태까지 자기 것으로 생각했던 팔과 다리 어느 한 부분도 자기만의 것이 아닌 어떤 존재의 소유물이란 사실을 깨달은 것이다.

그러한 깨달음의 순간, 그는 비로소 보험금을 타내기 위해 철로 위에 누워 있는 자신의 모습을 객관적으로 바라보게 된다. 그러자 "발목 하나쯤" 했던 것이 사실은 인생의 전부라는 생각과 삶에 대한 성찰이 그의 가슴을 조여온다. 그는 이제 비로소 자신이 어리석고 무모하기 짝이 없는 일을 저지르려 하고 있다는 사실을 알아차린다.

'이제 살았구나.' 하는 생각이 들자 그동안 팽팽히 당겨졌던 긴장이 몸 밖으로 핵 튕겨져 나가면서 갑자기 몸뚱어리가 허공으로 붕 떠오르는 듯한 환각에 빠졌다. 그런 상태에서 레일 위에 뉘어 있는 또 하나의 자신을 내려다보고 있었다. 그때 누군가가 귀에 속삭여왔다. 뉘어 있는 송영달과 공중에 떠 있는 송영달은 기차가 지나가고 난 뒤 하나로 합쳐진다는 것이었다. 그것이 인간 존재의 방식이라는 것이다.

송영달은 밤새 철로 위에서 짐승처럼 울부짖다가 근처 마을 사람들에 의해 발견된다. 마을 사람들은 수갑과 노끈을 풀고 입을 막고 있는 수건을 벗긴 다음, 그를 동장 집 사랑방으로 옮겨다 놓지만, 그는 입을 열지 못한다. 자신의 처지를 말로는 도저히 설명할 수 없었기 때문이다. 납치극을 꾸미기 위해 스스로 자신의 입을 수건으로 막았던 그는 이제 벙어리 행세를 하게 된다. 아침이 되기 전, 그는 마을을 떠나 영원히 자취를 감춘다. 그는 자신의 삶을 돈과 연결시켰던 족쇄의 상징인 노끈과 수건과 수갑을 버리고 떠나간다.

마을 사람들이 소식을 듣고 동장 집으로 몰려왔다. 모두 그의 행방을 궁금해했다. 어디로 갔을까. 그가 떠났다는 것이 몹시 서운한 표정들이었다. 그는 노끈·수건·수갑 따위의 물건들을 남기고 갔다. 그리고 또 부락민들에게 남기고 간 다른 것이 있다면 그가 존재의 저편으로 떠나버린 것 같은 아쉬움이었다.

그는 이제 다시 택시기사 송영달이나, 일수놀이꾼 추경애의 남편으로 돌아가지는 않을 것이다. 싸늘한 금속성의 철로 위에서 자신의 발목을 절단할 기차를 기다리며 경험했던 깨달음은 앞으로 그의 인생을 바꾸어 놓을 것이기 때문이다. 그는 이제 비로소 비인간적인 물질주의에서 벗어나 삶의 가치와 존재의 중요성을 인식하게 된다. 그래서 비록 황금만능주의가 팽배한 후기 자본주의 사회의 암울한 풍경을 그리고 있지만, 「돼지 족발」은 근본적으로 긍정적인 희망을 주면서 끝난다.

목가적 꿈의 상실

김준성이 보는 이 시대의 삶은 돈과 긴밀히 연관되어 있으면서도, 동시에 좀처럼 돈과 만나지지 않는 평행선과도 같다. 그런 의미에서 삶과 돈은 마치 철로와 같다. 기차는 바로 그 철로 위를 달린다. 기차는 이용하기에 따라 우리를 목적지에 데려다 주기도 하지만 동시에 차가운 금속의 예리함과 엄청난 무게로 우리의 발목을 절단할 수도 있다. 김준성의 소설에서 싸늘하고 무거운 기계는 비인간적이고 비정한 산업 시대의 상징이다. 그러한 기계는 특히 정신이 마비된 사람이 잘못 이용하면 다른 사람들을 다치게 하고 죽음에 이르게 한다.

어두운 밤에 술에 취해 운전하다가 술에 취한 사람을 친 송영달의 택시가 그렇고, 술에 취해 자신의 다리를 철길에 묶은 송영달의 발목을 무자비하게 절단할 철마가 그렇다. 그러한 상황에서 인간의 존엄성은 사라지고, 인간의 발목은 마치 술안주인 돼지 족발처럼 절단될 뿐이다. 그런 의미에서 송영달이 자해 행위를 벌이기 직전 돼지 족발을 안주 삼아 술을 마시는 장면은 대단히 상징적이다. 송영달이 스스로 자신의 손에 채운 수갑 역시 차가운 금속성 족쇄의 상징이다. 인간은 어리석게도 자신을 기계와 금속(돈)에 묶어 스스로 그것의 노예가 된다. 일단 그것의 노예가 되면 물론 다시는 제대로 걸을 수 없게 된다. 송영달이 시도했던 기계에 대한 "자신 묶기"와 기계에 의한 "발목 절단"은 그런 의미에서 이중의 의미를 가진 중요한 문학적 상징이 된다.

싸늘하고 단단한 금속은 물론 따뜻하고 부드러운 인간성의 반대가 되는 "화폐"의 상징이다. 언제부터인가 우리는 금속 대신 종이로 화폐를 만들어 사용하고 있다. 그러나 종이돈의 날카로운 날은 마치 금속 칼날처럼 인간에게 상처를 주고, 인간 사이를 베며, 인간의 목숨을 앗아가기도 한다. 추경애는 돈의 날카로운 종이 날로 남편과의 사이를 냉정하게 자르는 이기적이고 냉정한 여자이다. 그런 의미에서 종이돈은 얇은 금속으로 된 면도날과도 같다 — 적절하게도 영어에서는 종이 날과 면도날 모두를 똑같이 '블레이드(blade)'라고 부른다. 면도날과 돈은 둘 다 우리의 얼굴을 깨끗하게 다듬어줄 수도 있고, 깊은 상처를 입힐 수도 있다. 그리고 비록 위험하지만 돈과 면도칼은 둘 다 하루도 없어서는 안 되는 일상의 필수품이다.

그러나 돈은 동시에 양면적이다. 돈은 죽어가는 사람을 살리고, 곤경에 빠진 인간을 구하며, 비정한 사회 현실에서 따뜻한 인정의 모닥불을 피울 좋은 수단이 될 수도 있기 때문이다. 그렇다면 정작 중요한 것은 돈을 얼마나 버는가가 아니라 번 돈을 어떻게 쓰는가이다. 그럼에도 불구하고 그것을 깨달은 사람은 많지 않아서 인간은 오늘도 조금이라도 더 많은 돈을 벌기 위해 신의를 배반하고, 사기 행각을 벌이며, 심지어는 사람을 해치기까지 한다. 송영달과 추경애는 우리 사회에 편재해 있는 바로 그와 같은 물질주의자들을 상징한다.

작가 김준성은 후기 자본주의 시대의 상징인 택시기사 송영달을 "좁혀질 수도 떨어질 수도 없는 영원한 대립으로만 존재하는" 철로의 유혹에 사로잡혀 있으며, "금속성의 살기와 존재의 생기가 혼재하는" 철로의 이중성에 매료되어 있는 사람으로 묘사하고 제시하고 있다.

그는 언제부터인가 철로의 유혹에 사로잡혀 있었다. 좁혀질 수도 없고 떨어질 수도 없는 영원한 대립으로만 존재하는 — 그러면서도 금속성의 살기와 존재의 생기가 혼재하는 이중성에 매료되어 있었는지 모른다.

철로는 끝없이 이어지는 삶의 여정의 상징이다. 그런데 그것은 영원히 만나지 못하고 평행하는 두 개의 대립 — 예컨대 현실과 이상, 또는 돈과 인생 — 으로 이루어져 있다. 그래서 거기에는 금속성의 살기와 존재의 생기가 공존한다.

철로를 이루는 금속은 이 시대의 기계문명과 금전을 상징한다. 바로 거기에다가 자신의 다리를 묶음으로써 송영달은 자신의 존재와 영혼을 스스로 기계와 돈에 묶은 것이다. 이제 기계문명의 상징인 거대한 기차가 지나가면서 그의 다리를 절단하면 그는 보험금을 탈 수 있을는지도 모른다. 그러나 그 대가로 그는 평생 다시는 땅 위를 걷지 못하는 불구가 될 것이다. 아니면 자해 행위임이 드러나 발목만 잘린 채 보험금을 받지 못할는지도 모른다. 작품의 초반부에 제시되는 택시 교통사고 에피소드는 송영달의 철로 자해 사건 역시 필연적으로 실패할 것임을 예고해 주고 있다. 세상이 그렇게 어수룩한 것만은 아니기 때문이다.

송영달은 원래 기계를 몰고 거리를 질주하는 택시 기사였다. 그가 돈을 버는 방법은 금전을 받고 다른 사람들을 자신의 기계로 실어다주는 일이다. 거기에는 언제나 기계와 기계끼리의 충돌과 전복, 또는 기계와 인간의 충돌이라는 교통사고의 위험이 도사리고 있다. 결국 어느 날 그는 사고로 사람을 치고 만다. 가해자가 되어 형무소에 다녀온 후 송영달은 이제 아내의 사주를 받아 철로에 자신의 다리를 묶어 의도적으로 자신을 기계의 피해자로 만들려고 한다. 그렇게 함으로써 그와 그의 아내는 교통사고 보험금을 타내기 위해 술 취한 친지를 길에 방치해 살해한 비도덕적이고 물질주의적인 악당들과 똑같은 부류의 사람들이 된다. 송영달의 경우에는 다만 친지가 아니라 자기 자신을 희생물로 삼으며, 목숨이 아니라 발목 하나만을 잃어버린다는 점이 다를 뿐이다.

송영달은 금전의 유혹을 뿌리치지 못하고 돈에 대한 탐욕의 노예가 된다. 그러나 그의 육체와 영혼을 돈에 팔도록 사주하는 사람이 다름 아닌 그의 아내라는 사실은 인간을 구원할 수 있는 최후의 보루인 사랑과 신뢰마저도 이제는 완전히 무너졌다는 것을 시사해 주고 있다. 그리고 그러한 타락한 가치관의 뒤에는 물론 물질주의로 오염된 현대사회가 도

사리고 있다. 송영달은 자신이 택시로 치어 죽인 사람에 대해 연민도 죄의식도 없다. 그의 아내 역시 보험금을 타내기 위해서 주저 없이 남편에게 팔다리의 절단을 권유한다. 그러나 송영달은 철로 변에 누워 기차를 기다리면서 비로소 자신의 처지가 바로 자기가 택시로 치어 죽인 도로 변의 사람과 똑같고, 자신의 상해로 보험금을 타내려는 아내 추경애는 그 죽은 사람을 빌미로 보험금을 타내려던 친지들과 똑같다는 사실을 깨닫게 된다.

그것을 깨닫는 순간, 그리고 인간의 존재나 다리는 간단히 잘라버릴 수 있는 돼지 족발과는 다르며 인간에게는 마치 철로가 그렇듯이 탐욕에 저항할 수 있는 또 하나의 수평적 존재가 있다는 것을 깨닫는 순간, 송영달은 철로에 묶여 있는 자신의 육체를 내려다보는 또 하나의 자신을 발견하게 된다. 한밤중 철로 변에서 들려오는 그의 울부짖음은 바로 그와 같은 깨달음과 인식의 변화의 표상이며, 마을 사람들에 의해 구조된 그가 벙어리처럼 말을 하지 않는 것은 그가 이제 또 다른 세계로 들어갈 것임을 시사해 준다. 새로 태어난 그에게 기존의 언어는 그 힘을 잃는다. 자신의 상황을 설명해 줄 수 없는 무력한 언어와 함께 과거의 자신을 잊고 싶어 하는 그는 이제 새롭게 태어나 "존재의 저편으로" 들어간다.

재물의 신과 사랑의 신 : 김준성과 오 헨리

인간은 필요에 의해 돈과 시간을 만들어놓고 오랫동안 스스로 그것의 노예가 되는 어리석음을 범해 왔다. 작가 김준성은 이제 우리 모두 돈과 시간으로부터 자유로운 삶을 추구해야만 할 때가 도래했다고 시사한다. 허먼 멜빌(Herman Melville)의 『모비 딕』에 나오는 에이허브 선장은 돛대에 스페인 금화를 박아놓고, 누구든지 모비 딕을 맨 처음 발견한 사람에게 그 돈을 주겠다고 선언한다. 그러나 결국 그 돈에 욕심을 냈던 사람들은 모두 죽고, 오직 정신적 가치만을 추구했던 이스마엘만이 작품의 마지막까지 살아남는다.

미국 작가 오 헨리 역시 김준성처럼 돈과 인생에 대한 뛰어난 성찰을 보여주었다. 돈 때문에 감옥에까지 갔던 그는 여러 작품들에서 금전과 인생 사이의 역설적이고도 숙명적인 관계를 천착했다. 예컨대 돈과 사랑 사이의 이분법적 구분을 명쾌하게 해체한 「재물의 신과 사랑의 신」은 그 한 대표적인 예다. 오 헨리는 이 작품에서 "시간과 사랑은 결코 돈으로 사지 못한다."라는 예술지상주의자들과 순수주의자들의 단견을 비웃으며, 사랑의 신도 때로는 재물의 신의 도움을 필요로 한다는 사실을 뛰어난 위트와 아이러니를 통해 보여주고 있다.

뉴욕 재벌인 앤서니 록월의 아들 리처드는 한 처녀를 짝사랑하게 된다. 문제는 그 여인이 이틀 뒤 낮에 파리로 유학을 떠나기 때문에 사랑을 고백할 기회가 전혀 없다는 것이다. 그에게 주어진 시간은 다음 날 저녁 뉴욕의 그랜드 센트럴 터미널에 도착하는 그녀를 맞아 그녀의 부모가 기다리고 있는 극장까지 마차로 데려다 주는 동안의 불과 8분뿐이다. 절망한 아들은 "아버지의 돈으로도 시간만큼은 살 수가 없습니다."라고 말하며 떠난다. 리처드의 이모 역시 "오빠의 돈으로도 사랑은 살 수가 없어요."라고 말한다.

다음 날 사랑하는 여인을 마중 나가 마차에 태운 아들이 시내 중심가에 이르렀을 때 갑자기 전차 한 대가 앞을 가로막고 서버린다. 그러자 갑자기 사방에서 배달 차들과 마차들이 뒤엉키면서 거리의 교통 상황은 삽시간에 엉망이 되어버렸다. 그 덕분에 그들은 무려 두 시간이나 꼼짝없이 마차 안에 갇혀 있게 되었다. 그동안 두 남녀는 다정하게 이야기를 나누었고, 분위기가 무르익었을 때 사랑을 고백한 아들은 이윽고 그녀의 승낙을 얻게 된다.

이튿날 켈리라는 허름한 차림의 사내가 앤서니를 찾아와 이렇게 말한다. "나리께서 분부하신 대로 일을 잘 처리했습니다. 배달 차와 전세 차 마부들에게도 모두 돈을 나누어주었습니다. 하지만 제일 돈이 많이 들어간 것은 교통경찰이었답니다." 결국 앤서니의 돈은 아들의 사랑을 위해 절대적으로 필요했던 시간을 살 수 있었고, 그 결과 궁극적으로는 사랑도 산 셈이 된다.

오 헨리가 이 작품에서 이야기하고자 하는 것은 물론 '이 세상에 돈으로 사지 못하는 것은 없다.'는 식의 단순한 논리가 아니다. 그는 다만 사랑이 성사되는 데에도 얼마든지 돈이 작용할 수 있다는 사실을 유머와 위트와 패러독스를 통해 인정하고 있는 것이다. 김준성 역시 인생에 있어서 돈의 중요성을 간과하지 않고 있다. 문학과 예술 또한 전통적으로 경제력 있는 후원자의 도움에 힘입어 유지되고 발전해 왔기 때문이다. 더욱이 지금 우리는 예술도 상품이 되고 돈이 될 수 있으며, 돈 또한 예술로 승화될 수 있는 포스트모던 시대에 살고 있다.

문학과 예술과 인생은 물론 돈으로부터 자유로워야만 하며, 인간은 돈을 초월할 수 있어야만 한다. 그럼에도 불구하고 인간은 흔히 돈의 노예가 되고, 돈으로 인해 파멸하기도 한다. 작가 김준성이 우려하고 경고하는 것도 바로 그러한 물질주의적 사회상과 돈의 유혹에 영혼을 파는 인간들의 숙명적 약점이다. 그러나 돈과 인간 그리고 물질과 예술에 대한 김준성의 혜안은 거기에서 한 걸음 더 나아가 마치 오 헨리처럼 블랙 유머와 페이소스와 역설적인 웃음을 자아내게 한다.

문인이자 경제인으로서 김준성은 인간과 돈이 만들어내는 제반 문제들에 대해 그 누구보다도 더 탁월한 통찰력을 갖고 있다. 그리고 그의 그러한 성찰과 관심은 그동안 '문학과 경제'를 다룬 많은 수작들로 형상화되었다. 문학과 정치에 대한 관심은 많아도 문학과 경제에 대한 식견은 아직 일천한 한국 문단에서 김준성은 경제소설이라는 장르를 개척하고 확립했다는 점에서 단연 독보적인 존재로 평가된다. 김준성은 '경제 우선 정책'이 몰고 온 우리 사회의 황금만능주의와 물질주의의 폐해를 문학적으로 탐구하고 형상화한 작가로 한국문학사에 기록되고 또 기억될 것이다.

예술과 돈의 자리바꿈:「돈 그리기」

김준성은 예술과 자본, 또는 삶과 돈의 관계를 오랫동안 천착해 온 주목할 만한 원로 작가이다. 그러한 문제에 대한 그의 관심은 또 자연스럽게 진실과 허위, 또는 진짜와 가짜의 주제로 확대되면서 인생과 예술의 제반 문제들을 성찰한다. 단편소설「돈 그리기」는 작가 김준성의 바로 그러한 관심사를 문학적으로 형상화하는 데 성공한 빼어난 작품에 속한다. 이 작품의 주인공인 화가 임철환은 돈이 없는 자신을 떠난 애인 윤여진이 보내온 청첩장 뒷면에 돈을 그린 후, 그것을 축의금 대신 내고 돌아온다. 그것은 돈이 없는 그가 사랑하는 여인에게 보내고 싶었던 자신만의 돈이자 "축복과 슬픔, 아니면 세상에 대한 비웃음이 뒤범벅이 된 착잡한 심정"의 상징이다. 그와 동시에 애인의 청첩장에 그린 돈은 어쩌면 사랑까지도 돈으로 살 수 있는 시대에 대한 주인공의 통렬한 패러디이다.

그 후 그는 계속해서 위조화폐를 그린다. 지폐의 모사 과정에서 그를 사로잡는 것은 "디자인이 요구하는 현대적인 감각과 회화가 추구하는 기존 질서의 파괴 내지 재구성이라는 실험"이었다. 즉 그는 뛰어나게 정교한 화폐를 그림으로써, 그러나 동시에 여기저기에 임의적 변형을 가함으로써, 교환가치로서의 돈을 조롱하고 패러디하며 자신만의 예술작품을 창조했던 것이다.

임철환이 그린 화폐는 너무나 정교해서 "진짜보다 훨씬 더 돈 같은 것"으로 평가받는다. 그리고 바로 그 순간 진폐와 위폐, 진짜와 가짜 그리고 현실과 허구 사이의 경계는 무너진다. 임철환은 "인간에게 오직 기쁨과 행복만 줄 뿐 어떤 불행도 고뇌도 주지 않는 돈"을 그리고 싶어 하며, 이제야 비로소 자신만의 진정한 예술을 찾았다고 생각한다. 그러나 오래지 않아 그가 그린 돈 그림을 고가에 매입하겠다고 나서는 사람들이 화랑에 나타나기 시작한다. 아이러니컬하게도 위조지폐까지도 돈으로 사겠다는 사람들이 생겨난 것이다. 그러나 그는 자신의 예술작품인 위조지폐를 팔지 않음으로써 마지막까지 예술가의 혼을 지킨다.

「돈 그리기」는 예술과 돈의 문제를 문학적으로 형상화하는 데 성공하였으며, 그러한 주제를 통해 궁극적으로는 개인과 사회에 대한 성찰은 물론 문명 비판까지도 성취한 뛰어난 소설이다. 임철환의 그림이 돈의 이상적 본질에 도달한 예술작품의 극치라는 점에서 「돈 그리기」는 늘 예술의 극한과 본질을 탐구했던 다니자키 준이치로의 「지옥도」나 「문신」을 연상시킨다. 또 공식적인 화폐보다 더 중요한 가치를 지닌 예술작품으로서 위조지폐 문제를 다루고 있다는 점에서 「돈 그리기」는 위조 우표의 심각성을 다룬 토머스 핀천의 『제49호 품목의 경매』와도 상통한다.

「돈 그리기」는 서로 다른 궤적을 가는 돈과 예술 또는 물질과 인생의 숙명적 관계에 대한 심오한 성찰이자 패러디이면서 동시에 그 둘 사이의 조화 가능성에 대한 조심스러운 탐색이라고 할 수 있다. 임철환은 돈을 실제보다 더 정교하고 완벽하게 그려냄으로써 돈도 하나의 예술작품일 수 있음을 보여주고 있다. 그렇다면 그가 그린 돈이야말로 돈이 지향하고 추구하는 최고의 경지를 구현한다고 말할 수 있을 것이다. 인간이 돈을 올바르게 벌고 사용한다면, 또 돈으로 물질이 아니라 이 세상에서 가장 값진 정신적 가치 ― 곧 예술 ― 를 자기 것으로 만든다면, 돈은 분명 인간에게 가치 있는 존재가 될 수 있을 것이기 때문이다. 그러나 만일 인간이 돈의 노예가 된다면, 그래서 돈을 통해 표피적이고 물질적인 행복만을 추구한다면, 돈은 다만 인간을 속박하고 불행하게 만드는 매체로 전락하게 될 것이다.

인간 교류의 의미 : 「비둘기 역설」

경제학자들은 경제가 모든 인간사의 기본이라고 말한다. 과연 경제에 문제가 생기는 순간 가정은 와해되며, 인간관계와 사회생활은 붕괴된다. 그럼에도 불구하고 그동안 한국문학은 웬일인지 경제 문제를 문학적 소재로 다루는 데 소극적이었다. 그런 면에서 돈과 경제가 삶과 예술에 미치는 영향이라는 주제를 천착해 온 김준성은 독특한 작가이다. 사실 돈과 예술은 둘 다 그 자체로는 하나의 상징적 이미지일 뿐인데도 막강한 힘을 발휘한다는 점에서 공통된다. 그래서 김준성 작품의 주인공 중에는 실제 돈보다 더 진짜 같은 돈을 그리는 화가가 등장해 인쇄와 미술, 그리고 돈과 예술의 경계를 무너뜨리기도 한다.

그런 김준성이 돈이나 경제를 전혀 다루지 않은 작품을 썼다. 최근 발표한 중편 「비둘기 역설(逆說)」(《문학사상》 2000년 9월호)은 비둘기를 통해 잠시 만났다가 헤어지는 작가(소설가)와 교수(화가)의 짧은 사랑 이야기이다. 그러나 이 작품을 자세히 읽어보면, 돈과 경제의 맹목적 추구가 초래하는 인간성 상실에 대한 반성과 문명 비판이라는 김준성 특유의 주제가 사라진 것이 아니라 사실은 보다 더 세련된 예술적 기법을 통해 효과적으로 제시되고 있다는 것을 알 수 있다.

이 작품의 주요 모티프인 비둘기는 아직도 인간을 떠나지 않고 도시의 아파트에 남아 우리에게 사라진 평화와 자연을 연상시켜 주는 유일한 삶의 동반자들이다. 그들은 왜 나무 위에 집을 짓지 않고 인간과 더불어 살며, 먹이를 주면 무리 지어 날아드는 것일까? 인간은 왜 그들을 전서구로 이용했으며, 또 그들에게서 평화의 상징을 찾았을까? 자신들도 마치 새장 같은 아파트의 공간에 갇혀 살면서 아파트의 주민들은 단지 주거 환경을 더럽힌다는 이유로 아스팔트를 쪼고 있는 비둘기들을 미워하고, 먹이를 주지 않으며, 불임제를 투여하려는 음모를 꾸민다. '비둘기를 위한 평화의 모임'이라는 역설적인 이름 아래 모인 주민들은 인간 교류에 실패하고 인간성을 상실한 현대인들의 모습을 적나라하게 보여준다.

거기에 반대해 숲 속에서 몰래 비둘기들에게 모이를 주고 비둘기를 소재로 소설을 쓰며 그림을 그리는 사람들은 두 남녀 주인공인 작가와 화가뿐이다. 그들은 비둘기를 통해 은밀히 교류하고, 아파트를 떠나 산을 찾으며, 서로를 이해한다. 시멘트와 철근과 금속이 지배하는 이 비인간적인 시대에 오직 문학과 미술만이 비둘기의 상징과 경고를 깨닫는다. 그러나 그들 역시 비둘기의 본질과 의미를 작품으로 형상화하는 데에는 어려움을 느낀다.

드디어 비둘기마저 우리를 떠나는 날, 돈과 경제적인 성취만을 추구하다가 인간성을 상실한 인류 문명은 파멸할 것이다. 그런 의미에서 작가와 화가의 짧은 사랑은 그러한 경고를 깨달은 사람들의 상호이해와 교류를 의미하는 상징적 행위이다. 비록 부치지는 못하지만 작가가 외국으로 떠난 화가에게 계속 편지를 쓰는 한, 그리고 화가가 계속해서 비둘기를 그리는 한, 지구의 파멸은 지연될 것이며 인간성 회복과 인간 교류는 이루어질 것이다.

경제적 위기와 인간성 붕괴 : 「먼 그대의 손」

김준성의 「먼 그대의 손」은 한 가정에서 일어나는 경제적 위기가 어떻게 가정의 파탄과 사회의 붕괴, 그리고 궁극적으로는 개인의 파멸을 초래하는가를 성찰한 작품이다. IMF 한파가 몰아치기 시작하던 1998년 2월 어느 날, 대기업의 판촉과 과장 강대운은 뜻밖에 명예퇴직 대상이 되어 회사를 그만두게 된다. 그의 뛰어난 능력도 갑자기 몰아닥친 불경기에는 속수무책이었고, 그 역시 구조조정의 대상이 되고 만 것이다. 그가 경제력을 잃고 가장과 사회인으로서의 기능을 상실한 바로 그 순간, 그의 남성 역시 기능을 잃고 시들어버린다. 그는 이제 가장의 역할뿐 아니라 남성의 역할마저도 할 수 없는 완벽한 무능력자가 된 것이다.

경제학자들은 경제가 모든 것의 기본이라고 말한다. 예컨대 경제가 탄탄하면 독재정권조차도 무너지지 않지만, 금전상의 문제가 발생하면 부부 사이도 쉽게 깨진다는 것이다. 과연 경제력을 박탈당하는 순간 강대운은 삽시간에 무능력자로 전락한다. 사회에서도 가정에서도 안주할 곳을 찾지 못하게 된 그는 극도의 고립과 소외 속에서 살아가게 된다. 그는 가족들에게 자신의 실직 사실을 숨긴 채 아침마다 공원으로 출근해서 하루를 소일한다.

처음에 그는 어느 자선단체가 주는 공원의 무료 급식을 외면한다. 그러나 오래지 않아 그 역시 자존심을 접고 그 무료 급식을 타기 위한 줄에 합류하게 된다. 그러나 그는 공원에 모여 소일하는 실직자들 속에서도 고독한 타인일 뿐이다.

    그가 앉아 있는 벤치에는 하루 종일 수많은 사람들이 거쳐 갔다. 그런 사람들 중에는 얼굴을 익힌 사람도 더러 있었다. 그들은 눈이 마주치면 마지못해 눈인사만 보낼 뿐 말을 걸어오는 일은 없었다. 이곳에서는 모두가 타인이었다. 뿐만 아니라 자기 자신의 존재까지도 타인으로 밀쳐버려야 할 때가 있었다. 그래야 시간도 비켜 갔다.

그러한 극단적 고립과 소외에서 그에게 위로가 되는 것은 역시 공원에서 소일하는 변동민이라는 남자와의 친교이다. 처음에 강대운은 그를 경계하지만, 점차 그의 진실한 성격과 진지한 태도에 이끌리게 된다. 가까워진 둘은 공중목욕탕에도 같이 가게 되는데, 거기에서 변동민은 남성의 기능을 상실한 강대운에게 다시 한번 힘찬 발기를 경험하게 해준다. 외로운 그에게 다시 예전의 힘을 찾아주는 것은 정신적 의지가 되어주는 실직 동료 변동민과의 만남이다. 이를 통해 작가는 소외와 고립의 극한에서 힘을 주는 것은 따뜻한 인간관계라는 점을 시사해 주고 있다.

강대운은 변동민의 덕택으로 외로움에서 벗어나 점차 자신감을 회복하게 된다. 그러던 어느 날 강대운은 자신이 지방의 하청 공장에 취직되었다는 소식을 듣는다. 그리고 거기 맞추어 변동민도 강대운을 떠나간다. 이와 같은 구도 — 즉 변동민과의 만남, 자신감의 회복, 취직, 변동민의 떠나감 — 는 경제적 위기와 그로 인한 정신적 공황에서 인간을 구할 수 있는 것은 오직 휴머니즘뿐이라는 작가의 신념을 드러내고 있다.

남자가 경제력을 상실하면 여자가 돈 버는 일에 뛰어들게 되는 법이다. 강대운의 부인 엄미영 역시 실직한 남편 대신 가계를 꾸려나가기 위해 애쓰다가 친구 한소영의 소개로 커피숍의 얼굴마담 일을 하게 된다. 그러나 그녀는 곧 박도현이라는 사기꾼의 농간에 빠져 몸은 물론 전 재산인 이천만 원까지 빼앗긴다. 그리고 그 와중에 박도현은 그녀를 마약중독자로 만들어 영영 헤어 나올 수 없는 파멸의 수렁에 빠뜨린다. 강대운에게 힘을 주는 변동민과는 정반대의 인물인 박도현은 엄미영에게 남편이 주지 못하는 육체적 쾌락을 주지만, 결국 그녀의 모든 것을 빼앗고 그녀의 정신을 황폐화시키고 만다.

작가 김준성에 의하면 인간을 구하는 것도 인간이지만 인간을 파멸시키는 것 또한 인간이다. 즉 진정으로 중요한 것은 경제적 문제가 아니라 인간관계이며, 정말로 위험한 것은 경제적 위기가 아니라 잘못된 인간관계라는 것이다. 엄미영을 파멸시키는 것 역시 경제적 위기 그 자체라기보다는 잘못된 인간관계라고 할 수 있다. 그리고 잘못된 인간관계는 궁극적으로 가정과 사회 모두를 파멸로 이끌어간다. 그런 의미에서 엄미영이 박도현으로부터 구하는 성적 쾌감은 마치 마약과도 같아 그녀의 분별력을 마비시키고 돌이킬 수 없는 파멸의 길로 그녀를 몰아간다. 그리고 엄미영의 몸속에 흐르는 마약은 곧 이 사회 속에 흐르는 마약과도 같아 결국은 필연적인 도덕의 붕괴와 사회의 파탄을 예시해 주고 있다.

처음에 강대운은 이혼을 생각하지만, 친정에 내려간 아내가 죽음으로 속죄하려 했다는 이야기를 듣고는 마음이 흔들린다. 그는 결혼 전에 가 보았던 아내의 시골 과수원 집에 대한 꿈을 꾼다. 감나무가 있는 과수원 뒷산에서 그는 아내의 손을 잡아주려다가 발이 미끄러지면서 아내의 손을 놓친다. 꿈속에서 그녀의 손은 오렌지색 새가 되어 푸른 바다 위로 멀어져 간다. 꿈에서 깬 그는 자신의 발이 먼저 미끄러졌기 때문에 아내의 손을 놓쳤다는 사실을 깨닫고, 용서하기는 어렵겠지만 그래도 아내의 '먼 그대의 손'을 다시 잡아보기로 결심한다.

강대운은 공원 벤치를 찾아가 변동민을 그리워한다. 그는 마치 변동민이 자기에게 다시 엄미영을 만나보라고 권하는 것처럼 느낀다. "그의 권고대로 그녀를 만난다고 해서 얼어붙었던 마음이 쉽사리 풀릴 것 같지는 않았다. 다만 지난 시간들이 기억해 낼 수 있는 만큼의 아쉬움으로 되살아나는 만남이 되었으면 했다." 이 소설은 이렇게 끝난다.

김준성은 표면적으로는 경제적 문제를 다루고 있지만 궁극적으로는 언제나 인간 개인의 문제로 회귀한다. 즉 그는 경제적 위기라는 모티프를 통해 자신의 문학 속에서 인간성과 인간관계 그리고 현대인의 삶에 대한 심오한 성찰을 보여주고 있다. 사실 그러한 작업을 위해 김준성만큼 더 완벽하게 준비된 작가도 없을 것이다. 그는 경제와 인생 모두에서 현재 가장 높은 정점에 서 있는 사람이기 때문이다.

망명객의 귀환
─이청준론

일탈과 회귀, 한국인의 귀향 의식 : 「눈길」

한국인들에게 있어서 집과 고향이란 과연 무엇인가? 한국의 고속도로는 왜 명절 때만 되면 귀향 인파로 인산인해를 이루며, 나이 든 재미 교포들은 왜 역이민을 선택해 '조국'으로 되돌아오는가? 한국인들은 왜 외국에만 나가면 안정을 잃고 고국 땅을 밟아야만 힘이 솟는가? 도대체 그곳에서 무엇이 기다리고 있기에 한국인들은 그렇게도 고향을 잊지 못하는 것일까?

한국인 특유의 강렬한 귀소본능에 대한 이와 같은 의문은 곧 한국인의 독특한 영혼과 무의식적 집단 심리를 탐색하는 문화인류학적 성찰을 요구한다. 그런 의미에서 보면 한국인들에게 있어서 집과 고향이란 부단히 되돌아가야만 하는 근원이자 구심점이라고 할 수 있다. 그리고 그 근원과 구심점에는 언제나 우리를 기다리고 있는 '어머니'가 있다. 그래서 집과 고향과 어머니는 유년 시절의 그리움을 간직한 모성적 공간으로서, 마치 거대한 자석처럼 강력한 흡인력으로 끊임없이 한국인들의 마음을 끌어당기는 것이다.

그러나 서구인들, 특히 영미인들에게 있어서 고향이나 어머니는 성장 과정에서 조만간 떠나야만 하는 극복의 대상이다. 그들에게는 어린 시절을 지배하는 고향과 어머니의 영향력과 자장에서 벗어나는 것이 곧 성숙해지는 것이며, 따라서 그것들에 연연해하거나 그곳으로 되돌아가는 법이 없다. 과거로 되돌아가는 것은 퇴행을 의미하기 때문이다. 그들의 관심은 어머니보다는 오히려 아버지와의 갈등과 투쟁에 있다. 아버지의 영향으로부터 독립하는 것이 곧 성인으로 만들어지는 과정이기 때문이다. 그리스신화가 부친과의 투쟁에서 승리하는 제우스의 이야기로부터 시작하는 것도, 그리고 헤라가 올림포스 제신들의 '어머니' 로서가 아니라 제우스의 아내로서만 등장하는 것도 바로 그런 이유에서일 것이다.

물론 한국인의 경우에도 고향과 어머니는 복합적인 의미를 갖는다. 부단히 되돌아가지만 결국은 다시 떠나야만 한다. 이는 많은 경우 거기에 우리가 찾는 것이 이미 존재하지 않기 때문이다. 사실 고향이나 어머니가 언제나 향수와 그리움의 대상으로만 기억되는 것은 아니다. 때로 그것은 비극적이거나 부정적인 의미를 함축할 수도 있고, 회한과 후회와 고통을 수반할 수도 있다. 그것은 가족 간의 불화에서 비롯된 것일 수도 있고, 이데올로기의 갈등이나 산업화가 초래한 가정과 고향의 파괴에서 생성된 것일 수도 있다. 그래서 한국인들의 귀향은 거의 예외 없이 이중의 의미를 함축하고 있다. 그럼에도 불구하고 한국인들은 마치 정해진 의례처럼 부단히 귀향과 귀환을 반복한다. 그리고 그러한 숙명적 반복은 단 한 번으로 끝나는 것이 아니라 일생 동안 계속된다.

어린 시절로의 회귀

현대 한국문학은 한국인들의 바로 그와 같은 독특한 정서를 포착해 다각도로 탐색하고 뛰어난 은유로 묘사해 왔다. 이청준 역시 데뷔작 「퇴원」이래 계속해서 바로 그러한 문제를 심도 있게 천착해 온, 보기 드문 역량 있는 작가다. 집과 고향과 어머니의 모티프는 그의 거의 모든 주요 소설들에서 발견되지만, 그중에서도 1977년에 발표한 「눈길」은 1964년에 나온 김승옥의 「무진기행」과 더불어 한국 귀향소설의 진수를 보여주고 있다. 「눈길」과 「무진기행」은 '귀향'이라는 모티프를 빼면 얼핏 별 공통점이 없어 보인다. 예컨대 산업사회 현대인의 고독과 소외 의식이 짙게 배어나는 「무진기행」의 주인공과 달리 「눈길」의 주인공은 시대를 초월해 존재하는 평범한 한국인이다. 또 타락하기 전 — 상업화되기 전, 또는 기성체제에 편입하기 전 — 주인공이 마지막으로 찾아가 보는 「무진기행」의 고향과 달리 「눈길」의 고향은 주인공이 의례적으로 찾아가는 장소일 뿐이다. 그리고 어머니가 부재하는 「무진기행」과 달리 「눈길」의 고향에는 아직 주인공을 맞아주는 어머니가 있다.

그럼에도 불구하고 「눈길」과 「무진기행」은 근본적인 공통점을 갖고 있다. 예컨대 위 두 소설의 주인공들은 모두 자신의 어린 시절로 되돌아가 자신의 근원과 대면한다. 그러기 위해서 그들은 서울의 일상에서 벗어나 시골로 내려간다. 그리고 그 일탈은 그들에게 새로운 눈뜸의 계기를 마련해 준다. 물론 그들이 찾아가는 고향은 예전의 고향이 아니다. 옛집은 이미 팔려나가 없어졌거나(「눈길」), 아니면 이모 집만이 주인공을 기다리고 있으며(「무진기행」), 산업화의 폐해인 비인간화와 전통 파괴가 이미 두 주인공들의 고향까지도 오염시키고 있다. 다시 말해 그들의 고향은 이제 더 이상 유토피아가 아니라 이미 옛 추억이 사라진 디스토피아일 뿐이다.

그러나 위 두 작품에서 무엇보다도 가장 두드러지게 드러나는 공통점은 '눈'과 '안개'라는 메타포이다. 눈과 안개는 각각 주인공들의 고향을 뒤덮고 있는 자연현상으로서, 두 작품의 주제를 드러내는 가장 중요한 상징으로 제시되고 있다. 눈과 안개는 둘 다 그 실체를 파악하기 어려운 존재들로서, 우리의 시야를 흐릿하게 하다가 해가 뜨면 덧없이 사라져버리는 특성을 갖는다. 그래서 눈은 흔히 문학에서 '망각'(예컨대 조이스의 「죽은 사람들」), 그리고 안개는 '모호함이나 불확실'(콘라드의 『어둠의 핵심』)의 상징으로 사용되기도 한다. 「무진기행」의 주인공은 안개마을과 거기서 만난 인숙과의 일탈에서 벗어나 다시 서울로 돌아오고, 「눈길」의 주인공 역시 눈 덮인 고향과 자신을 배웅하고 홀로 눈길을 걸어 돌아가는 어머니를 잊은 채 서울로 귀환한다. 그러나 비록 녹아서 영원히 사라진 것 같지만, 눈과 안개는 나중에 두 주인공들의 기억 속에 살아남아 그들을 깨우쳐주고 지탱해 주는 소중한 추억이 된다.

「눈길」은 아내와 함께 고향을 찾은 주인공이 "비좁고 음습한 단칸방"에서 78세 된 어머니와 함께 하룻밤을 지낸 후 바로 서울로 돌아가겠다고 우기는 장면으로 시작된다. 주인공은 단칸방으로 축소된 구차한 고향도 싫고, 워낙 받은 게 없어 신세 갚을 빚도 없는 늙은 어머니에게도 아무런 정을 느끼지 못한다. 그는 이제 옛날과 모든 인연을 끊고 과거를 잊은 채 살고 싶어 한다. 고향과 과거에 대한 그의 추억들은 대체로 어둡고 황량하다. 가난한 어머니로부터는 받은 것이 아무것도 없고, 어려서부터 주벽으로 인해 가산을 탕진하고 요절한 형의 식구들과 집안일만 떠맡았기 때문이다. 그래서 그는 끊임없이 "내게 빚은 없었다."고 주장한다.

지열이 후끈거리는 뒤꼍 콩밭 한가운데에 오리나무 무성한 묘지가 하나 있었다. 그 오리나무 그늘에 숨어 앉아 콩밭 아래로 내려다보니 집이라고 생긴 게 꼭 습지에 돋아 오른 여름 버섯 형상을 닮아 있었다. 나는 금세 어디서 묵은 빚 문서라도 불쑥 불거져 나올 것 같은 조마조마한 기분이었다. 애초의 허물은 그 빌어먹게 비좁고 음습한 단칸 오두막 때문이었다. 묵은 빚이 불거져 나올 것 같은 불편스런 기분이 들게 해오는 것도 그랬고, 처음 예정을 뒤바꿔 하루 만에 다시 길을 되돌아갈 작정을 내리게 한 것 역시 그러했다. 하지만 내게 빚은 없었다. 노인에 대해선 처음부터 빚이 있을 수 없는 떳떳한 처지였다.

「눈길」의 주인공이 내려다보는 고향집은 "습지에 돋아 오른 여름 버섯" 같이 음습한 단칸 오두막이고, 그는 그곳에서 무슨 "묵은 빚"이라도 튀어나와 자기를 얽어맬까 봐 서둘러 다시 서울로 돌아가기로 결심한다. 그래서 그는 자기가 고향과 어머니에게 아무런 빚도 지지 않았음을 계속 강조하는데, 그것은 작품 전체를 통해 다음과 같이 반복된다.

> 노인과 나는 결국 그런 식으로 서로 주고받을 것이 없는 처지였다. 노인은 누구보다 그것을 잘 알고 있었다. 그렇기 때문에 내게 대해선 소망도 원망도 있을 수가 없었다.
>
> 나는 노인에 대해 빚이란 게 없었다.
>
> 나는 이제 할 말이 없었다. 눈을 감은 채 듣고만 있었다. 노인에 대해선 빚이 없음을 골백번 속으로 다짐하고 있었다.
>
> 문제는 서로 간의 빚의 문제였다. 노인에 대해 빚이 없다는 사실만이 내게는 중요했다. 염치가 없어져서건 노망을 해서건 노인에 대해 내가 갚아야 할 빚만 없으면 그만인 것이었다.
>
> 빚이 있을 리 없지. 절대로! 글쎄 노인도 그걸 알고 있으니까 정면으로는 말을 꺼내지 못하질 않던가 말이다.
>
> 잠이나 자자. 빚이고 뭐고 잠들면 그만이다. 노인에게 빚은 내가 무슨

빚이 있단 말인가.

　그래 보라지. 누가 뭐래도 내겐 절대로 빚진 게 없으니까. 그래 본들 없는 빚이 생길 리가 있을라고.

　그러나 이렇게 끊임없이 고향과 어머니에게 빚이 없음을 강조하는 것은, 역설적으로 그가 빚의 강박관념에 사로잡혀 있다는 것을 보여준다. 즉 비록 애써 부정해 보려고 하지만 그의 깊은 내면 심리의 한쪽 구석에는 자기가 고향과 어머니에게 빚지고 있음을 잘 알고 있는 무의식이 자리 잡고 있다는 것이다. 그 어두운 그림자를 떨쳐버리기 위해, 그리고 자기 자신에게 그러한 암시를 주입하기 위해 그는 부단히 "빚 없음"을 강조한다.
　그럼에도 불구하고 그는 고향에 머무르는 동안 내내 자기도 모르는 "묵은 빚 문서라도 불쑥 불거져 나올 것만 같은 조마조마한 기분"을 느낀다. 그가 묵은 빚이 튀어나올까 봐 겁을 내는 이유는 우선 초라하고 음습한 단칸 오두막 때문이다. 그 오두막은 그에게 과거의 어두움과 빈곤의 상징이자 현재 어머니의 초라한 모습을 상징한다. 그는 그 수치스러운 오두막을 떠나고 싶어 하지만, 동시에 그 초라한 오두막에 대해 느끼는 은밀한 책임감 때문에 부담스러워 한다. 그래서 자신의 빚 없음을 강조하면 할수록 그는 점점 더 자신이 없어지고 초조해지는 것처럼 보인다.
　그의 그러한 무의식적 부담감은 단칸방을 차지하고 있는 헌 옷궤로 인해 더욱 증폭된다. 어머니가 20년 동안을 버리지 않고 보관해 온 그 낡은 옷궤는 주인공에게 옛집에 대한 추억과 어머니의 따뜻한 마음씨를 상기시켜 주는 강력한 은유이기 때문이다. 방탕한 형이 선산과 집을 팔아넘겼을 때, 어머니는 새 주인의 허락을 받아 방에 옷궤를 그대로 놓아두고 둘째 아들인 주인공을 기다린다. 소식을 듣고 객지에서 돌아올 고등학교 1학년인 주인공에게 옛집에서 따뜻한 저녁을 해 먹이고 하룻밤을 지내고 가도록 하기 위해서이다. 그런 의미에서 옷궤는 어머니의 끝없는 사랑의 징표이자 고향 집 정취의 상징이 된다.

노인은 그렇게 나에게 저녁밥 한 끼를 지어 먹이고 마지막 밤을 지내게 해주고 싶어, 새 주인의 양해를 얻어 그렇게 혼자서 나를 기다리고 있었다는 것이다. (…) 언젠가 내가 다녀갈 때까지는 하룻밤만이라도 내게 옛집의 모습과 옛날의 분위기 속에 자고 가게 해주고 싶었는지도 모른다. (…) 그리고 그때 노인은 아직 집을 지켜온 흔적으로 안방 한쪽에다 이불 한 채와 옷궤 하나를 예대로 그냥 남겨두고 있었다.

떠돌이 살림에 다른 가재도구가 없어서도 그랬겠지만, 20년 가까이를 노인이 한사코 간직해 온 옷궤였다. 그만큼 또 나를 언제나 불편스럽게 만들어온 물건이었다. 노인에게 빚이 없음을 몇 번씩 스스로 다짐하고 있다가도 그 옷궤만 보면 무슨 액면가 없는 빚 문서를 만난 듯 몹시 기분이 꺼림칙스러워지곤 했던 물건이었다. 이번에도 물론 마찬가지였다. 노인의 방을 들어선 순간에 벌써 기분을 불편스럽게 해오던 옷궤였다. 그리고 끝내는 이틀 밤을 못 넘기고 길을 다시 되돌아갈 작정을 내리게 한 것도 알고 보면 바로 그 옷궤의 허물이 컸을지 모른다.

다시 말해 「눈길」의 주인공은 어머니에게 진 빚이 없음을 주장하다가도 그 옷궤 앞에서는 그만 자신이 없어지는 것이다. 그래서 그는 서둘러 서울로 돌아가려고 한다. 옷궤가 그에게 과거를 상기시켜 주고, 그를 불편하게 하기 때문이다. 그는 고향과 어머니에게 진 신세를 애써 부정하고 자신의 어두운 과거와 단절하고 싶어 한다. 옛날의 영광이 사라진 고향, 그래서 이제는 단칸방 오두막과 헌 옷궤로만 남은 초라한 전통을 그는 이제 더 이상 인정하고 싶지 않은 것이다. 그가 어머니를 어머니라고 부르지 않고 굳이 "노인"이라고 부르는 것도 바로 그런 맥락에서이다.

그 어머니가 주인공에게 넌지시 집을 넓히고 싶다는 소망을 피력한다. 산업화의 바람은 어느새 시골까지 들어와 주인공의 고향 마을에서도 지붕 개량 사업이 시작된 것이다. 어머니는 지원금이 나오는 이 기회에 새 지붕을 얹으면서 방 한 칸이라도 더 만들어 붙이고 싶어 한다. 주인공은 물론 어머니의 그러한 소원을 들어줄 마음이 추호도 없다. 자기는 어머니에게 빚을 진 일도, 신세를 갚을 일도 없다고 생각하기 때문이다. 그러나 어머니가 방 한 칸을 더 늘이고 싶었던 이유는 자신을 위해서가 아니라 자신의 사후에 조문객을 맞을 아들과 형수를 위해서라는 것이 밝혀진다. 또다시 어머니의 이타주의가 드러난다. 한국인에게 집은 이처럼 죽은 후에도 중요한 의미를 갖는다. 그럼에도 불구하고 주인공은 냉정하게 어머니의 소원을 거절한다.

그러나 바로 그 순간 그가 고향 집에서 마지막 잠을 청할 때 그는 그때까지 모르고 있었던 새로운 사실 — 혹은 지금까지 별 관심이 없었던 사실 — 을 어머니로부터 듣게 된다. 주인공은 비로소 온 천지를 하얗게 덮은 눈길을 걸어 아들을 버스에 태워 보낸 후, 먼 길을 혼자 걸어서 마을로 돌아오던 때의 어머니의 심정을 알게 된다.

눈길을 혼자 돌아가다 보니 그 길엔 아직도 우리 둘 말고는 아무도 지나간 사람이 없지 않았겠냐. 눈발이 그친 그 신작로 눈 위에 저하고 나하고 둘이 걸어온 발자국만 나란히 이어져 있구나. ……그 몹쓸 발자국들에 아직도 도란도란 저 아그의 목소리나 따뜻한 온기가 남아 있는 듯만 싶었제. 산비둘기만 푸르륵 날아가도 저 아그 넋이 새가 되어 다시 되돌아오는 듯 놀라지고, 나무들이 눈을 쓰고 서 있는 것만 보아도 뒤에서 금세 저 아그 모습이 튀어나올 것만 싶었지야. 하다 보니 나는 굽이굽이 외지기만 한 그 산길을 저 아그 발자국만 밟고 왔더니라. 내 자석아, 내 자석아, 너하고 둘이 온 길을 이제는 이 몹쓸 늙은것 혼자 너를 보내고 돌아가고 있구나!
……울기만 했겄냐. 오목오목 디뎌논 그 아그 발자국마다 한도 없는 눈물을 뿌리며 돌아왔제. 내 자석아, 내 자석아, 부디 몸이나 성하게 지내거라. 부디부디 너라도 좋은 운 타서 복 받고 살거라. 눈앞이 가리도록 눈물을 떨구면서 눈물로 저 아그 앞길을 빌고 왔제…….

자는 척 누워서 어머니가 아내에게 해주는 그 이야기를 들은 주인공은 이제 비로소 어머니에게 아무런 빚이 없다고 주장했던 자신에 대해 심한 부끄러움을 느낀다. 모두가 잠든 새벽 어머니와 둘이서 걸었던 눈길과 눈 위에 선명하게 찍힌 발자국, 그리고 사랑하는 아들의 발자국을 밟고 울면서 마을로 되돌아간 어머니. 이제 더 이상 기거할 집도 없이 눈 속에 홀로 남겨진 어머니. 그것을 깨닫는 순간 주인공은 자신이 어머니와 고향에 지고 있는 부인할 수 없는 빚의 무게를 감지한다.

여기서 이청준이 의도하는 것은 물론 어머니에 대한 단순한 효가 아니다. 이청준은 차라리 주인공의 어머니는 모든 한국인들의 가슴속에 살아 숨쉬고 있는 영원한 고향의 상징이며, 둘이 같이 걸었던 눈길은 우리 사회가 걸어온 과거와 현재 그리고 전통과 변화의 여로라고 말하고 있는 것처럼 보인다.

눈길을 걸어 마을 근처까지 돌아간 어머니는 아침 햇살이 부끄러워서 뒷산 잿등에 선 채, 차마 동네로 들어가지 못한다.

갈 데가 없는 것이 아니라 아침 햇살이 활짝 퍼져 들어 있는디, 눈에 덮인 그 우리 집 지붕까지도 햇살 때문에 볼 수가 없더구나. 더구나 동네에선 아침 짓는 연기가 한창인디 그렇게 시린 눈을 해갖고는 그 햇살이 부끄러워 차마 어떻게 동네 골목을 들어설 수가 있더냐. 그놈의 말간 햇살이 부끄러워져서 그럴 엄두가 안 생겨나더구나. 시린 눈이라도 좀 가라앉히

자고 그래 그러고 앉아 있었더니라…….

햇살은 눈을 녹이고 눈길에 난 발자국을 사라지게 한다. 꿈과 같은 새벽 눈길에서 돌아온 어머니에게 현실의 아침 햇살은 너무나 눈이 시린 것이었다. 눈길 위를 나란히 걸었던 그녀와 아들의 발자국은 떠나버린 아들처럼 곧 햇살에 녹아 사라질 것이었다. 그리고 그와 더불어 그녀도 이제는 현실 속에서 혼자 살아나가야만 하게 되었다. 그러나 그녀를 정작 부끄럽게 한 것은 자기가 거처할 곳이 없다는 사실이 아니라 대명천지에 아들을 쉬게 할 집을 잃어버렸다는 사실이었다. 그것은 물론 그녀의 잘못이 아니었지만 집을 상실한 한국의 어머니는 그게 부끄러워서 차마 마을에 들어가지 못한다.

전통과 근원으로서의 어머니

「눈길」의 주인공이 마지막에 깨닫게 되는 것은 과거와 전통과 근원에 대한 결코 부정할 수 없는 빚과 신세짐이다. 그가 아무리 집과 고향과 어머니에 대해 아무런 빚이 없다고 강조해도 결국 그는 자신도 모르는 사이에 원초적인 "묵은 빚"을 지고 있었던 것이다. 이청준은 특유의 회한과 부끄러움의 모티프를 이용해 한국인의 바로 그러한 원형적 심리를 잘 포착해 보여주고 있다.

한국인들에게 있어서 집과 고향과 어머니는 끊임없이 찾아가고 싶어 하면서도 동시에 떠나고 싶어 하는 이율배반적인 — 그래서 부단히 해체되고 재구성되는 — 자크 데리다의 '중심'과도 같은 존재다. 1960년대 이후 한국 사회에 불어닥친 산업화의 열풍에 따라 한국인들은 집과 고향과 어머니를 떠나 도시로 이동했다. 그리고 도시에서 그들은 급속도로 비인간화되어 갔다. 그런 그들의 마음속에 고향은 두 가지 상반된 의미로 남아 있게 되었다 — 즉 그리운 유년기의 목가적 추억으로, 그리고 부정하고 싶은 어두운 과거의 상징으로. 그리고 그 결과 한국인들은 고향에 대해 애정과 증오를 동시에 느끼게 된다. 그리움 때문에, 의무감 때문에, 또는 소위 도시에서 출세한 자신의 모습을 보여주기 위해 한국인들은 고향에 내려간다. 그리고는 허름한 고향집과 늙은 어머니를 보며 그들은 자신의 가난하고 어두운 과거를 부인하고 그 흔적을 미워한다. 「눈길」의 주인공이 고향과 어머니에 대해 아무런 빚이 없음을 주장하는 것도 바로 그러한 맥락에서이다.

그러나 그렇게 내려간 고향에서 그들은 그동안 자신들이 잃고 살아온 것이 과연 무엇인가를 깨닫는 중요한 체험을 하게 된다. 집과 고향과 어머니야말로 자신들의 현재 모습을 가장 분명하게 비추어주는 원초적인 거울이기 때문이다. 그래서 그들은 음습한 단칸방 집과 가난한 고향과 늙은 어머니를 잠시나마 부끄러워했던 자신의 모습을 부끄러워하게 된다. 「눈길」에서도, 그리고 「무진기행」에서도 작품의 마지막에 주인공들은 스스로를 한없이 부끄러워하며 고향을 떠난다.

그들은 결국 다시 서울로 돌아간다. 그렇지만 눈뜸의 과정을 겪은 그들의 삶은 아마도 예전과는 다를 것이다. 물론 세월이 지나면 그들은 다시 도시 생활 속에서 인간성을 상실하고 비인간적 삶을 살게 될 것이다. 그러면 그들은 또다시 도시의 일상에서 일탈해 고향을 찾아갈 것이고, 그곳에서 다시 한번 자기 자신의 근원과 대면하게 될 것이다. 그래서 귀향은 한국인들의 영원한 과제이자 한국 작가들의 중요한 주제가 된다.

김윤식 명지대 석좌교수는 고향을 한국인의 "원죄 의식"에 비유하고 있고(「바깥에서 본 한국문학의 현장」, 1998), 오생근 서울대 교수는 이청준의 모든 소설들을 "귀향 연습"이라고 부르고 있다(「현실의 논리와 비평」, 1994). 그만큼 한국인들에게 있어서 그리움과 죄의식을 수반하는 고향과 귀향은 중요한 의미를 갖는다. 그래서 '집과 고향과 어머니' 모티프는 이청준이 1990년대 중반에 발표한 장편소설 『축제』에서도 계속된다.

어머니의 부음을 받고 고향에 돌아가 장례를 치르며 어머니의 삶을 회상하는 이 소설에서도 주인공은 어머니와 고향에 대한 한국인 특유의 후회와 한, 그리고 부끄러움과 죄의식을 느낀다.

어떤 의미에서 현대인은 모두 고향을 떠난 망명객이다. 그럼에도 불구하고 우리에게는 아직도 돌아갈 고향이 있다. 물론 결국에는 고향을 떠나 도시의 망명 생활로 귀환해야겠지만, 그래도 잠시나마 돌아갈 고향이 있다는 것은 분명 다행스런 일이다. 고향은 한국인들이 — 그리고 더 나아가서는 모든 현대인들이 — 삶의 본질을 바라보기 위해서는 끊임없이 돌아가야만 하는 모든 것의 원점이자 시발점이 된다. 이청준의 「눈길」은 바로 그러한 문제를 천착한 기념비적인 작품이다.

바깥세상으로의 한 걸음 : 「내가 네 사촌이냐」

이청준은 우리 시대의 가장 지적인 작가이면서도 언제나 토속적인 정서를 잃지 않고 있다는 점에서 특이하다. 그는 또 서구적인 수수께끼나 게임의 모티프를 즐겨 자신의 작품에 차용하면서도, 동시에 동양적 예술의 세계나 구도의 주제를 다루는 데 탁월한 장인의 솜씨를 보여주고 있다는 점에서도 특이하다. 최근 미국 펜실베이니아 주립대에서 「이어도」를 교재로 사용했던 한 미국인 교수는 "이청준의 「이어도」야말로 동서양의 가치관과 정신이 절묘하게 조화된 훌륭한 작품으로, 대단히 인상적이었고 학생들의 반응도 아주 좋았다."라는 편지를 보내온 적이 있다.

이청준의 작품치고는 비교적 단순한 구성의 소품처럼 보이는 「내가 네 사촌이냐」 역시 자세히 읽어보면 바로 그와 같은 복합적인 특성을 갖추고 있다는 것을 알 수 있다. 작가 특유의 이야기 솜씨로 인해 단숨에 읽히는 이 단편의 배경은 "방앗간 길 아래쪽에 가죽나무 한 그루가 높이 솟아오른" 한국의 전형적인 어느 시골집이지만, 그 주제는 인류 공통의 문제이자 현대인 모두의 문제인 '소외'·'차별'·'타자'·'방랑'·'귀환'·'혈연' 그리고 '가족'이라고 할 수 있다. 또 이 작품을 감싸고 있는 것은 해방 이후 한국의 현대사와 토속적인 한이지만, 이 작품의 보다 더 심층적인 주제는 '닫힌 사회'와 '바깥세상' 같은 다분히 보편적이고 현대적인 모티프라고 할 수 있다.

이 작품에는 물론 우리가 까마득하게 잊어버린 채 살고 있지만, 결코 지워지지 않는 역사의 아픈 기억과 과거의 상처라는 무거운 주제도 들어 있다. 어느 날 불쑥 찾아와 오래 잊고 살았던 과거의 아픈 기억과 상처를 되살려놓는 이 작품 속의 젊은이는 어두운 과거란 결코 역사에 맡기거나 망각될 수 없다는 것을 시사해 준다. 우리가 그것과 대면해 문제를 해결하지 않는 이상 과거의 악몽은 언젠가 다시 살아 돌아온다는 것 또한 이 작품의 주요 주제이다. 그런 의미에서 1945년부터 1990년대 중반까지를 다루고 있는 이 작품은 어쩌면 비극적인 우리 현대사에 대한 작가의 겸허한 반성문인지도 모른다.

그래서 「내가 네 사촌이냐」는 그 외면적 단순함에도 불구하고, 어느새 무거운 주제와 의미를 갖는 이청준 특유의 세련되고 복합적인 작품으로 떠오른다. 소설의 줄거리는 간단하다. 어렸을 적 나병에 걸려 집을 떠난 후 소식이 끊긴 안의윤의 아들이 자신의 부모가 S섬의 나환자촌에서 죽자 고향에서 대를 이어 살고 있는 작은아버지 안서윤의 집을 찾아온다. 안서윤은 50년 만에 갑자기 나타난 조카를 앞에 두고 지난날에 대한 회상에 잠긴다. 소설의 대부분은 안서윤의 회상으로 되어 있다. 소설의 마지막에 안서윤은 객사한 형의 유지를 받들어 형 부부의 유해를 선산으로 이장하고, 조카를 가족의 일원으로 받아들이기로 결심한다. 그러나 어렸을 때부터 '닫힌 사회'에서만 살아온 안의윤의 아들은 '바깥세상'에 대한 회의와 불신으로 선뜻 새로운 가정의 일원이 되기를 꺼려한다. 답답해진 안서윤은 그런 조카에게 마침 다가오고 있는 자기 아들을 가리키며 "저 애한테 너희가 사촌 간이냐 아니냐 물어봐라 이놈아. 그것이 네가 여기까지 마음속으로 물으러 온 말이 아니냐."라고 말한다. 이 소설의 다소 특이한 제목은 바로 안서윤의 위 대사에서 가져온 것이다.

 1950년대까지만 해도 우리나라에는 거리를 배회하며 구걸하는 나환자들이 많았다. 당시 그들에 대한 사람들의 시선은 두려움과 배척 바로 그것이었다. 나환자들의 일그러진 외모와 병이 옮을지도 모른다는 생각은 나환자들에 대한 두려움과 차별 의식을 심어주었다. 심지어는 그들이 병을 고치기 위해 어린아이들을 잡아다가 간을 날로 꺼내 먹는다는 불확실한 소문도 나돌았다. 그래서 정상인들에게 나환자들은 완벽한 '타자'가 되었고, 나환자들은 사회로부터 철저하게 고립되고 소외되었다. 그리고 정부 당국이 전국을 방랑하며 떠돌던 그들을 붙잡아 섬에 수용하면서부터 그들은 사회로부터 완벽하게 제외되고 격리되었다.

 나환자의 역사는 멀리 기원전 구약시대로까지 거슬러 올라간다. 로마가 세계를 지배하고 있었던 예수의 시대 당시에도 나환자가 많았던 것으로 기록되어 있다. 소외와 차별의 근원을 역사적으로 추적했던 미셸 푸코(Michel Foucault)는 인류 최초의 수용소가 바로 나환자 격리 정책에서 비롯되었다고 지적하고 있다. 원래는 나환자들을 그냥 도시의 외곽에 모여 살도록 했지만, 도시가 팽창되고 확대됨에 따라 나환자 구역이 점차 도시 안에 편입되었고, 그래서 별도의 격리수용소가 필요하게 되었다는 것이다. 즉 나환자들로 인해 인간은 제도적으로 격리되고 수용되었다는 설명이다.

 나병에 걸린 안의윤 역시 집과 부모와 고향을 떠나 나환자들의 무리에 합류했다가 결국 제도권이 만든 수용소인 S섬으로 들어가게 된다. 처음에 그는 동네 사람들의 두려움과 여론에 밀려 마을을 떠나지만, 나중에는 자기 스스로 고립을 선택하여 집과의 관계를 단절한다. 그는 찾아온 어머니도 만나주지 않을 뿐 아니라 심지어는 부모의 장례식에도 모습을 나타내지 않고 근처 숲 속에 숨어 바라볼 뿐이다. 그는 어느덧 사회제도인 격리 수용의 목적이 의도하는, 완벽하게 '소외된 인간'이 된 것이다. 사회제도는 이처럼 인간을 세뇌시키고 제어해 그 본질을 바꾸어놓는 가공할 만한 힘을 갖고 있다.

그럼에도 안의윤은 정상인인 아들만큼은 언젠가 고향으로 돌아가 가문의 일원이 되어 살아주기를 바란다. 그가 고향 마을에 있는 부모의 산소에 아들을 두 번씩이나 데리고 다녀간 이유도 바로 그것이다. 안의윤은 아버지의 장례식에 데려온 아들에게 자기가 떠나온 가정과 가족에 대해 이렇게 말한다 ── "나는 살아생전에 찾아갈 수 없는 곳이요, 찾아가 함께할 수 없는 사람들이다. 때가 되면 나중에 너라도 찾아가 보라고 길을 함께 데려온 것이다." 그런데다가 나중에 역시 나환자였던 어머니마저 같은 유언을 남기고 타계하자 안의윤의 아들은 자신의 뿌리를 찾아 돌아온 것이다. '소외'·'차별'·'타자'·'방랑'·'귀환'·'혈연' 그리고 '가족' 같은 모티프들이 차례로 그 모습을 드러내는 것은 바로 그러한 맥락에서라고 할 수 있다.

그러나 이 작품의 보다 더 중요한 주제는 '닫힌 체제'와 '바깥세상'이다. 태어나면서부터 나환자촌이라는 외부와 단절된 사회에서 살아온 안의윤의 아들은 바깥세상에 대한 막연한 불안감과 두려움과 적개심을 갖고 있다. 더구나 외모가 흉하게 일그러진 사람들 사이에서 그것이 당연하다고 생각하며 살아온 그의 눈에는 정상적인 사람들의 모습이 오히려 이상하고 무섭게 보일 수밖에 없다. 그가 자신을 받아들이려는 작은아버지 안서윤에게 냉소적인 태도를 보이고 비아냥거리는 것도 사실은 새롭게 시작해야 할 바깥세상에 대한 두려움과 불신감 때문이다.

녀석은 이미 서윤 씨가 짐작해 온 것 이상으로 바깥세상과 그 바깥 사람들의 일을 겁내고 있었다. 녀석이 그토록 제 어미의 간절한 소망을 외면한 채 그를 찾아오기를 꺼려한 것도 실은 그 고향 사람들과 고향에서의 일을 두려워한 때문이었다.

새로운 세상으로의 편입을 두려워하는 조카로 인해 난감해진 안서윤은 마침 옆에 있던 아들에게 자신의 짐을 떠넘긴다. "너희가 사촌 간이냐 아니냐 물어봐라 이놈아." 이 말은 아마도 그동안 어둡고 무거운 과거의 짐을 까마득하게 잊고 살아온 기성세대의 반성과 무력감, 그리고 새로운 세대에 대한 한 가닥 희망의 은유적 표출일 것이다. 아무리 기억하기 싫더라도 과거를 망각할 수는 없다. 조지 스타이너의 말대로 "과거를 기억하지 못하는 사람은 과거를 되풀이해 살 수밖에 없기(Those who do not remember the past are condemned to relive it)" 때문이다.

「내가 네 사촌이냐」처럼 일견 단순하게 보이는 소설에 이처럼 복합적인 주제를 집어넣을 수 있는 작가는 그리 흔치 않을 것이다. 그것은 곧 작가로서 이청준의 역량이 이미 원숙한 경지에 이르렀음을 보여주는 한 좋은 예가 된다.

해류와 같은 시인
― 고은론

휴대폰을 지닌 시인

고은 시인은 늘 휴대폰을 갖고 다니며 애용하는 것으로 유명하다. 시인이 기계를 좋아해도 되느냐는 내 어리석은 질문에 그는 얼굴 가득 미소를 지으며, "어디에 가든지 사람과 사람이 연결된다는 것은 좋은 일이지요."라고 대답했다. 그것은 곧 그가 인간과 인간 사이의 접촉과 만남을 중요시하고, 기계를 통한 '휴먼 터치'까지도 성취한, 따뜻한 심성의 시인이라는 것을 의미한다. 몇 달 전 유럽에 같이 갔다가 김포공항에 도착해 입국 심사를 기다릴 때에도 고은 시인은 소설가 오정희 씨와 나에게 "집에 전화들 하세요."라며 휴대폰을 건네주었고, 그 덕분에 인간 교류에 서투른 나까지도 그만 얼결에 기계를 붙잡고 모처럼 가족과의 커뮤니케이션을 시도하게 되었다.

그런 의미에서 고은 시인은 미국의 대표적 선(禪) 시인 개리 스나이더(Garry Snyder)와 유명한 비트 시인 앨런 긴스버그(Allen Ginsberg)를 연상시킨다. 스나이더는 문명을 떠나 전기가 없는 캘리포니아 주 네바다시티의 산 속에서 살고 있지만 태양열을 이용해 컴퓨터 이메일로 전 세계와 교류하는 시인이며, 긴스버그 역시 생전에 기계문명의 폐해를 고발하면서도 시 낭송회 때는 마이크를 통해 청중들과 교류하던 폭넓은 시인이기 때문이다. 또한 스나이더와 긴스버그는 둘 다 따뜻하고 진정한 인간교류의 추구로 유명한 시인들이기도 하다. 과연 리오 마르크스(Leo Marx)의 용어를 빌리면, 위의 세 시인은 모두 "정원 속의 기계(The Machine in the Garden)"를 용납하고 포용하는 "복합적 목가주의"의 실천자들이라는 공통점을 갖는다. 사실 이 하이테크 시대에 기계를 배제하고 인정하지 않는 것은 다분히 '감상적인 목가주의'일 것이다.

청중을 사로잡는 고은 시인의 시 낭송 스타일 역시 스나이더나 긴스버그의 시 낭송과 많이 닮았다. 예컨대 해외에 나가 시 낭송을 할 때 고은 시인은 풍부한 제스처와 함께 그야말로 혼신의 힘을 다해 정열적으로 시를 읽는다. 그래서 고은 시인의 시 낭송을 들은 스웨덴 문예지의 한 편집장은 "고은은 마치 땅속에서 영혼의 샘물을 파 올리는 것처럼 시를 읽는다."라고 평한 적이 있다. 그래서 외국에서 그가 시를 낭송하면 그 직전에 낭송한 시인이 빛을 잃고, 그 후에 낭송하는 시인은 그를 모방하게 된다. 그의 낭송에 매료된 청중들이 자리를 뜨지 않기 때문에 그 다음 시인이 덕을 보는 것은 물론이다. 그만큼 고은 시인의 작품은 외국인들에게 호소력이 있다. 그의 시는 동양적이면서도 보편적이고, 한국적이면서도 우주적이다. 개리 스나이더는 "현존하는 한국 시인 중 서구 독자들에게 가장 호소력 있는 사람이 누구냐고 묻는다면 나는 주저없이 고은이라고 대답하겠다."라고 말한 적이 있다.

고은 시인의 시 세계는 섬세하면서도 웅장하고, 난해하지 않으면서도 심오하며, 기교를 부리지 않으면서도 뛰어난 시적 운율을 보여주고 있다. 거기에는 또 시대의 아픔과 고뇌가 있고, 삶에 대한 존재론적 성찰과 철학이 있으며, 일상과 현실에 대한 예리하고 준엄한 비판이 있다. 그리고 물론 그러한 세속적인 것들을 초월하는 불교적 세계관과 선 사상도 깃들어 있다. 그와 더불어 그의 시에는 언제나 글쓰기에 대한 부단한 의미 천착이 진행되고 있다. 그가 2001년 여름 이탈리아 베로나에서 열린 유네스코 '세계 시 아카데미' 창립총회에 초청 받아 한국을 대표하는 회원으로 지명된 것도 바로 그의 그런 시적 덕목과 역량을 세계 시단에서 인정받아서일 것이다.

고은 시인은 휴대폰 하나를 지닌 채 훌쩍 떠나 '연어'처럼 파도를 거슬러 올라가거나 '황해 조기'처럼 세계 각지를 돌아다니는 방랑 시인이다. 다행히도 우리는 그가 어디에 있든지 그의 휴대폰을 통해 또는 그의 시를 통해 그와 교류하고 대화할 수 있다. 2002년 벽두를 장식한 그의 시집 『두고 온 시』는 시인의 바로 그러한 정신적 편력과 여정의 결산이자 독자들과 교류하는 만남의 장이다. 그래서 이 시집에 실려 있는 한 편 한 편의 시에서 독자들은 한국 근대사와 더불어 펼쳐지는 시인의 지난날과 현재, 아픈 상처와 치유 그리고 방랑과 깨달음을 발견하게 되고, 시인과 더불어 우주적 명상과 사유의 세계로 침잠해 들어가게 된다. 그렇다면 삶이라는 정처 없는 여로에서 시인이 '두고 온 시'는 과연 무엇일까? 오랜 방랑으로부터 돌아오면서 그는 도대체 무엇을 두고 온 것일까?

순례자의 노래

『두고 온 시』의 제1부 '순례시편'은 나라 안과 나라 밖에서 자신의 시와 인생과 정체성을 돌이켜보는 시인의 명상과 성찰로, 그리고 제2부 '작은 노래'는 사물과 우주의 본질을 짧은 시로 통찰하되 서양의 경구시나 일본의 하이쿠와는 다른 고은 시인 특유의 간결하고 단편적인 시들로 이루어져 있다. 젊은 시절의 방랑이 순례가 되고, 언어가 점점 더 축소되어 드디어 침묵에 가까워지는 것은 곧 한 작가의 인생과 문학의 완성을 의미한다. 과연 이 시집에서 고은 시인은 지난날 삶의 여정을 뒤돌아보며, 좀 더 완숙해진 자신의 문학 세계로 독자들을 이끌어간다. 그럼에도 그의 시는 단순히 삶을 관조하는 원로 시인의 정적인 회고나 명상이 아니라 내일과 미래를 향해 부단히 새로운 시작을 시도하는 젊은 피의 역동적 도전으로 읽힌다.

> 그럴 수 있다면 정녕 그럴 수만 있다면
> 갓난아이로 돌아가
> 어머니의 자궁 속으로부터
> 다시 시작하고 싶을 때가 왜 없으리
> 삶은 저 혼자서
> 늘 다음의 파도 소리를 들어야 한다
>
> 그렇다고 가던 길 돌아서지 말아야겠지
> (…)
> 두고 온 것 무엇이 있으리요만
> 무엇인가
> 두고 온 듯
> 머물던 자리를 어서어서 털고 일어선다
> ──「두고 온 시」

고은 시인은 젊다. 그리고 젊은 사람은 과거에 미련이 없다. 그래서 그는 타이틀 시로 선택된 「두고 온 시」에서도 지난날에 대한 미련 없이 자리를 털고 일어나 내일을 향한 여정을 계속한다. 우리는 모두 과거에 무엇인가를 두고 왔다고 생각하고, 그 두고 온 것에 대해 미련과 향수를 갖게 된다. 그러나 시인은 우리에게 돌아서지 말고 가던 길을 계속 가라고 충고한다. 이것이 고희를 넘긴 시인의 생각이라는 것은 놀랍고도 경탄할 만한 일이다. 시인의 귀에는 늘 '내일의 파도 소리'가 들리고, 어서 일어나 순례를 계속하라는 속삭임이 들린다. 그런 그에게 과거의 향수와 망령에서 벗어나지 못하고 있는 조국의 현실은 안타까울 뿐이다.

향수는 오랜 멍에였다
왜 우리는 지난날의 느티나무 옹이만을 서럽게 이야기하는가
왜 우리는 지난날
그 어둑어둑한 저녁 외딴 마을만을 못내 그리워하는가
천둥소리여 꾸짖어다오
왜 우리는 오늘이 아닌
어제의 저문 밀물만을 노래하는가
아 모든 비애여 과거여

(…)

이제 벌떡 일어나
새벽 먼동 앞에서 노여운 신발 끈을 매어야 한다
그리하여 새로 찾아오는 시간 속으로 걸어가야 한다

(…)

태어난 곳 자라난 곳은 미개이다
지난날의 하염없는 마루턱이 아니라
오늘의 거리를 가야 한다

오늘과 내일의 성난 바다 한쪽을 건너가야 한다

(…)

왜 우리는 오래된 조상의 유골을 떠나지 못하는가
──「아침 바다」

    고은 시인은 자신의 진취적인 시각과 역사에 대한 통찰을 이렇게 비범하고 뛰어난 한 편의 시로 형상화하는 데 성공하고 있다. 시인의 한탄은 한국인들의 비진취성 때문에 결국 일제시대 일본인에 의해 알려진 석굴암을 노래한 「토함산」에서도 계속되고 있다. 보수적이고 폐쇄적인 다른 원로 시인들과는 달리 고은 시인은 이렇게 진취적이고 개방적이다. 바다를 향수와 이별의 상징으로만 보았던 우리의 옛 시인들과 달리 고은 시인은 마치 「바다를 향한 열정」을 쓴 영국 시인 존 메이스필드(John Masefield)처럼 바다를 내일과 미래의 상징으로 보고 있는 것이다.

    고은 시인이 과거와 조국을 떠나 이렇게 미래와 세계로 눈을 돌리는 것은, 암울했던 한국 근세사와 정치 상황에 대한 남다른 회의와 반성에서 비롯된 것처럼 보인다. 그가 1960년대에 썼으나 원문이 없어진 채 영역되어 독일 보쿰 대학의 어느 교수 연구실에 40여 년 간이나 걸려 있었다는 「이어도」라는 시는 당시 조국의 현실에 대한 그의 절망이, 그리고 그 절망으로부터의 탈출 의지가 얼마나 강했는지를 잘 보여준다.

이어도로 가리
바다 건너, 마른 호박빛 수평선 너머
내 절망으로부터 이어도로 가리
오 내 나라여, 나를 떠나게 해다오

황폐한 시간과 들판
그리고 내가 태어난 자궁을 모두 넘겨버릴 것이다
내 정든 옛집도 버릴 것이다

(…)

그리하여 새로운 빛이 오래 저주받은 밤으로부터
이어도 위로 떠올라 날이 새이리라
내 삶의 수많은 절망으로부터 이어도로 가리

— 「이어도」

「이어도」는 일견 현실에 대한 절망과 유토피아로의 도피를 노래한 것처럼 보이지만, 궁극적으로는 절망을 초극하려는 강한 의지가 담겨 있는 대단히 긍정적인 시라고 할 수 있다. 과연 고은은 단순한 허무주의나 도피주의에 빠져들지 않고, 현실과 역사 속에 자신을 정립하는 의지와 신념의 시인이다. 그래서 독재에 저항하다가 붙잡혀간 감옥의 철창 사이로 보이는 한 조각 푸른 하늘에서도 시인은 희망을 잃지 않고 밝게 빛나는 내일의 태양을 본다. 어려웠던 시절, 당시 그의 삶과 관심은 억눌리고 가난한 타자 — 곧 민중 — 들을 위해 바쳐졌고, 시인으로서의 삶 또한 충일했다.

그러나 이제 시대는 변했다. 지금은 독재정권이 사라져 예전에 비하면 놀랄 만큼 자유로워졌고, 믿기 어려울 만큼 풍족해졌으며, 모든 면에서 살기 좋아졌다. 그러나 문제는 그러한 변화에 따라 시인이 저항할 대상도 줄어들고 타인에 대한 우리의 관심도 현저하게 감소했다는 점이다. 시인은 바로 그러한 시대적 변화를 슬퍼한다.

한밤중 혼자 흐득흐득 울고 울었던
그 울음의 소용돌이 어디로 갔나
이토록 내 등뼈에는 슬픔이 없어졌다

달동네 난곡에는
그 숨찬 1인용 골목들 굶주리는 아이들이
멀뚱멀뚱 살아 있는데
뉴스 시간 텔레비전 화면에서
아프간 아이들이 풀 한 포기 없는 언덕에서
먼지 먹으며 살아 있는데
나는 배고프지 않다.

지난날 30년
독재 그것이 내 생존의 개펄 같은 애욕이었을 줄이야
희망이었을 줄이야

―「최근의 고백」

　슬픔과 고뇌가 없어진 사회, 배고프지 않은 상황, 투쟁의 대상이 없어진 시대에 시인은 비로소 과거 독재 정권 시대가 역설적으로 더 보람 있었고 따뜻했음을 깨닫는다. 사실 요한 휠덜린의 시 구절처럼 시인에게는 궁핍한 시대가 더 나은지도 모른다. 물질적 풍요는 인간에게 삶의 여유는 제공하지만 인간성의 고양을 가져다주지는 않기 때문이다.

난곡동 빈민굴 노정혜수한테 가지 않는다
네팔 노동자 공장에도 가지 않는다
요즘의 나 배고픈 적 없다

넥타이가 너무 많다
70년대 이래의 그 낱말을 가만히 써본다 '민중'

——「작은 노래」

    가난하고 억압받는 사람들에 대한 관심이 점점 더 사라져가고 있는 상황에서 시인은 한때는 그렇게도 절실했으나 지금은 그 의미가 퇴색해 버린 '민중'이라는 말을 되뇌어본다. 그리고 우리를 하나로 결속시켜 주었고, 우리의 피를 끓게 만들었던 군사 쿠데타 시대, 암울했던 독재 시대가 차라리 지금보다 더 나았다고 생각한다.

어느 날 밤
누군가가 뛰쳐나와 소리쳤다

아 독재가 있어야겠다
쿠데타가 있어야겠다
그래야
우리 무덤 속 백골들
분노의 동정(童貞)으로 뛰쳐나오리라
하루 열두 번의 잠 때려치우고 누에 집 뛰쳐나오리라.
그래야 텅 빈 광장에 밀물의 짐승들 차오르리라

(…)

그러나 옛 친구들이여 기억하라
이 광장이 우리들의 시작이었다 언제나

——「광장 이후」

시인이 보는 우리는 지금 부화의 꿈을 상실한 채 냉장고 속에 들어 있는 달걀이자, 나방이 되는 꿈을 상실한 채 잠들어 있는 누에고치일 뿐이다. 그래서 시인은 외부와 단절된 채 현실의 아픔과 미래의 희망을 잊고 마비되어 있거나 잠들어 있는 우리에게 어서 일어나 현실을 직시하고 미래를 바라보라고, 그래서 다시 한번 민중의 광장으로 나오라고 강권한다.

시대의 어둠을 밝히는 시인

고은 시인의 그러한 통찰은 시의 미래에 대한 성찰로 확대된다. 그는 시란 잠들어 있는 우리를 깨워 현실을 직시하고 미래를 바라보게 해주는 각성제이자, 세계를 하나로 연결해 주는 우주의 언어이자, 따뜻한 해류(海流)와도 같다고 말한다. 그는 또 문학이 상업주의와 엔터테인먼트에 밀려나는 시대에 시는 더욱 소중하고 더욱 필요한 값진 정신적 유산이라고 말한다. 그런 의미에서 그는 어지러운 시대에 태어나 종교를 세운 석가나 공자나 예수도 사실은 시인이었다고 말한다. 2001년 가을 스웨덴과 미국에서 발표해 해외 청중들로부터 찬사를 받은 「해류로서의 시」라는 강연에서 고은 시인은 이렇게 천명하고 있다.

몇천 년 동안 모든 언어는 민족들의 삶과 문화의 핵심이었으며, 동시에 인류의 다양한 표현들을 성취했습니다. 꿈꾸는 언어로서 시의 보석들도 당연히 거기에 포함됩니다. 이 같은 소중한 언어들이 세계화 또는 신자유주의 시장의 도구언어로 말미암아 짓밟히거나 언어 영역이 침범당하거나 할 때 그 언어의 극점이기도 한 시를 옹호하는 활동이 있어야 했던 것입니다. 왜냐하면 인간 정신은 '근원의 시'이기 때문입니다. 나는 인류가 위로받고 구원받는 일 자체가 시적이라고 믿습니다. 이 점은 석가와 공자,

예수가 '시인'으로서 그들의 종교적 위엄에 기여한 사실로도 강조하고 싶습니다.

이제 세상은 시를 사랑할 시간을 여러 오락과 유희의 시간으로 대체하고 있는 것이 사실입니다. 여기에 사이버 공간 안에는 시 본래의 가능성들이 소비적 작위로 파편화됨으로써 그것들이 시를 대행하고 있으며, 영상 화면에서도 그러한 현상이 뚜렷합니다. 심지어 광고 메시지들도 시의 세계를 상대적으로 넘나들며 상품을 장식하고 있습니다. 오늘의 시가 그 효용 불능으로 된 아날로그 시대의 유물로 소외된다 하더라도 정작 이때부터 항구적인 정전(正典)을 확신한다면 시는 내적 성취가 이루어진다고 믿습니다. 시의 절망이야말로 과거의 시와 미래의 시를 이어주는 시의 빛나는 축제를 진행시키는 것입니다.

이렇게 인용이 길어진 이유는, 이 글에 어느 한 구절도 빼기가 어려울 만큼 주옥같은 내용이 담겨 있기 때문이다. 문학의 죽음이 선언되는 절망의 시대에 오히려 "시의 빛나는 축제"를 벌이고, 절망으로부터 새로운 희망을 일구어내는 시인의 신념과 역량은 오직 고은 시인에게서만 발견되는 소중한 덕목 중 하나이다. 한 편의 산문시 같은 이 글에서 시인은 시가 할 수 있고 또 해야만 하는 일을 북유럽을 따뜻하게 감싸주는 난류에 비유한다.

나는 이곳에서 멕시코 난류를 생각합니다. 그 해류가 대서양 북부 북해라는 발트 해에까지 영향을 미침으로써 위도와 상관없이 유럽 북구 일대가 훨씬 덜 추운 곳이 됩니다. 또한 해류는 자주 바다 표면의 해류와 바다 밑의 해류가 서로 역방향으로 활동하기도 합니다. 표면의 해류에서 시의 세속적 실효성이 없어지고 시적 존재의 결핍 또는 인문적 황폐화로 시가 없어진다 하더라도 저 바다 밑에서 다른 방향으로 흘러가는 해류와 함께

시는 새로운 시의 묵시록을 잠행시킴으로써 그 해류가 이윽고 표면 해류에 영광스러운 활동의 동기가 되어줄 것을 의심하지 않습니다.

  어떤 의미로는 이 세상에서 시가 아주 소멸될 때에도 시인은 시를 더 절실하게 지속시킬 것이며 오히려 보다 더 아름다운 시의 세계를 통해서 시의 역사와 인간들의 삶을 일치시킬 것입니다. 시는 결코 죽지 않을 것이며, 내일도 먼 미래에도 시와 시인은 불교에서의 윤회처럼 이어질 것입니다. 우리는 태초의 신명(神明)이라는 유전(遺傳)과 함께 끝없이 계승되는 시 속의 시 한 편 한 편입니다.

  고은 시인의 눈에는 우리 모두가 "끝없이 계승되는 시 속의 시 한 편 한 편"이다. 삼라만상을 다 시로 보는 시인의 눈에 아름답고 신비롭지 않은 것이 있을 리 없고, 시가 죽거나 사라질 리가 없다. 고은 시인이 늙어가지 않고 오히려 나날이 젊어지는 이유도 바로 거기에 있다. 사실 이 세상 모든 것과 우리 모두의 삶을 다 시로 파악하는 시인이야말로 진정한 시인이 아니겠는가? 글과 삶이 일치하지 않고 따로 돌아가는 시대에 고은은 시를 온몸으로 살고 있어 그 자신이 곧 시가 되는 특이한 시인이다. 고은 같은 시인을 갖고 있다는 것은 한국 문단의 경사이자 한국 사회의 축복이다. 자신의 온기로 북해의 얼음을 녹이고 주위를 따뜻하게 감싸주는 난류 같은 시인 또 휴대폰으로 늘 연결이 되는, 그래서 인간 교류를 몸소 실천하는 열린 시인, 그리고 모두가 잠든 밤에 홀로 깨어 시대의 어둠을 밝히고 문학의 미래를 인도하는 안내 성좌 — 바로 그것이 시인 고은의 참모습이자 이 어두운 시대에 우리가 그를 필요로 하는 절실한 이유이다.

'기계시'와 '백지시'의 미학
― 범대순론

정력적인 시작(詩作)과 독창적인 시론

　범대순 시인은 대학 시절 내게 시를 가르쳐주신 은사이시다. 영문과에 다니던 1968년 가을 학기, 키가 큰 젊은 전임강사 한 분이 부임해 오셨는데, 그분이 바로 범대순 시인이었다. 고려대학교 영문과를 졸업했고, 조지훈 시인의 추천으로 시단에 데뷔했으며, 3년 전 처녀시집 『흑인 고수 루이의 북』으로 평단의 주목을 받은 시인이라는 것, 그리고 원탁시 동인의 창립 대표라는 것이 우리가 들은 이야기였다.
　그러던 어느 날, 영미시론 시간에 그때 막 쓰신 「두개골(頭蓋骨)」이라는 시를 들고 와서 낭송한 후, 우리들의 소감을 물었다.

　　사랑을 다시 찾아갔던 사람의 뜻을
　　그대로 서가 한 칸에 달래어 앉히다

　　계절의 유리문 안에

어이없이 장미의 줄기를 물고 서 있는

나의 앞서 또 누구였든가
우스운 세월을 사색한 빈 그릇

그 아가리에 아침저녁 물을 갈면
장미는 어느 꽃 항아리 위에서보다 더욱 아름답다

위의 시는 참으로 좋았고, 또 돌이켜보건대 선생도 그 시를 몹시도 아끼고 계셨음이 분명했다. 그러나 아직 철없고 패기만만하던 내가 어찌 그런 분위기를 짐작이나 했겠는가? 당시 김수영의 「어느 날 고궁을 나오면서」와 백낙청의 「시민문학론」에 심취해 있었던 나는 그만 치명적인 실수를 범하고 말았다. "선생님의 시는 혹시 너무 소시민적이 아닌지요."라고 말해버린 것이다. 그러자 선생은 미소를 지으시며 "그렇게 생각하나? 하지만 소시민적인 데서 좋은 시가 나올 수도 있지."라고 말씀하셨다.

범대순 시인이 사실은 소시민 의식과는 거리가 먼 '기계시' 시론의 주창자인 것을 알게 된 것은 바로 그 뒤의 일이다. 스티븐 스펜더(Stephen Spender)와 자신의 시 「불도저」를 예로 들며 선생님은 당시 대학신문에 「기계시론」이라는 글을 발표하셨는데, 지금은 경제학 교수가 된 박동운이란 상대 대학원생이 시와 기계는 반대개념이 아니냐는 반론을 폈다. 나는 지금도 「불도저」만큼 불도저의 은유를 탁월하게 제시한 시를 보지 못했다.

다이너마이트 폭발의 5월 아침은 쾌청(快晴)
아카시아 꽃 향기(香氣) 그 미풍(微風)의 언덕 아래
황소 한 마리 입장식(入場式)이 투우사보다 오만하다.

처음에는 여왕처럼 조심스레 주위를 살피다가
스스로 울린 청명한 나팔에 기구(祈求)는 비둘기
꼬리 쳐들고 뿔을 세우면 홍수(洪水)처럼 신음이 밀려 이윽고 바위 돌
둑이 무너지고

그것은 희열
사뭇 미친 폭포(瀑布) 같은 것
짐승 소리 지르며 목이고 가슴이고 물며 뜯긴 신부(新婦)의 남쪽
그 뜨거운 나라 사내의 이빨 같은 것

—「불도저」

「불도저」는 범대순 시인이 고려대 학부 시절에 쓴 시이다. 당시는 전후(戰後)의 암울함과 서서히 시작되는 산업화 속에서 기계문명의 폐해를 우려하는 시들이 나오고 있을 때인데, 범대순 시인은 오히려 기계의 역동적인 힘을 찬양해서 주목을 받았다. 1975년에 쓴 「기계시론」에서도 시인은 과학문명과 민주주의를 받아들이지 못하고 "달이나 꽃이나 바람이나 산이나 이런 소재밖에 노래할 수 없는 사람은 현대의 병신"이라고 비판했다. 내가 문리대 교지에 발표한 「행군」이라는 시를 선생께서 극구 칭찬해 주신 것도 아마 총대를 멘 군인들의 힘찬 행군을 노래한 그 작품이 기계시와 비슷했기 때문일 것이다.

기계에 대한 찬양의 이면에는 범대순 시인의 초기 시에 함축되어 있는 사회의식 — 곧 역사의 진보에 대한 낙관적 신념 — 이 자리 잡고 있다. 이는 시인 스스로도 인정하고 있듯이 1930년대 좌파 영국 시인들의 영향 때문이다. 초기 시에서 나타나는 이러한 사회의식은 두 번째 시집인 『연가(戀歌) I, II 기타(其他)』에서도 계속된다.

범대순 시인이 민주주의를 불도저에 비유한 또 하나의 이유는 그가

젊은 시절에 겪은 4·19의 영향 때문일 것이다. 4월을 노래한 시가 여러 편 들어 있는 『연가 I, II 기타』에서 그는 4월의 의미를 뛰어난 장인의 솜씨로 형상화시키는 데 성공하고 있다.

아내는 지금도 옛날의 빛깔을 두려워하고 있다
아내보다 먼저 만났던 것이었는데
나는 결국 여자를 택하고 말았었다

생활이란 대고 사느니보다 더한 관계가 아닌지
하나 사(四)월이 오면 아내의 마음도 나의 마음도 옛날의 그 빛 일에 가득하여
아내는 혹 어떤 재회가 없는가 하고 나의 가슴속 방을 뒤지고 하지만
X광선은 옛날의 희미한 혼적을 드러내 보일 뿐
항상 만족스런 대답을 주고 한다

이제 아내 간 자식도 생기고 애정도 생기고
설혹 이 사월에 그 불을 만난다 하더라도
가슴을 벌리고 피를 덥힐 용기는 없다

당신 지금도 그 불놀이 생각하지요 하면서
사월이 오면 꼭 나의 가슴에 진한 광선을 들이대며 나의 애정의 선사를 지우려 하는 아내에게
나의 역사는 당신 것이오 당신 것이오 하고
행사처럼 다시 고백하며
이 사월의 가려움을 가만히 달래보는 것이다
——「사월」 전문

범대순 시인의 특징 중 하나는 뛰어난 리듬 감각이다. 「불도저」도 그렇고 「사월」도 그렇지만 범대순 시인의 시는 언제나 리드미컬하게 읽히면서도 무거운 주제로 진한 감동을 준다. 특히 초기 시들의 리듬 감각은 놀라울 정도로 뛰어나 시인의 역량을 가늠하게 해준다.

대학원 시절에 기억에 남는 것은 이어령 선생이 주간으로 있던 《문학사상》으로부터 스티븐 스펜더의 시 50편을 번역 소개해 달라는 청탁을 받은 범대순 시인과 같이 작품을 고르던 일, 그리고 친분이 두터운 고려대 교수 김종길 시인에게 인사를 시켜주신 일 등이다. 또 범대순 시인은 영어로 도울 수 있는 일이 생기면 늘 나를 불러 일을 시키시곤 했다. 그러다가 1978년 내가 풀브라이트 장학생으로 선발되어 미국으로 떠나게 되자 범대순 시인은 부인과 함께 나오셔서 송별연까지 베풀어주실 정도로 자상하셨다.

1981년 내가 버펄로 소재 뉴욕 주립대에서의 공부를 마쳐갈 즈음 범대순 시인은 마침 오하이오 주 데니슨 대학에 와 계셨다. 그때 우리 집에 온 범대순 시인과 나이아가라 폭포에 갔는데, 웅장한 폭포를 본 순간 시인답게 "이건 경치가 아니라 사건일세그려." 하시는 것이었다. 버펄로에 머무는 동안 나는 투사시의 대표시인이자 뉴욕 주립대 교수인 로버트 크릴리(Robert Creeley)와 범대순 시인의 만남을 주선했고, 두 시인의 대화는 나중에 《동아일보》에 게재되었다.

범대순 시인과 맺은 사제지간의 인연은 강의실에서 처음 만난 지 33년이 지난 지금까지도 계속되고 있다. 선생은 1990년 케임브리지 대학에, 그리고 1995년 에머리 대학에 일 년씩 가 있는 동안에도 늘 잊지 않고 소식을 보내주셨고, 내가 실무위원장을 맡아 일했던 대산문화재단 주최 제1회 서울국제문학포럼에도 먼 길을 마다 않고 참석해 주셨다. 고희가 지났지만 여전히 정력적인 시작과 독창적인 시론으로 후학들에게 귀감이 되고 있는 범대순 시인은 내 기억 속에 언제나 『흑인 고수 루이의 북』과

『연가 I, II 기타』의 시인으로 남아 있다.

기계시와 백지시

범대순 시인의 시 세계를 가장 잘 요약해 주는 말은 바로 시인이 1987년에 상재한 평론집의 제목인 '백지와 기계의 시학'이다. 초기에 그는 기계가 상징하는 역사와 문명의 다이내믹한 힘과 에너지를 믿었다. 마치 "흑인 고수 루이의 북" 소리처럼, 기계의 울림과 리듬은 병사들을 앞으로 전진하게 만드는 힘을 갖고 있었고, 그래서 시인의 불도저는 마치 니체의 초인처럼 강력한 힘을 소유하고 있었다. 보기 드물게 역동적인 시 「불도저」에서 기계와 예술은 대립적인 것이 아니라 상호보충적인 것으로 제시되며, 기계는 시의 주제로 그리고 인간 정신의 꽃으로 승화된다.

그러나 1970년대 중반, 모두가 사회적 관심에 충일되어 있을 때 범대순 시인은 돌연 사회의식을 접고 탈정치적인 백지시를 주창했다. 그가 말하는 백지시는 새뮤얼 베케트(Samuel Beckett)의 "침묵의 문학"과는 궤를 달리한다. 베케트가 언어의 재현 능력과 힘에 대한 회의로 인해 점점 침묵으로 빠져 들어간 데 반해, 백지시는 단순한 침묵이 아니라 표현과 창조의 새로운 장(場)이며, 잡다한 산문 시대에 대한 도전이고, 무한한 언어와 계시를 담는 빈 그릇이다. 그래서 1974년 《현대시학》에 시인은 텅 빈 공간인 백지를 작품으로 발표하면서 자기 이름을 써 넣어 고유한 저작권을 주장했다.

백지는 또한 있는 것과 없는 것, 그리고 보이는 것과 보이지 않는 것 사이의 고리를 연결해 주는 공간이다. 그래서 백지에서 차츰 극도로 절제된 언어가 생겨나기 시작했고, 시인은 그것을 절구(絶句)시라 불렀다. 그것은 또한 언어의 "아름다운 가난"이었다. 시인이 1991년에 펴낸 시집의 제목 『아름다운 가난』은 바로 그러한 의미를 담고 있다. 범대순 시인은 8행 8음보 20음절의 간결한 형태의 시 322편을 써서 『아름다운 가난』과 『세기말 길들이기』라는 두 권의 시집으로 엮었다.

> 남쪽
> 나라 먼
>
> 불타는
> 땅끝
>
> 저무는
> 전집(全集)
>
> 아
> 기승전결(起承轉結)
>
> ——「절구시선 3」 전문

　산만한 언어의 시대에 과묵의 필요성을 주장하며, 서구 문화가 편만한 시대에 동양인의 숨결을 발견하는 절구시들은 결국 그에게 제20회 시인협회상을 가져다주었다.

　범대순 시인의 시 세계에 영향을 끼친 또 하나의 경험은 서양 문화와 동양 문화에 대한 그의 성찰이다. 시집 『기승전결』과 『이방(異邦)에서 노자(老子)를 읽다』는 바로 그러한 동서 문화에 대한 비교 성찰의 소산이다. 미국의 한적한 시골에서 체류하는 동안 마을의 공동묘지를 방문한 시인은 서양의 절대 고독 속에서 홀연 동양의 원리인 기승전결의 의미를 깨닫는다. 이 세상 만물에는 기승전결이 있으며, 기승전결이야말로 인간 존재의 원리이고 사상이며 생명이라는 깨달음이 영감처럼 떠오르면서, 이후 시인은 3년여에 걸쳐 기승전결의 원리에 입각한 300여 편의 시를 쓴다. 1993년에 나온 시집 『기승전결』은 바로 그러한 깨달음의 소산이다.

>사월의 어느 일요일을
>미국의 공동묘지에서 보낸다
>수선화며 튤립들과 나란히 사는
>리처드며 존스 그리고 윌리엄스 등의 평범한 이름들
>주인도 짖는 것도 교회에 갔는지 조용하고
>다만 먼 나라 이교도가 한 사람
>빈 그들의 집을 기웃거리고 있을 뿐.
>(…)
>담장도 없고, 흑백도 없고, 빈부도 없고
>추방도 영어도 사향도 없고 그리고
>괴로운 주말도 여기엔 없어서 좋구나.
>
>다음 날이던가 콜롬비아가
>귀환한다고 들끓고 있었을 때,
>나도 그들 사이에 끼어 까닭도 없이 밀리고 있었지만
>그러나 나의 마음은 다수운 일요일
>없는 자들과의 대화와
>꽃들과 같이 사는 묘지에서의
>화려하였던 사월의 허무로 가득하였다.
>―「미국(美國)의 공동묘지」

1986년에 나온 『이방에서 노자를 읽다』 역시 서구 사회에서 동양인이 겪은 이질적 문화의 갈등에서 나온 경험의 기록이다. 이 시집에 실린 동명의 시 「이방에서 노자를 읽다」는 다음과 같이 끝나고 있다.

> 노자(老子)를 읽다가 쓰러져서 꿈을 꾼다.
> 꿈속에 세 사람이 앉아 있는데
> 하나는 미국의 노자요
> 또 하나는 노자의 미국
> 그리고 남은 하나가 벙어리인데
> 웬일로 분을 이기지 못해
> 그는 불처럼 가슴이 타고 있었다.
> ──「이방에서 노자를 읽다」

미국에서 노자(老子)를 영어로 읽으면서, 그리고 동양 사상까지도 영어라는 매체를 통해서 파악해야만 하는 현대의 상황 속에서 동양에서 서양으로 간 시인은 그만 말을 잃고 벙어리가 된다. 마치 존 밀턴(John Milton)의 『실락원』에서 타락한 직후 아담이 잠시 동안 실어증에 걸리듯, 시인 역시 우주의 언어를 잃고 형이상학적 실어증에 걸린 것이다.

서구에서의 그러한 경험과 시인으로서의 고고함은 범대순 시인으로 하여금 '열림'에 대한 비판 그리고 그 대안으로 '트임'의 미학을 주장하게 만든다. 시인이 보는 서양적인 개념인 '열림'은 순결의 상실과 필연적인 저속화를 수반한다. 그래서 그는 동양적 개념인 '트임'을 주장한다. 우리의 인식이 트이고 깨이면 문은 저절로 그리고 적당히 열린다. 그러나 만일 트임과 깨임 없이 문만 열어놓는다면 문화의 저급화와 통속화는 필연적이다. 예컨대 품격이 없는 서양 문화에 문을 활짝 여는 것과 비록 문은 많이 열어놓지 않아도 트인 마음으로 포용하는 것은 그 격이 다르다. 1998년에 나온 평론집 『트임의 미학』은 바로 그러한 신념에서 쓰인 흥미 있는 책이다. 이 책에 실린 시인의 서구 문명 비판이나 동양인 영문학자 한계론은, 견해를 달리하는 사람도 있겠지만, 궁극적으로는 우리 모두에게 필요한 소중한 지혜와 혜안을 제공해 주고 있다. 시인의 말대로, 외국문학자도 결국은 우리 것으로 회귀해야 하며, 자국 문화와 외국 문화의 완충을 위해 창작을 겸하는 것이 좋다는 것은 부인할 수 없는 사실이기 때문이다.

    범대순은 시론이 있는 시인이다. 그는 언제나 자신의 시를 위한 시론을, 또는 자신의 시론을 위한 시를 써온 보기 드문 시인이자 평론가이다. 그는 끊임없이 새로운 실험과 새로운 도전 속에 시를 써왔으며, 그런 면에서 자신이 창조한 이미지인 "불도저"와도 같고, "흑인 고수 루이"와도 같다. 범대순 시인이 주창한 새로운 형태의 시들인 "기계시"와 "백지시"와 "절구시"는 우리 시단에 신선한 충격이었고, 앞으로도 오랫동안 독창적이고 기념비적인 업적으로 남을 것이다.

'그릇'의 미학과 존재론적 고뇌
― 오세영론

삶을 담아내는 그릇으로서의 시

우리는 시를 쓰는 사람을 시인이라고 부른다. 그러나 소설이나 희곡 또는 수필이나 평론을 쓰는 사람은 소설가, 극작가, 수필가, 평론가라고 칭한다. 그렇다면 오직 시를 쓰는 사람에게만 사람 '인(人)' 자를 붙여준 이유는 과연 무엇일까? 김우창 서울대 교수의 말대로 "시는 인간 존재의 근원적인 것"이고, 따라서 인간의 삶이란 그 자체가 곧 한 편의 시가 되기 때문일까? 그것도 아니면 시를 쓴다는 것은 결코 '가(家)'라는 칭호가 붙는 직업이 될 수 없기 때문일까?

예전에 우리의 학자들과 승려들과 선사들은 일상생활 속에서 시를 썼다. 학교에서도 스승과 제자는 시로 문답을 주고받았으며, 학문적 성취도 역시 시를 짓는 역량으로 가늠했다. 시는 불교와 도교에서도, 또 힌두교와 기독교에서도 오랫동안 사랑받아 왔다. 시가 언어에 힘과 신비와 영혼을 불어넣어 주고, 삶에 대한 심오한 명상과 성찰을 제공해 주기 때문이다. 다시 말해 시는 바로 그러한 명상과 성찰을 언어를 통해 재현하고 표출하는 매체이다.

　미국 시인 개리 스나이더는 "소년 시절 눈 덮인 고산을 등반하면서 느꼈던 강력한 체험을 표현하기 위해 시를 쓰기 시작했다."고 회상했다. 그는 자신의 체험을 가장 일상적이고 가장 친숙한 자신의 언어로 표현하는 것이 바로 '시'라고 말한다. 그렇다면 시란 일상적인 것 속에서 인생의 진실과 우주의 신비를 통찰해 운문 형식과 시적 변용을 통해 제시하는 것이라고 말할 수 있을 것이다. 스나이더는 이렇게 말한다.

　　선(禪)의 서클에서 세련되지 않은 사람은 야하고 새것을 즐기나 잘 익은 사람은 일상적인 것을 즐긴다고 말한다. 이러한 평범함, 이러한 일상성의 실현이 바로 불교에서 말하는 여래(如來)이다. 그러한 실현에는 별 특이함이 없으니, 그것이 이미 그 자리에 존재하고 있기 때문이다. 따라서 그것에 주의를 기울일 필요도, 그것을 의도적으로 끄집어내어 전시할 필요도 없다. 그러므로 '신비주의적' 불교시의 궁극적인 주제는 지극히 일상적이다. 붙들어 맬 수 없는 일상의 제시는 늘 감동적이고 신선하며, 상상력이 언어 속에서 함께 뒤섞여 만들어내는 것이 바로 예술작품이다.

　그렇다면 시란 사실 별도의 영역에 존재하는 신성한 고급예술이라기보다는 곧 인간의 본질이자 일부이며, 생동적이면서 자연발생적인 것이라고 할 수 있다. 시가 언어의 발생과 더불어 생성된 이유도, 또 우리가 시를 쓰는 사람을 '시가'라고 하지 않고 굳이 '시인'이라고 부르는 이유도 바로 거기에 있다.

「그릇 연작시」를 통해 본 오세영의 시적 여정

오세영 시인의 시적 여정은 크게 보아 문명에서 자연으로, 분열에서 통합으로, 그리고 추상에서 일상으로의 이동인 것처럼 보인다. 모더니즘 계열의 실험시들을 모아 펴낸 처녀 시집 『반란하는 빛』에서 그는 심미적 언어의 창출과 현대인의 소외 의식을 탐색하는 데 천착하는 시인의 모습으로 시단에 나타난다. 그러나 두 번째 시집 『가장 어두운 날 저녁에』를 내면서부터 그의 관심은 미학적 차원에서 철학적 차원으로 옮겨가 언어 그 자체보다는 그 언어가 재현하고 있는 삶의 문제들을 성찰하며 통합과 치유와 회복을 추구하게 된다. 시인의 그와 같은 관심 변화는 세 번째 시집인 『무명연시(無名戀詩)』에서 동양 사상, 특히 노자와 장자의 사상 탐구로 나타났으며, 그 이후 그는 꾸준히 "모더니즘적인 언어 의식에다 동양적인 세계관을 담으려는" 시도를 하게 된다. 시인 자신의 말을 빌리면 "동양적인 것과 서양적인 것, 미학적인 것과 철학적인 것, 회화적인 것과 음악적인 것, 전통적인 것과 현대적인 것의 조화"를 천착하게 된 것이다.

오세영의 시가 추상과 관념의 세계에서 현실과 일상의 삶으로 내려온 것은 제4시집 『불타는 물』부터이다. 그는 이때 비로소 관념적 심미주의에서 벗어나 스나이더가 말하는 현실적 일상 속으로 들어간다. 제5시집 『사랑의 저쪽』은 바로 그의 그러한 변화의 결정체이자 오세영 문학의 가장 주목할 만한 문학적 업적이라고 할 수 있다. 「그릇」 연작시들을 묶은 이 시집은 일상생활 속에서 찾은 평범한 소재를 동양 사상을 통해 성찰하고 명상해 존재론적 고뇌와 삶에 대한 우주적 인식 그리고 더 나아가 인간의 실존적 인식을 탐색한 탁월한 문학적 성과로 평가된다.

「그릇」 연작시에서 시인은 우주의 모든 것을 무엇인가 담는 그릇으로 파악한다. 그리고 바로 그 순간 모든 사물은 새로운 의미를 갖고 다시 태어난다. 그릇은 곧 '비움'과 '채움'이나 '담음'과 '엎지름' 또는 '넘침'

과 '부족함'이나 '깨짐'과 '부서짐'이라는 동양철학적 성찰을 제공해 주기 때문이다. 사실 그렇게 보면 이 세상에 그릇 아닌 것은 없다. 우리는 모두 무엇인가를 내부에 담고 있으면서 동시에 무엇인가에 담겨져 있는 존재들이기 때문이다.

    그릇에 담길 때,
    물은 비로소 물이 된다.
    존재가 된다.
    (…)
    엎지르지 마라,
    엎질러진 물은
    불이다.
    이름 없는 욕망이다.

    욕망을 다스리는 영혼의
    형식(形式)이여, 그릇이여.

                                        —「그릇 6 – 들끓는 물」

    위의 시에서 시인은 끓는 욕망을 담아내는 그릇의 중요성을 인식하고 있다. 끓는 물이 넘칠 때, 그것은 불이 되어 화상을 입히기 때문이다. 깨진 그릇 또한 칼날이 되어 연약한 살을 베는 법이다—"깨진 그릇은/칼날이 된다./무엇이나 깨진 것은 칼이 된다."(「그릇 1–그릇」) 칼집에나 빠져 나온 칼 역시 타자를 해칠 수 있기 때문에 위험하다. 그래서 시인은 "분노에 떠는 칼도/집에 들면 잠든다./오욕과 굴종의 하루를/밖에 두고 문을 닫는/나의 귀가(歸家)./안식(安息)은 항상 닫힌 그릇 안에 있다."(「그릇 15–칼」)라고 말한다. 깨진 그릇과 뽑은 칼은 둘 다 우리에게 상처와 아픔을 준다. 그리고 인간은 바로 그 고통을 통해 성숙해 간다. 그러나 타자에게 상처를 주지 않기 위해서 우리는 깨진 그릇을 붙이고 칼을 칼집에 간수해야만 한다. 그래서 그릇은 내용을 담는 형식, 그리고 질서와 자아를 담는 적절한 용기(容器)가 된다.

그러나 시인은 동시에 굳어버린 패각으로서의 그릇도 경계한다. 그가 인간성을 구속하는 이데올로기를 경직된, 그래서 깨질 수밖에 없는 그릇으로 파악하는 것도 바로 그런 맥락에서이다. 그는 순수문학의 옹호자도 아니지만, 동시에 문학을 이념적 도구로 생각하는 견해에도 찬성하지 않는다.

> 그 어떤 이념이
> 이토록 생각을 굳혀놨을까,
> 그에게서는 사랑을 찾을 수 없다.
> (…)
> 그 어떤 이념이 그토록 싸늘하게
> 그의 육신을 얼려놨을까.
> ——「그릇 26 – 흙의 얼음」

> 흙이나 물 위에
> 치는 못을 보았는가,
> 못은 굳어버린 이념 위에서만 박힌다.
> 시멘트 콘크리트의 저 단호한
> 거부를 뚫고
> 쾅쾅 박히는 못, 인간의 방은 누구에게나
> 잘 구획된 칸막이다.
> ——「그릇 41 – 액자」

경직된 것은 필연적으로 부러지고 부서지며, 최후에는 오직 유연한 것만이 살아남는다. 거투르드 스타인(Gertrude Stein)이 '글쓰기'를 "부드러운 단추(tender buttons)"라고 불렀듯이, 우리 모두가 유연하면서도 옷에 질서와 맵시를 부여하는 "부드러운 단추"가 되어야만 한다는 것이 「그릇」 연작시들의 숨은 메시지 중 하나이다. 그래서 단단한 그릇까지도 부드러워지거나 늘어나거나 심지어는 깨질 수도 있어야만 한다. 이념과 아집의 패각을 깨지 못하면 파멸은 필연적이기 때문이다.

그러나 "깨어짐"이 꼭 파멸을 의미하는 것만은 아니다. 그릇은 깨지면 모든 것의 근원인 흙으로 돌아간다. 그리고 다른 형태의 그릇으로 다시 태어난다. 그래서 마치 "한 알의 밀이 땅에 떨어져 새로운 생명을 싹트게 하듯이" 그릇은 때로 스스로 깨질 줄도 알아야만 한다. 그리고 스스로 깨질 때 그것은 본질로 돌아가거나 새로운 생명을 가진 가치 있는 다른 것으로 변한다. 깨진 그릇에서 시인은 바로 그러한 심오한 존재론적 성찰을 성취해 낸다.

> 부서지지 않으면
> 안 된다. 밀알이여
> 고운 흙이
> 고운 청자를 빚듯
> 가루가 되지 않고서는 이루어지지 않는
> 빵.
>
> ―「그릇 27 ― 빵」

자리에서 밀린 그릇은
차라리 깨진다.
깨짐으로써 본분을 지키는

살아 있는 흙,
살아 있다는 것은 스스로 깨진다는 것이다.

——「그릇 14 – 살아 있는 흙」

　스스로 깨지는 것과 달리, 때로는 우리를 속박하는 그릇을 우리가 나서서 과감히 깨뜨려야 할 때도 있다. 이념뿐 아니라 관습이나 규정 또는 억압이나 독재는 모두 우리를 억압하고 구속하는 그릇이 되기 때문이다. 오세영 시인은 물론 그러한 속박에서 벗어날 것을 권유한다. 자유를 노래하는 것은 시인의 사명이자 특권이기 때문이다. 솟아오르는 분수에서 그릇의 파열과 자유의 분출을 바라본 시인은 다음과 같이 리드미컬하고 힘차게 자신의 시상(詩想)을 펴나간다.

깨져라 그릇,
더 이상 갇히기를 거부할 때
우리는 불이 된다.
공간을 뛰쳐나온 존재의 환희,
자기 끝에서 파열하는 꽃,
설령 담겨진 물이라 하더라도
수직으로 거스르는 분수가 될 때
물은 불이 된다.
거역해라, 존재여,
꽃이여,
깨지는 그릇이여.

——「그릇 51 – 분수」 전문

　자유와 개체성에 대한 시인의 열망은 궁극적으로 전체주의적 획일화에 대한 경계와 경고로 이어진다. 경직된 이데올로기는 개체의 존중보다는 전체주의적 행동 통일을 강요하게 되며, 거대 목표를 위한 사적 행복의 포기를 종용하기 때문이다. 우리는 흔히 집단과 전체의 힘을 내세우며, 자신이 동료들과 더불어 숭고한 이념을 지탱하고 있다고 착각하기 쉽다. 그러나 시인은 그러한 사고방식의 어리석음을 질책한다.

> 카드섹션을 벌이는 스탠드의 군중처럼
> 스크럼을 짜고
> 어깨에 어깨를 메고
> 등으로 온 힘을 받는 축대의
> 돌들은
>
> 자신이 받는 전각을
> 한 개의 우주라고 생각하지만
> 그는 모른다.
> 인간의 집이 얼마나 덧없이
> 허물어지는가를
> (…)
> 돌은 홀로 있음으로
> 돌인 것이다.
>
> ——「그릇 30 – 홀로 견디는 돌」

그와 같은 경직된 사고방식과 어리석은 아집을 시인은 사랑과 부드러움으로 풀자고 제의한다. 자신의 몸을 풀어서 굳은 때를 녹여내는 비누처럼 유연한 애무로 닫힌 문을 열자는 것이다. 비누에 대한 다음 시에서 드러나는 시인의 탁월한 통찰력과 비누의 시적 변용은 단연 압권이다.

비누는
스스로 풀어질 줄 안다.
자신을 허물어야 결국 남도
허물어짐을 아는 까닭에

오래될수록 굳는
옷의 때,
세탁이든 세수든
굳어버린 이념은
유액질의 부드러운 애무로써만
풀어진다.

섬세한 감정의 올을 하나씩 붙들고
전신으로 애무하는 비누,
그 사랑의 묘약(妙藥).

비누는 결코
자신을 고집하지 않는 까닭에
이념보다 큰 사랑을 안는다.

— 「그릇 53 – 사랑의 묘약」 전문

    그와 같은 깨달음은 곧 그릇의 특성인 '비움과 채움' 그리고 '열림과 닫힘'의 주제로 확대되면서 노장사상과 연결되어 삶과 우주에 대한 심오한 성찰을 제공해 준다. 예컨대 술잔에 대한 다음과 같은 시는 한 잔의 술에도 얼마나 깊은 철학적 의미가 깃들어 있을 수 있는지 보여주는 좋은 예가 된다.

잔은 타인의 충족을 위해
스스로를 비운다.

비우기 위하여
채우는
모순의 공간
잔은 결코 외롭지
않다.
비어 있는 그것이 충족이므로.
―「그릇 7 ― 부딪쳐라 술잔」

오세영 시인에게는 옷도 신발도 모두 우리의 몸을 담아내는 그릇이 된다. 문명의 이기인 옷에서 원죄와 형벌의 메타포를 찾아내는 시인의 눈은 참으로 예리하고 그의 언어는 설득력이 있다. "제2의 피부"로 흔히 불리는 인간의 껍질인 옷 ― 그 옷에서 시인은 닫힌 문의 이미지를 본다.

본능 깊숙이
꿈틀거리는 죄(罪)를 다스리기 위해
육체를 감싸 맨 옷,
옷은 형벌(刑罰)이다.

부끄러울수록 안으로 잠그는
문(門).
그 속에서 영혼(靈魂)은 빛을 찾고
인간은 녹슨 피리의 다섯 구멍에

금빛 단추를 건다.

——「그릇 12 – 옷」

그릇은 또한 인간의 탐욕과 야망을 담는 용기의 상징이 되기도 한다. 부자와 빈자의 그릇 그리고 각자에게 주어진 각기 다른 크기의 그릇 — 그 그릇을 채우는 과정에서 온갖 인생의 문제들과 사건들이 발생한다. 욕심을 비운 빈 마음과 탐욕으로 가득 찬 마음의 비유를 통해 시인은 누가 진정한 빈자이고 누가 진정한 부자인가를 구분한다.

몇 개의 접시로 만족하는
빈자의 식탁,
빈자는 슬픔을 아는 까닭에
그릇에 집착하지 않는다.
(…)
덧없는 부자의 기쁨이여,
네가 그릇에 담으려는 웃음은
소멸하는 한 줄기의 바람이다.

——「그릇 40 – 탐욕」

오세영 시인의 「그릇」 연작시는 실로 한국 시단의 기념비적 결실이자 뛰어난 문학적 업적이다. 일상의 단순한 그릇으로부터 이처럼 다양하고 심오한 삶의 진리를 꿰뚫어볼 수 있는 시인을 주위에서 과연 얼마나 찾아볼 수 있겠는가?

문명의 파괴 속에서도 계속되는 시인의 꿈

오세영 시인의 최근 시집 『벼랑의 꿈』에는 「그릇」 연작시 특유의 재치 있는 통찰은 없다. 그러나 이 시집은 자연과 삶에 대한 명상시들을 통해 그 어느 때보다도 더 심도 있는 시적 완숙의 경지를 보여준다. 이 시집에서 독자들은 인생과 자연에 대한 시인의 관조와 해탈을 바라보게 되며, 그런 점에서 시인이 거주하고 있는 최근 시 세계의 전경을 일별할 수 있다.

『벼랑의 꿈』에서도 동양적 자연관은 여전히 중요한 역할을 담당한다. 예컨대 문명과 사회를 떠나 사찰과 암자에서 머물며 시의 소재를 찾으려 하던 시인은 드디어 시란 따로 존재하는 것이 아니라 우리의 삶과 자연과 우주 속에 이미 들어 있음을 깨닫게 된다. 절에서 기거하며 시를 쓰겠다는 시인에게 노(老)스님은 이렇게 말한다 ─ "시라니 무슨 시? 물소리가 바로 시지. 시 나부랭이 같은 것들은 다 집어치우고 마루에 앉아 햇빛 공양이나 좀 받으라"(「후속구룡사 시편」 부분).

시인은 또한 시가 자연 속에만 있는 것이 아니라 우리가 살고 있는 모든 곳에 깃들어 있음을 깨닫게 된다. 그래서 그는 비로소 시를 쓰러 집을 떠나는 것의 부질없음을 깨닫게 된다. 자연은 집 안에서도 찾아볼 수 있고, 집 또한 자연 속에서 발견할 수 있기 때문이다.

출가(出家)라니
정녕 어디로 간단 말이냐.
머리 깎아 바랑 메고
산으로 간단 말이냐.
장삼 걸쳐 법장(法杖) 짚고
바다로 간단 말이냐.

(…)
출가라니
집 밖이 또 집인데
정녕 어디로 가란 말이냐.

——「집만이 집이 아니고」

시인이 도심에서도 꽃을 발견하고, 재잘대며 걸어오는 소녀들에게서도 자연을 발견하게 되는 것은 바로 그런 깨달음의 소산이다. 그는 이제 종로 길에서도 시를 발견한다.

홀린 듯 종로 길 따라 나서면
계속에 고즈넉이
진달래 한 송이 피어 있고
누매 초롱초롱한 것들의
무어라 연신 깔깔대며 걸어오는 소매 사이로
멈칫 펄럭이는 너의
자줏빛 치마.

——「종로 길」

그와 같은 깨달음은 시인이 잠시 머물고 있는 절간 방에서도 계속된다. 시인은 이제 나무와 숲 속의 바람 소리에서도 책 읽는 소리를 듣고, 책 읽는 소리에서도 나무와 숲이 속삭이는 소리를 듣는다. 시인의 마음속에서 삶과 자연은 이윽고 하나로 합쳐진다.

사미(沙彌)야
그만 책을 덮으렴,

도란도란 멀리서 글 읽는 소리가
　　들리지 않니?
　　저것은 나무와 나무들이 이루어낸 한 문장의 시행.
　　저것은 숲과 숲들이 엮어낸 한 단락의 산문,
　　저것은 행간을 건너뛰는 계속의 침묵,
　　달빛에
　　온 산은 글 읽는 소린데
　　사미야, 부질없이 촛불은 켜서 무엇하랴.
　　　　　　　　　　　　　　　　　　—「상형문자」

　그러나 그와 같은 관조와 해탈의 경지에 이르기 위해서는 자연을 향한 부단한 정신적 여행이 필요하다. 비록 몸은 도시에 머무르고 있을망정 마음만은 늘 자연을 향해 나아가야만 한다는 것이다. 그래서 마음속으로나마 맨발로 흙을 밟으며 살아야만 한다는 것이다.

　　오피스의 시멘트 바닥을 밟고
　　자동차의 페달을 밟고
　　보도의 아스팔트를 밟고 살다가
　　드디어 맨발이 된 그
　　(…)
　　산길은 홀로 걷는 맨발의 길.
　　돌아보면 세상은
　　어지러운 구둣발 소리뿐인데

　　버림으로써 산이 된 그와
　　버려져서 비로소 호수가 된 그의

신발.

—「맨발」

그럴 때 비로소 현세의 나를 지울 수 있고, 나는 자연과 우주와 합일된다. 그리고 바로 그 순간 나는 세상의 섭리를 이슬처럼 머금은 하나의 소우주로 다시 태어난다.

산에서
산과 벗하여 산다는 것은
나를 지우는 일이다.
(…)
푸른 하늘이 되듯
산에서
산과 더불어 산다는 것은
나를 지우는 일이다.

—「나를 지우고」

오세영 시인의 작품 세계는 『사랑의 저쪽』에 수록된 '그릇' 연작시와 『벼랑의 꿈』으로 집약될 수 있다. 그에게 있어서 우주와 자연은 하나의 커다란 그릇이고, 인간은 그 속에 들어 있는 내용물이다. 그러므로 이 세상은 우리가 과연 누구이며 무엇인가에 따라 달라진다. 그것은 곧 우리가 이 세상을 만들어나가고 또 바꾸어나갈 수 있다는 것을 의미한다. 그것은 우리의 몸을 그릇으로 볼 때에도 마찬가지가 된다. 몸이 담고 있는 우리의 정신이 어떠한가에 따라 우리 자신의 정체와 운명도 결정되기 때문이다.

그래서 내용은 언제나 중요하고, 비어 있는 그릇은 불완전하다. 그러나 그와 동시에 뚜껑과 그릇이 없는 내용물 역시 불완전한 존재가 된다. 내용과 형식 중 그 어느 하나도 무시할 수는 없기 때문이다. 그것은 곧 몸이 없는 정신이 있을 수 없고, 정신이 부재한 몸이 있을 수 없는 것과 마찬가지 이치가 된다. 그러나 불행히도 이 세상에 완전한 그릇이나 영원한 내용물이란 존재하지 않는다. 마치 이 세상에 절대적 진리가 존재하지 않듯이 말이다.

그래서 시인은 그릇이 깨어져 흙으로 돌아간 상태 — 곧 무(無)의 상태 — 를 가장 자유롭고 가장 완전한 경지라고 말한다. 바로 그 관조와 해탈의 경지가 문명과 자연, 집과 절간, 현실과 환상 또는 삶과 죽음 사이의 이분법적 경계가 해체되고 있는 『벼랑의 꿈』이 제시해 주는 세계이다. '벼랑의 꿈'은 아래로 떨어질 수도 있다는 점에서는 위험하기도 하지만, 위로 올라갈 수도 있다는 점에서는 희망적이기도 하다. 그래서 파멸의 위험 속에서도 시인의 꿈 — 곧 존재론적 고뇌 — 은 계속된다. 미국 작가 토머스 핀천은 말한다 — "시인은 꿈을 먹고 산다. 만일 꿈이 없다면 시인은 도대체 무엇으로 살아간다는 말인가?" 오세영 시인의 "벼랑의 꿈"이 앞으로도 계속될 수밖에 없는 이유도 바로 거기에 있다.

일상이 곧 예술인 시인
— 문정희론

시가 되는 삶, 삶이 되는 시

문정희 시인의 역량은 그냥 스쳐 지나가기 쉬운 일상의 편린들을 포착해 그 속에 숨어 있는 삶의 진리를 드러내 보여줄 때 가장 빛난다. 그렇다고 해서 그녀에게 섬세한 시적 감수성이 결여되어 있는 것은 결코 아니다. 예컨대 「아침 이슬」은 시인의 사색의 깊이와 그것을 담아내는 주옥같은 시어가 투명한 아침 이슬처럼 빛나는 극도로 압축된 시이다.

> 지난 밤 무슨 생각을 굴리고 굴려
> 아침 풀잎 위에
> 이렇듯 영롱한 한 방울의 은유로 태어났을까
> 고뇌였을까, 별빛 같은
> 슬픔의 살이며 뼈인 생명 한 알
> 누가 이리도 둥근 것을 낳았을까
> 고통은 원래 부드럽고 차가운 것은 아닐까

> 사랑은
> 짧은 절정, 숨소리 하나 스미지 못하는
> 순간의 보석
> 밤새 홀로 걸어와
> 무슨 말을 전하려고
> 아침 풀잎 위에
> 이렇듯 맑고 위태한 시간을 머금고 있는가
>
> ——「아침 이슬」 전문

　이 시에서 '아침 이슬'은 밤새 어둠 속에서 겪은 번민과 고뇌의 결정체로 제시되고 있다. 그것은 사랑과 환희의 결실일 수도 있고, 고통과 슬픔의 정수일 수도 있다. 그러나 그 영롱한 보석 같은 결정체도 결국은 아침 풀잎 위에 잠시 머무르다가 해가 뜨면 흔적도 없이 사라져버리는 "위태하고" 덧없는 존재일 뿐이다. 그럼에도 불구하고 우리는 부단히 고민하고 슬퍼하며, 가슴속 상처의 아픔 속에서 진주 같은 아침 이슬을 품어낸다. 시인은 한 방울의 아침 이슬에서 바로 그러한 삶의 아이러니와 우주의 진리를 본다. 그러나 엄밀히 보면 아침 이슬 역시 흔히 우리 주위에서 볼 수 있는 일상적인 것이다. 시인은 그 찰나적인 아침 이슬의 의미조차도 놓치지 않고 포착해 그 속에 숨어 있는 영속하는 진리를 드러내주고 있다.

　날마다 여자들은 밥 짓고, 집 치우고, 남편과 얼굴을 맞대고, 가끔은 외출해 쇼핑하거나 사람들을 만나는 일상을 되풀이한다. 그러나 여성에게 있어서 화장보다 더 일상적인 것이 있을까. 여성들은 거의 매일 일어나 거울 앞에서 화장을 한다. 대부분의 여자들이 별 생각 없이 또는 그저 예뻐지기 위해 하나의 의식처럼 거행하는 일상적인 화장 행위에서 시인은 이 시대 식민주의와 상업주의의 정수를 본다.

입술을 자주색으로 칠하고 나니
거울 속에 속국의 공주가 앉아 있다
내 작은 얼굴은 국제 자본의 각축장
거상들이 만든 허구의 드라마가
명실 공히 그 절정을 이룬다
좁은 영토에 만국기 펄럭인다

금년 가을 유행 색은 섹시브라운
샤넬이 지시하는 대로 볼연지를 칠하고
예쁜 여자의 신화 속에
스스로를 가두니
이만 하면 음모는 제법 완성된 셈
가끔 소스라치며
자신 속의 노예를 깨우치지만
매혹의 인공 향과 부드러운 색조가 만든
착시는 이미 저항을 잃은 지 오래이다

시간을 손으로 막기 위해 육체란
이렇듯 슬픈 향을 찍어 발라야 하는 것일까
안간힘처럼 에스테로더의 아이라인으로
검은 철책을 두르고
디올 한 방울을 귀밑에 살짝 뿌려 마무리한 후
드디어 외출 준비를 마친 속국의 여자는
비극 배우처럼 서서히 몸을 일으킨다
—「화장(化粧)을 하며」 전문

시인은 여자의 화장한 얼굴에서 화장품 회사들이 경쟁을 벌이는 "국제 자본의 각축장"과 만국기가 휘날리는 모습을 본다. 그러므로 허영의 거울 앞에 서서 화장을 하는 여인은 필연적으로 문화적 식민지에 살고 있는 "속국의 공주"가 되고, "비극 배우"가 되며, 매혹의 인공 향과 부드러운 색조에 도취된 "노예"가 된다. 그것이 시인이 보기에 화장이 왜 슬픈 행위인가 하는 이유이다.

이윽고 그녀는 자신의 집을 둘러본다. 집은 남녀관계를 상징하는 좋은 은유가 된다. 남자들은 집 하나를 짓기 위해 평생 힘들게 일하고 싸우고 투쟁하는데, 여성들은 누구나 자기 자신이 집이 되고 궁전이 될 수 있다는 시인의 혜안은 놀랄 만하다.

> 태어날 때부터 여자들은
> 몸 안에 한 채의 궁전을 가지고 태어난다
> 그래서 따로이 지상의 집을 짓지 않는다
> 아시다시피, 지상의 집을 짓는 것은 남자들이다
> 철근이나 시멘트나 벽돌을 등에 지고
> 한 생애를 피 흘리는
> 저 남자들의 집 짓기, 바라보노라면
> 홀연 경건한 슬픔이 감도는
> 영원한 저 공사판의 사내들
> 때로 욕설과 소주병이 나뒹구는
> 싸움을 감내하며
> 그들은 분배를 위한 논리와
> 정당성을 만들기 위한 계략을 세우기도 하지만
> 우리가 사랑하는 남자들은
> 이내 철거되고야 말 가뭇한 막사 한 채를 위하여

피투성이 전쟁터에서 생애를 보낸다
　　　　　　　　　　　　　　　　—「집 이야기」

　여자에게는 남편과의 관계가 자신의 삶을 성찰할 수 있는 또 하나의 일상이 된다. 그래서 시인은 또 다른 시선으로 남편을 바라보고 일상으로부터의 일탈을 꿈꾼다.

아버지도 아니고 오빠도 아닌
아버지와 오빠 사이의 촌수쯤 되는 남자
내게 잠 못 이루는 연애가 생기면
제일 먼저 의논하고 물어보고 싶다가도
아차, 다 되어도 이것만은 안 되지 하고
돌아누워 버리는
세상에서 제일 가깝고 제일 먼 남자
　　　　　　　　　　　　　　　　—「남편」

여보, 일 년만 나를 찾지 말아주세요
나 지금 결혼 안식년 휴가 떠나요
(…)
여보, 일 년만 나를 찾지 말아주세요
내가 나를 찾아가지고 올 테니까요
　　　　　　　　　　　　　　　—「공항에서 쓴 편지」

　집을 떠나 비행기에 오른 시인은 모든 승객들이 별 생각 없이 먹는 기내식을 앞에 놓고도 다시금 상념에 빠져든다.

손에 쥔 칼을 슬며시 내려놓았다

그에게 선뜻 칼을 댈 수가 없었다

파리로 가는 비행기 안 기내식 속에

그는 반달로 누워 있었다

땅에서 나고 자란 내가

바다에서 자란 그대와

하늘 한가운데 3만 5000피트

짙푸른 은하수 안에서 만난 것은

오늘이 칠월칠석이어서가 아니다

(…)

나는 끝내 칼과 삼지창을 대지 못하고

내가 가진 것 중 가장 부드럽고 뜨거운

나의 입술을 그대의 알몸에 갖다 대었다

내 사랑 견우여

—「새우와의 만남」

기내식으로 나온 새우 요리에서 시인은 식욕을 느끼기보다는 하늘과 바다와 육지의 상징적 만남을 경험한다. 은하수에서 만난 땅 짐승인 인간과 바다 짐승인 새우 — 시인은 그 순간 살육과 약육강식의 법칙에서 벗어나 천지해(天地海)의 조화와 포용을 주창한다.

모두가 그냥 지나치는 일상에서 그러한 내면 풍경을 볼 수 있기에 시인은 아직도 커피와 문학을 사랑하고 시를 쓴다.

아직도 쓸 데 없는 것만 사랑하고 있어요

가령 노래라든가 그리움 같은 것

상처와 빗방울을

그리고 가을을 사랑하고 있어요, 어머니.

아직도 시를 쓰고 있어요

밥보다 시커먼 커피를 더 많이 마시고

몇 권의 책을 끼고 잠들며

직업보다 떠돌기를 더 좋아하고 있어요

바람 속에 서 있는 소나무와

홀로 가는 별과 사막을

미친 폭풍우를 사랑하고 있어요

—「커피 가는 시간」

    문정희 시인은 우리가 보려고만 한다면, 우리의 일상 속에 얼마나 많은 삶의 진리가 깃들어 있는가를 깨우쳐주는 시인이다. 그녀는 길거리에서 만나는 택시 기사나 아낙네에게서도 잃어버린 자신의 순수성과 유년 시절을 본다. 이렇게 우리의 삶이 곧 시가 되고, 우리의 일상도 예술이 될 수 있다는 것은 놀라운 발견이다. 그러나 평범한 일상에서 진리를 찾아내고 그것을 시로 형상화하는 것은 더욱 놀라운 능력이다. 문정희는 그러한 진귀한 능력으로 독자들에게 남다른 감동과 즐거움을 제공해 주는 이 시대의 뛰어난 시인이다.

삶에 대한 인문학적 사유와 성찰
── 김우창론

도덕과 이성의 회복을 기원하는 사상가

김우창 고려대 명예교수의 최근 저서 『정치와 삶의 세계』를 관통하는 주제는 합리주의의 부재와 윤리의 상실로 고통 받고 있는 한국 사회에서의 이성과 도덕의 회복이다. 김우창 교수가 보는 우리 사회는 전체주의적 횡포와 비합리적 폭력이, 그리고 도덕적 불감증과 부정부패가 만연한 정신적 불모지이다. 그 암울한 현실의 핵심에서 그는 조용히 "우리의 삶을 지탱해 주는 규범의 문제들"을 성찰한다. 예컨대 합리적 사회란 무엇이고, 도덕은 사회질서에 어떤 역할을 하는가? 개인과 사회는 어떤 관계에 있으며, 인간 사이의 예절은 어떤 정치적·사회적 의미를 갖는가? 또 양심이란 무엇이며, 경제와 삶의 관계는 어떠한가? 이와 같은 문제들에 천착하면서 그의 사유는 궁극적으로 환경 문제와 "깊이의 생태학"으로까지 심화되고 확대된다. 환경과 생태계 문제는 곧 우리의 도덕과 양심의 문제이자 삶의 질과 미래의 희망에 대한 한국 사회의 척도가 되기 때문이다. 그것은 또 우리가 소홀히 할 때 인류 절멸의 요인이 될 수도 있고, 제대로만 하면 보다 나은 사회를 위한 정신적 토양도 될 수 있기 때문이다.

바로 그와 같은 맥락에서 김우창 교수는 다시 한번 인간과 사회에 대한 인문학적 사유와 성찰의 세계로 우리를 데리고 간다. 그리고 그 사유와 성찰의 세계에서 그는 준엄하고도 예리한 현실 비판을 수행한다. 인문학의 궁극적 사명이 바로 사유와 성찰을 통한 현실 비판이기 때문이다. 만일 종래의 인문학이 고전을 통한 인격 도야와 인간 이해의 수동적 차원에 머물렀다면, 미래의 인문학은 분명 적극적 표현의 아크로폴리스와 현실 비판의 콜로세움이 되어야만 할 것이다. 에드워드 사이드의 말대로 인문학은 이제 신성한 상아탑에서 벗어나 세속적으로 오염될 필요가 있기 때문이다. 그런 의미에서 『정치와 삶의 세계』는 인문학이 위기와 혼란을 겪고 있는 이 시대에 인문학의 전범을 보여주고 있는 탁월한 저서로 평가된다.

김우창 교수는 최근 우리 삶의 기반을 뒤흔들었던 IMF 위기의 근본 원인 역시 한국 사회의 고질적인 병폐인 이성과 합리성의 부재 그리고 도덕과 윤리의 붕괴에서 찾는다. 이성보다는 힘의 논리를, 그리고 투명성보다는 사실 은폐와 대강주의를 선호하며, 정치나 경제는 도덕과 양립할 수 없다고 생각하는 사회에서 IMF 사태 같은 위기의 도래는 필연적이라는 것이다. 사실 그동안 우리는 경제 발전을 위해서라면 민주주의도, 자유도, 또 인권도 유보하고 희생할 수 있다고 생각해 왔다. 문제는 그런 사회에 인간의 존엄성이나 제대로 된 상도덕이 있을 리 없다는 데 있다.

위기의 극복은 물론 이성과 도덕의 회복을 통해서만 가능하다. 그래서 김우창 교수는 정치와 사회와 경제의 핵심에도 이성과 도덕이 있어야만 한다고 주장한다. 여기서 그가 말하는 이성이나 도덕은 추상적인 이념이 아니라 단지 "자연스러운 일상적 삶을 가능하게 해주는 인간의 질서"일 뿐이다. 그런 의미에서 그는 그 삶의 도덕을 "실존적 도덕"이라고 부른다. 그는 "그것은 단순히 애국심이나 민족주의나 도덕적 엄숙주의의 회복을 뜻하는 것이 아니라 작은 삶의 행복을 뜻하는 것"이라고 말한다. 즉 감정적인 애국심이나 충동적인 민족주의보다는 그날그날의 삶의 질서에 배어 있는 이성과 도덕이 더 중요하다는 것이다. 김우창 교수의 이러한 시각은 질서를 개인적인 것이 아니라 집단적이고 사회적인 것으로만 생각해 온 한국인들의 보편적 사고방식과는 상반되는 것이다. 그러나 이 책에서 그는 개인의 삶보다 언제나 집단과 전체의 질서와 통합을 더 중요시해 온 우리 사회의 문제점을 예리하게 지적하면서, 작은 삶들과 일상생활의 소중함을 천명하고 있다. 김우창 교수의 지적대로 국가와 사회에 대한 지나친 강조는 언제나 영웅주의를 낳고, 보통 사람들의 삶과 일상의 질서를 하찮은 것으로 폄하하며, 작은 삶이야말로 규범적 삶이라는 사실을 망각하게 만들기 때문이다.

　김우창 교수는 작은 삶에서 구현되는 이성과 도덕의 한 예로 예절을 든다. 예절은 사람과 사람 사이의 관계를 부드럽게 해주고 평화롭게 해주는 윤활유와도 같고, 그래서 예절이 잘 지켜지는 사회에는 폭력이 없기 때문이다. 그러나 그는 예절이 권력과 결탁해 "경직된 정당성의 이데올로기"가 될 때, 오히려 억압의 수단으로 전락하며 폭력을 불러오게 된다는 점에도 우리의 주의를 환기시킨다. 그리고 바로 그 시점에 김우창 교수는 우리 사회의 수직적 사회 구조, 독재 정권의 억압과 부패, 그리고 권력자들의 물리적 및 제도적 폭력이 사실은 모두 예절의 부재나 왜곡된 강요와 맞물려 있음을 지적하며, 다시 한번 우리 사회가 결여하고 있는 법과 질서, 그리고 합리주의와 도덕의 문제를 제기한다.

자율과 통제: 개혁의 두 가지 길

이성과 합리주의 그리고 '실존적 도덕'과 총체성에 대한 김우창 교수의 논의는 제2부로 넘어가면서, 최근 논란이 되고 있는 대학 개혁과 구조조정의 문제점으로 이어진다. 그는 지금이 변화의 시대라는 것은 인정하지만, 그 변화의 의미와 방식에 대해서는 심각한 우려와 강력한 회의를 표명한다. 예컨대 대학과 학문을 시장경제 논리와 효율성만을 가지고 판단하려는 단순한 태도와 교수들을 연구 업적 산출이라는 획일적인 틀에 가두어 학문의 자유를 구속하는 획일적인 평가 방식에 대해 김우창 교수는 우려를 감추지 못한다. 그에 의하면 과학이나 문화 부문의 위대한 업적은 언제나 "자기 일이 좋아서 그 일에 열중하는 사람, 자기의 꿈에 도취한 사람, 그리고 자신의 작은 삶에서 행복을 느끼는 사람들이 만들어내는 것"이기 때문이다. 즉 학자들이란 자기가 좋아서 늦은 밤에도 그리고 주말에도 때와 장소를 가리지 않고 연구에 몰두하는 사람들인데, 그러한 사람들을 족쇄로 묶어 연구를 강요하는 것이 과연 학문의 발전에 무슨 도움이 되겠느냐는 것이다.

물론 거기에 대한 반론도 있을 수 있다. 예컨대 대학 당국자들은 연구를 하지 않는 교수들에게 압력을 가해 연구를 활성화시키는 것이 그 취지라고 말할 것이다. 그러나 그동안 연구를 하지 않은 교수는 극소수에 불과하고 대다수의 교수들이 연구와 교육에 충실해 왔다면, 이는 소수를 바로잡기 위해 다수를 억압하는 일종의 단체 처벌이 되기 때문에 오히려 역효과를 불러올 수도 있다. 또한 학문은 외부의 간섭을 배제한 완벽한 자유 속에서만 온전히 발전할 수 있는 법인데, 현재의 대학 개혁은 다분히 정부 주도로 이루어지고 있어서 학문의 자유가 심각하게 저해되고 있다는 것이 김우창 교수의 지적이다. 니콜라스 코페르니쿠스(Nicolaus Copernicus)와 갈릴레오 갈릴레이(Galileo Galilei)의 경우가 잘 보여주고 있지만, 학문이란 근본적으로 당대의 정치적·사회적 권위로부터의 해방과 자유 속에서 이루어지는 것이기 때문이다.

사실 현재의 대학 개혁 중 상당 부분이 개선이 아닌 개악으로 드러나고 있고, 개혁이 대부분 형식적으로만 이루어지고 있다는 것은 부인할 수 없는 사실이다. 소위 전국 규모의 학술지에 실린 논문만을 인정하는 것이 그 대표적인 예인데, 그 제도는 이미 국제적으로 인정받고 있는 수많은 수준 높은 학술지들을 단지 관청에 등재하지 않았다는 이유만으로 고사시키는 치명적인 결함과 모순을 갖고 있다. 이 원천적으로 잘못된 제도는 일생 동안 활발하게 저술 활동을 해온 저명한 중진 학자들의 훌륭한 연구 업적들을 하루아침에 인정받지 못하는 쓸모없는 쓰레기로 만들었으며, 그들의 연구비 수혜 기회를 철저하게 차단해 버렸다. 또 똑같은 논문도 논문집에 발표하면 100퍼센트이지만 단행본에 발표하면 5퍼센트나 10퍼센트밖에 인정받지 못하는 것, 그리고 외국 학자들과 외국어로 공동 저술한 단행본 저서도 저자 수에 따라 점수가 내려가는 것, 책 한 권 쓰는 것의 어려움을 전혀 고려하지 않고 저서를 논문 한 편과 똑같이 취급하는 것 역시 새로운 제도의 대표적인 폐해들이다.

김우창 교수는 이러한 상황을 학문의 행정적 예속, 경제적 예속, 그리고 공리적 예속이라고 본다. 사실 관리들이나 행정가들이나 경영자들은 "대체로 일목요연하게 집계될 수 있는 서류상의 결과를 중시한다." 그러나 문제는 그 서류의 내용과 현실이 일치하지 않을 수도 있다는 점이다. 즉 학문을 현실과 권력의 일방적 해석에 예속시켜서는 안 된다. 그가 보는 현재의 대학 개혁은 대학의 자유를 심각하게 손상시키고, 고급 인력들로 하여금 대학을 외면하게 만들며, 학문을 공장의 대량 조립 생산방식으로 통제하고 산출하려는 잘못을 저지르고 있다. 또 관리들이나 대학의 경영자들은 학문과 인간의 정신을 경영학적 사고나 시장경쟁 원리로 파악하려는 우를 범하고 있다.

불행히도 그러한 사태는 이미 도처에서 일어나고 있다. 김우창 교수는 "자신의 영역 속에 모든 것이 포괄된다고 자만하여 자신의 도식 너머에 있는 영역을 인정하지 않는 학자가 행정 권력을 갖고 학문의 경영자가 되는 경우에 가장 나쁜 학문적 환경을 만들어낼 수 있다."고 말한다. 그러한 행정가들이나 경영자들은 미국 대학을 예로 들어 자신들의 논리를 합리화시키려 한다. 그러나 김우창 교수는 사실 미국 대학들이야말로 교수의 신분 보장과 학문의 자유 그리고 우리가 시장성이 없다고 홀대하는 인문 교육을 그 어느 나라보다 더 중요시하고 있다고 말한다. 학문의 자유에 대한 김우창 교수의 이러한 지적은 기득권 수호가 목적이 아니라, 잘못된 방향으로 나아가고 있는 현 대학 개혁에 대한 원론적인 비판이라는 점에서 설득력을 갖는다.

포스트모더니즘에 대한 성찰

제3부에서 김우창 교수는 우리의 삶에 지대한 영향을 끼치고 있는 정치와 정치가들이 왜 이성과 도덕을 필요로 하는지에 대해 논의하고 있다. 그는 전두환·노태우 전 대통령이 자신들의 힘만으로 최고권력자가 되고 또 부정 축재를 했다고는 보지 않는다. 즉 그들의 부패를 가능하게 해주었던 것은 당시의 사회체제였고, 따라서 그들이 아니라도 제2의 전두환과 노태우가 얼마든지 나왔을 가능성이 있다는 것이다. 그렇다면 그들은 당시의 시대상을 반영한 전두환적 또는 노태우적 현상이었을 뿐이라는 것이다. 그것은 곧 오직 사회 공간이 도덕적이고 이성적일 때에만 도덕적이고 이성적인 정치 지도자가 나올 수 있다는 것을 의미한다.

김우창 교수가 보는 우리 사회는 이성과 합리와 도덕이 심각하게 결핍된 곳이다. 그가 부단히 이성과 도덕의 회복을 주창하는 이유도 바로 거기에 있다. 그래서 그는 이성의 종언을 선언하고 비이성을 찬양하는 국내의 포스트모더니스트들을 향해 "우리 사회에 진정한 데카르트적 이성이 과연 한 번이라도 있어보았느냐."고 반문한다. 그리고 바로 그 순간, 김우창 교수는 한국의 근대사와 근대화에 대해 근본적인 회의와 문제를 제기한다. 우리의 근대화는 서구 문명의 유입을 통해 이루어졌는데, 어찌된 셈인지 그 가장 중요한 근간인 합리주의는 제대로 받아들이지 못했다. 사실 모더니즘적 이성이 제대로 뿌리내리지 못한 불합리한 지역에서 어떻게 포스트모더니즘적 비이성의 가치와 장점과 중요성을 주장할 수 있단 말인가?

김우창 교수는 비이성과 무질서의 가치가 찬양 받는 이 포스트모던 시대에 이성과 도덕, 질서와 조화, 그리고 보편성과 총체성의 회복을 주창했다는 점에서 최후의 모더니스트처럼 보인다. 그리고 그런 맥락에서 그는 빌헬름 헤겔(Wilhelm Hegel)과 위르겐 하버마스(Jurgen Habermas)의 전통에 서 있는 것처럼 보인다. 과연 김우창 교수는 헤겔적인 총체성과 하버마스적인 모더니티의 완성에 대해 강렬한 향수를 갖고 있으며, 진정한 데카르트적 이성의 회복과 실천을 주장하고 있는 것처럼 보인다.

그러나 엄밀히 말해 김우창 교수가 말하는 이성과 도덕 또는 보편성이나 총체성은 모더니스트들이 의도했던 절대적인 진리로서의 보편성이나 총체성과는 궤를 달리하고 있다. 과연 『정치와 삶의 세계』에서 김우창 교수가 부단히 반복하며 그 중요성을 주장하고 있는 것은 전체주의적 대서사(grand narrative)가 아니라 오히려 리오타르적인 '작은 삶'과 '일상'과 '개인'의 소서사(petit narrative)들이고, 데리다적인 탈이분법적 사고의 포용이다. 즉 그가 말하는 이성이나 도덕 또는 보편성이나 총체성은 모두 사람과 사람들끼리 동등하고 평화롭게 사는 데 필수적인 작은 '예절'일 뿐, 결코 거창한 이념이나 추상적인 개념이 아니다. 이 책에서 김우창 교수가 말하는 '능률' 역시 모더니스트들이 주창했던 비인간적인 효율이 아니라 인간성이 조화된 다분히 탈모더니즘적인 능률이다.

김우창 교수가 단순한 모더니스트가 아니라는 사실은 그가 환경 생태 문제에 깊이 천착하고 있다는 점에서도 극명하게 드러난다. 이 책의 마지막 장에서 그는 보통의 모더니스트들과는 달리 가치 있는 삶의 한 가능성을 환경 생태 문제에서 찾는다. 환경과 생태계가 이미 파괴될 대로 파괴된 이 불모의 땅에서 환경 생태 문제에 대한 깨달음이야말로 인식의 전환을 통한 새로운 생의 철학과 삶의 가능성을 제공해 주기 때문이다. 그래서 김우창 교수는 그레고리 베이츤(Gregory Bateson)처럼 마음의 생태학, 또는 "깊이의 생태학"을 주창한다. 환경 생태계의 파괴는 곧 우리의 정신 생태계가 파괴되었다는 것을 의미하기 때문이다. 그것은 먼저 인간 정신 생태계의 회복이 선행되어야만 자연 생태계도 회복될 수 있다는 것을 뜻한다. 그래서 김우창 교수는 이 땅의 정치가들과 기업가들과 권력자들에게 정신 생태계의 회복을 종용한다. 정신 생태계가 회복될 때 비로소 우리 사회에서 독재자나 부정 축재자 또는 인권 유린자나 환경 파괴자들이 사라질 것이기 때문이다.

모든 것이 연출이고 공연이며 껍질뿐인 이 표피적 세상에서 그리고 마키아벨리적·홉스적 질서가 주종을 이루는 우리 사회에서 그는 시적이고 철학적인 언어로 삶의 심층을 통찰하며 현대의 위기를 성찰한다. 그러나 그의 언어는 추상적인 공간에 머무는 것이 아니라 궁극적으로는 현실로 회귀한다. 김우창 교수의 인문학적 사유와 성찰이 강력한 비판력을 갖게 되는 것도 바로 그러한 맥락에서다. 그는 이 책의 마지막 장에서 인식의 전환을 주창한다. 도시와 하늘과 자연이 아름다운 조화를 이루고 있는 시카고의 스카이라인을 예로 들면서 김우창 교수는 그러한 총체성을 만들어낼 수 있는 성숙한 시민 의식을 높이 평가한다. 그는 물론 그 시민 의식은 엄숙한 도덕적 의무가 아니라 미의식의 형태라는 것을 강조한다.

『정치와 삶의 세계』를 읽는 즐거움 중 하나는 동서 고전과 인문사회과학 그리고 자연과학을 자유롭게 넘나드는 저자 김우창 교수의 해박한 지식과 심오한 지적 성찰이다. 그러면서도 이 책은 중후한 철학적 사고에 못지않은 번쩍이는 혜안과 설득력 있는 통찰로 읽는 재미를 더해 준다. 예컨대 동양에서는 예절이 당위이지만 서양에서는 우아함의 표상이라는 언급, 그리고 우리의 사회구조가 "오만과 모멸의 구조"라는 진단도 그러하다. 오만과 모멸의 사회에서 멸시받지 않고 자존심을 지키려면 "최소한의 부와 권력과 지위를 확보해야 하는데, 그것은 대체로 부패와 부정의 수단을 통하지 않고서는 급하게 확보할 수 없다."라는 김우창 교수의 사회학적 통찰, 그리고 "관직과 지위와 일류 학교와 과시 소비와 선후배 가리기"에 연연하는 한국인들의 심리 근저에는 남에게 과시하고 인정받고 싶다는 욕망이 자리 잡고 있다는 그의 문화심리학적 해석도 고개를 끄덕이게 만드는 대목이다.

더욱이 과학적이고 사실적인 측면은 외면한 채 바다를 오직 낭만적인 대상으로만 바라봄으로써 민족의 진취성 함양에 해를 끼쳤다는 점에서 유치환의 시「깃발」을 "우리 현대 시 가운데 아마 가장 나쁜 영향을 끼친" 시라고 평가한 그의 참신한 비판 또한 독자들로 하여금 무릎을 치게 하는 명언이 아닐 수 없다.

김우창 교수는 우리 시대가 보유하고 있는 몇 안 되는 진정한 인문학자 중 한 사람이다. 당대의 많은 학자들이 시대의 조류와 유행을 따라갈 때에도 그는 폭포를 뛰어오르는 연어처럼 시종일관 "토양을 거슬러(against the grain)" 저 높은 곳으로 올라간 보기 드문 학자이다. 그러면서도 그는 부단히 변화의 필요성을 주장하며, 인문학을 상아탑에서 끌어내어 현실과 조우하고 씨름하게 함으로써 인문학이 나아가야 할 길을 제시해 주고 있다. 김우창 교수에게 있어서 문학이나 인문학은 추상적인 미적 세계가 아니라 곧 삶의 철학이자 현실의 학문이다.『정치와 삶의 세계』라는 제목에서 "정치"라는 단어는 우리의 삶을 둘러싸고 있는 여러 가지 상황을 지칭하는 통합적이고 은유적인 표현이다. 김우창 교수가 지향하는 학문적 방향은 그의 모든 저서들 ―『궁핍한 시대의 시인』,『지상의 척도』,『법 없는 길』,『시인의 보석』,『심미적 이성의 탐구』,『이성적 사회를 향하여』,『정치와 삶의 세계』― 속에, 그리고 그것들의 제목들 속에 면면히 드러나 있다.

이 시대에 이성과 도덕, 보편성과 총체성 그리고 심미적 질서와 합리성의 회복을 주장하는 것은 일견 너무 보수적이고 전통적인 것처럼 보일 수도 있다. 그러나 모더니즘과 근대화의 과제가 아직 완성되지도 않은 채 포스트모던 시대로 진입하고 있는 한국 사회에서 그의 주장은 절실한 설득력을 갖는다. 김우창 교수는 해박한 지식과 심오한 성찰을 통해 독창적인 사상을 창조해 낸 이 시대의 희귀한 사상가 중 한 사람이다. 그리고 그의 사상은 이 혼탁한 시대의 어둠을 밝혀주는 지적 등불이 된다. "길 잃은 세대"의 안내 성좌로서 시대를 앞서 가는 그러한 선각자와 동시대에 산다는 것은 흔하지 않은 특권이자 행운이다.

소외와 상실의 시대에 읽는 화해와 포용의 문학

문학이 철학과 다른 점은, 아마도 삶과 진실에 대한 다양한 시각과 관점을 이야기나 대화나 운문의 형식을 통해 제시한다는 데 있을 것이다. '다양한 시각과 관점' 이라 함은 곧 문학의 본질이 다원적이며 탐색적이라는 것, 그리고 문학은 고정되고 절대적이며 유일한 진실의 존재를 부인한다는 것을 의미한다. 문학은 다만 무한한 가능성을 인정하고 추구할 뿐이기 때문이다.

그럼에도 불구하고 동시대의 문학은 언제나 어떤 공통점을 갖고 있다. 문학이란 당대 문화와 사회의 반영이기 때문이다. 예컨대 경제위기와 인간성 상실, 현대인의 소외와 화해, 열림과 닫힘, 인간과 이데올로기, 한의 초극과 삶의 긍정, 타자의 포용, 무너지는 전통, 그리고 산업화로 인한 실향과 방랑 등은 모두 지난 수십 년 동안 우리가 겪어오고 씨름해 온 절실한 사회적 문제들이다. 작가들은 모두 각기 다른 방식으로 그러한 문제들을 천착해 문학적으로 형상화함으로써 현대 한국 사회를 포괄적으로 조감하고 있다.

다음에 논하는 작가들은 모두 나름대로 삶과 글쓰기에 대해 해탈과 관조의 태도를 보여주고 있다. 연륜 때문일까, 이들의 작품에는 비극적 상황에서도 피어나는 삶에 대한 원숙한 포용과 따뜻한 긍정이 엿보인다. 예컨대 불륜과 마약으로 폐인이 된 아내, 돌아온 조카, 이미 낯선 타인이 되어버린 어머니와 동생, 수몰된 고향 마을, 그리고 집안의 어두운 비밀과 그 비밀을 홀로 간직해 온 어머니에게 내미는 주인공들의 '손'은 바로 그러한 포용과 긍정의 상징적 제스처가 된다.

그러므로 비록 다음 작가들을 뒤덮고 있는 전체적인 분위기는 '상실과 소외'이지만, 모든 작품을 관통하고 있는 공통 주제는 '화해와 포용'이다. 그리고 그것은 곧 암울한 현재 상황에도 절망하지 말고 아집의 패각을 벗고 타자에게 화해의 손을 내밀어야만 한다는 것을 의미한다. 잡아야 할 손은 물론 멀리 떨어져 있지만, 그래도 우리는 그 손을 잡아야만 한다. 서로 손을 잡는 것만이 이 상실과 소외의 시대에 우리를 지탱해 주는 유일한 수단이 될 것이기 때문이다.

보이지 않는 악령에 대한 저항 : 이문열의 「달아난 악령」

이문열의 「달아난 악령」은 1980년대에 성행했던, 그리고 어쩌면 지금도 계속되고 있을, 운동권의 '의식화' 문제를 다루고 있다는 점에서 우리의 주목을 끈다. 왜냐하면 작가의 말대로, 1980년대의 후일담 문학이 무성하면서도 그 문제를 다룬 작품은 1990년대가 끝나갈 때까지 나오지 않았기 때문이다. 그러나 바로 그 민감한 문제를 건드린 죄로 이문열은 또다시 좌파들의 비판 대상이 되었고, 「달아난 악령」 역시 소위 진보주의자들 사이에 논란의 대상이 되었다.

이문열의 특징 중 하나는 그가 우파 보수주의 성향을 너무 직설적으로 드러낸다는 것, 그리고 정치적 문제들에 대한 자신의 견해를 별다른 여과 과정 없이 바로 소설화한다는 점이다. 그러나 전자의 경우에는 좌파 작가들이 있듯이 우파 작가도 있는 법이니 크게 시비 걸 일은 못 된다. 만일 그의 우파 성향을 문제 삼는다면 다른 작가들의 좌파 성향도 문제 삼아야만 하기 때문이다. 오히려 좌파문학이 주류를 이루던 시대에 홀로 나서서 좌파 이데올로기를 비판했다는 점에서 그는 용기 있는 작가라고 할 수 있다.

그는 언론인들이 신문 칼럼을 통해 그렇게 하듯이, 자기가 하고 싶은 말을 소설을 통해서 한다. 그럼에도 그는 그런 이야기들을 재미있게 읽히는 한 편의 소설로 만드는 특별한 재주를 갖고 있다. 그래서 그 어떤 소재도 이문열의 손으로 넘어가면 그 즉시 한 편의 흥미 있는 이야기로 변모한다. 그런 의미에서 그는 타고난 작가일 뿐 아니라 이 시대 최고의 이야기꾼이라고 할 수 있다.

「달아난 악령」 역시 평범한 소재임에도 불구하고 작가의 탁월한 이야기 솜씨 때문에 우선 재미있게 읽힌다. 요즘처럼 소설이 잘 안 읽히고 소설보다 더 재미있는 매체들이 많은 시대에 이문열의 그러한 재주는 작가로서 분명 커다란 축복이다. 그러나 재미있다는 것만으로 어떤 이야기가 곧 소설이 되거나 훌륭한 문학작품이 될 수는 없다. 한 편의 예술작품이 되기 위해서는, 인간의 존재 방식과 삶의 양태에 대한 근원적인 성찰, 인식론적 고뇌, 심오한 주제, 고도의 상징 등이 그 속에 내재되어 있어야만 하기 때문이다. 「달아난 악령」에는 다행히도 그러한 요소들이 충분히 들어 있다.

「달아난 악령」은 운동권 출신 교사의 '의식화' 작업으로 인해 하나뿐인 딸을 영원히 잃어버린 한 아버지가 지방 학교로 '달아난' 그 교사의 행방을 추적해 찾아가는 이야기이다. 그는 아무것도 모르는 순진한 딸을 의식화해서 자기로부터 빼앗아간 그 운동권 교사를 '악령'이라고 부른다. 왜냐하면 그 교사는 교묘히 자신의 실체를 감추고 천사의 모습으로 접근해 감수성 예민한 학생들의 마음과 영혼을 빼앗아가기 때문이다. 일단 혼을 빼앗긴 아이들은 마치 '좀비(zombie)'처럼 모두 그 악령에 의해 조종되지만, 악령의 위장이 너무나 철저해서 아버지에게는 그것을 증명할 증거가 없다. 아버지는 자신으로부터 딸을 빼앗아 파멸시킨 악령을 뒤쫓아 시골로 내려가지만 악령은 이미 어디론가 사라지고 없다.

「달아난 악령」의 표면적 소재는 1980년대 운동권의 주요 전략인 '의식화'이다. 그래서 이 작품은 좌파의 '의식화'에 대한 작가의 비난과 비판으로 읽을 수 있다. 이 작품은 우리가 미처 깨닫지 못하는 새 은밀히 우리를 세뇌시키는 모든 이데올로기의 가공할 만한 메커니즘과 그로 인한 인간의 교류 단절과 불신을 탐색한 뛰어난 소설이다. 이문열은 '작가의 말'에서 이 소설이 "그 시대에 대한 끈질긴 악의로 오해되지 않기를 바란다."고 말하고 있다. 그러한 언급이나 이문열의 작가적 역량을 감안해 「달아난 악령」을 우선 문학적으로 읽어볼 필요가 있다. 문학적 해석을 시도해 보기도 전에 정치적으로 접근해 가치판단을 내리는 것은 정당하지 못하기 때문이다.

이 작품의 화자인 아버지는 착한 모범생이자 우등생인 중 3짜리 딸의 행동이 새 담임교사의 영향으로 이상하게 변해 가는 것을 눈치 챈다. 고등학교 1학년 여름방학 때 부모를 속이고 농활에 다녀온 딸에게 아버지는 화가 나서 길길이 뛰지만, 딸은 더 이상 아버지를 두려워하지 않는다. 의식화 학습과 현장 실습까지 마친 그녀를 지배하고 지시하는 것은 이제 아버지가 아닌 바로 그 운동권 교사이기 때문이다. 아버지는 딸이 갑자기 전혀 다른 사람이 되었다는 사실을 깨닫고 경악한다. 비록 신체적 외모는 예전과 같지만 딸의 정신은 이미 다른 사람으로 변해 있었던 것이다. 그리고 그 결과 가장 가까워야 할 부녀 간의 교류는 완전히 단절된다.

그 후 딸은 "민중과 무산계급을 위해" 집을 뛰쳐나가 공장 노동자의 삶을 시작한다. 찾아간 화자에게 악령은 딸이 "식민지적 분단 현실에 눈며 스스로 선택한 길"을 떠난 것이라고 말해준다. 그러나 화자는 그것이 딸의 선택이 아니라 악령의 사주와 조종에 의한 것이라고 믿는다. 그러던 어느 날, 딸이 동료 운동권 공원들에게 집단 성폭행을 당하고 집에 돌아와 쓰러지는 사건이 발생한다. 그 후 그녀는 지난날을 잊고 잠시 평온하게 지내지만 결혼을 원하는 애인이 생기자 성폭행의 악몽이 되살아나 끝내 정신병원에 입원하게 된다. 결국 이데올로기와 의식화가 한 젊은 여자의 삶을 완벽하게 파괴한 것이다.

이데올로기가 어느 날 갑자기 사람을 바꾸어놓고 가족 간, 또는 인간 간의 교류를 단절한다는 것은 미국에서 공포소설이나 공포영화의 주제가 된다. 이 세상에서 가장 무서운 것은 귀신이나 괴물이 아니라 바로 가족이나 인간 사이의 불신과 단절이기 때문이다. 매카시즘이 팽배하던 시절에 제작된 공포영화 「인신절도단의 침입」은 그 고전적인 예다. 이 영화에서는 우주의 침입자들이 식량으로 비축하기 위해 인간을 훔친 뒤 그 자리에 자기들이 조종하는 가짜 인간을 놓고 간다. 그래서 어느 날 갑자기 남편은 자기 아내가, 아버지는 자기 딸이 이상하다는 것을 깨닫게 된다. 외모는 같지만 내면은 전혀 다른 사람인 아내나 딸은 다만 극도의 불신과 공포의 대상이 될 뿐이다. 이 영화의 마지막에 주인공은 자기만 빼고는 어느새 마을 주민 모두가 — 심지어는 경찰관들까지도 — 가짜 인간으로 대체되었다는 사실을 알고는 경악한다. 「인신절도단의 침입」이 사람을 완전히 바꾸어놓는 이데올로기의 무서운 힘과 그로 인한 불신과 단절의 공포를 주제로 하고 있다는 것은 이미 잘 알려진 사실이다.

그와 같은 맥락에서 보면, 이문열의 「달아난 악령」 역시 「인신절도단의 침입」과 같은 주제를 다루고 있다는 것을 알 수 있다. 다만 이문열은 세뇌된 가짜 허수아비 인간들보다는 그들을 만들고 조종하는 배후 세력인 '악령'의 정체에 더 많은 관심을 보이고 있다. 그러나 악령은 교묘하고 철저하게 자신을 위장하기 때문에 좀처럼 그 모습을 드러내지 않는다. 아버지는 자신의 가정을 파괴하고 자신에게 악몽을 꾸게 한 그 악령을 추적해 강원도 산골까지 뒤쫓아 간다. 하지만 악령은 한 장의 편지 —— 반성문 —— 를 써놓고 잠적한다. 그렇다면 악령은 진정 자신의 과오를 반성하고 영영 사라진 것인가, 아니면 시대의 변화에 따라 잠시 몸을 감춘 것인가. 화자인 아버지는 이렇게 말하며 소설을 끝낸다 —— "딸아이의 비극도, 그로 인해 우리 가정이 겪은 불행도 이제는 지난 시대에밖에 더 물을 수가 없게 되었다. 악령은 달아나 버렸다."

그렇다면 악령은 사실 특정 인물이라기보다는 1980년대를 지배했던 이데올로기의 은유적 상징인지도 모른다. 그렇다면 이 소설의 화자는 결국 이데올로기의 실체를 추적했던 것이고, 그 이데올로기는 스스로의 문제점을 고백하고 잠적했다고도 볼 수 있을 것이다. 악령은 편지에서 다음과 같이 말한다.

한 인간의 파멸을 당연한 것으로 만들 권리는 이 세상의 누구에게도 없다. 아니 그 이상 어떤 이데올로기의 분식(粉飾)으로든 인간의 희생이 책임지는 이 없이 용인되어서는 안 된다. 경찰이나 정보원으로 오인돼 납치되고 감금되고 고문 받았던 무고한 시민들, 국방의 의무를 수행하러 불려갔다가 줄 한번 잘못 선 죄로 불에 타 죽고 맞아 죽은 전경들, 혁명과 이데올로기에 대한 오해 혹은 그 악용으로 저질러졌던 간음과 성폭행들, 혁명을 위협 수단으로 한 사취(詐取)와 편취(偏取), 터무니없이 확대된 적(敵) 개념에 바탕해 거침없이 저질러졌던 언어적 폭력, 자살 사주와 시체 장사……. 당시의 신문조차 그 수다한 사례를 보도하고 있으나 그 운동의 지도자들에게 책임을 묻는 목소리는 듣지 못했다. 나는 우리의 80년대가 산출(産出)한 비극적 소모의 책임이 바로 그러한 경우에 해당된다고 본다.

악령의 반성문에 나오는 위 내용이 누군가가 지적했어야만 하는, 그래서 우리 모두가 반성하고 넘어갔어야만 하는 1980년대의 아픈 상처라는 것을 부인할 사람은 없을 것이다. 그와 같은 반성과 지적은 사실 좌파 작가들이나 운동권 지도부에서 먼저 제기되었어야만 했다. 그러나 현실은 그러지 못했고, 그래서 「달아난 악령」 같은 소설이 나오게 된 것이다. 이문열은 "해야 할 사람이 하지 않기 때문에 내가 하게 되었을 뿐"이라고 말한다. 그렇다면 비록 악령의 반성문 형식을 빌렸지만 위 인용은 사실 작가가 하고 싶었던 말인 것으로 보인다.

그런 의미에서 소설 「달아난 악령」의 출현은 필연적이고 또 탄탄한 존재 가치를 갖는다. 오늘의 한국 현실을 바라보면 이문열의 날카로운 혜안은 놀랄 만하다. 오늘날 보이지 않는 이데올로기의 악령은 급진적인 학교 교사들에 의해 세뇌된 우리 아이들의 정신을 지배하고 있다. 그 악령이 모습을 드러내는 날, 우리 사회는 전례 없는 위기를 맞게 될 것이다.

역사의 잘못에 대해 우리는 아무도 책임을 지려 하지 않는다. 그리고는 과거를 망각 속에 묻어두려고 한다. 그러나 지난날의 과오에 대한 통렬한 반성이 없이는 결코 떳떳하고 밝은 미래가 있을 수 없다. 상처는 덮어두면 속으로 곪는 법이다. 그래서 아무리 아프더라도 환부는 깨끗이 닦아내고 도려내야만 한다. 이문열의 「달아난 악령」은 우리 과거의 아픈 곳을 건드리지만 궁극적으로는 1980년대라는 악몽의 시대가 만들어놓은 상처의 치유법을 제시해 주고 있다는 점에서 주목할 만한 소설로 다가온다.

'악령'은 비단 이데올로기의 은유일 뿐만 아니라 더 나아가 우리를 조종하고 지배하며 세뇌시키는 모든 보이지 않는 힘의 상징이라는 점에서 문학적 보편성을 갖는다. 사실 '악령'은 도처에 여러 가지 형태로 편재해 있고, 우리는 그것의 은밀하지만 강력한 영향 아래 놓여 있다. 문학의 본질 중 하나는 바로 그러한 보이지 않는 '악령'의 조종과 지배와 세뇌에 저항하는 것이다. 문학은 본연적으로 언제나 규제 받지 않고 속박 받지 않는 자유로운 삶을 추구하기 때문이다.

이문열의 또 다른 작품 「전야(前夜), 혹은 시대의 마지막 밤」은 한 시대가 가고 새로운 시대가 시작되는 시점의 불안 의식을 그린 작품이다. 이 소설에서 사라져가는 것은 지난 수십 년 동안 변함없이 집권해 온 여당과 기득권 세력, 경제적 풍요와 안정, 그리고 궁극적으로는 20세기라는 파란만장했던 시대다. 그리고 새로운 시대를 여는 것은 아직 그 능력이 검증되지 않은 야당과 거품이 사라진 부도 난 경제와 불확실한 21세기의 미래일 뿐이다. 그래서 이 소설의 배경은 대체로 불안하고 어두운 밤이다.

어두컴컴한 저녁에 우연히 여행 중인 주인공의 차를 세우고 올라타 시대의 변화를 원망하다가 자살하는 부도 난 사업가는 바로 구시대와 함께 파산한 채 사라져가는 비극적 인물의 상징이다. 그는 분명 과거와 밤의 인물이다. 그러나 밤이 가고 아침이 되어도 여전히 희망은 보이지 않는다. 미래를 상징하는 여인 인선은 떠나가고, 주인공은 쓸쓸한 호텔 방에 홀로 남겨질 뿐이다. 그녀의 메모에 적힌 대로 지금이 새로운 날의 전야인지 아니면 진정한 어둠 뒤에 남은 한 시대의 마지막 밤인지는 아직 알 수 없다.

그러나 이 소설이 비관적인 것만은 아니다. 인선은 떠나면서 남긴 메모에다 사랑과 유학의 거품을 빼자고 제안한다. 만일 그동안의 거품을 빼고 새롭게 시작할 수 있다면 그들의 사랑에도, 나라의 미래에도 다시 희망이 찾아올는지 모른다. 주인공이 교수로 설정된 것 또한 지난날에 대한 지식인의 반성과 미래에 대한 회의를 은유적으로 보여주기 위한 적절한 장치로 보인다.

「전야, 혹은 시대의 마지막 밤」은 시대 말과 세기말의 암울함과 불안감을 노련한 솜씨로 생생하게 묘사한 주목할 만한 작품이다. 이 소설은 풍요로웠지만 실상은 거품이었던 과거에 대한 향수와 반성을, 그리고 암울하지만 거품이 가신 미래에 대한 불안과 기대를 여행과 죽음 그리고 사랑과 이별의 모티프를 통해 문학적으로 형상화하는 데 성공하고 있다.

소설의 초반부에 정치 이야기가 너무 과도하게 등장하는 것이 좀 부담스럽긴 하지만, 그것이 곧 작가가 보는 우리의 암울한 현실이고 또 이 소설의 주요 모티프를 제공해 주는 것이라면, 그것 역시 나름대로 필요한 장치일 것이다.

상처받은 자들의 불꽃 : 윤흥길의 「산불」

윤흥길의 「산불」은 업보와 심판과 정화의 상징인 '불' 의 메타포를 통해 독재와 억압의 어두운 시대가 남겨놓은 우리의 정신적 상처의 치유를 기구하고 있는 주목할 만한 소설이다. 현대사의 가장 암울했던 시절 우리를 감금하고 고문했던 독재자들은 우리에게 영원히 치유되지 않을 상처를 남기고 사라졌다. 아무도 책임을 지지 않고, 아무도 돌보지 않는 그 마음의 상처를 아물게 하기 위해 누군가는 우리 망각의 숲에 불을 질러야만 한다. 그래서 아직도 불씨가 살아 있음을 알리고, 정화의 불길로 아픈 역사의 상처를 치료해야만 한다. 그런 의미에서 「산불」은 「아홉 켤레의 구두로 남은 사내」와 「완장」과 「장마」의 연장선상에 있다.

「산불」은 화자가 이끌어가는 '작가의 말' 과, 화자가 산불 현장에서 우연히 만나는 김건식의 글로 나누어지는 이중 구조로 되어 있다. 나와 김건식은 둘 다 불구경에 관심이 많으며, 둘 다 경찰로부터 방화 혐의를 받고 있는 등 공통점이 많다. 대학교수인 나는 군사 독재 정권 시절 잔혹한 고문을 견디지 못해 무고한 동료의 이름을 발설한 죄의식에 괴로워하고 있는 김건식이 산불에서 고통과 위안을 느낀다는 사실을 알게 되고, 그가 남기고 간 「산불」이라는 글을 공개한다. 교수와 옛 학생 또는 기성 세대와 옛 운동권의 대칭 구도는 우리의 정신적 상처가 어두운 역사의 유산으로서 대물림되고 있다는 사실을 암시해 주고 있다. 그래서 방화는 필연적이다. 사람들은 그것을 도깨비불이라고 부르겠지만, 방화범은 상처 입은 우리 모두가 될 것이다. 불을 지르면 물론 나무들은 불에 탈 것이다. 그러나 그 자리에는 다시 새로운 나무들이 자라날 것이다. 정화의 불꽃이 없이 어찌 역사와 양심의 상처가 치유될 수 있겠는가?

삶의 비극에 대한 통찰 : 한승원의 「검은댕기두루미」

남도의 한과 정서를 문학적으로 형상화하는 데 한승원보다 뛰어난 작가는 드물 것이다. 「검은댕기두루미」 역시 한승원 특유의 토속적 향기가 물씬 풍기는 작품이다. 한승원은 노련한 이야기꾼이지만, 그의 이야기들은 단순히 재미있는 데 그치지 않고, 언제나 빼어난 문장과 뛰어난 묘사를 수반해 독자들을 즐겁게 한다.

바다가 모래톱과 검은 갯바위를 물어뜯고 있었다. 갈매기는 요동치는 파도 속에서 고기 사냥을 하고 있었다. 쾌속선 두 척이 푸른 물굽이 속에 묻혀 있는 지퍼를 하얗게 찢으며 나아갔다.

위 인용에서 볼 수 있는 것처럼, 작가로서 한승원의 필력은 이미 달인의 경지에 이른 것처럼 보인다. 그리고 그러한 묘사력으로 한승원은 인생의 희로애락을 관조하고, 인간의 한을 예술적으로 승화하는 데 성공하고 있다.

「검은댕기두루미」 역시 인생이라는 여정에서 우연히 만나 마치 프라이팬 위의 빈대떡처럼 서로 지지고 볶으며 사는 사람들의 슬픈 이야기라고 할 수 있다. "삶은 이렇게 저렇게 만난 서로를 지지고 볶도록 되어 있었다." 이 단편의 주인공인 선우창희는 젊었을 때 어머니에게 남자친구

김석호를 빼앗긴 뒤 한을 품은 채 지금은 죽음을 기다리며 시골의 바닷가에서 혼자 살고 있다. "먼 바다에서 달려온 파도들은 모래톱에서 양파의 흰 속껍질처럼 벗겨지고" 그녀는 그러한 파도로부터 알맹이가 없이 껍질만 계속 벗겨지는 삶의 공허와 허무를 느끼며 홀로 여생을 보내고 있다. 그녀는 간혹 자기 집 근처 소나무에 날아와 앉곤 하는, 혼자 사는 검은댕기두루미를 자신과 동일시한다.

어느 날 그곳으로 45세의 남동생 창기가 그녀를 찾아온다. 그냥 바람 쐬러 나왔다는 그에게서 그녀는 "여러 번 포개 접어 숨긴 암수표 같은 음모의 부피와 그림자"를 감지한다. 아니나 다를까 창기는 노망기가 있는 어머니의 건물과 죽은 김석호가 그녀에게 남긴 건물의 상속 포기서를 써 달라고 부탁한다. 결국 천 리 길을 찾아온 그의 속셈은 재산에 대한 욕심 외에 아무것도 아니었던 것이다.

「검은댕기두루미」가 제시하고 있는 것은 인간과 인간, 또는 가족과 가족 간의 신뢰와 애정이 완전히 사라진 암울한 풍경이다. 이 작품에서는 딸과 어머니, 누나와 동생, 그리고 심지어는 애인과 애인 사이에도 기만과 증오만 있을 뿐 이해와 포용은 존재하지 않는다. 이야기의 중간에 삽입된 여우 에피소드에도 역시 문서를 뺏고 빼앗기지 않으려는 사람과 여우 사이의 위장과 불신과 속임수가 난무한다. 예컨대 어머니와 동생과 아내인 줄로만 알았던 사람들이 사실은 자신을 속인 여우라는 설정은 그 한 좋은 예가 된다. 현실에서도 그녀의 어머니는 그녀를 속여 서울 시내를 헤매게 하고, 그녀의 동생은 그녀의 집문서를 빼앗아 출세하려고 한다.

그러나 작품의 마지막에 그녀는 그 끈질긴 한과 원한을 너그럽게 용서하고 가족들을 포용하기로 한다. 그녀는 동생이 원하는 문서를 넘겨주기로 하고, 노망이 들어 죽어가는 어머니도 자기가 맡겠다고 자청한다. 그녀는 검은댕기두루미를 생각하며 동생에게 이렇게 말한다.

조건이 하나 있다, 너. 그 여자 거기 가둬놓지 말고, 이리로 모셔다 놔라. 어디서 어떤 모양새로 살건, 사는 것 모두가 갇혀 사는 것이기는 하지만, 좀 더 너른 땅에서 훨훨 날개라도 쳐보면서 사는 것이 좋을 수도 있는 법이니까.

그 말을 하는 순간, 그녀는 어디서인지 향기가 날아오는 것을 느낀다. 그리고 그 향기가 사실은 자기 내부에서 솟고 있음을 깨닫는다.
한승원은 이 작품에서 삶의 비극적 본질을 통찰하고, 어떻게 해야 그러한 삶을 의미 있게 만들 수 있을 것인지를 성찰한다. 선우창희는 삶을 마감하기 직전 어머니와 동생과 남자친구가 풍기는 악취를 드디어 향기로 바꾸어 놓는 데 성공한다. 그녀는 이제야 비로소 삶을 있는 그대로 받아들이며, 죽음을 포용할 준비가 된 것이다. 검은댕기두루미는 바로 그런 그녀의 은유적 모습이다.

인간성의 상실, 고향의 상실 : 김주영의 「금의환향」

김주영의 중편소설 「금의환향」은 제목부터 역설적이다. 이 작품이 성공해서 고향에 돌아오는 사람들이 아닌, 삶의 터전을 잃고 고향을 떠나는 사람들의 이야기이기 때문이다. 그럼에도 작가가 이렇게 역설적일 수밖에 없는 것은 오늘날 우리의 현실이 아이러니와 패러독스로 가득 차 있기 때문이다.
낙동강 유역에 자리 잡고 있는 구룡동은 근처에 다목적 댐이 건설되어 수몰 지구로 지정된 곳이다. 이 마을에 어느 날 춘천에서 내려온 외지 사람들이 나타나 헐값에 땅을 사들이기 시작하고, 동장 오동칠은 그들을 도와주면서 수고비를 챙긴다. 자신들의 땅을 팔고 돈을 받은 사람들이나 당국으로부터 보상비를 받은 사람들은 이주비로 사용해야 할 그 돈을, 노름하거나 술을 마시거나 미장원에 가거나 하며 탕진한다.

이 작품의 전반부를 이끌어나가는 박억수 역시 밤샘 노름으로 외지(영주와 봉화)에서 원정 온 도박꾼들에게 이주비 십만 원을 모두 잃는다. 이 작품에서 외지인들은 헐값에 땅을 빼앗은 다음 그 돈을 노름으로 되찾아가는 착취자들로 묘사되어 있다. 후반부의 이야기를 이끌어가는 박억수의 동생 박달수 역시 부산에 갔다가 일본 밀항선을 소개해 준다는 외지인 사기꾼을 만나 가진 돈을 모두 다 털리고 졸지에 전과자까지 되고 만다.

그러나 그렇다고 해서 마을 사람들을 믿을 수 있는 것도 아니다. 동장 오동칠은 외지인과 작당해 마을 사람들의 땅을 팔아넘기고, 술집 '한성옥'의 창녀 나죽자(羅竹子)는 사랑한다던 달수를 배반하고 한씨라는 남자에게 가버리며, 대부분의 마을 사람들은 보상금인상추진위원회의 탄원서에 서명하기를 꺼린다. 적은 외부에만 있는 것이 아니라 내부에도 있는 것이다.

그 와중에 달수는 외지인들의 고발로 경찰서에 잡혀간다. 달수가 교도소에서 풀려나는 날 죽자가 나와 기다리고 있다가 그를 반갑게 맞는다. 죽자 역시 한씨에게 배신당하고 가진 돈까지 모두 빼앗긴 상태였다. 죽자는 달수에게 동장과 억수를 포함한 마을 사람들이 모두 구룡동을 떠났으며, 이제 곧 마을이 수몰될 것이라는 사실을 알려준다. 고향을 잃은 두 사람은 버스 정류장을 향해 터벅터벅 걸어간다. 소설은 금의환향과는 정반대의 결말로 끝이 난다.

김주영은 댐 건설로 인해 사라져가는 한 마을과 수몰 지구에서의 투기 행위와 검은 거래, 그리고 고향을 잃어버린 사람들의 이야기를 통해 개발과 금전과 테크놀로지로 인해 일어나는 인간성의 상실, 삶의 터전 상실, 그리고 정처 없는 방랑이라는 문학적 주제를 설득력 있게 천착하고 있다. 그렇다면 정작 수몰되는 것은 한 마을이 아니라 현대인의 고향과 고유 전통, 그리고 더 나아가 인류 문명 그 자체라고 할 수 있을 것이다. 그러한 암울한 상황에서 다만 위안이 되는 것은 달수와 죽자의 재결합과 새 출발이다. 비록 아직 갈 곳도 정해지지 않았지만, 두 사람의 사랑이 새로운 희망으로 다가오는 이유도 바로 거기에 있다.

사라져가는 것들의 아름다움 : 김원일의 「세월의 너울」

김원일의 중편소설 「세월의 너울」은 아버지 제삿날 저녁에 모인 가족들의 이야기를 통해 한 가문의 가계사(家系史)를 추적하고, 세월의 흐름에 따라 변해 가는 관습의 변화와 가치관의 변천을 시종 담담한 어조로 성찰하고 있는 무게 있는 작품이다. 이 작품을 읽고 있노라면, 특히 제사 의식과 전통 풍습에 대한 작가의 해박한 지식과 세밀하고도 정치한 묘사에 감탄하게 된다.

「세월의 너울」에서 우선 드러나는 주제는 신구 가치관의 대립이다. 작품의 서두에서부터 밝혀지지만 종갓집 장남이자 58세인 주인공 집안 어른들의 기제사나 생일은 음력을 따르지만 "아랫대로 내려오면 생일과 결혼기념일이 양력으로 바뀐다." 집안의 기념일들이 음력과 양력으로 나뉘어 있는 셈이다. 또 옛 유가의 전통에 따라 자정을 막 넘겨 제사를 지내야 한다고 주장하는 77세의 어머니와 시간이 너무 늦어 불편하니 아홉 시쯤 제사를 지내자고 하는 젊은 아들, 며느리 들의 의견이 대립하기도 한다. 그리고 분명 법도 있는 집안이건만 텔레비전 만화영화를 보고 있는 아이들은 떨어져서 보라는 할아버지의 말을 들은 척도 하지 않는다.

이 소설의 주인공 집에는 마치 살아 있는 가족사를 보여주듯이 4대가 모여 살고 있다. 그래서 이 집은 외견상 뼈대 있는 전통적인 가문처럼 보인다. 제사도 증조부대부터 모시니, 일 년에 모두 다섯 차례나 기제사가 있는 집안이다. 그러나 세월이 흐르면서 주인공의 집안도 많이 변한다. 주인공인 '나'의 큰아들은 실연한 후 자살했고, 둘째 아들은 미국으로 이민을 가버렸으며, 지금은 셋째 아들 가족만 같이 살고 있다. 둘째 아들이 미국으로 떠난 이유는 아이 완이가 자폐증 환자이기 때문이고, 셋째 아들이 요즘 걱정인 이유는 대학생인 딸 건옥이가 운동권이기 때문이다. 또 주인공에게는 한국전쟁 때 월북한 동생 일식과 이복 여동생 숙이가 있다. 「세월의 너울」은 이렇게 주인공 가문을 바꾸어놓는다.

이 소설의 클라이맥스는 방송 드라마를 쓰는 주인공의 막내아들이 취재차 고향에 내려가 조사해 온 가문의 비밀이 밝혀지면서 극에 달한다. 고조할머니가 가족들이 알고 있는 것처럼 김 참판 댁 규수가 아니고 사실은 풀려난 그 집 노비였다는 사실을 알아낸 것이다. 주인공은 명문 양반의 후예인 어머니가 그 사실을 알면서도 지금까지 입 밖에 내지 않고 묵묵히 가문을 이끌어왔다는 것을 비로소 알게 되고, 새삼 어머니의 존재와 가치에 대한 생각에 잠기게 된다.

내가 할아버지 소리를 들은 지 오래된 마당에, 내 윗대가 되는 어머니란 누구인가. 그들은 이미 철저하게 잊혀진 세대이다. 그러나 노인도 노인 나름일 것이다. 어머니의 경우는 시아버지가 시할머니의 가계를 꾸몄음에도 불구하고 이를 넉넉한 마음으로 감쌌음은 물론, 이를 넘어서서 스스로 본(本)이 된, 그 생애가 아름다운 삶이었다. 그 아름다움이란 스스로를 겸손으로 감추는 가운데 보는 이로 하여금 느끼게 하는 눈부심이다. 그러므로 어머니는 오래전부터 내게 종교와 같은 절대적인 그 무엇이 되었다. 그 그늘이 아니고선 우리 집안은 물론 나라는 존재도 너울 센 바다에 떠도는 가랑잎이었으리라.

주인공 '나'의 말대로, 가족들이 자살하고 이민 가고 월북하고 운동권에 투신하고 있는 이 시대에 조상 중 한 분이 노비 출신이었다는 것은 별 의미가 없다. 중요한 것은 그러한 사실을 알면서도 조금치도 흔들리지 않고 종갓집 며느리로서 훌륭하게 가문을 이끌어온 어머니의 의연한 모습이다. '나'는 이제야 비로소 속절없이 늙어가고 있으며 곧 저세상으로 사라져갈 어머니가 대표하고 있는 소중한 가치를 깨닫게 된다.

「세월의 너울」은 세월의 풍파 속에서 모든 것이 변하지만 그래도 우리가 간직할 영원히 소중하고 아름다운 것은 남아 있음을 말해주는 감동적인 소설이다. 어머니로 표상되는 그 전통적인 아름다움과 눈부심은 고유한 전통과 풍습이 급속도로 와해되어 가는 오늘날 우리들의 가슴속에 영원히 숨 쉬고 있을 것이다.

4 문학은 어디로 가야 하는가

최근 작가들의 작품 읽기

여성 작가들의 작품을 읽으며

한국 문학작품들을 읽고 있노라면 바로 이거다라고 생각되거나 진심으로 추천할 만한 좋은 작품은 찾기 어렵고, 대신 문학에 대한 위기의식만 절실하게 느끼게 되는 경우가 많다. 요즘 대부분의 대학생들에게는 순수문학보다 영화와 만화 또는 컴퓨터 게임과 인터넷이 문학보다 훨씬 더 호소력이 있다. 그렇다면 문학은 그것들과 경쟁하고 살아남기 위한 자구책을 마련해야만 할 것이다. 그러나 우리 작가들에게서는 웬일인지 글쓰기에 대한 처절한 고뇌나 회의나 탐색을 찾아보기 어렵다. 그 이유는 그들이 정말이지 문학이 좋아서 작가가 된 사람들이기 때문에 아직도 문학이 문화와 예술의 최고봉에 있는 것으로 착각하고 있기 때문이다. 그래서 아무런 위기의식이나 자구책 없이 여전히 해방 이후 별로 달라진 것 없는 진부하고도 천편일률적인 주제와 서술 기법을 답습해 온 경우가 많다. 그러나 시대와 독자들은 급속도로 달라지고 있다. 만일 아직도 그것을 깨닫지 못하고 있다면 우리 문학의 미래는 암울하다고 봐도 크게 틀리지 않다. 작가들 중 아무나 한 사람을 골라서 칭찬해 주기는 쉽지만, 평론가가 해야 할 일은 그보다는 문제점을 지적하고 벽에 부딪친 문학이 나아가야 할 길을 제시해 주는 것이기 때문이다.

그렇다면 문학은 과연 죽었는가? 이 질문에 일본의 저명한 문학평론가 가라타니 고진은 "그렇다."라고 말한다. 그는 "내 생각에 문학은 이미 죽었다. 그런데도 마치 그렇지 않은 것처럼 문학에 대해 글을 쓰는 것은 양심에 어긋나는 짓이다."라고 역설했다. 물론 많은 사람들이 그렇지 않다고 반발할 것이다. 문학은 지고하고 영원한 것이라고, 그래서 죽기는커녕 오히려 번성하고 있다고, 예컨대 총 판매 부수가 천만 부를 넘어선 이 문열을 보라고 말할 것이다.

그럼에도 불구하고 독자들은 문학지들을 읽으면서 혹시 문학이 이미 죽은 것은 아닌지 의구심을 갖게 된다. 문학이 영화나 만화보다도 재미와 감동이 없고 유익하지 못할 때, 다 읽고 나서도 작품에 대해 비평가가 별로 할 말이 없을 때, 그리고 도대체 왜 그런 것을 썼는지 독자들이 의아해할 때, 문학은 이미 죽은 것이기 때문이다. 간혹 재미있게 읽히는 작품이 발견되면 십중팔구 작품의 질이 떨어지고, 작품성이 좀 괜찮다 싶으면 대개 재미와 감동이 없다. 그렇다면 지식과 재미, 그리고 불멸의 예술과 상상력의 근원으로서의 문학은 이미 죽었는지도 모른다.

정말이지 문학이 예술과 문화의 정점에서 지식과 재미를 독점하며 특권을 누리던 시대는 이제 끝났다. 이제 문학은 수많은 다른 문화매체들과 동등한 입장에서 경쟁하고 살아남아야만 하게끔 되었다. 문학은 또한 급변하는 독자들의 감수성과 취향에도 부응해야만 한다. 그런데도 작가들만이 시대의 요구를 외면하고 변화를 거부한다면 문학의 죽음은 필연적이다.

그런데 왜 우리의 여성 작가들은 언제나 상처받은 사랑 이야기나, 어린 시절의 추억이나, 뒤틀린 가족 관계의 이야기에서 벗어나지 못하는가?

남녀 문제와 결혼과 가정이 모든 인간관계와 인간 존재, 그리고 인간 고독과 인간 고뇌의 기본임을 모르는 바는 아니다. 그리고 그들이 창조한 여성 주인공들이 보이지 않는 제도적 폭력과 사회적 억압 구조를 잘 드러내주고 있다는 것 또한 잘 알고 있다. 그러나 문학은 인간관계의 갈등에 대한 미시적 성찰이나 여성에 대한 억압 구조의 폭로 이상의 그 무엇이어야만 한다.

그래도 위안이 되는 것은 우리 여성 작가들의 뛰어난 문장력과 탁월한 감수성이다. 예컨대 전경린의 우수에 찬 분위기의 묘사(「바다엔 젖은 가방들이 떠다닌다」)나 조경란의 속삭이는 듯한 문체(「나의 자줏빛 소파」)는 남성 작가들이 도저히 따라갈 수 없는 또 하나의 세계로 독자들을 데리고 간다. 그들은 그러한 특유의 분위기와 문체로, 뼛속 깊이 스며드는 인간 존재의 고독과 고뇌를 설득력 있게 묘사하는 데 성공하고 있다. 작품집 『내 여자의 열매』로 최근 주목받고 있는 한강. 재치 있는 문체와 주제가 돋보이는 하성란. 글쓰기가 곧 형이상학적 아픔이 되는, 어쩌면 그래서 최근에 스타일을 바꾸고 있는 배수아. 문학이 곧 삶의 방황이자 완벽한 고립이 되는 함정임. 그리고 알레고리의 렌즈로 현실을 바라보는 김연경. 이들은 모두 각기 독특한 방법으로 우리 문학의 가능성을 탐색하는 전초병들이다.

그러나 작가는 탁월한 이야기꾼이자 스타일리스트여야만 한다. 우리의 재능 있는 여성 작가들이 그 두 가지를 다 갖추고, 좀 더 폭넓고 좀 더 참신한 주제와 문체를 발굴한다면, 문학은 죽지 않고 살아남을 수 있을는지도 모른다. 그러나 만일 여성 작가들이 단순한 불륜을 마치 대단한 로맨스나 되는 것처럼 존재론적 고뇌로 포장만 한다면, 또 비정상적인 가족 관계에만 과도하게 집착한다면 문학의 죽음은 필연적일 수밖에 없다. 글쓰기에 대한 처절한 고뇌와 탐색이 없이 어찌 "문학은 죽지 않았다."라고 말할 수 있겠는가.

김영하의 「너의 의미」, 「비상구」, 「바람이 분다」

김영하의 문학 세계에서 현실과 비현실 사이의 구분은 별 의미가 없다. 때로는 실제와 사진 속 모습으로, 또 때로는 현실과 컴퓨터 속 가상현실로 대립되는 것처럼 보이는 두 세계는 그의 작품 속에서 어느새 용해되어 혼합되는 퓨전 상태가 된다. 그런 의미에서 보면, 김영하는 비현실을 현실화하는 데 성공함으로써 궁극적으로는 문학의 영역을 두 배로 확장하는데 공헌한 셈이 된다.

김영하의 「너의 의미」는 순수문학이 퇴조하고 엔터테인먼트가 문화의 핵심에 자리 잡고 있는 이 시대에 영상 산업과 문학의 관계를 삼류 감독과 순수작가의 관계를 통해 성찰한 작품으로, 재치 있는 문장과 재기 발랄한 문체가 돋보이는 새로운 감각의 소설이다. 달콤하나 덧없이 녹아 사라지는 아이스크림 모델과 영속하는 문학과 사랑을 진지하게 추구하는 여성 작가 사이에서 방황하던 화자인 영화감독은 결국 작가와의 합일을 선택한다. 그런 의미에서, 김영하의 「너의 의미」는 대중문화가 보는 순수문학의 의미도 될 수 있고, 또 그 반대도 될 수 있다. 스토리와 구성이 복합적이지는 않아 소품처럼 보이지만 작가는 능숙한 문장력과 분위기 있는 문체로 현 시대상을 통렬한 풍자와 아이러니로 잘 보여주고 있다.

김영하의 「비상구」는 재미있게 읽히는 작품이다. 특히 돋보이는 것은 이 소설이 신세대 젊은이들의 밑바닥 삶과 방황과 반항을 그들만의 감성과 언어와 분위기로 그려냈다는 점이다. 그러나 이 작품의 우선 과제는 통속소설처럼 보이는 위험에서 벗어나는 것, 그래서 모든 독자층의 공감을 얻는 것이라고 생각된다. 그런 측면에서 보면 「비상구」보다는 CD-ROM 복제를 다룬 이 작가의 또 다른 작품인 「바람이 분다」가 보다 더 복합적인 작품처럼 보인다.

김경욱의 『누가 커트 코베인을 죽였는가』, 『베티를 만나러 가다』

김경욱은 문자매체와 영상매체의 경계를 넘어 문학의 새로운 영역과 새로운 가능성을 개척했다는 점에서 주목받는 작가다. 그의 문학 세계에서 문학과 영화 또는 종이와 스크린의 구분은 별 의미가 없다. 그의 작품 속에서 문자 기호와 영상 이미지는 경계를 넘어 늘 뒤섞이고 있으며, 소설과 영화의 내러티브 역시 부단히 혼합되고 있다. 김경욱은 영화적 상상력을 문학에 도입해 새로운 형태의 문학 양식을 창출했다는 점에서 문학의 새로운 경지를 개척했다는 평을 받고 있다.

문학과 영상의 혼합이 펼치는 새로운 인식의 세계를 꾸준히 천착해 온 김경욱의 『누가 커트 코베인을 죽였는가』역시 위 네 가지 주제를 바탕으로 인간의 존재와 인식의 문제를 다룬 특이한 작품이다. 비행기에서 우연히 옆 자리에 앉게 된 주인공과 텔레비전 인기 여배우 장미의 만남은 그녀가 출연하는 드라마 「장밋빛 인생」의 줄거리와 똑같다. 사실 그들이 만나는 비행기 자체도 현실 위에 떠 있는 허공의 공간일 뿐이다. 그러므로 독자들은 그 두 가지 이야기 중 어느 것이 현실이고 어느 것이 드라마인지 알 수가 없다. 혹은 그 두 가지가 다 주인공의 상상 속에서 일어나고 있는 허구인지도 모른다. 기존 인식의 경계가 무너지는 곳에서 주인공은 장미를 살해한다. 그러나 그것 또한 현실일 수도, 또 드라마 속의 한 장면일 수도 있다. 누가 여배우를 죽였는가, 라는 질문이 도덕적인 의미와 인식론적 의미를 동시에 갖는 것은 바로 그런 이유에서이다.

최근 김경욱은 인터넷을 소재로 현대인의 정체성 문제를 천착하는 소설도 썼다. 예컨대 김경욱의 「고양이의 사생활」은 문학적 상상력과 영상매체의 시각적 효과 사이의 조화와 합일을 추구해 온 작가가 현실과 인터넷의 사이버 공간 사이의 간극과 경계 해체를 성찰한 새로운 감수성의 소설이다. 인터넷 ID로만 존재하는 현대인들, 또 다른 리얼리티인 사이버 공간에서의 조우와 교류, 그리고 마우스 클릭처럼 찰나적이고 일회적인 인간관계에 작가는 예리한 비판의 시선을 던진다. 그러나 김경욱은 그러한 현상을 간단히 매도하거나 부정하는 대신 현실과 가상현실 사이의 경계를 넘나들며 두 세계 사이의 부단한 대화와 공존을 추구한다. 그가 새로운 감수성의 문학을 창출하는 것은 바로 그 순간이다. 그런 의미에서 김경욱은 전자매체의 홍수 속에서 길 잃고 방황하는 문자문학을 위해 비상구를 찾는 작가이며, 영상 이미지의 미로 속에서 새로운 문학적 상상력을 탐색하는 문단의 전초병이라고 할 수 있을 것이다.

김경욱의 최근 소설집 『베티를 만나러 가다』를 관통하는 주제는 일견 모든 문학작품들의 영원한 모티프인 '이상(理想)의 탐색과 추구' 처럼 보인다. 그러나 베티로 명명된 작가의 탐색과 추구의 대상은 결코 플라톤적인 이데아가 아니라 그 누구도 만날 수 없는 '유토피아' 이자 이 세상 어디에도 존재하지 않는 '엘 도라도' 이다. 왜냐하면 베티는 "애인이면서창녀이고삶이면서죽음이고희망이면서절망이고천사이면서악마이고과거이면서현재이고지구이면서화성이고찰리채플린이면서올리비아핫세고영웅본색이면서천국보다낯선 그 무엇" 이기 때문이다. 즉 베티는 두 개의 상반된 요소를 한 몸에 갖고 있으면서, 동시에 이 세상의 모든 것들 사이의 경계를 허물며 존재하는 — 그래서 저자는 띄어쓰기를 무시하고 있다 — 범우주적이고 초현실적인 존재라는 것이다.

작가가 만나러 가는 베티가 누구이며 무엇을 의미하는지는 아무도 모른다. 어쩌면 작가 자신도 모를는지 모른다. 알 수 있는 것은 다만 베티가 작가의 상상력을 자극하는 '유혹' 이자 휘몰아치는 '태풍' 의 이름일 수도 있으며, 어느 프랑스 감독의 영화 제목 「베티 블루」처럼 현실의 반대편에 존재하고 있는 '환상'의 또 다른 명칭이라는 것뿐이다. 과연 유혹과 태풍과 환상은 『베티를 만나러 가다』를 읽는 동안 내내 반복해 나타나는 가장 중요한 상징적 장치로 등장한다.

　김경욱의 주인공들이 베티에게서 유혹과 태풍과 환상을 느끼는 이유는, 그들이 모두 타자와의 연결을 간절히 염원하고 있는, 철저하게 고립되고 단절되어 있는 사람들이기 때문이다. 표제작인 「베티를 만나러 가다」의 주인공 '나'는 베티의 방을 망원경으로 훔쳐보다가 ─ 관음증은 분명 일방적인 사랑의 형태이다 ─ 그녀가 불을 끄자 컴퓨터를 통해 그녀와의 접속을 시도한다. 컴퓨터 통신에서 '나'는 노신의 비극적 주인공 아큐(阿Q)를 연상시키는 아비(阿飛)가 된다. '내'가 몰래 훔쳐보던 베티가 불을 끄고 시야에서 사라지자 아비는 다음과 같이 말한다.

　　이제 더 이상 그녀와 그는 연결되어 있지 않다. 그는 그 사실을 인정해야만 했다. 그녀는 이제 아무런 리듬도 그에게 제공하지 못하고 있는 것이다. 그는 다시 세상 어딘가로 연결되어야만 했다. 그것만이 그의 유일한 선택인 것처럼 보인다. 지금, 여기는 달의 표면, 고요의 바다. 그는 그 고요의 바다에 엎드린 채 머나먼 우주로 자신의 메시지를 담은 전파를 쏘아 올린다. 나는 누군가와, 그 무엇과 연결되어야만 한다.

　이윽고 아비는 망원경을 테이블보로 덮고, 컴퓨터를 켠다. 컴퓨터의 푸른 화면은 마치 "수평선처럼 펼쳐진 무한하고 장대한, 그리고 깊은 블루"로 펼쳐진다. 그 속에서 아비는 PC통신의 대화방을 통해 베티와 대화를 나눈다. 그들에게 대화의 내용은 별로 중요하지 않다. "대화를 하고 있다는 것 자체가 그에게는 중요한 문제"이기 때문이다. 그래서 다시 한 번 인간 교류의 중요성이 강조된다.

　아비는 PC통신을 통해 극장 앞에서 베티와 만날 약속을 한다. 그러나 그녀는 끝내 나타나지 않는다. 누구라도 베티를 만나러 갈 수는 있지만 그 누구도 베티를 만날 수는 없기 때문이다. 또 베티는 오직 렌즈 속에서만, 그리고 화면 속에서만 존재할 뿐 현실에서는 존재하지 않기 때문이다. 집으로 돌아온 그는 다시 망원경으로 베티를 훔쳐본다 ─ "놀랍게도 그녀의 뒷모습이 흐물거리면서 점차 또 하나의 영상을 만들어내고 있었고, 망원경 속에서 쓸쓸한 뒤통수를 보이고 있는 것은 바로 그 자신이었다." 모리스 마테를링크(Maurice Maeterlinck)의 『파랑새』처럼 베티는 결국 '나' 자신의 마음속에 존재하고 있었던 것이다.

『베티를 만나러 가다』에서 고립과 단절의 모티프가 가장 강렬하게, 그러면서도 가장 담담하게 묘사되고 있는 이야기는 「우체부와 올리비아 핫세와 로버트 레드포드」이다. '우체부'는 편지를 전달해 인간 교류를 가능하게 해주는 사람이다. 그러나 이 이야기에서 우체부는 남의 메시지만 전달할 뿐, 정작 자신의 사랑을 전달하지는 못한다. 수취인 불명 편지들을 소각하는 우체국 직원이었던 허먼 멜빌의 주인공 바틀비처럼 그의 마음속 연애편지는 끝내 수취인 불명으로 소각되고 만다.

한편, 올리비아 핫세를 닮은 비디오 가게 여인은 자신을 사랑하는 우체부의 마음은 전혀 모른 채 로버트 레드포드를 닮은 남자 고객을 은밀히 사모한다. 그러나 그녀가 할 수 있는 일이라고는 그 남자가 부재중일 때 전화를 걸어 자동응답기의 목소리를 듣는 것뿐, 그녀 역시 자신의 사랑을 알리지 못한다. 그리고 로버트 레드포드를 닮은 남자 역시 비디오 가게 여인의 그런 마음을 전혀 모른 채 오직 떠나가 버린 옛 애인만을 그리워한다. 세 사람 사이에 상호 교류는 끝내 이루어지지 않는다. 우체부와 올리비아 핫세와 로버트 레드포드 사이에는 아무런 공통점이 없다. 커뮤니케이션이 단절된 곳에서 사랑은 다만 폐쇄 회로 속에서 일방적으로 보내지는 전파일 뿐이다.

그래서 김경욱의 소설에서 베티와의 만남은 끝내 이루어지지 않는다.

대신 그의 주인공들은 완벽한 고립과 단절 속에서 극심한 미로 의식을 느낀다. "미로에 빠진 기분이 들었다. 내게 돌아갈 곳이란 존재하지 않는다. 그저 앞으로 더듬더듬 나아가야만 한다. 미로를 빠져나가기 위해선 모든 가능한 길을 가보는 수밖에 없다. 문제는 언제나 열정의 불씨를 꺼뜨리지 않는 것이다." 중요한 것은 '유혹에의 열정'이다. 그래서 그들은 지구의 반대편에 있다는 아르헨티나로의 도피를, 화성으로의 여행을, 그리고 환상 속으로의 비상을 꿈꾼다. 그것이 곧 베티와의 만남을 가능하게 해주기 때문이다. 그러나 기껏 그들이 갈 수 있었던 곳은 동해안이고 술집이며 「그랑 블루」 포스터가 걸린 어두운 지하 극장일 뿐이다. 상상의 세계는 무한하지만 현실은 그저 비좁고 답답하기만 하기 때문이다. 그래서 그의 주인공은 알몸으로 변기에 웅크리고 앉아 "자신이 어쩌면 기억할 수 없을 정도로 오래전, 푸른 대양을 자유롭게 헤엄쳐 다니던 한 마리 돌고래였는지도 모른다고" 생각한다.

그것은 물론 희미한 기억이지만, 그래도 그 기억이 남아 있는 한, 김경욱의 주인공들은 마치 돌고래처럼 부단한 비상을 시도한다. 그들이 끊임없이 또 다른 세계로 통하는 문을 찾고 두드리며 열어보는 이유도 바로 거기에 있다. 바로 그런 의미에서 영화나 UFO나 팝 음악은 그들에게 '문'의 역할을 한다. 「블랙 러시안」에서 외계인과 교류한다는 한 사내는 "지금, 이곳과는 다른 시간과 다른 공간의 존재에 대한 열망과 믿음, UFO란 어쩌면 그런 것인지도 모르죠."라고 말한다. 옛 애인이 즐겨 마시던 칵테일인 '블랙 러시안' 역시 주인공에게는 옛 기억을 되살려줄 하나의 '문'이 된다.

블랙 러시안, 그것은 하나의 도어였다. 그 문을 밀치고 들어가면 어떤 세계가 펼쳐질지 확실히 알 수는 없었지만 결국, 손잡이를 돌려야만 하는 그런 문이라고 할 수 있었다. 그것은 지금으로서는 그녀에게로 통하는 유일한 통로인 셈이다. 분명한 것은 그 문을 밀치고 들어가면 어쩌면 내가 잃어버린 그 무엇을 찾게 되거나 최소한 그것이 무엇인가를 알 수는 있게 되리라는 가능성이 있다는 점이었다. 어쨌거나 나는 그 문을 열고 들어갈 수밖에 없는 것이다.

그러므로 김경욱에게 있어서 영화나 UFO나 록 음악은 현실의 반대편에 있는 환상이 아니라, 또 다른 리얼리티로 들어가는 '문' — 즉, 우리가 망각하거나 상실한 채 살고 있는 또 다른 세계로 들어가는 '통로'가 된다. 그렇다면 그가 만나고 싶어 하는 베티 역시 바로 그가 추구하는 또 다른 세계의 상징인지도 모른다. 그렇다면 베티가 약속 장소인 극장 앞에 나타나지 않았던 것도 사실은 그녀가 그 극장에서 상영 중인 영화 그 자체였기 때문이라고 할 수 있다. 김경욱의 소설에서 현실과 영화, 또는 리얼리티와 픽션 사이의 이분법적 구분이 철저히 와해되는 것도 사실은 바로 그런 의미에서이다.

『베티를 만나러 가다』는 관습적인 소설 양식과 진부한 내러티브를 공상과학적 상상력과 팝뮤직의 분위기와 영화의 내러티브로 대체하는 데 성공한 신선하고 참신한 작품이다. 그러면서도 이 작품집은 무거운 문학적 주제, 진지한 존재론적 고뇌, 삶에 대한 심오한 성찰, 그리고 치열한 작가정신을 잃지 않고 있다는 점에서 1990년대 소설을 대표할 수 있는 새로운 가능성으로 떠오른다. 김경욱은 비록 아직 젊은 작가이지만, 흔히 비판의 대상이 되는 경박한 신세대 작가들과는 다르다. 『아크로폴리스』나 『바그다드 카페에는 커피가 없다』나 『모리슨 호텔』에서 이미 보여주었듯이, 그는 무거운 주제를 가볍고 신선한 문체에 담아내는 데 뛰어난 능력을 보여주고 있기 때문이다.

이문구의 『내 몸은 너무 오래 서 있거나 걸어왔다』, 『김탁보전』

이문구는 1941년 충남 보령에서 태어났으며, 한국전쟁 때 아버지와 형들을 잃고 불과 15세 때 고아가 되었다. 그는 1961년 서라벌 예술대학에서 김동리에게 작가 수업을 받았으며, 1966년 김동리에 의해 《현대문학》에 추천됨으로써 작가의 길을 걷게 되었다. 당시 김동리는 추천사에서 "한국문학은 가장 이채로운 스타일리스트를 얻게 되었다."라고 말함으로써 이문구의 독특한 문체에 주목했다.

과연 이문구는 지방 토속어를 능수능란하게 구사해 작품 속에서 한국어 특유의 가락과 맛을 살리는 데 성공한 독특한 문체의 작가로 알려져 있다. 그의 작품에는 언제나 서민들의 삶과 애환이 스며들어 있는 구어체 토속어가 현란하게 등장해 근대화에 밀려 지금은 사라진 옛것들에 대한 강렬한 향수를 불러일으킨다. 그는 또 가족이 정치 이데올로기의 희생이 되었고, 자신 역시 군사 독재 시대의 검열에 걸려 체포되고 고생했지만, 과거에 대해 원한을 갖기보다는 지나간 것들의 아름다움에 대한 그리움에 젖어 있던, 그릇이 큰 작가였다.

작가 이문구가 감싸 안는 것은 늘 제외되고 소외된, 그러나 나무처럼 원초적 생명력으로 꿋꿋하게 살아가는 비주류 민초들의 삶이다. 그러므로 그가 능숙하게 구사하는 향토 사투리는 또 하나의 문화, 또 하나의 담론으로서, 지배 문화의 표준화와 규범을 해체하는 효과적인 전략이 된다. 그런 의미에서 보면 그가 사용하는 사투리가 어느 지방의 것인가는 크게 중요하지 않다. 이문구는 단순히 향토색 짙은 지방 작가나 지역 작가가 아니라 표준어로 대변되는 중앙의 지배문화에 대항해 사라져가는 주변부 문화를 옹호했던 대표적인 작가였기 때문이다.

지배 문화의 정통성과 근엄함을 비웃는 문학에 해학과 풍자가 없을 수 없다. 과연 이문구는 약자들의 삶을 억압하고 조롱하는 관료주의와 기회주의를 자신의 작품 속에서 수준 높은 해학과 풍자를 통해 비판한다. 그러나 이문구의 비판은 비단 지배 문화에만 한정되지는 않는다. 그는 권력에 복종하거나 스스로를 비하하는 민중들의 천민의식과 물질주의적인 천박한 세태도 날카롭게 비판한다. 그러나 근본적으로 해학적이기 때문에 이문구의 비판은 공격적이지 않고 늘 예술적으로 형상화된다.

이문구의 대표작은 『관촌수필』과 『우리 동네』 그리고 『내 몸은 너무 오래 서 있거나 걸어왔다』이다. 『관촌수필』에서 작가는 1960~1970년대 산업화 시대에 농촌과 고향을 상실한 사람들의 애환과 그리움을 현재의 황폐한 삶에 극명하게 대비시키고 있다. 『우리 동네』에서 이문구는 산업화 과정에서 농민들의 겪어야만 했던 갈등과 소외를 잘 보여주고 있다. 『내 몸은 너무 오래 서 있거나 걸어왔다』는 나무를 모티프로 해서 현대 물질주의에 오염된 농민들과 삭막해진 농촌 풍경을 각기 다른 종류의 나무들에 비유해 맛깔스러운 토속어로 풍자한 뛰어난 작품이다.

1990년 동인문학상을 수상한 『내 몸은 너무 오래 서 있거나 걸어왔다』의 주요 소재와 상징은 "나무"다. 일곱 편의 나무 연작소설과 한 편의 단편으로 이루어진 이 소설집에서 작가는 인간의 다양한 삶의 양태를 각기 다른 나무들에 비유하고 있다. 그러나 작가가 관심을 갖는 것은 전나무나 낙엽송처럼 굵고 우뚝 솟은 근사한 나무들이 아니라 찔레나무나 개암나무나 싸리나무 같은 시시하고 초라하며 볼품없는 나무들이다. 이는 그가 도시의 잘나가는 "상행선" 인생들보다는 농촌의 소외된, 그러나 똑같이 중요한 "하행선" 인생들에 더 많은 관심을 갖고 있다는 것을 의미한다. 작가의 말대로 비록 "있는 듯 없는 듯 존재 가치가 희미하지만 돈 없고 힘없는 '일년살이'들도 숲을 이루는 데는 꼭 필요한 존재"이기 때문이다.

생태주의 문학에서는 이 세상 모든 것을 서로 긴밀히 연결되어 있는 그물망으로 파악한다. 그래서 그중 일부만 파손되어도 그 고통은 전체로 퍼져 나가고, 그물의 기능은 상실된다. 나무 역시 하나가 훼손될 때 숲 전체가 파괴될 수도 있다. 그래서 생태주의 작가들은 숲을 이루는 나무들을 즐겨 작품의 주제로 다룬다. 이 세상을 다양한 나무들로 이루어진 숲으로 본다는 점에서 이문구의 문학 세계는 분명 생태주의적이다. 예컨대 서울을 떠나 낙향한 주인공의 실망과 좌절을 그린 「장동리 싸리나무」나 민족상잔의 비극을 다룬 「장석리 화살나무」는 모두 파괴된 이 나라 정신 생태계에 대한 작가의 깊은 성찰과 회한에 뿌리박고 있다. 그래서 이문구는 민초들의 삶을 나무에 비유하며, 또다시 훼손된 숲을 회복할 수 있는 가능성을 탐색한다. 그래서 『내 몸은 너무 오래 서 있거나 걸어왔다』의 각기 다른 이야기들은 서로 모여 궁극적으로는 근대 민족사가 담긴 한 편의 대하 드라마를 만들어낸다. 그러한 주제와 서사 구조 속에서 이 작품은 마치 셔우드 앤더슨의 「와인스버그, 오하이오」처럼 시골 농촌 사람들의 삶을 다각도로 조명하고 있다.

이문구의 「장평리 찔레나무」에 오면 나무는 곧 마을 사람들의 삶 그 자체가 된다. 나무 연작소설로 1990년대를 집대성한 이문구의 문학 세계에 뿌리박고 있는 수많은 나무들은 세월의 변화와 거센 세파를 굳게 견디어낸 민초들의 삶의 상징이면서, 동시에 매 시대 가치관과 도덕의 붕괴를 몸으로 겪어온 산 증인들이기도 하다.

이문구의 「김탁보전」도 작가의 바로 그런 문학 세계 속에 위치해 있다. 술을 좋아하는 건달 김탁보와 그의 두 번째 아내 역말댁은 도덕적 붕괴와 삶의 어려움, 그리고 천재지변을 굳게 견디고 살아남은 사람들이다. 염 서방과 부정을 저지른 자신의 첫 번째 아내를 돈을 받고 팔아넘긴 후 떠나간 아내를 그리워하며 술주정뱅이가 되어 눈물짓는 김탁보, 그리고 장세 징수원에게 쫓겨 달아나 보지만 결국은 붙잡혀 돈을 빼앗기며 감추어 놓은 돈도 모두 술꾼 남편에게 빼앗기는 소금장수 염말댁은 분명 비극적인 사람들이지만 이문구는 해학과 풍자로 그들의 삶에 웃음을 부여한다. 마지막에 장대비와 토사가 집을 덮쳐 겨우 살아난 두 사람이 빚어내는 구수한 토속어의 익살도 따뜻한 휴머니즘을 느끼게 해준다.

문학이 기본적으로 이야기하기(storytelling)라면, 이문구는 능숙한 이야기꾼이다. 그리고 능숙한 이야기꾼은 독자들의 상처 입고 병든 마음을 치료해 줄 수 있다. 그런 의미에서 그의 이야기 속에 등장하는 일곱 개의 보잘것없는 나무들이 사실은 모두 상처 치유력을 가진 한약재들이라는 사실은 대단히 시사적이다. 김탁보나 염말댁 같은 사람들은 치유를 필요로 하는 상처받은 사람들이기 때문이다. 작가 이문구를 '문학적 한의사'로 보는 이유도 바로 거기에 있다.

박상우의 「내 마음의 옥탑방」, 『사탄의 마을에 내리는 비』

박상우의 문학 세계를 지배하고 있는 것은 어둠이다. 그곳은 환상 대신 환멸이, 그리고 유토피아 대신 디스토피아가 깔려 있는 절망과 좌절의 세상이다. 그러나 작가는 절망하지 않고, 저 높은 곳에 위치한 한 줄기 빛을 추구한다. 그러므로 샤갈의 마을인 그곳에 내리는 눈은 인간의 상처를 어루만져주고, 아픈 기억을 망각으로 덮어주는 상징적 장치가 된다.

그래서 숙명적인 삶의 어둠 속에서도 박상우의 주인공들은 부단히 상처를 치유하고 실존적 사유를 시도할 자신만의 '공간'을 추구한다. 「내 마음의 옥탑방」에서 주인공의 마음에 영원히 불 켜져 있는 옥탑방은 바로 그러한 공간을 상징하는 것처럼 보인다. 사랑하는 여인이 떠나버린 텅 빈 공간 — 그러나 바로 그곳에서 주인공의 상처 치유와 존재론적 고뇌는 시작된다. 부단히 굴러 내리는 바위를 끊임없이 다시 위로 밀어 올려야만 하는 시시포스의 인고는, 이 작품에서 생존을 위해 날마다 백화점 매장이 있는 위로 올라가야만 하는 주인공과 세속적 꿈의 실현을 위해 날마다 옥탑방에서 아래로 내려가야만 하는 그의 애인 주희의 슬픈 이야기를 통해 설득력 있게 재현된다.

박상우의 문학 세계에서 시시포스의 의지와 저항을 상실하고 오직 관성과 타성으로만 움직이는 지상은 곧 지옥이다. 그런 의미에서 보면 지상의 주민이 되기 위해 옥탑방에서 아래로 내려간 주희는 곧 지옥으로 내려간 셈이 된다. 그곳에서 그녀는 세속적인 유혹을 받는다. 그리고 외롭고 비참한 옥탑방을 벗어나기 위해 그녀는 세상의 유혹을 받아들인다. 날마다 의식처럼 반복했던 그녀의 하강은 결국 옥탑방을 벗어나기 위한 것이었다. 옥탑방 아래로 내려가는 주희는 스웨덴 작가 페르 라게르크비스트(Par Lagerkvist)의 소설 제목처럼 "지옥으로 내려간 엘리베이터"를 탄 셈이 된다. 그 지옥에는 죽은 영혼들이 방황하는 록카페와 지하 무덤인 카타콤이 있다. 모든 것이 뒤틀리고 왜곡된 그곳에서 박상우는 「어느 지하생활자의 수기」를 쓴다. 그런 맥락에서 1990년대의 박상우는 1960년대의 김승옥과도 같다. 사실 『사탄의 마을에 내리는 비』와 「서울, 1964년 겨울」이 각기 다른 시대의 암울함을 얼마나 비슷한 감성으로 묘사하고 있는가를 발견하는 것은 그리 어려운 일이 아니다.

반면 주희를 사랑하는 남자 주인공의 마음속에 옥탑방은 영원히 꺼지지 않는 순수한 불빛의 상징으로 남는다. 비록 그녀는 가버렸지만 그는 그녀와 함께 잠시 머물렀던 그 옥탑방을 잊지 못한다. 그 옥탑방은 그에게 영원히 사라지지 않는 순수한 정열과 애절한 사랑의 상징이기 때문이다. 그에게 그렇게도 지고한 의미를 갖는, 그래서 날마다 그 불빛을 바라보며 올라가는 그 옥탑방이 주희에게는 내려가야만 하고 벗어나야만 하는 것의 은유라는 사실은 시시포스의 역설이 아니면 이해하기 힘들 것이다.

우리에게는 누구나 각자의 옥탑방이 있다. 우리가 추구하는 유토피아가 떠나버려 비록 지금은 비어 있지만, 그래도 우리는 모두 "내 마음의 옥탑방"을 갖고 있다. 그리고 그 옥탑방의 불이 꺼지지 않는 한 우리에게는 아직 가능성과 희망이 있다. 우리의 소중한 주희는 오늘날 사라지고 없지만, 그녀의 흔적은 여전히 우리에게 살아갈 희망을 준다. 그리고 또 누가 아는가, 기다리노라면 그녀가 언젠가 다시 돌아올는지.

주인공은 자기 매장으로 올라가는 백화점의 입구에서 언제나 주희를 만난다. 상업적인 지역으로 가는 길목을 막아선 순수의 극치는 주인공으로 하여금 인간성 회복을 가능하게 해주는 원동력이 된다. 그녀가 사는 옥탑방 역시 상업적인 백화점 매장과는 정반대의 공간에 위치한 순수하고 지고한 정신적 영역이다. 현대인은 날마다 자신의 매장으로 올라간다. 그러나 지옥으로 올라가는 그 엘리베이터에서 구원받으려면 우리는 모두 "내 마음의 옥탑방"을 갖고 있어야만 한다. 그것이 있는 한 우리의 삶은 살 만한 가치가 있기에, 그리고 그것을 상실하는 순간 정신적 죽음과 파멸은 필연적이기에.

박상우에게 완벽한 고립과 뼈저린 상실 의식은 곧 완전한 자유와 정신적 성숙을 의미한다. 그렇다면 그의 마을에 내리는 눈과 비 역시 궁극적으로는 화해와 재생에 대한 저자의 염원과 기구의 은유인지도 모른다. 문학이 소중한 것도 바로 그러한 기다림과 바람을 가능하게 해주기 때문일 것이다.

박상우의 소설집 『사탄의 마을에 내리는 비』는 문학이 아직 죽지 않았음을, 그리고 고갈되어 가던 문학이 소생하고 있음을 보여주는 주목할 만한 문학적 결실이다. 『샤갈의 마을에 내리는 눈』에서부터 『사탄의 마을에 내리는 비』에 이르기까지 박상우의 작품들은 오직 문학만이 제공해줄 수 있는 독특하고도 소중한 심미적 경험을 고도로 압축된, 그리고 엄격하게 절제된 언어로 형상화하는 데 성공하고 있기 때문이다. 그래서 그의 작품을 읽으면서 독자들은 재차 삶에 대한 진한 감동과 전율을 경험하며, 그러한 미학적 체험을 가능하게 해주는 문학의 소중함을 절감하게 된다.

앞서 언급했듯이 박상우의 문학 세계를 지배하고 있는 것은 빛이 아닌 어둠이다. 그곳은 환상 대신 환멸이, 유토피아 대신 디스토피아가 편재하는 절망과 좌절의 세상이다. 불모의 지역이자 사탄의 마을인 그곳에 내리는 밤비 역시 엘리엇이 기구했던 재생의 비가 아니라 세기말의 암울한 산성비이자 죽음의 '블랙 레인'일 뿐이다. 사랑과 교류가 불가능한 곳—그곳에서 그의 주인공들은 낙태수술과 자살 시도를 반복하며 실패한 사랑의 상처와 흔적을 지워나간다.

그러나 그 숙명적인 삶의 암흑 속에서도 박상우의 주인공들은 부단히 상처를 치유하고 실존적 사유를 시도할 자신만의 '공간'을 추구한다. 예컨대 「내 마음의 옥탑방」에서 주인공의 마음에 영원히 불 켜져 있는 옥탑방은 바로 그러한 공간을 상징한다. 사랑하는 여인이 떠나버린 텅 빈 공간—그러나 바로 그곳에서 주인공의 상처 치유와 존재론적 고뇌는 시작된다. 부단히 하강하는 바위를 끊임없이 위로 밀어 올려야만 하는 시시포스의 신화는 이 작품에서 생존을 위해 날마다 백화점 매장이 있는 위로 올라가야만 하는 주인공과 세속적 꿈의 실현을 위해 날마다 옥탑방에서 아래로 내려가야만 하는 그의 애인 주희의 슬픈 이야기를 통해 훌륭하게 재현되고 있다.

박상우는 자칫 통속적인 실연 이야기일 수도 있는 「물 그림자를 위한 산문시」나 「붉은 달이 뜨는 풍경」이나 「내 혈관 속의 창백한 시」 같은 것들까지도 한 편의 훌륭한 예술작품으로 형상화시킨 빼어난 역량을 갖고 있는 작가다. 그의 문학적 역량의 상당 부분은 작가 특유의 정신적 자유와 그로 인한 지적 성숙에서 비롯된 것이다. 예컨대 박상우는 "나에게는 고향 의식이라는 것이 없다."라고 말한다. 그것은 곧 그가 아무것에도 귀속되지 않고 자유롭게 문학을 하고 있다는 것을 의미한다. 작가 박상우의 그러한 태도는 12세기 사상가 성 빅토르 위고(St. Victor of Hugo)의 유명한 말을 연상시켜 준다── "자신의 고향이 달콤하게 느껴지는 사람은 아직 어린아이와도 같다. 타향이 다 고향처럼 느껴지는 사람은 이미 성숙한 어른이다. 그러나 세상이 다 타향처럼 느껴지는 사람이야말로 완전한 인간이다."

박상우에게 완벽한 고립과 철저한 고독은 곧 완전한 자유와 정신적 성숙을 의미한다. 그렇다면 그의 마을에 내리는 눈과 비 역시 궁극적으로는 화해와 재생에 대한 저자의 염원과 기구의 은유인지도 모른다. 문학이 소중한 것도 바로 그러한 기다림과 바람 때문일 것이다.

박청호의 『갱스터스 파라다이스』

박청호의 장편소설 『갱스터스 파라다이스』는 제목부터 통속적이다. 사실은 제목뿐 아니라 혼음과 폭력이 난무하는 내용 역시 부인할 수 없을 만큼 통속적이다. 은행 강도인 현역병 정수, 범행 현장에서 우연히 만난 정수를 사랑하는 여대생 은채, 정수의 호의로 은채와 참호 속에서 섹스를 나누는 하사 철호, 요인들의 암살과 테러, 그리고 한국은행 털기 ──『갱스터스 파라다이스』에서는 이렇게 통속적인 이야기들이 서로 뒤얽히며 사건이 전개되고 있다. 그래서 독자들은 자칫 이 작품을 한 편의 단순한 통속소설로 치부해 버리기 쉽다. 그러나 뜻밖에도 저자가 쓴 '작가 후기'는 전혀 통속적이지 않고 한없이 무겁고 진지하기만 하다. 그것은 곧 작가가 일견 통속소설처럼 보이는 이 작품에 사실은 중후한 주제를 깔아놓고 있다는 것을 의미한다.

『갱스터스 파라다이스』의 가장 중요한 모티프는 비무장지대(DMZ)

이다. 주인공이 밤마다 바라보며 지키고 있는 지역, 남과 북이라는 두 현실 사이에 존재하는 신화적인 공간, 무장이 해제된 곳, 이데올로기와 권력의 손이 닿지 않는 곳, 그리고 자연 생태계가 아직 훼손되지 않은 채 보존되어 있는 태고의 지역, 그곳이 바로 DMZ이다. 그러나 DMZ는 결코 유토피아가 아니다. 이데올로기와 정치권력에 의해 접근이 금지된 곳, 지뢰가 매설되어 있는 곳, 순찰 도중 언제라도 적군과 마주칠 수 있는 곳, 그래서 죽음의 위험이 상존해 있는 지역이 DMZ이기 때문이다. 바로 그곳 DMZ에서 은채는 북한 병사와 섹스를 나누고, 그 북한 병사는 은밀한 거처 속에 몸을 감춘 채 단 한 번 사랑을 나누었던 여성 은채를 마치 유토피아처럼 그리워한다.

DMZ는 남북의 병사들이 총대를 마주 대고 있는 곳에 존재한다. 그러나 박청호의 소설에서 DMZ는 단순한 분단의 상징이 아니라 결코 그 선을 넘는 것이 허용되지 않는 우리 모두의 삶의 경계의 상징으로 확대된다. 작가는 "DMZ, 참혹한 삶의 경계. 그러나 그 경계를 넘는다는 것은 가혹한 벌을 감내하겠다는 의지의 발현이다. DMZ는 내 청춘의 끝이었고, 절망이었다."라고 말한다. 과연 한국인들에게 DMZ는 현실과 역사로부터 벗어나 자유를 얻을 수 있는 신화적 공간이면서 동시에 끝내 그 경계를 넘을 수 없는 비극적 역사와 현실의 산물이다. 그래서 DMZ는 오직 갱스터와 테러리스트 — 즉 경계를 넘는 것을 허용하지 않는 현실과 정치권력에 도전하고 대항하는 사람 — 들만의 파라다이스가 된다.

작품의 마지막에 정수는 한국 경제의 상징인 한국은행을 털다가 예기치 않는 폭발로 인해 행방불명된다. 사람들은 그가 어쩌면 훔친 돈을 갖고 DMZ로 들어갔는지도 모른다고 말한다. 그리고 바로 그 순간 DMZ는 신화적인 공간으로 승화된다. 체제에 저항하다가 죽은 후에야 정수는 비로소 경계를 넘어 자신이 그렇게도 추구하던 DMZ로 들어갔다고도 볼 수 있기 때문이다. "자유를 위해서/비상하여 본 일이 있는/사람이면 알지/어째서 자유에는/피의 냄새가 섞여 있는가를"이라고 노래한 김수영처럼, 정수는 오직 죽음으로써만 자유를 얻을 수 있었는지도 모른다.

『갱스터스 파라다이스』는 쌍둥이, 정상과 뇌성마비, 군대와 사회, 법과 범죄 같은 이중 모티프와 시점의 다양화 — 예컨대 같은 장면에 대한 각기 다른 화자에 의한 묘사 — 같은 뛰어난 문학적 장치들과 젊은 세대의 감각에 맞는 빠른 템포와 사건 전개, 그리고 극도의 고독과 단절 의식이 배어나는 문체가 돋보이는 작품이다. 그러나 이 소설의 내용과 구도가 과연 작가가 의도하고 있는 중후한 주제를 충분히 담아내고 있는가, 하는 문제에 이르면 다소 유보적이 된다. 작품의 제목도 사실은 'DMZ'라고 붙이는 것이 더 적절했을는지도 모른다는 생각이 들었다. 그럼에도, 이 소설에 이끌리는 이유는 그것이 진지함과 순수를 비웃으며 결국 인생이란 통속적이라는 것, 다만 저항과 고뇌, 그리고 꿈과 자유의 부단한 추구를 통해서만 우리의 세속적 삶은 신화로 승화된다는 것을 잘 보여주고 있기 때문이다.

이상운의 『탱고』

노벨문학상 수상 작가인 월레 소잉카(Oluwole Soyinka)는 요즘 문단과 학계의 첨예한 관심사인 "정전의 유효성"에 대해 언급하면서, "진정한 정전 담론은 사실 성스러운 문학 텍스트나 신성화된 대가들과 관련이 있다기보다는 권위주의적 기존 세력과 이를 새롭게 바꾸려는 창조적 의지 사이의 부단한 투쟁과 관련이 있다."고 말했다. 즉 정전으로 인정받은 작품 자체가 문제가 아니라 규범적 권위주의와 검열이 만들어놓은 정전 목록이 보다 더 근본적인 문제라는 것이다.

이상운의 최신작 『탱고』는 정전의 권위에 도전하는 창조적 의지가 충

만한 작품이다. 그래서 이 소설은 경직된 전통적 서사 양식 대신 유연하고 참신한 여성적 글쓰기와 줄리아 크리스테바(Julia Kristeva)가 말하는 여성성의 "반역적 열림"을 지향하고 있다. 그러나 이상운은 여성 작가 특유의 일상성 속에 안주하지 않는다. 그는 "극히 통속적인 일상의 풍경들 속에" 존재론적 고뇌를 슬쩍 끼워 넣는다. 그의 존재론적 고뇌는 물론 이 나라 젊은이들에게서 가장 소중한 것들을 빼앗아간 1970~1980년대 한국의 어두운 정치 상황과 무관하지 않다. 그렇다면 우연한 교통사고로 가족을 잃은 주인공을 통해 작가는 개인을 파멸시키는 비극적 역사의 우연성을 이야기하고 싶었던 것일까? 그러나 『탱고』에서 정치와 역사의 무거움은 겉으로 드러나지 않는다. 문학에서 정치와 역사는 뼈와 같은 것이어서 밖으로 돌출되지 않을수록 바람직하기 때문이다.

『탱고』의 가장 핵심적인 주제는 '우연'이다. 우연한 사고로 고아가 된 주인공 현서 앞에 우연히 옛 여자친구 혜리가 나타나고, 이후 모든 것은 우연의 연속으로 이어진다. 우연은 필연과 질서 그리고 확신과 이성적 논리를 해체한다. 현서는 한때 "학습지의 질서를 위해" 교정자로 일했던 자신의 과거를 후회하며, "있음의 없음"과 "없음의 있음"의 초월적 깨달음을 통해 데리다의 해체론과 베르너 하이젠베르크(Werner Heisenberg)의 불확실성 이론을 포용한다.

우연을 포용하는 사람에게 세상과 현실은 파편적일 뿐이다. 그래서 『탱고』의 문단들은 모두 앞뒤로 단절되어 있다. 모더니즘적인 질서나 총체성이 부재한 『탱고』가 현실을 파편적으로 본 도널드 바셀미의 「죽은 아버지의 우시는 모습」이나 삶과 현실의 예측 불가능성을 통찰한 보르헤스의 「죽음과 나침반」을 연상시키는 이유도 바로 그런 맥락에서이다.

그동안 수학공식처럼 논리가 명확한 탐정소설을 써온 현서는 이제 비로소 현실은 이성적 추리로는 풀 수 없는 우연으로 가득 차 있다는 사실을 깨닫게 된다. 처녀작 『픽션클럽』에서처럼 『탱고』가 새로운 글쓰기에 대한 작가의 성찰과 탐색으로 확대되는 것은 바로 그 순간이다. 작가가 『탱고』에서 "일상과 불교와 탐정소설과 메타픽션을 뒤섞어보고 싶었다."고 말하는 것도 바로 그러한 맥락에서이다.

 7년 만에 불쑥 나타나 왜 말없이 떠났느냐고 추궁하는 혜리는 작가가 잊으려 했으나 기억 속에는 여전히 남아 있는 역사의 아픈 상처이자, 동시에 작가가 결코 소유할 수 없는 예술의 혼처럼 보인다. 자신들의 만남도 우연이라고 생각하는 현서는 혜리의 아픔에 대해서도 묻지 않음으로써 결국 그녀를 놓치고 만다. 그렇다면 작가는 우연과 단절을 포용하면서도 동시에 그것을 패러디하고 있는지도 모른다.

 탱고는 빠름과 느림, 그리고 상대와의 만남과 단절을 반복하며, 직선과 곡선을 모두 활용하는 춤이다. 스텝이 때로 능숙하지 않더라도 언어와 사유의 탱고를 추는 작가 이상운에게 무거움을 강요해서는 안 된다. 그의 니체적 가벼움 속에는 보이지 않는 정치와 역사가 이미 무겁게 드리워져 있기 때문이다.

조성기의 『종희의 아름다운 시절』

 1971년 《동아일보》 신춘문예를 눈여겨본 사람이라면 그해의 단편소설 당선작 「만화경」을 기억할 것이다. 천편일률적인 서술 기법과 진부한 주제가 아직도 주종을 이루고 있던 당시 아이들의 장난감인 만화경을 통해 리얼리티를 새롭게 바라본 그 소설은 하나의 신선한 충격이었다. 당선자는 아직 앳된 얼굴의 서울대 법대 재학생 조성기였다.

 그로부터 30년이 지난 지금 조성기는 다시 한번 만화경을 통해 우리의 현실을 조망한다. 『종희의 아름다운 시절』에서 그는 이데올로기에 의해 분단된 한반도의 비극적 역사와 그 틈새에서 고통 받아온 이산가족 문제를 다루고 있다. 그러나 이 소설은 그러한 아날로그적 소재를 작가 특유의 렌즈를 통해 다분히 디지털적인 기법으로 제시하고 있다는 점에서 특이하다. 예컨대 이 소설은 종희로 대표되는 우리 모두의 슬픈 역사를 시종일관 감정이 철저히 배제된 간결하고도 하드보일드한 문체로 서술해 나가고 있다. 아무런 기교도 접속사도 없이 사실을 있는 그대로 제시하는 소위 '롱테이크' 기법을 통해 작가는 비극적인 우리 과거사를 한 폭의 은은한 수채화로, 또는 빼어난 영상미학으로 바꾸어놓는 데 성공한 것이다.

'롱테이크' 기법은 이광모 감독이 「아름다운 시절」에서 채택한 서사 기법이다. 결코 아름답지 못했던 우리들의 슬픈 추억들을 이광모 감독은 그 영화에서 담담하고 아름다운 영상 풍경으로 바꾸어놓았다. 조성기 역시 만화경의 렌즈를 통해 우리들 마음의 화면에 잊을 수 없는 기억의 이미지들을 투사해 주고 있다. 그런 의미에서 『종희의 아름다운 시절』은 문학과 영상의 이상적인 만남을 보여주는 좋은 예다.

영화 「아름다운 시절」을 보고 나서 조성기는 15년 동안이나 묵혀두었던 예전 집 여주인 이종희의 육성 테이프들을 꺼내 소설을 쓰기 시작했다고 한다. 한국 근세사의 아픔과 비극을 생생하게 증언하는 구술 역사(oral history)인 그 테이프를 토대로 작가는 이 시대의 문학이 해야 할 일 — 즉 존재와 삶의 본질에 대한 성찰을 통해 우리의 인식을 깨우쳐 주는 일 — 을 훌륭하게 해내고 있다. 그리고 그 과정에서 그는 육성을 문자로 옮기고, 다시 그 문자를 이미지로 전환하는 놀라운 솜씨를 보여주고 있다. 그래서 이 소설을 다 읽고 책을 덮은 후에도 작가가 만들어놓은 강렬한 이미지는 좀처럼 우리 마음속 스크린에서 사라지지 않는다.

『종희의 아름다운 시절』은 물론 한국인들의 비극적 상황에 대한 이야기이지만 궁극적으로는 인류 전체의 보편적 상황으로 승화된다. 예컨대 이 소설의 압권인 세 번째 장에 등장하는 타타르인들이나 미군 포로들은 모두 한국전쟁의 피해자들로서 한국의 운명과 긴밀한 관련을 맺고 있다. 작가는 그러한 대승적 안목을 통해 한국인의 비극을 인간 모두의 비극으로 확대한다. 이 장에서 작가는 시공을 초월한 세 개의 각기 다른 이야기를 마치 끝없이 교차하는 영화 장면처럼 중층으로 깔아놓고 있는데, 이러한 영상 서사 기법은 소설 양식의 한 새로운 가능성을 보여주어서 대단히 고무적이다. 서술 기법 면에서 첫 두 장보다 월등히 뛰어난 이 세 번째 장의 또 다른 백미는 극한 상황에 처한 인간과 짐승의 습성 비교이다. 해박한 동물학적 지식을 통해 작가는 인간이 얼마나 짐승과 비슷한지 또는 짐승만도 못한지를 예시해 주고 있다.

미국 작가 존 도스 패소스는 'U.S.A. 삼부작'에서 '카메라의 눈'과 '뉴스 릴' 기법을 사용해 당대의 미국 사회에 대한 생생한 비판을 수행하고 있다. 『종희의 아름다운 시절』 역시 영상 모드의 도움을 받아 이제야 겨우 치유되기 시작한 이산가족들의 오랜 고통과 상처를 새롭게 조명해 주고 있다. 조성기의 이 특이한 소설은 리얼리티를 바라보는 방법이 사실은 무궁무진함을, 그리고 우리의 슬픈 과거도 글쓰기를 통해 얼마든지 만화경 속의 아름다운 풍경으로 바뀔 수 있음을 설득력 있게 보여주고 있다.

최수철의 『매미』

여름철이면 텔레비전 뉴스에 매미 울음소리의 소음에 대한 보도가 나온다. 아침마다 요란한 매미 소리에 새벽잠을 설치는 사람들이 많기 때문이다. 때로는 베란다 방충망에 붙어서 새벽 다섯 시에 시끄럽게 울어곤한 잠을 깨우는 놈들도 있다. 그렇다면 그들은 과연 누구이며 대체 무슨 사연이 있기에 그토록 서늘한 소리로 새벽마다 인간의 잠을 깨우는

가? 최수철의 장편소설 『매미』는 바로 그러한 문제에 대한 문학적 탐색이자 형이상학적 성찰이다

『매미』는 어느 날 아침, 기억을 상실한 채 모텔에서 깨어난 38세의 남자 이규도의 이야기다. 마치 카프카의 소설 「변신」의 주인공처럼 이규도는 문득 자신이 과거의 기억을 상실한 채 한 마리 매미가 되어 있음을 발견한다. 겨우 한 달 동안 울다가 죽는 삶을 위해 무려 5년이 넘는 긴 세월을 땅 속에서 애벌레로 지낸 후 어느 날 허물을 벗고 비상하는 매미—그 매미는 자신의 오랜 지하 생활을 기억하지 못한다. 그래서 『매미』의 주인공은 잃어버린 기억을 되찾기 위해 "과거로의 여행"을 떠나게 되고, 그 여정을 통해 그는 비로소 자신이 왜 그리고 어떻게 매미가 되었는가를 깨닫게 된다.

최수철의 주인공이 우리를 데리고 가 보여주는 것은 바로 어두운 지하 세계에서 영혼을 상실한 채 오직 금속과 광물에만 둘러싸여 있는 인간들의 공허한 삶이다. 인간의 필수품인 금전과 자동차 역시 금속의 껍데기일 뿐이다. 그러한 "금속과 광물에 속도까지 붙으면 위험한 흉기가 된다."고 주인공은 말한다. 그런데도 오늘날 우리는 금속과 광물의 미친 듯한 질주 속에 살고 있다. 이규도는 자신이 과거에 벤처·경영·인터넷 등을 다루는 카피라이터로, 돈과 속도의 포로가 될 수도 있었지만, 다행히도 그러한 영혼의 포충망으로부터 무사히 빠져 나왔다는 사실을 발견한다.

매미들에게 인간 세상은 실망의 연속이다. 예컨대 주인공이 동료 매미들과 방문한 병원 응급실과 사이비 교단의 교회는 이미 육신과 영혼의 치유 기능을 상실한 곳으로 묘사된다. 매미들은 또 잠시 엘리베이터에 갇혀 극도의 공포를 느낀다. 자유로운 매미의 날개와 달리 인간의 이동수단은 언제나 꽉 막힌 금속상자일 뿐이다. 인간의 언어 또한 정치적이고 주도권을 노리는 헤게모니의 전장이다. 그러나 오염되지 않은 매미의

울음소리는 "강력한 삼라만상의 삼투압을 느끼게 하는" 순수한 태고의 음향이다. 그래서 인간들이 발산하는 수많은 전화와 휴대폰의 소음 속에서 매미는 자연의 울음으로 교류하고 저항하며 경고한다.

『매미』는 탈바꿈, 껍데기 그리고 변신의 모티프 등을 우화적으로 잘 활용한 주목할 만한 작품이다. 최수철의 작품 중에서『매미』는 가장 재미있게 읽히지만 특유의 무거운 주제와 사변적 문체는 여전히 작품의 근간을 이루고 있다. 그것은 그의 소설 쓰기가 곧 소설의 근원 탐색이 되기 때문이다. 최수철은 글쓰기의 문제와 소설의 미래에 그 누구보다도 먼저 천착한 특이한 작가다. 1980년대 후반《외국문학》에 연재되었던『알몸과 육성』을 읽어본 사람이면 누구나 당시 최수철이 얼마나 소설 쓰기에 대해 진지하게 성찰하고 고뇌했는가를 알 수 있을 것이다.

최수철은 1998년에 나온『어느 무정부주의자의 사랑』4부작 서문에서, "새로운 형식에 대한 모색이 부족하다면 어떤 문화도 세계적으로 이해될 수 없을 것이다. 그러나 한국소설에서는 소설 자체에 대한 근본적인 문제의식이나 발상의 전환에 따른 새로운 시도를 찾기가 그리 쉽지 않은 듯하다."라고 말하며, 소설 양식의 변화와 실험 정신을 주장하고 있다.『매미』는 작가의 그러한 이론이 창작으로 형상화된 값진 문학적 결실이다.

매미의 울음은 호출기나 휴대폰을 통해 "인간들이 어지럽히고 있는 음파의 세계에 대한 매미들의 반란이다." 매미들은 진동과 울음을 통해 우리에게 영혼과 기억을 잃지 말라고 메시지를 보낸다. 그렇지 않으면 인간 역시 한 철을 노래하다 죽는 매미와 다를 바 없다고. 누가 매미의 울음을 소음이라 하는가? 시도 때도 없이 사방에서 울려대는 인간의 휴대폰 소리야말로 우리를 괴롭히는 이 시대 최악의 소음이 아니겠는가?

김훈의 「화장」

 문학이 시대의 유행을 좇아 경박하고 찰나적인 엔터테인먼트로 변질되거나 아니면 급변하는 시대의 변화를 읽어내지 못하고 속절없이 고사(枯死)해 가기 쉬운 이 암울한 시대에 김훈의 「화장」은 다시 한번 우리를 예술의 본질로 데려가며, 문학의 영생과 소생을 확인시켜 주는 보기 드물게 빼어난 작품이다. 이 새로운 감각의 소설에서 작가가 천착하고 추구하는 것은 종래의 문학적 주제인 영혼이나 정신이 아닌 '몸'이다.
 그동안 영혼과 정신만 강조해 온 전통적인 예술관과 가치관에 반발해 '몸' 또한 영혼이나 정신만큼 중요하다는 최근의 '몸 담론'을 소설화한 것 같은 이 작품에서 작가는 모두 네 개의 '몸'을 고도의 상징 속에 긴밀하게 병치시키고 있다. 뇌종양으로 죽어가는 병들고 시든 아내의 몸, 전립선염으로 소변이 잘 나오지 않아 늘 노폐물로 가득 차 있는 50대 중반 화자의 몸, 아내의 몸과 병치되어 더욱 환상적으로 느껴지는 젊고 아름다운 여인의 몸, 그리고 아내가 사랑하는 진돗개 '보리'의 몸.
 결국 뼈만 남은 아내의 현실적인 몸은 사멸하고, 환상 속에서만 그리워했던 젊은 여인의 이상적인 몸도 떠나간다. 그리고 그 와중에 화자는 존재의 무거움과 가벼움 사이에서 고뇌한다. 자신이 상무로 일하고 있는 회사의 사활이 걸린 화장품 광고 카피인 "여성의 내면 여행(무거움)"과 "여자는 여름에 가벼워진다(가벼움)" 중 하나를 선택해야만 하는 화자는 결국 두 여인이 다 떠나간 다음에 '가벼움'을 선택한다. 그리고는 병원에 가서 늘 자신을 무겁게 했던 소변을 뽑아내고, 아내가 남겨놓고 간 개 '보리'를 동물병원에 데리고 가 안락사시킨다.
 그러나 「화장」에서 무거움과 가벼움은 부단히 자리 바꿈을 반복한다. 예컨대 뼈만 남은 해부학 교실의 표본 같은 아내의 몸은 자신의 미래 모습이자 무거운 현실의 상징으로, 점점 가벼워지다가 결국 한 줌의 잿더미로 남는다. 반면 한 마리 나비처럼 날아왔다가 덧없이 사라져간 한없이 가벼운 환상의 여인 추은주는 현실 속에서 화자가 이미 상실한 젊음의 표상이자 결코 소유할 수 없는 인식론적 무거움의 상징이 된다. 끊임없이 비뇨기과에서 소변을 뽑아내야만 하는 화자의 몸 또한 무거움과 가벼움의 반복을 계속하며, 그가 광고 카피 때문에 작품이 진행되는 내내 고민하는 여름 화장품 역시 여성들에게는 무거우면서도 금방 날아가 버리는 가벼운 것이다. 그래서 이 작품에서 죽음과 소멸을 상징하는 화장(火葬)과 아름다움과 소생을 의미하는 화장(化粧)은 서로 환치될 수 있는 이중의 의미를 갖는다. 그리고 의사의 말대로 종양과 생명 또한 궁극적으로는 하나이며 부단한 자리바꿈을 계속한다.

「화장」은 모든 소멸해 가는 것들과 소생하는 것들 사이에서 삶의 무게와 가벼움을 동시에 느끼며 살아가는 인간 존재에 대한 심오한 성찰이자 탁월한 묘사이다. 병들고 시들어가는 인간의 몸에 대한 이처럼 적나라하고 섬뜩하리만큼 리얼한 묘사는 아직 없었으며, 그런 면에서 이 작품은 한국문학사의 커다란 성과 중 하나로 남게 될 것이다. 그러나 독자들로 하여금 뼈 속 깊이 고통을 느끼게 하는 끔찍한 묘사들이 작가 특유의 고도의 감정 절제와 고도의 상징성, 그리고 세련된 문체로 인해 전혀 거부감이 느껴지지 않는다는 데 이 작품의 묘미가 있다. 젊은 여인의 몸에 대한 세밀하고 정치한 묘사 또한 작가의 탁월한 역량을 잘 보여주고 있다. 전혀 관능적이지 않으면서도, 여성의 몸을 이렇게 생생하고 아름답게 바라보고 묘사할 수 있다는 것은 경이로운 발견이자 놀라운 깨달음을 가져다준다.

구광본의 『미궁』과 포스트모더니즘

포스트모던 작가들과 포스트모던 문학의 가장 두드러진 특징 중 하나는 강렬한 '미로 의식'이다. 예컨대 포스트모더니즘의 원조라고 불리는 보르헤스는 이 세상을 하나의 거대한 '미궁'으로 보았으며, 그의 영향을 받아 미국의 포스트모더니즘 문학을 주도한 소설가 존 바스 역시 현대 작가들이 처한 상황을 크레타의 미궁에서 헤매는 테세우스에 비유했다(「고갈의 문학」 참조). '미로 의식'이 포스트모던 문학을 대표하는 위 두 작가들의 작품 세계를 지배하는 핵심이라는 사실은 미국에서 출간된 보르헤스 작품집의 영문 제목이 『미로들』이며, 또한 1968년에 출간된 바스의 단편집 제목이 『미로에서 길을 잃고』라는 데에서도 잘 드러나 있다.

포스트모던 시대에 진입하면서 '미로 의식'이 생겨난 데에는 두 가지 이유가 있다. 첫째, 포스트모더니즘이 등장하던 초기에 작가들이 느끼던 공간적 '미로 의식'인데, 이는 전통적인 의미의 문학 양식(또는 모더니즘 문학 양식)이 고갈되거나 죽어버린 후 아직 새로운 문학 양식을 찾지 못했던 시대에 작가들이 느끼던 방황 의식에서 비롯된 것이다. 당시 포스트모던 작가들은 자신들의 글쓰기 작업을 출구를 찾아 미로 속을 방황하는 길 잃은 자의 탐색 작업에 비유했다.

둘째, 포스트모던 시대의 현실 인식과 연관된 것으로서, 사물의 불연속성·비선형성, 그리고 리얼리티의 불가해성과 불가시성 및 유동성과 환상성을 깨닫고 인정하는 데서 비롯된 시간적 '미로 의식'이다. 리얼리티를 고정되고 확실한 의미를 가진 것으로 파악했던 예전과 달리 포스트모던 작가들은 리얼리티를 고도로 복합적이고 불확실하고 다의적인 것으로 파악했으며, 그러한 현실 속의 글쓰기나 삶을 '미로 속의 방황과 탐색'으로 보았다.

그런 의미에서 이상(李箱)은 분명 모던 시대에 살았던 위대한 포스트모던 작가이다. 그의 시 「오감도(烏瞰圖)」에서 그가 보았던 13인의 아이와 13개의 골목은 곧 그가 살았던 시대의 현실이자 수수께끼 같은 '미로'였으며, 그의 소설 「날개」에서 그가 만들어낸 햇볕이 들지 않는 18가구 33번지 역시 식민지 시대의 현실이자 그 의미를 알 수 없는 '미궁'이었다. 아마도 건축가였기에 가능했을 그러한 시각은 20세기 후반에야 시작된 포스트모던적 인식과 놀라울 만큼 일치하고 있어 당시 이상이 얼마나 시대를 앞서 간 선구자적 작가였는가를 잘 보여준다.

구광본의 『미궁』은 이상이 제시해 준 미로 의식을 빌려 전근대와 근대와 탈근대를 봉건시대와 식민지 시대와 후기 산업 시대의 극심한 혼란 속에 겪어온 현대 한국 사회를 조감하고, 수수께끼 같은 현대의 리얼리티를 파악하며, 그러한 상황에서의 글쓰기와 삶의 의미를 천착한 흥미 있는 포스트모던 소설이다. 소설 『미궁』의 주인공인 서적 외판원 이상은 작가 지망생인 약혼녀 김해경이 문학세계사에 보내는 응모작에 자기 이름과 주소를 써서 투고하는 바람에 어느 날 대신 당선 통지 전보를 받게 된다. 다음 날 아침 약혼녀 김해경에게 당선 소식을 전해 주기 위해 비 오는 날 아침 한강 다리를 건너려던 그는 그만 물에 휩쓸려 미궁 같은 다른 차원의 세상으로 들어가게 되며, 그때부터 미궁 속의 방황은 시작된다.

『미궁』에서 구광본은 작가 이상과 그의 본명인 건축기사 김해경을 서적 외판원 이상과 작가 지망생 김해경으로 분리시켜 놓은 다음 김해경을 환상 세계 속에서 사망처리하고 있다. 작가 지망생의 죽음으로 얼결에 작가가 된 서적 외판원은 이 시대 문학에 대한 작가의 통렬한 아이러니이자 패러디처럼 보인다. 원작자 김해경과의 만남이 이루어지지 않자 이상은 급한 김에 자기가 대신 당선 소감을 쓰고 문학세계사에 가서 본의 아니게 원작자 행세를 하게 된다 — 에코의 『장미의 이름』에서처럼 원본과 복사본(또는 번역본) 문제 또한 포스트모던 소설의 주요 주제가 된다.

비 오는 날, 다리를 건너다가 물에 빠지는 것은 또 다른 현실 속으로 다시 태어나는 것의 좋은 상징이 된다. 문학에서 물은 흔히 '망각'과 '정화'와 '재생'의 상징으로 사용되기 때문이다. 물에 휩쓸린 후 미로 속의 세계로 들어간 이상은 '범어'라는 도시의 유곽동 33번지 18가구의 일원으로 새로운 삶을 살게 되면서 1930년대 작가 이상의 단편「날개」의 주인공이 된다. 그리고 현실 복귀를 위해 미로 같은 13개의 각기 다른 골목을 방황하고 탐색함으로써「오감도」의 새로운 주인공이 되기도 한다.

도시 '범어'는 여러 시대와 여러 텍스트들이 정교하게 혼합되어 존재하는 미궁과도 같은 곳이다. 그곳에서 이상은 약혼녀가 원했던 작가로서의 글쓰기와 그녀의 노트에 써 있는 화두 — 독이 든 복어 요리하기 — 의 시행을 요구받는다. 또한 그는 인간 교류에 실패한 지역 33번지 18가구의 창녀들과 같이 살면서 삶과 죽음과 섹스의 형이상학적 의미를 천착한다. '범어'는 불교와 기독교, 그리고 마르크스 시대와 후기 자본주의 시대가 혼재하는 포스트모던 도시이다. 우리의 혼란스러운 근대사가 축약된 그곳에서 이상은 자신의 또 다른 모습과 대면하고 부단히 방황하며, 현실로 귀환하는 출구를 탐색하고 추구한다. 그리고 그 과정에서 더 이상 서적 외판원이 아닌 진정한 작가로 변신한다.

『미궁』에서 주인공 이상이 현실로 귀환할 수 있는 출구는 각기 다른 미로와도 같은, 그러나 궁극적으로는 서로 연결되어 있는, 13개의 골목으로 나타난다. 골목마다 이상은 거기 현실로 이어지는 어떤 실마리가 있는지 탐색한다. 어떤 골목에는 보르헤스의「바벨의 도서관」과 에코의 『장미의 이름』을 연상시키는 도서관이 있고, 한국의 정치 상황을 풍자한 금서 『환멸』도 있으며, 정통 기독교에서 이단으로 다루는 신비주의 서적들을 소장하고 있는 층도 있다. 도서관과 금서와 신비주의 서적들 역시 포스트모던 소설이 즐겨 다루는 모티프임은 물론이다.

구광본의 주인공 이상이 들어가 보는 13개의 미로는 궁극적으로 우리가 살아온 리얼리티이자 현재 살고 있는 혼란스러운 현실이다. 그리고 동시에 그 미로들은 바로 우리의 혼미한 의식 상태의 상징이기도 하다. 그렇다면 미로를 벗어나는 유일한 방법은 작가의 말대로 방황과 탐색 속에서 '미로를 살아가는' 것뿐이다. 그리고 미로를 살아가는 방법은 금서를 읽고, 타자를 포용하며, 잘못된 과거를 바로잡고, 출구를 찾아 성찰과 탐색을 계속하는 것이다.

이상은 그의 작품 「오감도」에서 막다른 골목일 수도 있지만 동시에 '뚫린 골목'을 제시하고 있다. 구광본의 이상도 매번 막다른 골목처럼 보이는 미로에서 또 다른 미로로 이동해 간다. 그 끝없는 미로 속에서 이상은 문득 욕망을 버리고 삶의 진리를 깨우치면 "사방이 다 문이고 미로는 즐거운 산책길"이 된다는 사실을 깨닫는다. 그는 또 이 세상이 하나의 거대한 복어이며, 인간의 욕망은 바로 복어의 독(毒)이라는 사실도 깨닫게 된다. 이상은 자신의 약혼녀가 남기고 간 화두인 "독이 든 복어 요리하기"의 진정한 의미를 깨닫게 되는 것이다.

약혼녀가 남기고 간 과제, 즉 그가 이끌어 나가야 할 화두는 곧 독(복어)과 약(복어 요리), 쾌락과 고통, 또는 좌파 이데올로기와 우파 이데올로기 같은 모든 이분법적 대립의 초월이다. 양극을 피하는 중도의 길을 터득하는 순간, 구광본의 이상은 드디어 13개의 미로에서 벗어나 다시 현실로 되돌아온다. 현실로 귀환한 그는 이제 명실 공히 작가가 되어 "한 복어 요리사의 입문과 득도에 관한 고찰" 또는 "미궁에서 산책하기"라는 부제가 붙은 소설을 쓰게 된다.

구광본의 『미궁』은 포스트모던 소설의 대표적인 주제와 기법을 갖춘 한편의 주목할 만한 포스트모던 소설이다. 포스트모던 소설은 강렬한 미로 의식을 바탕으로 양극의 배제나 타자의 포용을 주제로 해서 삶과 글쓰기를 긴밀하게 연결시키는 것이 그 특징이다. 구광본의 『미궁』 역시 혼란과 미로 의식 속에 살고 있는 현대인들의 삶과 이 시대 작가들의 소설 쓰기를 상징적으로 연결시키는 데 성공한 주목할 만한 작품이다.

강은교의 '비리데기' 설화와 시

강은교는 '시인과 사회의 만남'을 줄기차게 추구해 온 시인이다. 그래서 그녀의 시에는 서정성과 서사적 산문 정신이 늘 공존해 있다. 첫 시집 『허무집』에서 1970년대의 암울했던 사회상을 섬뜩하리만큼 예리하게 반영했던 그녀는 『빈자일기』에서 어두운 시대 상황의 풍경화와 그 속에서 소외된 개인들의 초상화를 강렬한 언어와 상징적인 이미지로 그려내 문단의 주목을 받았다. 이어 정치적 억압의 시대였던 1980년대에 나온 『소리집』에서 강은교는 군사 독재에 의해 억압된 모든 개인의 소리들을 꺼내어 들려주는 시도를 해서 다시 한번 찬사를 받았다.

그녀가 예로 들고 있는 전래 동화 속의 인물 '비리데기' — 또는 '바리데기'라고도 불린다 — 는 바로 그러한 시인과 사회의 만남을 가능하게 해주는 상징적 인물이다. 한국 서사무가(敍事巫歌)의 여주인공인 비리데기는 임금에게 버림받은 일곱 번째 딸로서, 부모를 저주하지 않고 오히려 병든 부모를 구하기 위해 저승으로 약수(藥水)를 구하러 간다. 한국 사회에 의해 버려진 딸 '비리데기'는 독재 정권에 의해 버려진 시(詩)의 상징이며, 그래서 시인의 내면 세계와 억압적 사회를 연결해 주는 좋은 메타포가 된다. 모든 문화적·사회적 억압을 부드럽게 끌어안고 용서하며, 병든 억압자들을 구하기 위해 저승까지 가는 사람이 곧 시인이라는 것이다. 그래서 강은교의 시는 곧 생명을 구하는 약수가 된다.

비록 1990년대 들어 강은교의 시들이 보다 더 서정적이고 명상적이 되었으며, 시와 언어와 내면 세계에 대해 보다 깊은 성찰을 보여주고는 있지만, 그녀의 시 세계에는 여전히 변함없이 개인과 사회에 대한 관심이 깊이 스며들어 있다. 최근 상재한 시집 『시간은 주머니에 은빛 별 하나 넣고 다녔다』에서도 그녀는 놀랄 만큼 아름다운 서정성과 예리한 사회성을 절묘하게 조화시키는 데 성공하고 있다. 강은교에게 있어서 시는 언제나 영혼을 부드럽게 해주는 사랑이고 종교가 된다. 그래서 그녀의 시 쓰기는 곧 우리의 의식 속에 갇혀 날지 못하고 있는 영혼의 나비들을 끊임없이 문을 열고 날려 보내는 작업이 된다.

황석영과 한국 현대사

황석영의 삶은 매 시대 파란만장했던 한국 현대사와 긴밀히 맞물려 있다. 예컨대 그는 한국과 중국이 아직 일본 식민지였던 1943년 만주에서 태어났고, 1945년 해방이 되자 평양으로 이사 와 북한에서 살다가 1949년 서울로 내려왔다. 이어 1950년 초등학교에 들어간 지 얼마 되지 않아 한국전쟁이 터졌으며, 종전 후 어린 시절을 전후의 폐허 속에서 보냈다.

고등학생 때인 1960년에는 4·19학생혁명이 발발해 황석영 역시 이승만 정권의 독재정치에 저항하는 데모대에 합류해 투쟁했다. 드디어 이승만이 하야해 하와이로 망명하고 윤보선과 장면 정권이 들어서 한국에선 민주주의가 회복되는 것처럼 보였으나, 불행히도 1961년 박정희가 이끄는 군사 쿠데타가 발발함으로써 이후 30년 가까이 계속되는 군사 독재 정권이 시작되었다. 무력으로 정권을 찬탈했던 박정희는 당시 미국의 인정을 받기 위해 미 행정부의 월남 파병 제의를 받아들였고, 공병대인 비둘기 부대를 필두로 해병 청룡 부대와 육군 맹호 부대를 월남으로 보냈다. 황석영은 1966년 해병대에 들어갔고 이듬해인 1967년 월남에 파병되었다.

황석영의 1970년 《조선일보》 신춘문예 당선작 「탑」은 바로 그 자신의 월남 참전 경험에서 나온 탁월한 문학작품이다. 황석영의 실제 경험에서 우러나온 이 소설은 월남의 한 격전지에서 월남인들에게 중요한 상징적 의미를 갖는 탑을 사수하라는 명령을 받은 한국 해병대원들의 감동적인 이야기이다. 한국군은 처절한 전투 끝에 수많은 사상자를 내고 드디어 탑을 지켜내는 데 성공한다. 그러나 전투가 끝나고서야 현지에 도착한 미군 부대장은 미군들에게 아무 소용도 없는 탑을 부수라고 명령한다. 아시아인들이 그렇게 어렵사리 목숨 걸고 지켜낸 탑은 미군들의 기계에 의해 일순간에 무너진다.

황석영은 이 단편소설에서 월남전의 아이러니와 패러독스뿐 아니라, 서구의 근대화와 테크놀로지에 의해 속절없이 무너져가는 동양의 가치관과 전통 문제를 예술적으로 형상화하는 데 성공하고 있다. 그런 의미에서, 미군은 근대화의 상징이고, '탑'은 근대화의 물결 속에 사라져가는 우리 고유 전통의 강력한 은유라고 할 수 있을 것이다. 그와 동시에 「탑」은 "우리는 과연 월남에서 무엇을 했는가?"라는 근본적인 질문을 던지는 뛰어난 전쟁소설이자 반전소설이기도 하다. 황석영은 후에 『무기의 그늘』이라는 장편소설을 통해 교묘하게 월남전에 개입한 서구 제국주의의 폐해를 고발했는데, 그것의 단초 역시 1970년의 「탑」이라고 할 수 있다.

황석영이 월남에서 전쟁을 겪고 있는 동안 한국에서는 박정희가 조국의 근대화를 부르짖으며 한국 사회를 산업화시키고 있었다. 소위 개발독재라고 불리는 당시의 산업화는 수많은 공장 건설과 도시 집중, 그리고 심각한 이농 현상과 도시 빈민가의 확대를 초래했다. 그 결과, 산업사회에서 소외된 계층과 빈민들과 부랑자들이 생겨났고 목가적인 고향을 잃어버린 떠돌이들이 생겨났다. 황석영의 대표작 『객지』와 『삼포 가는 길』은 바로 그런 암울한 시대적 풍경과 뿌리 들린 사람들의 삶을 문학적으로 형상화한 기념비적 작품들이다.

『삼포 가는 길』에는 당시 한국 사회에서 흔히 발견되는 세 부류의 사람들 — 떠돌이 노동자, 전과자, 술집 작부 — 이 등장한다. 산업화로 인해 급속도로 진행되던 비인간화의 과정에서도 아직은 따뜻한 인간성을 상실하지 않고 있는 그들에게 '삼포'는 돌아가고 싶은 산업화 이전의 이상향이다. 그러나 작품의 마지막에 그들은 삼포 역시 산업화되고 개발되어 예전의 정취를 상실했다는 사실을 발견하고 실망한다. 결국 '삼포'는 이제 더 이상 존재하지 않는 유토피아인 것이다.

『객지』에서 황석영은 산업화 과정에서 소외당하고 착취당하는 노동자들의 삶을 생생하고 설득력 있게 묘사하고 있다. 그러나 황석영은 단순한 사회 저항 소설가나 노동문학가가 아니다. 그는 자신의 작품들에서 언제나 주인공의 깨달음과 인간성 회복과 정신적 승리를 이끌어냄으로써, 사회적 이슈를 다루면서도 예술적 형상화에 성공한 역량 있는 작가이다.

산업화와 더불어 한국 사회는 군부 독재 정권의 억압에 시달리고 있었다. 작가 황석영은 모든 종류의 억압에 반대하는 사람이었고, 따라서 필연적으로 1980년 광주민중항쟁에 참여하게 된다. 한때 해남으로 내려가 은둔하던 그가 광주에 체류하며 국민교육헌장에 반대했다는 이유로 해직된 전남대학교 교수들과 반독재 투쟁을 시작했을 무렵 역사적인 광주 사태가 발발한다. 그는 결국 반체제 민주화 교수들과 함께 군 보안부대에 체포되어 수감되었고, 이때의 경험을 바탕으로 그는 나중에 광주민주화항쟁을 기록한 『죽음을 넘어, 시대의 어둠을 넘어』라는 단행본을 출간한다.

권력 장악과 유지를 위해 동족을 억압하고 통일에는 무관심한 군부 독재 정권에 실망한 황석영은 1989년 '통일운동연합체'를 결성하는 과정에서 북한을 방문하게 되는데 이후 한국에 돌아올 수 없어 독일에서 2년 반, 그리고 미국에서 1년 반 동안 망명 생활을 하게 된다. 그리고 1993년 귀국하여 국가보안법 위반으로 7년형을 선고받고 수감된다. 독일과 미국의 지속적인 청원과 국제사회의 끈질긴 압력으로 인해 황석영은 5년 형기를 마친 1998년 대통령 특사로 풀려나게 된다. 이렇게 한국 현대사의 중요한 순간마다 황석영은 그 현장에 있었고, 그런 의미에서 그는 몸으로 역사를 살아온 작가이다.

오늘날 황석영은 독일과 미국에서 주목받는 한국의 대표적인 작가가 되었고, 주요 작품들이 영어·프랑스어·독일어·일본어·중국어 등으로 번역된 세계적인 작가가 되었다. 이는 그가 독재 정권에 저항했고, 소외되고 억압받는 계층을 옹호했을 뿐만 아니라 투옥 작가로서 또 망명 작가로서 보여준 삶과 문학의 일치, 그리고 치열한 문학정신과 뛰어난 예술혼 때문일 것이다. 그가 쓴 「손님」은 자신의 북한 여행을 모티프로 사용해 이 땅의 이데올로기인 마르크시즘이나 자본주의가 모두 외국에서 건너온 '손님(천연두)'으로, 영원히 없어지지 않는 상흔을 한반도의 얼굴에 남겨놓았음을 문학적으로 형상화하는 데 성공하였다.

황석영은 한국문학이 보다 더 큰 범위의 아시아 문학과 연대해 궁극적으로는 세계문학으로 발돋움하기를 바라는 폭넓은 작가이다. 그런 의미에서 그의 문학 세계는 한국을 초월해 아시아로 뻗어나가고 결국은 세계로 확대될 것이다. 그동안 황석영은 국내에서 '리얼리즘의 대표작가'라는 평을 받았다. 그러나 황석영은 세계 문단에서 '포스트 식민주의의 대표 작가'로 알려져야만 하는 작가이다. 왜냐하면 그가 추구하는 문학 세계는 모든 억압으로부터 자유로운 '탈식민주의적' 세계이고, 그가 탐색하는 시각 역시 보이지 않는 문화적 제국주의로부터 벗어나는 탈식민주의적 시각이기 때문이다.

과학기술 혁명과 문학

자연과 문명, 인간과 기계의 대립

과학기술의 발전이 인류의 미래를 위해 과연 유익한 것인가 하는 문제는 마치 원자로 설치가 인간의 복지를 위해 유익한 것인가 하는 문제만큼이나 복합적이고 이원적인 답을 요구한다. 예컨대 과학기술의 발전은 인류 문명의 진보를 위한 필연적이고도 필수적인 요소가 되었다. 그럼에도 불구하고 그것은 그러한 과정에서 불가피하게 자연과 환경과 생태계를 파괴해 왔다. 즉 인간들은 보다 나은 삶의 조건을 만들기 위해 아이러니컬하게도 스스로의 삶의 터전을 오염시켜 왔으며, 자신들의 가시적인 복지를 위해 불가시적인 복지를 포기해 온 것이다.

특히 19세기 이래 서구가 주도해 온 근대화와 산업화는 대자연의 정복을 전제로 한 것이었고, 그 결과로 20세기 들어 전통과 삼림과 하천은 급속도로 훼손되거나 오염되기 시작했다. 그것은 우리나라의 경우에도 예외가 아니어서, 예컨대 현대의 고층 빌딩들은 우리의 고유한 기와집과 초가집들을 허물고 세워졌고, 고속도로는 전원과 삼림의 파괴 위에 들어

섰으며, 산업화는 하천과 농촌을 급속도로 오염시켰다. 더욱이 근대화가 곧 서구화를 의미했던 아시아에서 현대인이 된다는 것은 곧 자기 고유의 문화를 버리고 서구의 문물을 이상적인 표본으로 받아들이는 것을 의미했다. 그리고 그 결과는 마치 기계가 찍어내는 똑같은 상품들처럼 획일적이고 규격화된 인간들과 자신도 깨닫지 못하는 사이에 과학과 기계의 노예가 되어버린 인간들의 양산이었다.

그러한 상황을 누구보다도 먼저 그리고 누구보다도 더 정확하게 인식하고 통찰한 사람들은 바로 문인들과 작가들이었다. 예컨대 19세기 미국의 문인 헨리 소로(Henry Thoreau)는 숲 속에서 명상하던 중에 갑자기 정적을 깨고 들려오는 기차의 경적과 굉음 소리에 놀라며, 언젠가는 숲 속을 침범하고 말 기계문명의 위협과 그것의 불가피성을 『월든』이라는 책에 기록해 놓았다. 그는 당시 막 시작된 산업화와 기계화에 매료된 사람들을 향해 "빨리 가는 것만이 결코 능사는 아니다. 중요한 것은 지금 우리가 어디로 가고 있는가 하는 것이다." 라고 경고했다. 역시 19세기 말 미국의 문인이었던 헨리 애덤스(Henry Adams)는 당시 산업혁명의 결과로 급속도로 팽창하고 있던 런던의 공장단지들을 둘러본 다음 커다란 충격을 받고 "앞으로 머지않아 인간이 과학의 노예가 될 날이 오고 말 것이다." 라는 유명한 선언을 했다.

과연 자연과 문명, 개인과 사회, 또는 정원과 기계의 대립은 19세기 미국문학의 가장 중요한 주제 중 하나였다. 그것은 물론 비단 19세기에만 국한된 것은 아니어서, 20세기 초 미국의 소설가였던 윌리엄 포크너 역시 「곰」이라는 중편소설에서 기계문명과 산업사회에 의한 필연적인 대자연의 훼손을 안타까움과 체념으로 그려내고 있다.

그것은 한국의 경우에도 예외가 아니어서 본격적인 산업화가 시작된 1960년대 이후 많은 작가들이 산업사회의 병폐들을 경고하고 비판하는 작품들을 써냈다. 예컨대 1962년에 《사상계》에 발표되어 동인문학상을 받은 이호철의 『닳아지는 살들』은 그것이 갖고 있는 주제의 복합성에도 불구하고 궁극적으로는 간헐적으로 들려오는 금속성의 경고음이 상징하듯 산업사회 속에서 붕괴되어 가는 가치관과 인간관계를 그린 작품의 시효라고 할 수 있다. 이어 소위 1970년대를 대표하는 산업사회 소설들인 조세희의 난장이 시리즈와 윤흥길의 「아홉 켤레의 구두로 남은 사내」, 그리고 최인호·조선작·송영 등의 소설들은 모두 급속도로 산업화되어 가는 도시에서 점점 왜소해지고 주변으로 밀려나는 현대인들의 모습을 그리고 있다.

물론 문학의 본질적인 관심은, 표면적인 번영 속에 가려져 잊혀진, 바로 그와 같은 소외된 인간들과 그늘진 지역에 있다. 그러나 산업사회가 초기 단계를 벗어나 서비스산업 시대를 거쳐 정보산업 시대로 진입하고, 초기의 단순한 기계 시대가 점차 전자 시대와 컴퓨터 시대로 대체됨에 따라, 그리고 그러한 과학기술 혁명이 급속도로 우리 생활 속에 스며들어와 우리 삶의 일부가 됨으로써, 이제는 문학 역시 그러한 변화를 단순히 비판만 할 수는 없게 되었다. 예컨대 워드프로세서로 원고를 써서 팩시밀리를 통해 잡지사나 출판사에 원고를 보내는 작가가 이제는 그 개념이 바뀌어버린 '글쓰기'와 '커뮤니케이션'에 대한 성찰은 하지 않고 단순히 과학기술 혁명을 비판만 한다면, 이 또한 올바른 태도는 아니라는 것이다. 그렇다면 과거의 단순한 기계 혁명 시대에서 대니얼 벨(Daniel Bell)이 소위 "제3의 기술 혁명 시대"라고 부르는 복합적인 지적 기술 혁명 시대로 접어든 오늘날 문학은 과연 무엇을 어떻게 해야만 되는가.

'커뮤니케이션', 공간 제약으로부터의 해방

최근에 나온 어느 책의 서문에는 우리가 지하철을 타고 가는 잠실 롯데월드에 관한 흥미 있는 이야기가 잠시 언급된다. 과연 어두운 지하에 존재하고 있는 지하철은 노사분규와 파업이 계속되는 우리의 현실이고, 밝은 지상에 세워져 있는 롯데월드는 우리의 환상처럼 느껴진다. 그리고 사실 과거에는 그러한 구분이 가능하기도 했다. 그러나 우리가 간과하기 쉬운 것은 지하철의 어두움 속에 최첨단의 과학기술이 자리 잡고 있으며 수많은 사람들이 그 혜택을 이용하고 있다는 것, 또 반대로 롯데월드의 화려함 속에도 날마다 그곳에서 일하고 있는 노동자들의 땀이 배어 있다는 사실이다. 그렇다면 마치 지하철과 롯데월드처럼 우리들의 삶과 과학기술도 서로 연결되어 있으며, 그런 의미에서 지하철과 롯데월드는 사실 동전의 양면처럼 둘 다 우리들의 리얼리티라고 할 수 있을 것이다.

지하철과 롯데월드가 서로 분리되어 있지 않고 사실은 공존하고 있는 우리의 현실이라는 것을 깨닫는 것은 곧 복합적인 시각을 갖는다는 것을 의미한다. 과연 우리는 과학기술의 눈부신 발전에 의해 모든 것의 개념이 급속도로 바뀌는 시대에 살고 있다. 예컨대 통신수단으로서의 편지는 이미 오래전에 전환되었으며, 지금은 전화마저 다시 컴퓨터와 팩시밀리에 의해 서서히 밀려나고 있다. 그와 같은 변화는 또한 '지식의 전달'의 개념도 변화시켰다. 이제 도서관의 책들은 점점 컴퓨터 디스켓으로 대체되고 있으며, 따라서 이제는 더 이상 필요한 부분을 베끼거나 복사할 필요 없이 단지 프린터의 스위치를 누르면 되게끔 되었다. 또한 장 프랑수아 리오타르가 『포스트모던 상황』이라는 책에서 지적하고 있듯이, 오늘날에는 지식이 컴퓨터나 팩시밀리를 통해 전송되는 과정에서 파편으로 조각이 난 다음 수신기에 가서 다시 재조합되도록 되어 있다. 즉 지식은 이제 더 이상 교사가 학생들에게 주입시키는 절대적이고도 성스러운 것이 아니다. 그리고 더 나아가 정보와 커뮤니케이션 분야의 이와 같은 혁명적 변화는 이제 더 이상 강력한 중앙집권적 정보 통제를 불가능하게 만들었다.

미국과 옛 소련 같은 초강대국들이 세계의 중심으로서 강력한 영향력을 행사하던 시대가 서서히 끝나가고 이제는 수많은 중소국가들이 중요한 역할을 분담하는 새로운 시대가 오고 있는 것도 사실은 바로 그러한 맥락에서 이해되어야만 할 것이다. 그러므로 태평양 시대가 오고 극동아시아가 그 주역을 맡게 되리라는 전망도 사실은 극동아시아가 세계의 중심이 된다는 뜻이라기보다는 세계의 중심이 여러 개로 분산되어 결국에는 '탈중심' 시대가 도래하리라는 것을 의미한다고 볼 수 있다.

그리고 그와 같은 것은 이제는 더 이상 지리적 위치가 크게 문제되지 않게 되었다는 것, 그리고 이제는 더 이상 혼자만 고립되어 존재할 수 없게 되었다는 것을 의미한다. 예컨대 쿠데타나 국회의 변칙 통과나 공업용 유지로 만든 라면 문제가 더 이상 한 나라 안에서 일어난 일로 그치는 것이 아니라 전파를 타고 순식간에 전 세계로 퍼져나가 국제적인 문제로까지 확대된다는 것이다. 닫힌 사회였던 사회주의 국가들과 자본주의 독재국가들이 오늘날 더 이상 폐쇄 상황을 견디지 못하고 속속 문을 여는 이유 중 하나도 분명 그러한 정보의 확산 때문일 것이다.

그것은 또한 이제는 우리가 어디에 있는가 하는 것이 별 문제가 되지 않는다는 것을 의미한다. 세계 어느 나라에서 일어난 일이라 할지라도 우리는 이제 거실의 텔레비전을 통해 금방 보고 또 알 수 있게 되었다. 즉 이제는 꼭 사건의 현장에 가야 할 이유가 없어진 것이다. 만일 컴퓨터나 팩시밀리의 코드를 꽂을 수 있는 전원만 있다면 사무실과 집 사이의 구별 역시 이제 더 이상 존재하지 않는다. 텍사스 대학 커뮤니케이션 교수인 프레드릭 윌리엄스(Frederick Williams)는 그것을 '이동성(mobility)'이라고 부른다.

이러한 이동성의 증가는 특히 컴퓨터에서부터 텔레커뮤니케이션에 이르는, 또는 그 둘의 혼합인 정보기술 분야에서 더욱 두드러진다. 그것의 가장 우선적인 결과는 우리가 더 이상 사무실이나 집 같은 어떤 한 장소에만 고정되어 있지 않아도 된다는 것이다. 우리가 그 연결망에 접근할 수 있는 한 테크놀로지는 우리가 원하는 어떤 장소에라도 가 있을 수 있는 자유를 우리에게 허용해 주고 있다.

만일 정보기술이 우리의 삶에 더 많은 유동성을 허용해 준다면 그것의 국제적 의미는 과연 무엇일까? 그중 하나는 만일 우리가 국제적인 연결망에 접근할 수 있다면 특정의 지리적 환경에 제한될 필요가 없다는 것이다. 국제적 환경(판매·오락·탈중심적인 제조)에서 이득을 보는 개인들은 새로운 지구촌 환경 속에서 증가되는 유연성을 갖게 될 것이다.

1990년 봄 학기에 서울대학교와 미국의 UCLA 사이에 이루어진 위성통신 강좌는 바로 윌리엄스가 위에서 말한 것을 성취시킨 한 좋은 예가 된다. 예컨대 두 나라의 학생들은 마치 한 강의실에서 마주 앉은 듯 상대편 대학의 학생들과 스크린으로 서로의 모습을 보며 직접 강의를 듣고 토론을 했다. 그것은 현지에 직접 유학을 가지 않고서도 외국 대학의 강의를 들을 수 있다는 점에서 과학기술 혁명이 가져다준 하나의 새로운 가능성으로 여겨졌다.

오늘날 한국에서도 각 대학이나 관청이나 출판사들을 선두로 컴퓨터를 통한 사무자동화가 이루어지고 있으며, 교수들도 자신의 연구실에서 비트네트 시스템을 이용해 외국의 학자들과 신속하게 교류하고 있다. 정보는 눈부실 정도로 신속하게 전 세계로 확산되고 있다. 컴퓨터는 이제 데이터나 문서뿐만 아니라 음성과 화상까지도 입력 또는 송출할 수 있는 능력을 갖게 되었고, 그것은 곧 다음 세대들은 마이크로 컴퓨터로 모든 것을 해결하게 될 것이라는 것을 의미한다. 그것이 바로 앤서니 웨팅거(Anthony G. Oettinger)가 '컴퓨니케이션'이라고 부르는 것이다.

이러한 컴퓨니케이션이 지리적 위치에 관계없이 점점 더 용이해짐에 따라 대기업들이 땅값이 비싼 도시를 떠나 교외나 시골로 이전하는 현상도 생겼으며, 더 나아가 전 세계가 하나로 연결되는 긍정적 결과도 가져

왔다. 그리고 그러한 시대적 흐름과 변화는 우리 역시 받아들이고 인정하며 동참할 수밖에 없다. 왜냐하면 그것이야말로 우리가 현 상황에 적극적으로 대처하는 한 방법이기 때문이다.

기계와 자연, 그 조화로운 삶의 꿈

그러나 그것은 기계문명으로부터 힘찬 에너지와 강력한 역동성을 보았고, 또 그것을 찬양했던 스티븐 스펜더 식의 단순한 예찬과는 구별되어야만 한다. 스펜더의 시대는 기껏해야 기관차, 비행기 또는 불도저의 시대였다. 힘차게 밀어붙이는 불도저 밑에 깔렸을지도 모르는 자연이나 전통이나 소외 계층을 생각하기에 스펜더의 시대는 너무 낙관적이었고 또 너무 발전 지향적이었는지도 모른다. 그러므로 그의 기계시들은 보다 더 비관적이고 보다 더 회의적이었던 시인 또는 비평가들에 의해 비판의 대상이 되었다. 그러므로 당시는 기계파와 인간파(또는 자연파)의 두 파로 갈라져 대립하는 것이 가능했던 시대였다. 그러나 지금은 더 이상 낙관주의와 비관주의 또는 인간과 기계 사이의 단순한 대립의 시대가 아니다. 과학기술 혁명은 이미 우리의 삶 속에 스며 들어와 있고, 우리는 그것을 간단히 부인할 수는 없는 시대에 살고 있다. 즉 우리는 이제 한편으로는 그것의 존재를 인정하며, 또 한편으로는 그것의 부작용을 인식하고 경고해야만 되는 복합적인 시대에 살고 있는 것이다.

그런 의미에서 최근 간행된 두 시집인 최승호의 『세속 도시의 즐거움』과 하재봉의 『비디오/천국』은 우리의 관심을 끈다. 그들은 물론 스펜더 식의 기계 예찬자들도 아니지만 그렇다고 해서 맹목적인 자연주의자들도 아니다. 그들은 적어도 도시에서 살고 있고, 현대의 첨단 과학기술을 인정하고 있으며, 그것의 혜택을 수혜하고 있다. 그러나 그들은 동시에 그러한 상황 속에 내재해 있는 가공할 만한 위협과 문제점을 인지한다. 최승호의 시집 제목은 바로 그러한 현대 도시인의 복합적인 아이러니를 은유적으로 잘 드러내 보여주고 있다. 하재봉의 시는 과학기술과 우리의 삶에 대해 보다 더 직접적이고 구체적인 성찰을 보여준다.

> 나의 사유는 16비트 컴퓨터의 스위치를 올리는 순간부터 작동된다
> 모니터의 녹색 화면에 불이 켜지고
> 뇌하수체의 분비물의 허용치를 넘어 적신호가 울릴 때까지
> 키보드를 두드리는 나의 손은 검다
> 부화되지 못한 욕망과 도덕적 관점에서 비난받아 마땅할
> 내 개인적 삶의 흔적은
> 컴퓨터 파일 '삭제' 키를 누르기만 하면 사라진다
> 나의 하루는 컴퓨터 스위치를 올리는 것
> 그리고 끊임없이 기록하고 기억을 저장시키는 것
> 세계는 손 안에 있다
> 나는 컴퓨터 단말기를 통하여 지상의 모든 도시와
> 땅 밑의 태양 그리고 미래의 태아들까지 연결된다
> 나의 두 눈은 환한 불을 켜고 있는 TV
> 나의 심장은 거대하게 돌아가고 있는 공장의 발전실
> 모든 것은 개인용 컴퓨터의 스위치를 올려야만 움직이기 시작한다
> 전기를 공급하는 것은 그러나 그대의 의지
> 나는, 내 몸속으로 힘을 공급해 주는 누군가에 의해 사육된다
> ― 하재봉, 「비디오 퍼스널 컴퓨터」 전문

시인은 물론 첨단기기에 의해 자신의 사유까지도 지배되고 조종되는 삶에서 일탈하고 싶어 한다. 그러나 그는 동시에 자신이 바로 그 컴퓨터

에 의해 타자와 연결되고 교류하며, 또 그걸 이용해 창작을 하고 있음을 잘 알고 있다. 그러므로 그에게 있어서 삶과 글쓰기와 컴퓨터는 서로 분리될 수 없을 만큼 서로 얽혀 있다. 컴퓨터는 이제 커뮤니케이션의 필수 조건이 되었을 뿐만 아니라 시인의 상상력과 창조력까지도 좌우하게 된 것이다. 시인의 고뇌는 컴퓨터로부터 벗어나고 싶어 하면서도 그것의 필요성을 느끼는 데에서 비롯된다.

최인석의 최근 장편소설 『내 마음에는 악어가 산다』 역시 바로 그런 의미에서 1970년대나 1980년대 초의 산업사회 소설들과는 궤를 달리한다. 이 소설의 주인공은 커뮤니케이션의 핵심에서 일하는 방송국의 PD이다. 그럼에도 불구하고 그는 타인과의 커뮤니케이션에 실패한 채 다만 녹음기를 틀어놓고 일방적인 독백을 할 뿐이다. 그는 첨단 기계인 녹음기를 자신의 가장 가까운 상대로 믿고 의지한다. 그의 세계는 컴퓨터와 녹음기와 음향 조절기가 설치된 방음된 방이다. 그 방으로부터 그는 전파를 내보내 같은 주파수를 맞추어놓은 채 메시지를 기다리고 있는 사람들과 교신을 해야만 한다. 그러나 그는 밀폐된 방에 스스로를 가두어놓은 채 외부와의 교신 대신 녹음기에 독백만을 계속하고 있다. 닫힌 세계, 커뮤니케이션이 단절된 세계 속에서 그의 삶의 메타포는 어두운 지하실에서 부패해 가는 그의 어머니와 아내의 시신, 그리고 그의 마음속에서 살고 있는 악어의 이미지를 통해 명백히 나타난다. 작가는 이 소설을 통해, 인간과 기계가 서로 조화를 이루며 발전하는 새로운 문화를 꿈꾼다.

미국 작가 토머스 핀천 역시 『브이를 찾아서』라는 소설에서 과도한 과학기술에의 의존으로 말미암아 비인간화되다가 결국에는 인조인간처럼 되어버리는 현대인들의 모습을 묘사하고 있다. 한때 서구인들의 이상향이었던 '브이'는 몰타 섬에서 온몸이 인공품이 된 채로 죽어간다. 핀천은 그것이 바로 테크놀로지를 과도하게 신뢰하고 추구해 온 서구 문명의 역사라고 지적한다. 서구 문명에 대한 강력한 고발장인 이 소설의 또 다른 장에서 주인공 프로페인은 뉴욕의 어두운 하수구에 살고 있는 악어, 곧 서구인들의 어두운 마음속에 살고 있는 악어 사냥에 나선다.

핀천의 또 다른 소설인 『제49호 품목의 경매』에서 주인공 에디파의 남편인 무초 마스의 직업은 바로 방송국 DJ이다. 그 역시 밀폐된 송신실에 앉아 전파를 내보내고 있지만 결국에는 외부와의 커뮤니케이션에 실패하고 마약을 통해 환각 속에서 살아간다. 에디파는 사실 얼마나 많은 메시지들이 단지 주파수가 맞지 않아, 또는 우리들이 수신기를 열어놓고 있지 않아 우리들에게로 전달되지 않고 있는가를 깨닫고 안타까워한다.

포스트모던 인식과 생태주의

최근의 문학작품들은 이제 과학기술 혁명으로 인한 생태계의 파괴와 환경의 오염에 관심을 기울이기 시작했고, 그것은 또 곧 반체제 운동과 연결되기 시작했다. 우선은 물론 밤이나 장마철에 몰래 공장 폐수를 하천에 버려 스스로의 생활환경을 오염시키는 악덕 기업주들과 자기 집과 자기 차만 아니라면 아무 데나 쓰레기를 버리는 사람들의 '마음의 변화'가 있어야만 할 것이다. 우리들 모두가 커다란 인식의 변화를 겪지 않으면 인류는 머지않아 공해로 말미암아 자멸하고 말 것이다.

그리고 생태 보존과 환경 보존에 대한 과학자들의 자각과 반성이 있어야만 된다. 과학은 간혹 이성의 이름으로 비인간적인 일들을 저지르고 또 그것을 합리화하였다. 또 일부 과학자들은 독재자들에게 협력해 가공할 만한 살상 무기들을 개발하기도 했고, 인구 프로젝트를 수행하기 위해 부작용을 고려할 여유도 없이 수많은 생태계를 파괴하기도 했다. 이러한 문제들에 대한 과학자들 스스로의 인식과 성찰이 없으면 지구의 파멸은 필연적으로 그리고 신속하게 찾아올 것이다. 이 시대의 문학은 바로 그러한 임박한 최후에 대해 모두를 깨우쳐주고 경고해 주어야만 할 것이다.

지난 1960년대 이래 세계 각국에서 활발하게 논의되어 오고 있는 '포스트모더니즘'이라는 사조도 사실은 바로 그러한 '인식의 변화'에 근거한 지적 움직임이라고 볼 수 있다. 그러므로 포스트모더니즘은 어떤 특정한 실험문학만을 지칭하는 것이 아니라 사실은 현재 우리가 처해 있는 상황을 올바로 이해하고 제대로 대처하자는 태도에서 비롯된 현대의 시대 인식이자 위기의식의 소산이라고 할 수 있다. 최근 국내에서도 포스트모더니즘 논의가 활발하게 일고 있으나, 그것들이 바로 앞에서 논의한 우리의 현 상황 — 예컨대 과학기술 혁명과 그것의 부작용, 환경의 파괴, 생태학적 위기 또는 글쓰기의 어려움 등 — 에 대한 문제의식에서 비롯된 것이라기보다는 강력한 리얼리즘 운동에 밀려 1980년대에 침묵하고 있었던 이른바 모더니스트들에 의해 자기 합리화와 재집권을 위한 수단으로 오용되고 있는 것 같아 씁쓸한 느낌을 지울 수가 없다. 포스트모더니즘을 아직 잘 모르는 상태에서 그들은 그것이 모더니즘과 같거나 아니면 기껏해야 보다 나은 수정된 모더니즘을 추구하는 운동쯤으로 착각하고 있다. 그렇다면 이제 조금 더 있으면 파운드나 포크너나 김수영까지도 포스트모더니스트라는 주장들이 나올 것이다. 그러나 포스트모더니즘이 추구하는 소생의 문학이란 결코 모더니즘 문학의 소생을 의미하는 것이 아니라 새로운 시대, 새로운 리얼리티에 맞는 새로운 형태의 문학이다. 그리고 어려운 시대에 좌절하고 방황하며 탐색해 보지 않은 사람들은 결코 새로운 인식을 통한 새로운 문학을 창출해 낼 수 없는 법이다.

우리나라도 세계적인 과학기술 혁명에 동참해야지만 선진국의 대열에 진입할 수 있을 것이다. 그러나 지금은 20세기 초와는 달리 더 이상 보편적인 하나의 지배 문화나 지배 과학 아래에 종속되어 있을 필요는 없다. 우리는 자신의 고유한 문화와 전통을 과학기술의 발전과 조화시킬 수 있고, 또 그렇게 해야만 하는 시점에 도달했다. 과연과학도 더 이상 단

하나의 정답이나 이성만을 요구하지는 않는다. 각자의 고유한 특성을 잃지 않은 채 경계를 넘어 간극을 넘어 세계가 동등한 입장에서 인정될 때, 우리는 비로소 진정한 커뮤니케이션을 통한 진정한 의미의 '지구촌'을 건설할 수 있을 것이다. 바로 그때 우리는 비로소 서구의 역사를 오염시켜 오고 인류 문명의 몰락을 재촉해 온 서구의 제국주의와 식민주의로부터 진정으로 자유로울 수 있게 될 것이다.

'자기 중심 의식'에서 '생태 의식'으로

자연과 문화의 대립

전통적인 서구 형이상학에서 자연(nature)과 문화(culture)는 언제나 대립 구도로 존재해 왔다. 즉 산업자본주의와 테크놀로지에 기반을 둔 서구 사회에서 문화는 필연적으로 자연의 정복과 순치를 수반했던 것이다. 특히 대자연의 개척을 통해 나라를 세운 북아메리카 대륙의 경우 문명과 문화는 곧 자연과의 사투 끝에 얻어지는 보상이었다. 이렇게 자연을 복종시키고 지배하면서 문화를 만들어온 서구인들의 태도는 그들의 그림에도 잘 나타나 있다. 서양 화가들의 그림에선 대체로 인간이 중심이고 자연은 배경으로만 존재한다. 예컨대 피에르 오그스트 르누아르(Pierre Auguste Renoir)의 한 그림은 자연을 화폭에 담고 있는 화가를 보여주고 있으며, 장 프랑수아 밀레(Jean Francois Millet)의 「만종」도 포커스는 추수기의 들판이 아니라 이삭 줍는 아낙네들에게 주어져 있다. 반면 동양화를 보면 인간은 다만 자연의 일부일 뿐 자연을 정복하려는 어떠한 시도도 찾아보기 어렵다. 그러나 서구 문명과 서구 문화에서 자연은 늘 극복의 대상이었으며 끝없는 착취의 대상이었다. 그런 의미에서 문화와 교양의 산물인 예술작품 역시 자연의 반대편에 서 있는 존재로 파악되었다.

서구인들의 이러한 자연관과 테크놀로지의 오용과 남용은 결국 심각한 자연의 훼손과 환경 파괴를 초래했다. 그래서 19세기 중반에 미국의 철인 랄프 왈도 에머슨(Ralph Waldo Emerson)은 동양 사상의 영향을 받아 자연과의 친화를 주장한 「자연론」을 썼고, 그의 문하생이었던 소로는 문명을 떠나 2년여 동안 자연과 더불어 살았던 자신의 경험을 기록한 「월든 숲 속의 생활」을 발표했다. 에머슨과 소로에게 있어서 인간과 문명은 자연의 오묘함을 이해하지 못하는 자연 파괴의 장본인이었고, 당시 등장한 기관차와 증기선은 자연의 정적과 순수성을 훼손하는 기계문명의 상징이었다. 이들이 시작한 자연 친화 운동은 후에 환경 운동의 한 중요한 기반을 마련해 주었지만, 이들의 활동은 소위 "자연에 대한 글쓰기(nature-writing)"에 그쳤을 뿐 보다 더 복합적인 환경 생태 운동으로까지 나아가지는 못했다.

작가들이 문명 비판과 더불어 환경 문제에 대해 깊은 관심을 갖기 시작한 것은 서구 문명에 대한 반성이 시작되었던 1950년대 중반부터다. 예컨대 미국 시인 앨런 긴스버그가 1956년에 발표한 장시 「울부짖음」이나 「아메리카」, 또는 그 후에 발표한 「가든 스테이트」나 「전사」나 「지옥의 노래」 등은 서구 문명과 미국 문화의 병폐, 그리고 그것이 초래한 환경 파괴와 생태계 훼손에 대한 시인의 강력한 고발장이었다. 긴스버그는 다음과 같이 노래하고 있다.

　　미국이여, 우리는 언제나 전쟁을 끝내려는가
　　　　　　　　　　　　　　　　　　—「아메리카」

가든 스테이트, 예전엔 농장이 있었고 돌집과 푸른 잔디, 그리고 녹색의 구름이 있었지
또한 목련이 만발했었고, 온갖 꽃들이 마을을 뒤덮었었지
그러자 마피아가 왔다
이윽고 술이, 하이웨이가, 쓰레기가, 그리고 드디어는 이차대전이 오고
프린스턴에서는 아인슈타인이 원자탄 제조실험을 하고 있었다.
—「가든 스테이트」

전사는 전장에 나가지 않는다.
다만 강제로 징집된 젊은이들만
그곳에서 죽어갈 뿐.

—「전사」

긴스버그는 1950년대부터 벌써 단순한 환경주의를 초월해 복합적인 생태주의로까지 관심의 영역을 확장한 시인이다. 전쟁과 원자탄, 그리고 마피아와 술과 쓰레기는 환경뿐 아니라 인간 생태계까지도 파괴하기 때문이다. 그러한 외형적 파괴를 초래하는 것은 물론 인간의 파괴된 정신, 즉 인간 정신 생태계의 파괴다. 긴스버그는 잘못된 정치 이데올로기와 인간의 편견을 인간 정신 생태계 파괴의 주범으로 보고 훼손된 정신 생태계의 회복을 주창했던 20세기의 대선각자였다. 그런 의미에서 긴스버그는 환경 친화적인 시인이었고, 환경을 넘어선 예술가였다. 왜냐하면 그의 예술은 자연과 대립되지 않고 오히려 자연을 파괴하는 병든 인류 문명을 비판하고 있기 때문이다.

긴스버그의 이러한 예언자적 비전은 1960년대에 오면 진보주의자들의 반전·반핵·여성해방 운동으로 이어진다. 예나 지금이나 전쟁은 환경 파괴뿐만 아니라 인간 생태계 파괴까지도 수반하는 가장 심각한 범죄

행위이며, 핵무기 역시 대자연을 삽시간에 초토화시킬 수 있는 치명적인 파괴력을 갖고 있기 때문이다. 여성해방 운동 또한 여성에 대한 착취와 지배가 곧 자연에 대한 착취와 지배와 연관된다는 점에서 환경 친화 운동과 생태계 보호 운동으로 확대된다. 그런 면에서 동양 사상은 서구인들에게 하나의 신선한 해결책으로 다가왔다. 1950년대와 1960년대 서구 작가들이 선불교 사상과 노장사상 등 동양철학과 종교에서, 그리고 심지어는 마오쩌둥 사상 같은 정치문화 이데올로기에서 병든 서구 문명의 치유책을 찾았던 것도 바로 그런 맥락에서였다.

환경주의와 생태주의의 차이

1950년대 후반 이후, 이렇듯 환경에 대한 관심이 고조된 배경에는 서구 문명에 대한 거대한 반성을 불러온 포스트모더니즘이라는 사조가 자리 잡고 있었다고 봐도 크게 틀리지 않다. 물론 20세기 초를 풍미했던 모더니즘 예술이 모두 반자연적이었다고 단언하기는 어렵다. 그러나 도시와 근대화에 근거해 생성된 모더니즘과 모더니티의 강령에 자연 보호나 환경 보호가 들어갈 자리는 많지 않았던 것처럼 보인다. 반면 탈현대, 탈도시, 탈제국주의 그리고 탈중심을 주창하며 시작된 포스트모던 인식은 자연스럽게 환경 문제와 생태계 문제에 대한 관심을 유발시켰다.

그렇다면 환경주의와 생태주의의 차이점은 과연 무엇인가. 환경은 우리를 둘러싸고 있는 주위 상황으로, 인간의 행동에 따라 나빠질 수도 있고 노력에 의해 개선될 수도 있다. 그래서 환경주의는 오염된 환경을 과학기술을 이용해 개선할 수 있다고 믿는다. 그리고 그런 점에서 환경주의는 낙관적이다. 반면 생태 또는 생태계는 인간과 자연과 사회가 상호 역동적으로 조화하며 존재하는 삶의 그물망을 의미하며, 일단 그 현상이 훼손되거나 파괴되면 지구의 생명체들은 돌이킬 수 없는 치명적 상처를 입게 된다. 생태주의는 이 세상의 모든 것들이 '생태학적 연결망'을 통해 서로 긴밀히 연결되어 있는데, 만일 그 연결망이 찢어진다면 그 상처의 고통과 파멸에서 자유스러울 수 있는 존재는 하나도 없다고 말한다. 즉 하나가 다치면 모두가 고통 받는다는 것이다. 그런 맥락에서 생태주의는 '나'와 '너'를 구분하거나 차별하지 않는다. 내 아픔이 곧 '타자'의 아픔이 되고, '타자'의 고통이 곧 내 고통이 되기 때문이다.

환경주의가 인간 중심주의를 견지하고 과학기술을 신뢰한다면, 생태주의는 인간뿐 아니라 모든 생명체가 다 똑같은 존재 권리를 갖는다고 주장하며 테크놀로지의 오용과 남용을 경계한다. 또 환경주의가 인간의 환경에만 관심을 갖는 반면 생태주의는 지구상의 모든 존재의 삶에 대해 관심을 갖는다. 그리고 환경 개선에만 관심이 있는 환경주의와 달리 생태주의는 복합적인 중층 구조를 갖는다. 예컨대 자연에 대한 인간의 지배를 여성에 대한 남성의 지배와 연결시키는 에코 페미니즘은 생태주의의 그러한 중층 구조를 잘 보여주는 좋은 예가 된다. 에코 페미니스트들은 자연에 대한 인간들의 생태학적 학대와 착취 속에서 여성에 대한 남성들의 학대와 착취를 보기 때문이다. 이렇듯 생태주의는 인간과 자연과 사회의 유기적 관계를 복합적인 시각으로 바라본다는 점에서 환경주의보다는 진일보한 사조라고 할 수 있다.

환경주의로부터 보다 더 복합적인 생태주의로의 전이가 본격적으로 이루어진 것은 비교적 최근의 일이다. 그러나 그러한 인식의 변화는 이미 1970년대부터 시작되었다. 예컨대 조셉 미커(Joseph Meeker)는 1972년에 '생태학'이라는 용어를 문학에 적용시켜 문학 생태학의 가능성을 열었으며, 1974년에 그레고리 베이츤은 인간의 정신 생태계와 자연 생태계의 유사성을 발견하고, 인간의 마음 생태계의 파괴를 경고하고, 훼손된 정신 생태계의 회복을 주장했다. 베이츤에 의하면 나치즘 같은 극우 이데올로기나 세계대전 같은 것들도 사실은 인간들의 정신 생태계가 파괴되었기 때문에 일어난 것이다. 이와 같이 자연 생태계의 층과 인간의 정신 생태계의 층이 겹치면서 연결되는 것을 '심층생태학'이라고 부른다.

요즘은 모든 학문 분야에 '생태'라는 말이 붙어서, 예컨대 생태 정치학, 생태 사회학, 생태 여성학, 생태문학 등의 용어들이 생겨나게 되었다. 또 문학 분야에서도 문학 생태학, 생태 비평, 생태 시학, 녹색 문화 연구, 환경문학 비평 같은 말들이 생성되었다. 그리고 그와 같은 새로운 접근법은 자연이 인간을 위해 있는 것이 아니라 인간이 자연을 위해 그리고 자연의 일부로서 존재한다는 사실을 깨우쳐주었으며, 또한 예술과 문학이 자연이나 환경과 대립되는 것이 아니라 그것들과 상호보충적이라는 사실을 가르쳐주었다.

생태주의 작가들은 비단 생태계의 파괴에 대한 경고에 그치는 것이 아니라 그러한 파괴를 야기한 근원적 이유에 대한 탐색으로까지 관심을 확대한다는 점에서 주목할 만하다. 그리고 그 과정에서 그들은 자연에 대한 인간의 지배와 착취를, 선택받지 못한 계층에 대한 선택받은 계층의 지배와 착취와 연결시켜 중층 구조와 두 겹의 시각으로 사물을 보려고 시도한다. 생태주의자들은 이제는 인간 본위와 자기 위주의 시각을 버리고 모든 생명체가 서로 긴밀하게 연결되어 있다는 생태학적 인식을 가질 것을 촉구한다. 이대로 간다면 인류의 절멸은 필연적이기 때문이다. 세상의 종말에 자신만 살아남을 수 있는 방법은 없다. 그럼에도 불구하고 우리는 아직도 타자는 어찌 되든지 자신만 안락하고 자기만 살아남으면 된다는 이기적인 사고방식을 버리지 않고 있다.

다행히도 깨어 있는 선각자 작가들은 창작 활동을 통해 부단히 우리들을 깨우쳐주고 있으며, 또한 자연과 문화 사이의 이분법적 대립을 해체해 주고 있다. 그러므로 예술은 지고하고 순수한 영역에 숨어 은둔만 할 것이 아니라 이제는 은둔지인 "액슬의 성"에서 나와 환경과 생태계의 훼손, 그리고 인간의 정신 생태계 파괴를 경고해 주며, 더 나아가서는 그 근본 원인까지도 탐색해 밝혀주어야만 할 것이다.

문학 생태학과 생태 비평

비교적 초창기인 1960년대에 이미 환경·생태학적 상상력으로 탁월한 예술작품을 써내어 문학 생태학의 귀감을 보여준 작가로 토머스 핀천이 있다. 처녀작 『브이를 찾아서』를 비롯해 『제49호 품목의 경매』, 그리고 전미도서상을 받은 『중력의 무지개』에서 핀천은 특유의 생태학적 상상력을 유감없이 발휘해 훌륭한 생태주의 문학을 창조해 내는 데 성공했다. 『브이를 찾아서』에서 핀천은 제국주의 같은 잘못된 이데올로기를 서구 문명의 몰락 원인으로 지적한다. 그는 인간의 정신 생태계를 파괴한 그와 같은 것들이 인간들을 인공물로 이루어진 무생물로 변모시켰고 생명을 박탈해 갔다고 말한다. 예컨대 『브이를 찾아서』에 등장하는 "나쁜 신부"(아마도 "브이")는 몸 전체가 인공물로 이루어져 있으며, 또 다른 등장인물인 에스더는 코 성형수술을 받는다. 흥미 있는 것은, 에스더가 "문화적 조화"를 위해 자신의 자연적인 모습을 인공적으로 바꾼다는 점이다. 이 소설에는 실제로 두 명의 인조인간이 등장하는데, 그와 같은 장치들은 서구의 제국주의 역사와 맞물려 인류 문명의 필연적인 파멸을 예언해 주고 있다.

『제49호 품목의 경매』에서 핀천은 인류 절멸의 원인을 자기중심적 사고와 이분법적 사고방식, 그리고 교류의 단절과 타자의 배제에서 찾는다. 이 소설의 주인공 에디파 마스는 작품 내내 생태학적 그물망이 찢어진 채 자신만의 밀폐된 의식의 방 속에 갇혀 있다. 핀천은 그녀가 마치 라푼젤처럼 타자와의 교류가 단절된 채 자아의 고립된 탑 속에 갇혀 있다고 말한다. 그녀는 헛되이 절대적 진리를 추구하며, 모든 것을 0과 1 사이의 이분법적 대립항 속에서만 찾으려고 한다 — 핀천이 1966년에 이미 컴퓨터의 기본 원리인 0과 1의 패턴을 작품의 모티프로 사용했다는 사실은 놀랍기만 하다. 그러한 생태학적 모티프를 은유적으로 드러내기 위해 핀천은 이 소설에서 열역학 제2법칙인 엔트로피 이론과 소외된 사람들의 은밀한 지하 우편제도인 트리스테로, 잃어버린 원본 텍스트, 그리고 미국의 유산 탐색이라는 예술적 장치를 효과적으로 사용하고 있다.

『중력의 무지개』에서 핀천은 테크놀로지의 오용, 서구의 이성 중심주의, 배타적인 청교주의, 그리고 나치즘과 민족주의 등을 인류 문명의 절멸을 가속화시키는 부정적 요인으로 파악하고 있다. 이 소설의 주인공 타이론 슬로스롭은 어렸을 때 몸속에(그것도 성기 속에) 인공물질을 삽입한 사람이다. 그 물질로 인해 그는 원인과 결과 뒤집기를 해내 그러한 현상을 인정할 수 없는 과학자들을 괴롭힌다. 이 소설에서 핀천은 나치즘은 물론 나치즘에 대항하는 원주민들의 극단적 민족주의 역시 또 하나의 경직된 배타적 이데올로기로 비판한다. 그러면서도 이 소설에서 핀천은 문명의 조종과 지배로부터 벗어난 원초적 자연의 신비함을 제3의 가능성으로 존중한다.

중요한 단편인 「엔트로피」에서 핀천은 이 세상이 파멸할 때 개인의 안락한 도피나 혼자만의 생존이란 애초부터 불가능하다고 말한다. 주인공 칼리스토는 외부의 소음을 차단하는 안락한 밀실에서 지내며 밖의 온도와 관계없이 항시 불변하도록 실내 온도를 맞추어놓지만 결국 새의 생명을 살리지 못하자 유리창을 깨서 신선한 공기가 들어오도록 한다. 생태계의 그물망이 파손되면 안전한 사람은 아무도 없다. 모든 생명체는 지구와 더불어 운명을 같이할 것이다. 한편 아래층의 미트볼은 무질서의 극치를 치우고 정리해서 파멸을 피한다. 핀천은 질서와 무질서의 극치 중 그 어느 것도 구원책으로 받아들이지 않는다. 그는 언제나 이분법적 가치판단을 피하고 제3의 가능성을 탐색하고 추구한다.

리처드 브라우티건의 『미국의 송어 낚시』는 자연과 녹색의 목가적 꿈을 상실한 현대 문명의 위기를 문학적 상상력으로 표현한 뛰어난 수작이자 선구자적 환경·생태 예술작품이다. 이 소설의 주인공은 어렸을 적 기억을 되살려 송어 낚시 여행을 떠나지만 은빛 송어가 뛰놀던 예전의 하천이 이제는 경직된 나무 계단(세속적 출세를 위한)으로 변해 버린 것을 발견하고 실망하고 만다. 송어를 찾아 헤매는 탐색 여행에서 주인공은 오염되어 썩은 하천, 독극물이 뿌려진 하천, 그리고 송어들이 모두 죽어 떠 있는 더러운 하천을 발견한다. 그리고 드디어는 클리블랜드 고물상에서 하천을 아예 피트 당 잘라서 팔고 있다는 사실을 알게 된다. 하천은 오염되고 송어는 사라져서 미국인들은 이제 더 이상 송어 낚시를 하지 못한다.

오염된 하천과 파괴된 자연의 이면에 숨겨져 있는 근본 원인으로 브라우티건은 극우 보수주의, 나치즘, 정부의 감시와 통제, 잘못된 교육제도, 권력자들의 횡포와 억압, 민중의 순응주의와 정신적 마비, 피지배계급의 폭력적 저항, 월남전 같은 전쟁, 그리고 빈자와 소수인종에 대한 편견 등을 들고 있다. 그리고 바로 그 순간 『미국의 송어 낚시』는 한 편의 훌륭한 생태주의 문학으로 승화한다. 왜냐하면 이 소설은 인간과 자연과 사회가 상호작용을 통해 공존하는 메커니즘에 대한 심오한 성찰을 통해 현대에 필요한 생태학적 상상력을 유감없이 발휘하고 있기 때문이다.

미국의 환경보호법이 1969년에야 통과되었다는 사실을 감안하면, 브라우티건의 이 소설은 환경소설로도 가히 선구자적이라고 할 수 있다. 그러나 브라우티건의 진정한 위대성은 그가 이 소설에서 단순히 잃어버린 자연과 목가주의의 상실을 슬퍼하는 데서 그치지 않고, 그것을 현대인들의 꿈의 상실과 삶의 피폐, 잃어버린 자연에 대한 추구 및 탐색, 그리고 예리한 문명 비판으로까지 연결시켜 훌륭한 예술적 중층 구조를 성취하고 있다는 데 있다. 그리고 저자는 작품의 마지막에 "황금 펜촉"을 등장시켜, 예술가가 예술적 상상력으로 다시 한번 오염되지 않은 하천과 송어를 되살려낼 수 있음을 시사하고 있다. 그러나 그는 그러한 힘을 가진 문학예술이란 결코 저 높은 곳에 존재하는 순수하고 장엄한 것이 아니라는 사실을 황급히 덧붙인다. 그래서 작품의 마지막을 그는 "마요네즈"라는 말로 — 그것도 철자가 틀린 표기로 — 끝맺는다. 그것을 통해 브라우티건은 예술이란 절대 완벽한 것이 아니며, 또 마치 우리가 일상 먹는 마요네즈와도 같은 것이라고 말하고 있다. 즉 우리의 삶이 샐러드와 같다면 거기 얹어져 감칠맛을 내는 마요네즈 같은 것이 바로 예술이라는 것이다.

환경을 넘어서는 예술

지금 환경과 생태학은 지구촌 전체의 초미의 관심사로 대두되고 있으며, 예술 역시 그러한 움직임에 동조하고 있다. 그동안 문학을 포함한 예술은 사실 너무 방만했고, 자기중심적이었으며, 당연히 걸머져야 할 사회적 책임을 회피해 왔다. 그러나 이제부터라도 예술은 스스로의 고립을 반성하고, 인류의 생존이 걸려 있는 환경 문제와 생태계 파괴 문제에 적극적인 관심을 표명해야만 할 것이다. 물론 예술이 그동안 다각도로 삶의 여러 양태들을 조명해 왔다는 것은 부인할 수 없는 사실이다. 그러나 예술이 다루어온 "인간의 조건"은 다분히 추상적이고 철학적인 것이었지 인간의 환경이나 지구의 운명은 아니었다. 그럼에도 불구하고 환경 파괴나 생태계 훼손은 인류의 파멸을 초래한다는 점에서 대단히 절박한 문제이며, 추상적인 고뇌에 뒤지지 않는 중요한 비중을 갖는다.

그런 의미에서 최근 《녹색평론》을 발행하고 있는 평론가에게 대산문학상이 수여된 것은 대단히 의미 깊은 일이라고 볼 수 있다. 또한 일군의 국내 작가들이 환경 문제를 다룬 작품들을 잇달아 내놓고 있는 것 역시 고무적이다. 외국의 경우에는 아예 환경 문제나 생태계 문제를 전문적으로 다루고 있는 작가들도 있다. 예컨대 프랑스 작가 장 마르크 오베르(Jean Marc Ober)의 『대나무』는 대표적인 녹색문학 작품인데, 이 소설에서 대나무 숲은 뿌리들이 수평으로 연결되어 있어서 생태학적 연결망을 이루고 있다. 그래서 그중 어느 하나가 상처를 입으면 다 같이 괴로워하고, 어느 하나에 물을 주면 모두가 시원해한다는 것이다. 이러한 공동체 의식을 전체주의적 위험으로 오해하는 사람들도 있지만, 이 경우의 공동체 의식이란 물론 '타자에 대한 연민과 사랑' 이지 결코 개체성을 무시하는 전체주의를 의미하는 것은 아니다.

지금은 과거 그 어느 때보다도 '녹색의 회복' 에 대한 예술가들의 탐색과 추구가 필요한 시기이다. 개발이란 미명 아래 이미 심각하게 파손된 생태계의 보호와 보존, 그리고 목가적 꿈의 회복을 추구하기 위해서는 우선 우리의 인식이 바뀌어야만 하는데, 녹색예술은 바로 그러한 의식의 전환을 가능하게 해주기 때문이다. 우리는 아직도 비 오는 날 밤 몰래 강에 폐수를 하천을 오염시키고, 쓰레기를 무단 투기하며, 보신과 축재를 위한 밀렵을 계속하고 있다. 또 인간의 생활환경 중 가장 중요한 것 중 하나가 바로 습지인데, 우리는 간척지 개발이라는 이름 아래 여전히 갯벌을 없애 생태계를 파괴하고 있다. 환경 문제가 생기면 우리의 환경부는 언제나 아무런 문제가 없다고 서둘러 발표한다. 마치 환경 보호가 아닌 여론 무마가 바로 환경부의 기능이나 되는 것처럼 말이다.

그래서 녹색예술의 기능은 더욱 중요해진다. 의식의 전환이 없이는 절대 환경 보호나 생태계 보호가 불가능한데, 예술은 바로 그 인식의 변화를 가져다줄 수 있기 때문이다. 자연과 생명의 존엄성에 근거한 '친환경 예술' 이 강력한 호소력을 갖는 이유도 바로 거기에 있다.

김성곤

문학평론가. 서울대학교 영문과 교수. 한국현대영미소설학회 회장이며, 서울대학교 언어교육원장 및 국제비교한국학회 회장, 문학과 영상학회 초대회장을 역임했다. 1970년대 후반부터 《문학사상》에 글을 쓰기 시작했으며 이후 《세계의 문학》,《소설과 사상》,《현대시사상》,《시와 시학》,《문학정신》,《한국문학평론》,《현대시》 등에 문학평론을 발표했다. 평론집으로 『뉴미디어 시대의 문학』, 『퓨전시대의 새로운 문화 읽기』 등이 있다. 현재 하버드 대학교 옌칭 연구소에서 문화 연구와 아시아계 미국문학을 연구하고 있다.

글로벌 시대의 문학

세계 속의 한국문학

1판 1쇄 찍음 • 2006년 9월 27일
1판 1쇄 펴냄 • 2006년 10월 2일

지은이 • 김성곤
편집인 • 장은수
발행인 • 박근섭
펴낸곳 • (주) 민음사

출판등록 • 1966. 5. 19. 제16-490호
서울시 강남구 신사동 506 강남출판문화센터 5층 (우)135-887
대표전화 515-2000 • 팩시밀리 515-2007
www.minumsa.com

값 18,000원

ⓒ 김성곤, 2006. Printed in Seoul, Korea

ISBN 89-374-1204-7 03800